債権総論講義
（第 4 版）

債権総論講義

（第 4 版）

安達三季生 著

信　山　社

はしがき

一　本書は、債権総論に関する諸制度・諸規定を網羅的に扱っているが、その際、それらの基本的な仕組みをなるべくわかりやすく叙述するように努めた。

債権総論は、民法の各分野の中でも特に難解だといわれている。それは、一つには、とりわけ債権各論の規定と比較して、抽象的な規定が多いこと、二つには、二当事者間の法律関係だけでなく、三当事者（さらには四当事者）間の三面関係（あるいは四面関係）が問題になる場合が多く、それだけに法律関係が複雑であることによると思われる。

第一の点についてては、なるべく適切な具体的な事例を用いてわかりやすく説明することに努めた。一般的にいって、抽象的な議論は、具体的な問題を念頭に浮かべながら理解することが大切なことを銘記されたい。第二の点については、図形を用いることによって多面的な関係を、いわば立体的に理解できるように努めた（図形の読み方については「はしがき」末尾参照）。多面的な関係についての法律関係は概して難解であるのみならず、重要な問題でもあるから、納得のできるまで、繰り返して読み、理解を深めてもらいたい。

なお、本書で図形を用いて説明した問題のほかにも、図形を描くことの必要な（それによってはじめて理解しうる）幾多の問題があろう。わたくしの描いたものを参考にして、読者のほうで独自に工夫してほしい。

二　債権総論の規定をよく理解するためには、ある程度、これと関連する隣接領域についての知識が必要である。そのために本書の中でも隣接領域（民法の他の分野のほか、商法、民事訴訟法とくに民事執行法と破産法）の問題にもふれることにした。

三　本書は、初学者を主な対象にして、制度の根幹を正しく理解させつつ、また同時に、法律学的な思考に習熟させることを目指している。そのために、制度の枝葉にわたる細かい説明は省略したところもあるし、判例の引用や解説も比較的に最近のものを除き、最小限度にとどめた。「基本を大切に」ということは、学問一般についても、とりわけ語学や法律学の学習の場合にも、非常に大切なことである。基本をマスターし、常に基本に立ち返ることによって、真の応用能力を身につけることができる。もし読者が本書で取り上げられている事柄のうちの特定のテーマについて、より一層進んだ勉強をしたいときは、巻末に掲げる概説書や、その中に引用されている研究論文や、それに関連する判例（の解説）を読んで研究してもらう必要があるが、本書を学ぶことによって身につけることのできる基本についての理解が、それらの文献を読みこなすために役に立つはずである。

四　本書は、わたくしの長年にわたる大学——とりわけ本務校である法政大学——での債権総論の講義の経験をふまえて書かれたものであるが、講義の際に、通説に対する疑問を述べ、独自の考えを開陳することが少なくない。本書でも——独習者をも念頭においたテキストであるために、通説の平易な解説に重点をおいて執筆しているけれども——このスタイルを随所に採用している。わたくしの説を読者に押しつけようとする意図はないが、単に平板に通説・判例を叙述するだけのテキストに比べて、より主体的に問題の所在を捉えることができ、また法律学上の議論の仕方を具体的に理解できるという点で有益であり、興味をもって読んでもらえるのではないかと考えている。

ちなみに、かなり自説を強く前面に出して叙述した箇所としては、不完全履行概念の歴史的意義、債務不履行における賠償すべき損害の範囲、受領遅滞、債権譲渡、債務引受け、供託などがあり、また独特な叙述の仕方を採用した箇所として、連帯債務、無権限者への弁済、相殺などがある（これらのうちの三面関係を扱ったものについて、とりわけそうであるが、いろいろな制度や規定を「**授権**」という従来あまり問題にされなかった新しい概念を用いて説明することを試みている点に、一つの特色があるといえよう。）

五　若干抽象的でわかりにくい議論になるかも知れないが、法制度や法規定を学習して真に理解するようになるために心掛けるべきことについて一言しよう。

第一に、当該法制度や法規定の**「目的」**は、それの核心ともいうべきものであり、これを銘記することは法制度や法規定の全体的な理解のために極めて重要である。そしてその目的とされているものと、その具体的な**要件・効果**とを関連させて捉え、その間に齟齬がないかどうかを確かめることが必要である。また要件と効果とは密接に関連しているから、テキストを読むときも要件と効果の順序を逆にして、効果を先に読むことによって、要件として書かれていることの意味がよく理解できることも少なくない。

第二に、抽象的な規定を具体的な事例にあてはめて考え、具体的な事例を通して抽象的な規定の意味を把握することが大切である。元来、抽象的な規定もその成立の歴史的な経緯を考えると、具体的な事例の解決(とくに判決という形でのそれ)を積み重ね、そこに含まれている一般的な法則を抽出して作られたものが多いことを想起されたい。もっとも、具体的な事例を通して理解するという場合、最も重要なのは典型的な事例である。典型的な事例を通して制度や規定の全体的な仕組みをひととおり理解しえたあとで、次第に非典型的あるいは周辺的な――それだけに難解な――事例にも考察の幅を拡げていくことが必要である(非典型的事例を扱った判例に最初から拘泥しすぎると、制度や規定の全体的な理解が妨げられることもある)。

第三に、各制度や各規定は、それだけが孤立したものでなく、その機能や法的構成の点で、他の制度や規定と――それは場合によっては民法以外の領域のものであることもある――関連し、相互に隣接しあるいは類似している。相互にいかなる形で関連しているかを確かめながら学習することが必要である。また三面関係、四面関係が問題になる制度や規定では、それぞれの側面を矛盾のないように統一して理解することが必要である。一つの側面では債権総論の規定が問題になるが、他の側面では、総則や物権法や債権各論の規定が問題になることは少なくない。一つの側面だけを理解したのでは本当に理解したことにはならない。

第四に、各制度の歴史的あるいは社会的背景を学ぶことは、個々の法規の解釈・適用という実用目的には直接的には役に立たないかも知れないが、法制度を広い視野から全体的に把握するために必要であり、さらに、社会科学に対する学問的な興味をもって法制度に接し、法律学を単なる技術の学問としての無味乾燥さから脱却させることを可能にするであろう。

執筆にあたっては、以上のことを念頭におきながら――それがどこまで成功したかは別として――行ったつもりである。

六 条文の引用等について　民法典以外の法律については、当該法律の名称を冠して条文数を記載する（たとえば、商法五一三条、利息制限法一条のごとし）。しかし、民法典については単に条文数のみを記載する。

七 活字の小さい部分には、① 本文の叙述の本筋から多少とも離れた脇道の問題についての説明とか、② 独自な主張を述べた議論とか、③ 関連する判例の紹介などが含まれる。各章について本文を一応読み終り、再度読む際に、この部分をも含めて読むようにしたほうがよいかも知れない。

八 図表の利用についての注意事項

(1) 太い矢印（↓）は、債権もしくはこれに準じる**請求権**を示す。波形の矢印（⇝）は**弁済**を示す（ただし短い波形の矢印は**授権**を示す）。太い点線矢印（⇣）は**保証債権**を、また場合によっては**仮定的債権**を示す。

(2) ①②③……の順序は、時間的な経過の順序をあらわしている。もっとも、要件としての事実の発生を、たとえば、①（もしくは②）で表示した場合、その効果の発生を②（もしくは③）であらわす。

(3) 同じ数字の右下に付せられた小字の数字は、時間的な経過の順序をあらわすものではない。たとえば、②の事実の効果として、三個の効果が同時に発生するとき、それらを③$_1$・③$_2$・③$_3$であらわす。

(4) 複数の事実の発生相互の間で、その先後関係を問題にする必要のない場合（どれが先でもかまわない場合）には、丸でかこった同一の数字の右下に小文字のアルファベットをつける。たとえば、②$_a$・②$_b$・②$_c$のごとし。

(5) 右に述べたところは大体の基準であることを承知されたい。文字による説明を読んで、理解を完全にしてほしい。
本書の出版にあたっては信山社の袖山貴氏をはじめ、編集部の皆さんに一方ならぬお世話になった。ここに記して厚く御礼申し上げる。

平成二年三月

著者

補訂第三版にあたって

本書の出版から三年が経過した。初版は、出版を急いだ関係から、発売後、多少の誤植が見つかり、また表現や内容についても、不備な点が見つかった。大急ぎで正誤表を作成して添付したが、かなりの部数については、間に合わせることができなかった。正誤表の付かないままで入手された方々に対し、甚だ申し分けなく思う次第である。

一年後の第二版では、右の正誤表にもとづき、かなりの部分について訂正と補充を行った（例えば、債権の準占有者への弁済に関する債権者の帰責事由についての説明の訂正や、取立のための債権譲渡の説明の訂正、また多数当事者の法律関係の歴史的背景の説明の補充など）。三年を経過した今、あらためて点検し、若干の誤植訂正と補充を加えた（例えば、新たに制定された「特定債権等に係る事業の規制に関する法律」（平成四年）の説明、債務不履行による損害賠償額算定の基準時や指名債権譲渡における異議を留めない承諾に関する、若干の補充説明、弁済者代位に関する代位の割合の特約についての説明など）。今回の補訂によってやっと——私の力量不足により不充分な所が多々あることとは思うが——曲がりなりにも一応満足できる形になったことを嬉しく思う次第である。

平成五年二月

著　者

第四版付言

前版に補訂を加え（第四版）とした。補訂の主要な箇所として、改正利制法、債権の準占有者への弁済に関する「定期預金担保の銀行貸付」の性質、貸し主の地位の譲渡に関する判例の解説などがある（平成九年四月、二〇〇〇年四月、著者）。

目　次

目　次

第一章　序　　説

一　債権の意義とその法体系上の地位

1　意　義　債権とは特定の人（債権者）が特定の人（債務者）に対して一定の行為を請求することを内容とする権利である（債権に対応する債務者の義務を債務という）。買主が売主に対して目的物である商品の引渡しを請求しうる権利とか、金銭貸借の貸主が借主に対して元本および約定した利息の支払を請求しうる権利、また雇傭契約を結んだ雇主が被傭者に対して、労務の提供を請求しうる権利などがその例である。債権の内容としての、右のような一定の行為を債権の目的といい、また給付とも呼ぶ。給付は、財貨または労務を供給するというような積極的な行為（作為）であるのが通常であるが、一定の行為をしない（たとえば、隣家の眺望を害する高い建物を建てない）という消極的な行為（不作為）であってもよい。

2　債権の法体系上の地位　ここで、債権が権利の全体的な体系の中で占める地位について述べておこう。権利は私法上の権利（私権）と公法上の権利（公権）に分けられる。私権はさらに、人格権（生命・身体・自由・名誉・貞操などを目的とする権利）と身分権（親・子・夫・妻などの身分上の地位から生じる権利）、財産権（財産上の利益を目的とする権利）、社員権（会社その他の団体の構成員としての地位から生じる権利）に分けられる。財産権に属するものとして、物権・債権・無体財産権（商標権・特許権・実用新案権・意匠権など）がある。このようにして債権は、私法上の権利のうちの財産権に属し、その中では、物権と並んで主要な地位を占める。

3　物権と債権の差異　前に述べたように、債権は「特定の人に対して一定の行為を請求しうる権利」であるのに対して、物権は「物を直接に支配しうる権利」であるとされている。つまり、物権は、物に対する支配権であるのに対して、債権は、人に対する請求権だとされている。そしてこのような基本的な性質から、次のような差異が生じるとされている。

(1)　債権は、債務者という特定の人のみに対する権利で、物権は、天下万人に対する権利である。この意味で債権は相対権であり、物権は絶対権であるとされている。したがって物権には不可侵性があり、他人がこれを妨害したとき権利者は排除しうる。また、その侵害の場合に、不法行為にもとづく損害賠償を請求しうる。それに対して債権は、債務者以外の第三者が債権を妨害することがあっても、それに対する妨害排除は認められない。また、第三者の債権侵害を理由として、不法行為にもとづく損害賠償を請求することもできない、とされた。

(2)　物権は、直接に物を支配する権利であることから、排他性がある。すなわち同一物の上に同一の内容の物権（たとえば所有権）が二つ以上成立することは不可能である。しかし債権は、人に対して、つまり自由な意思をもち、独立の主体性をもった人に対して、行為を要求しうる権利であって、独立主体性のない、たとえばかつての奴隷のような人間を、あたかも家畜と同じように直接に支配する権利ではない。このことから債権には排他性がなく、同一の債務者に対して同一の内容の行為をせよという債権は二つ以上成立しうる。たとえば、歌手の甲が乙劇場主との間の契約によって、特定の日時に乙劇場で出演する債務を負った後に、丙劇場主との別の契約で同じ日時に丙劇場で出演する債務を負うことは可能である。この場合、甲は自己の意思によっていずれかの劇場（たとえば、乙劇場）で出演することになり、その結果、乙に対する債務は実現されるが、丙に対する債務は実現されないという事態を生じる。このとき甲は、丙に対して債務不履行を理由とする損害賠償債務を負うこととなるが、このことと、二つの債務が同時に有効に成立することとは矛盾しない。のみならず、両債務が並存しうるからこそ、実現されなかった債務について、その債務の効力として損害賠償債務が発生しうるわけである。

(3)　典型的な物権と典型的な債権との間には、以上のような差異があるが、現実に存在する諸権利の中には、形式的には物権と債権のいずれかに属していても、実質的にはそのいずれともつかないような、いわば中間的な権利もある。

(a)　「対抗要件を具備していない物権」は、形式的には物権であっても排他性がなく、たとえば、対抗要件を備えていない所有権（一七七条・一七八条参照）は、所有権の移転を請求しうる債権と、実質的にはほとんど異ならない。他方、不動産所有権の移転を請求しうる債権は仮登記によって（不動産登記法二条二号）排他性を取得しうるから、その限りで物権に近い性質を有する。

(b)　かつて物権と債権の差異とされた絶対性の有無および不可侵性の有無については、近時の通説・判例は、債権の保護を厚くする目的で、債権についても一定の限度で絶対性、不可侵性を認めるようになり、第三者の債権侵害を理由として、第三者に不法行為にもとづく損害賠償義務を負わせている。また特に債権に属するとされている不動産賃借権（所有者たる貸主に対し、土地の使用収益の許与を要求しうる債権）については、妨害排除請求権を認める傾向が見られる（後述第三章第六節**四**参照）。

(c)　土地賃借権は債権であるが、特別法である借地借家法（なお同法は、建物保護法（明治四二年）と借地法（大正一〇年）、借家法（大正一〇年）の三つを統合して制定され、平成四年に施行された。平成一一年改正有）、農地法（昭和二五年）の適用をうけるものは、物権としての地上権や永小作権に近いものとなっている。借地借家法の適用をうける建物賃借権についても、同様に物権に近い性質が与えられている（このような現象を不動産賃借権の物権化という）。

4　債権と請求権　物権は支配権であるのに対して債権は請求権であるとされ、そして請求権とは他人の行為を請求することができる権利である、と説明されている。しかしこの説明では、債権と請求権との区別がつかなくなる。そこで多くの学者は、請求権は物権からも生じ（たとえば、所有権にもとづく返還請求権のようないわゆる物権的請求権）、また、身分権からも生じ（たとえば、夫婦間の同居請求権など）、他人に、ある行為を請求する権利に尽きるのに対して、債権はまず給付を受領し、保持する権利であり、ついで請求しうる権利だという点で差異がある、と説明している。ところが実際には、請求権は債権と同じ意味で用いられることが少なくない（たとえば、不法行為から生じる損害賠償請求権、不当利得返還請求権など）。したがって右のような説明も十分といえない。

元来、請求権という概念は、裁判所に保護を求める権利（訴権）と離れた実体権の観念が存在しなかったローマ法の権利体系――英米法は現在でもこのような性格が強い――を、一九世紀のドイツの法律学が、実体法と訴訟法の分化という近代法的な立場から構成しなおす際に創り出したものであり、訴権の実体法的な側面を近代的な権利体系にいわば翻訳したものである。したがってこのような歴史的沿革を考えると、請求権は訴訟との関連を抜きにしては考えられず、物権、債権、親族権などの実体権と同一平面上の権利として理解すべきでなく、後者の権利が訴訟上主張される際のいわば動的な形態として捉うべきだ、とする説が近時、有力に主張されている（奥田昌道）。

5　身分権と債権の差異　前述したように、身分権は身分上の地位から生じる権利であり、身分上の利益の確保をその目的とする。身分権は、その一種類である扶養請求権、夫婦間の同居請求権のように身分権に服する相手方に対する請求権によってその権利が実現することもある。このような身分権は債権に類似する。しかし、他方では親権者の監護教育権のように、相手方の行為を請求することなく、相手方に対して一種の支配を行うことによって身分権の目的を達成する場合もあり、このような身分権は支配権としての物権に類似した性質をもつ。しかしいずれの場合にも、財産上の利益そのものを目的とするものでない点で、財産権としての物権や債権と異なる。そして身分上の地位から生じる権利であることから、財産権と異なって、身分から切りはなして他に譲渡することはできず、また支配権的な身分権も単なる権利ではなく、義務を含んだ権利である（親権者は未成年の子に対して監護教育の権利と同時に義務を負う）。

6　債権総論と債権各論　民法第三編は、第一章に総則をおき、債権の全体に共通して適用されると考えられている規定を設けている。そしてこれは、第一節　債権ノ目的、第二節　債権ノ効力、第三節　多数当事者ノ債権、第四節　債権ノ譲渡、第五節　債権ノ消滅にわかれる。このような、各則の前に総則をおくという編纂方法は、条文を簡略化し、規定相互間の論理的関係を明瞭にするのに役立っており、民法典全体について採用されている。たとえば、各種の契約を扱う節の前に契約総則がおかれ、物権、債権、親族、相続の各編の前に総則編がおかれている。このような立法技術はパンデクテン式と呼ばれ、主に一九世紀のドイツの法律学者によって創り出されたものである。

このような編纂方法の結果、たとえば、売買契約において買主が契約通りに履行しないときの売主の救済手段は、売買の節の中にも規定されている（五六一条以下）が、そのほかに契約総則でも規定され（五三三条以下）、また一般的な債権の効力の問題として、債権総則でも規定されている（四一四条以下）。

ところで、債権総則は、その性質上、債権すべてに通じる規定であるとして定められているのであるが、実際に、債権総則がこのような性格（総則性）を有しているかについては疑問の余地がある。

債権総則は、第二章で定める契約から生じる債権と、第三章以下で定めるそれ以外の法律事実（事務管理・不当利得・不法行為）から生じる債権のすべてについて適用されるもの、という建前をとっているが、実際上は契約から生じる債権を念頭において作られており、そのうちでも、いわゆる与える債務を中心に規定が設けられており（特に第一節の債権の目的の諸規定および弁済に関する諸規定）、また、与える債務のうちでも、特に金銭債権について典型的な適用を見る規定が少なくない（たとえば、保証債務、債権譲渡、弁済充当、相殺など）。

二　債権成立の歴史的、社会的背景

債権は物権から分化して成立した。また、他面においては身分権から分化して成立した。

1　まず、物権からの分化について述べると、その経済的基礎は、商品交換経済の発達である。すなわち人類の経済生活は、最初、自給自足経済であったが、次第に交換経済が発達する。交換経済の発達はいろいろな側面であらわれ、たとえば、物資は当初、偶然的な機会に交換されていたのが、次第に市場において定期的もしくは恒常的に行われるようになる。交換を媒介するための貨幣があらわれ、売買という形で交換が行われるようになる。交換を職業とする商人があらわれる。当初は生産して剰《あま》った物が交換に供されるという形であったのが、逆に交換を目的として生産が行われるようになる。また交換に供される物資の種類が増加し、交換の行われる地域の範囲も拡げられる。

このように種々の側面で交換経済の発達という現象があらわれるが、特に法律学の点から重要な側面としては、当初は物と物とをその場で互いに交換しあうという現実交換、もしくは物と貨幣とをその場で交換しあうという現実売買という形であったものが、次第に現在の物（貨幣）と将来の物との交換、もしくは将来の物（貨幣）と将来の物との交換という形があらわれるようになったことである。すなわち一ヵ月後に代金を支払い、目的物は直ちに、もしくは一ヵ月後に引き渡すというような形の交換があらわれてきた。このような段階において、はじめて債権が物権から分化してあらわれてきたといえる。つまり、一ヵ月後に支払または引き渡すことを約束することによって、そのような行為をなすべき債権・債務が成立することになる。

現実交換ないし現実売買にあっては、物ないし貨幣の支配を交換するだけであり、物権法的な関係しかあらわれてこないが、将来の物や貨幣の交換という形があらわれることによって、債権・債務の関係がそれから分化して成立することになる。

このような将来の物や貨幣との交換の形が広く行われることに対応して、約束は守られねばならないとする社会の規範意識が確立することになる（社会意識的基礎）。

さらに、約束を守らない者があるときは、強制力を用いて守らせることが行われるようになる。具体的には、国家が裁判制度を整備し、国家の力によって強制的に履行させることになる（政治的基礎）。

以上の三つは互いに関連している。すなわち、約束は守るべしとの社会の規範意識が確立し、またそれに対応して、その履行を強制するための裁判制度が整備されれば、交換経済はますます発達し、逆に交換経済の発達は、規範意識の一層の確立と裁判制度の一層の整備を促すことになるからである。なお、現実交換の段階、したがって物権だけが問題となる段階では、社会の規範意識としては、人々は互いに、他人の所有する物に対する支配を尊重するという規範意識で足り、また国家による保護も、有形的な物の支配を保護し、これを侵害する者があれば刑罰を科し、または損害賠償を支払わせるというだけで足りる。これに対して、債権法の成立するためには、前に述べたように、より高度の社会的規範意識を必要とし、また、より高度な裁判制度の整備を必要とするわけである。

2　債権の身分権からの分化についても、その経済的基礎は、自給自足経済から交換経済が発達したことである。自給自足経済の単位は個人でなくて集団である。この集団は身分的秩序によって支配される共同体であり、原始社会の氏族がその典型である。この共同体では、その成員である個人は独立主体性をもたず、また、個人の私的な所有は認められない。個人は共同体の代表者としての族長によって身分的に支配され、また、共同体の代表者としての族長によって主要な財産は所有される。

ところで、交換経済の発達は次第に共同体の崩壊へと導く。すなわち交換経済の発達につれ、当初は交換が族長間で行われたのが、次第に一方の族長と他方の氏族の構成員との間でも行われるようになり、さらには、異なった氏族のそれぞれの構成員の間でも行われるようになる。このように各構成員は交換の主体となることによって、集団の身分的支配を脱した独立主体性を有するようになり、同時に、私的所有権も認められるようになる。このような交換経済の発達に伴う共同体の解体は漸次的に、また、直線的でなくジグザグのコースをたどって進行する。すなわち原始共産社会における血縁的な氏族集団の解体の次には、古代奴隷制社会における奴隷所有者を中心とする集団があらわれ、またその次には中世封建社会における領主と隷属農民によって構成される集団があらわれる。そして最後に、交換経済の一層の発達によって、これらの身分的な支配を伴う集団がすべて解体し、ここに近代の市民社会が生まれる。

ここではすべての個人が独立主体性をもち、すべての個人に私的所有権が認められる。そして個人と個人の間の関係は、契約によって、すなわち自由な意思の合致によって成立する契約によって、結ばれる。古い身分的な共同体の中では、物資の配分の関係、物資の生産のための土地利用関係、労働力の利用関係などは身分的な支配関係を通じて行われていたのが、近代市民社会においては契約を通じて行われる。つまり売買契約、土地貸借契約、雇傭契約というような独立主体性ある個人の意思の合致によって行われる。たとえば中世の封建制の時代では、農地の利用は領主と隷属農民の間の身分的支配関係によって、また、手工業における労働力の利用は親方と徒弟という身分的な支配関係を通じて行われていたのが、近代市民社会では対等な独立した個人の間の契約を通して行われる。

近代市民社会でも団体は形成されるが、それは組合であれ、法人であれ、個人の自由な意思の合致による契約を媒介にしてなされる。そして国家という団体もまた、理念的には、国民の自由な意思による契約を通して成立するものとされる（ロックやルソーの国家契約説ないし社会契約説）。

このような意味で近代市民社会の構成原理は契約となり、古い身分的な支配関係に代って契約によって社会が構成される。この現象がまさしくサムナー・メイン（Sumner Maine, 1822-1888）のいう「身分から契約へ」（from status to contract）である。彼は『古代法』（Ancient Law）という書物の中で、古代法が進化する過程をこのような図式によって捉えようとしたのであった。

以上のようにして、交換経済が発達し、自給自足経済の単位としての、身分的秩序によって構成される集団が解体することによって、身分的支配関係に代って契約関係が、したがって契約から生じるところの債権・債務の関係が人々を結びつけることになる。

この意味で、債権は身分権から分化して成立したということができ、その経済的基礎はやはり交換経済の発達であったといえよう。

右の意味で、債権が身分権から分化して成立するためには、その社会意識的な基礎としては、個人を身分的支配から解放し、自由な契約を結びうる個人の独立主体性を尊重すべしとする規範意識が確立することが必要であり、また、その政治的基礎としては、国家による個人の独立主体性の保護のための制度の整備が必要となる。これは現行法についていえば、大きくは憲法の定める基本的人権の保障の中に、また、債権法に関しては、たとえば債権の履行についての自力救済の禁止(たとえば、小作料を払わない小作人から実力を用いて土地を取り上げたり、命令に従わない被傭者を監禁し、あるいは暴力を加えて意のままに働かせることは禁止される)の中にあらわれている。

以上のようにして古い身分的な支配関係は、近代法のもとではその多くが、独立主体性をもった個人によって結ばれる契約関係ないし債権・債務関係にとり替えられるに至り、そのために、身分的な支配関係は近代法のもとでは、家族関係の中にのみ残存するに至っている。したがって、身分法といえば、家族法を指すものとされている。しかも近代的な家族法においては、わが国の戦後の、民法親族編・相続編の改正による現行法がそうであるように、戸主権を中心とした身分的支配の色彩の強い古い「家族制度」は廃止され、自由で対等な意思の結合によって成立する夫婦関係、および親と未成年の子との間の、監護教育の義務を伴う親権の関係を中心にして構成されており、したがって現行の家族法においては、身分的支配の要素はかなり稀薄なものとなっている。このような事情から、最近では、親族法・相続法の総称として身分法という呼び方に代えて、端的に家族法という呼び方が用いられているのである。

3 以上は、債権の主要な発生原因としての契約と関連させつつ、その成立の歴史的背景を見てきたが、債権の重要な発生原因としては、契約のほかに不法行為がある。不法行為にもとづく損害賠償債権成立の歴史的背景を考えると、それは、古く債権が成立するより以前から存在していた権利である人格権、また物に対する支配権としての物権、および人を身分的に支配しうる権利としての身分権が、他人(とりわけ他の氏族に属する者)によって不当に侵害された場合(氏族構成員の身体の傷害、所有物の侵奪など)、当初は被害者の側が加害者の側に対して復讐することが当然の権利として認められた。しかし次第に復讐が社会の治安を害する行為として禁ぜられるとともに、それに代って贖罪金《しょくざい》が支払われるようになる。この段階では、まだ刑事上の犯罪に対する刑罰と、民事上の不法行為を理由とする損害賠償とは分化していない。しかし次第にこの両者が分化し、ここに債権の一つの発生原因としての不法行為制度が成立するようになる。その分化のための条件としては、一方で国家もしくはそれに準じる中央集権的な政治権力が確立し、民事・刑事の両裁判制度が整備されることが必要であるが、他方では、交換経済のある程度の発達を前提としつつ、人的・物的な損害を金銭的に評価しうるとする社会意識の存在が必要となる（なお、後述第三章四節**四** **4**参照）。

〔補説〕　債権法の成立と発展およびその歴史的・社会的背景については、我妻栄「近代法における債権の優越的地位」法学志林二九巻六号（昭和四年）―三一巻一〇号（昭和六年）、（後に、我妻・同名書、昭和二八年・有斐閣に所収）および川島武宜『所有権法の理論』（昭和二四年、新版・昭和六二年、岩波書店）を参照せよ。ともにわが国の民法学の到達した学問的レベルを示す民法学史上の記念碑的な論文である。もっとも、近時の民法学者は、一般的な傾向として、法制度の実用的・技術的な側面のみに着目し、その歴史的・社会的背景を論じることが少ない。このような傾向に対して私は大いに疑問をもつ（本書はしがき八頁参照）。

第二章　債権の目的

一　概　説

債権の目的とは、債権の内容たる債務者のなすべき行為である。これを給付ともいう。債権を給付の種類を基準にして分類すると、給付が一定の物の引渡しである場合、これを「与える債務」といい、働くとか、作るというような債務者の行為そのものである場合、これを「なす債務」という。また、右の二つは積極的な行為が給付の内容であるから作為債務と呼ぶのに対して、競業をしないとか、建物を建てない、というように消極的に一定の行為をなさないことが給付の内容である場合に、これを不作為債務と呼ぶ。このほか、債権はその発生原因を基準として、契約により生じる債務、不法行為によって生じる債務などに分類することもできるが、給付の種類による分類は、債権の強制的実現の方法（第三章三節）などの問題に関連して特に重要である。民法は債権の目的の節のもとに、債権が有効に成立するための給付に関する要件について、また、前に述べた与える債務に属する若干の種類の債務について、いくつかの規定を設けている。

二　債権成立のための給付の要件

次の四つの点が問題になるが、いずれも債権が契約によって成立する場合を念頭において論じられていることに注意する必要がある。つまり、契約自由の原則によって、原則としては、いかなる給付を内容とする債権であっても、その成立を目的として締結された契約は有効であり、したがって原則として、契約によって当事者が合意した通りの内容の債権が有効に成立する。しかし給付に関して一定の要件を欠いた債権は、たとい当事者が合意しても、有効に成立させることができない。その結果、そのような債権の発生を目的として締結された契約も、無効になる。したがって、売買とか請負のようないわゆる双務契約の場合には、一方の債務(たとえば売主や請負人の債務)について給付に関する要件が欠けていれば、その債務が無効になるのみでなく、対価的意義を有する他方の債務(買主や注文者の債務)もまた無効となるのである。

(1)　給付は公序良俗に反するものであってはならない。たとえば、他人の家に放火するという行為を内容とする債務は無効である。したがって放火した者に一定の報酬を支払うという債務も無効である。債務が無効であるから、その履行を強制しえないし、不履行による損害賠償債務も発生しない。また、一般に無効な債務を有効と信じて弁済したとき、これを受領した相手から不当利得返還請求権によって取り返しうるのが原則である。しかし、この点については、七〇八条の不法原因給付の規定の適用が問題となることに注意せよ。

(2)　給付は不能な行為であってはならない。たとえば、すでに焼失している家屋について売買契約が結ばれたとき、当事者の意図した売主の債務の内容である、家屋を引き渡しその所有権を移転するという行為は不可能であるから、有効な債務として成立しえない。この売買契約は無効となる。したがって対価的意義を有する買主の代金債務も無効となる。このような法律関係は「原始的に不能な給付を目的とする契約は無効である」という命題によって示される。

なお、原始的不能に対立する概念として後発的不能がある。これはいったん有効に債務が成立したあと、その債務の履行が不可能になることをいう。前例でいうと、いったん有効な家屋の売買契約が成立したあとで、その家屋が焼失した場合、売主の債務について後発的不能を生じる。後発的不能の場合の法律関係については後に第三章のほか契約総論で扱われるが、ここで一言しておくと、

(a)　不能が債務者の責めに帰すべき事由によって生じたときは、債務者は本来の債務を免れるが、その履行に

第1図

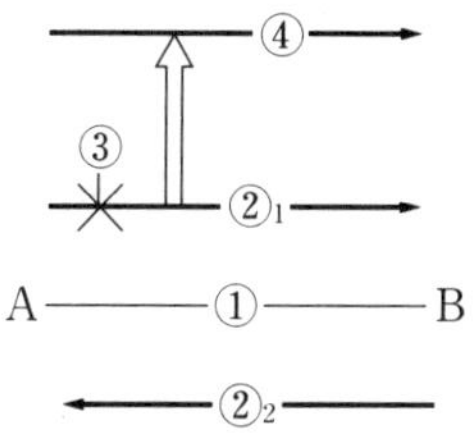

A：買主、B：売主
①：売買契約
②1：特定物引渡債務
②2：代金債務
③：債務消滅
④：②1に代る損害賠償債務

第2図

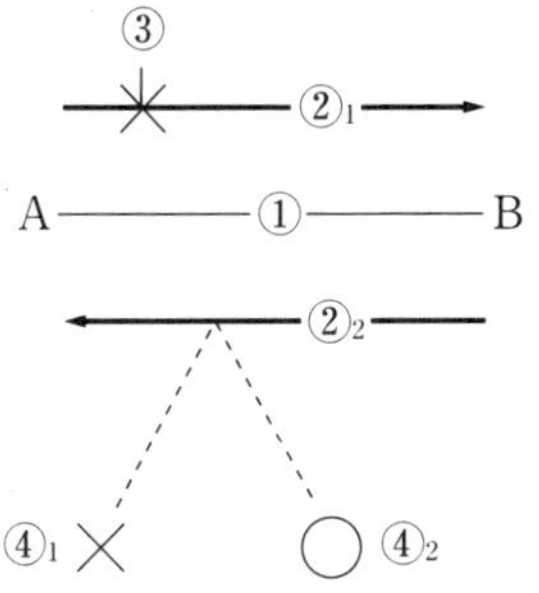

A：買主、B：売主
①：売買契約
②1：特定物引渡債務
②2：代金債務
③：消　滅
④1：消滅――債務者主義
④2：存　続――債権者主義

代るいわゆる履行利益の損害賠償義務（後述）を負う（**第1図**参照）。

(b)　不能が債務者の責めに帰しえない事由により生じたときは、債務者は本来の債務に代る賠償義務を負わない。しかし、この場合には、後発的に不能となった債務が双務契約によって生じていたときについて、不能となったその債務と対価的意義を有する他方の債務がどうなるか、つまり、他方の債務もまた当然に消滅する（債務者主義）か、それとも、そのまま存続する（債権者主義）か、が問題となる。これが双務契約における危険負担の問題である（**第2図**参照）。わが民法では特定物に関する物権の移転を目的とする契約（特定物売買がその典型）については後者の債権者主義をとり、その他の双務契約については前者の債務者主義をとっている（五三四条以下。したがって前例のような売買契約のときは、債権者主義が適用され、買主（＝不能になった債務に関しての債権者）は目的物の家屋を入手しえないのに代金債務は免れることができない。この意味で買主たる債権者が危険を負担するわけである）。立法例によってはすべての双務契約について債務者主義をとる例もある（ドイツ民法。なお、わが国でも立法論としてはこの立場を是とする学者が多い)。わが民法でも、危険負担の規定は任意規定であるから、もし当事者の間でそれと異った趣旨の特約があれば、特約が優先することになる(ちなみに、債務者の責に帰しえない事由による不能のときでも、もしそれが債権者の責に帰すべき事由によって生じた場合には、債権者に不利益を負わせ、他方の債務を存続させるべきは当然である(五三六条二項)。したがって本来の危険負担の問題は、このような場合を除いて、債務者・債権者双方の責に帰しえない事由により不能を生じた場合について、いずれに不利益を負わせるべきかの問題に限られるべきである。)

なお、給付が原始的不能のために無効な契約の場合、無効な契約を締結するについて故意・過失のあった当事者は相手に対して信頼利益の賠償義務を負う(つまり相手方が無効な契約を有効と信頼したために蒙った損害、したがって前例の場合には、前夜すでに売主の側の過失で焼失した軽井沢の別荘を、存続するものとして売買契約を結んだ売主は、買主が有効と信じたために支出した契約締結の費用としての収入印紙代、買主が代金支払のため他から借金した利息等の費用などを賠償しなければならない。もっとも信頼利益と履行利益(後述)を比べて、前者が後者より大きい場合には、後者の限度内で前者の賠償をなせば足りる。)。しかし、近時の学説の中には、給付が原始的に不能なときも、そのような契約の締結について、故意・過失のある限り相手方保護のために有効な契約として扱うべきであり、その結果として、相手方に対して履行利益の賠償義務を負わせるべきだとする見解も有力に主張されている(履行利益の賠償の場合には、履行があったと同様の利益を相手方に取得させることになるから、前例では——売主は代金債権を有効に取得するとともに——滅失した家屋の時価に相当する金額を賠償すべき義務を負う。したがって売主は、結局、その差額を支払うべきことになる)。

(3)　給付は確定しうるものであること。給付の内容は債権成立の時点で確定している必要はないが、何らかの基準により、履行する時までに確定しうるものであることが必要である。どのような基準によって、不確定なものを確定するかは、当事者の明示的、黙示的な意思表示のほか、法律の規定(たとえば、四〇一条・四〇六条以下)による。もしそのような基準によっても確定しえない給付であるときは、有効な債務として成立しえない、とされる。

たとえば、売買契約を結ぶ際に、代金について「適当な代金」を支払う旨を定めているとき、それがいくらの代金額になるのかが確定しえないときは、代金債務は有効に成立しえず、したがって売買契約は無効となる。「これから自分が画く絵のどれかを一〇万円で売る」という契約の場合に、どの一枚の絵に確定するか、についても同様である。

もっとも、私見では、この問題は合意の法的拘束力の有無という問題を起点として考察すべきであり、その際、右の事例のように給付の内容が漠然とした形で定められていることは、法的拘束力のない合意として——したがって法的拘束力のある合意に到達するまでの交渉の過程での単なる話合いにすぎないとして——認定するための重要な要素となるが、しかし結局は、その他の事情をも総合的に考慮に入れて法的拘束力の有無を判断すべきであり、そしてその結果、法的拘束力のある合意として認定すべき場合には、前述のような何らかの基準によってその内容を確定すべきであり、また確定しうるものであると考える。

(4)　給付は金銭に見積もりうるもの、すなわち金銭的価値を有するものでなくてもよい（三九九条）。旧民法では、金銭に見積もりうることを要件としていたのを、現行民法は右のように改めた。債権の目的が金銭的価値を有するものでないというのは、債務不履行の場合に金銭による賠償が不可能であることまで意味するわけではない（不法行為に関して、名誉、貞操のような金銭的価値を有しない人格権の侵害のときにも金銭により損害賠償がなされることと類似している）。給付が金銭的価値のあることを要しないとは、給付によって債権者の財産が増すことも、また給付が金銭で購いうるものであることも必要でない、ということである。したがってたとえば、他に得難い学問上もしくは精神上の利益のごときものも債権の目的となしうる。そしてこのような規定の定められた根拠として、近代社会の進歩とともに社会関係が複雑化しているので、債権の目的を金銭的価値あるものに限定するのでは、法生活が貧弱となり、文明国の需要に適しないからだ、とされている。

もっとも、金銭的価値のない給付を目的とする契約の場合、それのある給付を目的とする契約と比べて、法律上の拘束力のない単なる徳義上の約束である場合（したがって有効な債務を成立せしめえない場合）が比較的多いことに注意すべきである。たとえば、一緒にワルツを踊ることを約束したり、病気見舞に行くことを約束しても、通常、これに法律上の拘束力を与える趣旨で、さような合意がなされたと解することはできない。給付が金銭に見積もりえないものでもよいとする趣旨の判例として、土地を寺院に贈与し、それを資として寺僧が贈与者の家の祖先のための永代念仏供養をなすべきことを約せしめたときは、このような契約は法律上有効であり、したがって寺僧が念仏供養を怠ったとき、債務不履行が成立し、贈与者の側で債務不履行を理由とする契約の解除（五四一条）をなしうることを認めたものがある（東京地判大二（ワ）九二二号（裁判年月日不明）法律新聞九八六号二五頁）。

三　特定物債権

(1)　特定物の占有を移転することを目的とする債権である。特定した動産の引渡し、特定した不動産の明渡しが給付の内容となる。占有とともに所有権をも移転する場合（たとえば、特定物の贈与や売買によって生じる贈与者や売主の債務の場合）と占有だけを移転する場合（たとえば、賃貸借終了の際の借主の債務や、寄託契約終了の際の受寄者の債務）とがある。民法はこのような債務を負う者の目的物保管義務について通則を定めている。

(2)　**債務者の保管義務**　特定物引渡債務者はその引渡しをなすまで、善良な管理者の注意をもって保管すべき義務を負う（四〇〇条）。善良な管理者の注意（善管注意）とは、社会の一般人として要求される程度の注意をいう。民法は一般に他人の物を保管したり、他人の事務を処理する法律関係において、保管者、事務処理者に善管注意義務を負わせているのが原則である（二九八条・六四四条・八五二条・八六九条等参照）。そして例外的に注意の程度を軽減し、責任を軽くするのが妥当な場合には、保管者・事務処理者は「自己の物におけると同一の注意」をもって保管すれば足りるとする（六五九条・八二七条など）。すなわち、その人の個別的な注意能力を標準とし、その人が普段用いている程度の注意で足りるとする。したがって元来不注意な人が無償で他人から預かった物を、不注意のために逸失し、返還できなくなっても、何ら責任を負わない（六五九条）が、もし有償で預かったときは、善管注意が要求されるから損害賠償義務を負うわけである。

善管注意は社会の一般人として客観的に要求される程度の注意であるが、その人の属する職業や地位（客観的なもの）に応じて具体的な注意の内容は変りうる。その意味で商人には商取引のうえで商人にふさわしい注意の程度が要求される。たとえば生繭の売買が特定物の売買である場合には、売主が買主のため「善良ナル管理者ノ注意ヲ以テ右生繭ヲ保管スルニハ、コレヲ乾燥シテ所謂乾燥繭ト為スベキモノナルコト実験ノ法則上当然ニシテ言ヲ俟タザル所」であり、したがって売主は買主にその乾燥繭を引き渡すことを要し、かつそれをもって足るとした判例がある（大判大七・七・三一民録一五五五頁）。

(3)　**債務者の引渡義務**　債務者は善良なる注意をもって保管したうえで、引渡しをなすべき時すなわち履行期における目的物の状態において引き渡すことを要し、かつそれで足りる（四八三条）。したがって善管注意を怠らなかったにも拘らず破損すれば、破損のままで引き渡してよく、何ら責任を負わない。滅失したときも何ら責任を負わない。

売買のような双務契約から生じた特定物引渡債務の場合に、債務者の過失（つまり善管注意の懈怠）なしに滅失・毀《き》損したときは、前述したように危険負担の問題を生じる。

なお、債務者が履行期に履行しない状態つまり履行遅滞にあるときは、保管上の注意義務は加重され、逆に債権者が受領を拒むなどいわゆる受領遅滞にあるときは、以後債務者の注意義務は軽減される（後述参照）。

四　種類債権

1　性　質

ビール一ダース、米一〇キログラムというように一定の種類に属する物の一定量を給付することを目的とする債権をいう。種類債権は売買、特に種類売買によって生じるのが普通であるが、消費貸借（たとえば、米一キログラムの消費貸借のときの貸主の債権。なお、金銭貸借の場合には、後に述べる金銭債権を生じる)、不規則寄託(六六六条。農業倉庫に米を不規則寄託するとその終了の際には寄託者は同量の米の引渡しを求めうる)によっても生じる。なお、種類売買という売買の形式は近代に至って普遍的に見られるようになった取引形式で、かつては、商品は、通常、締結前に買主またはその代理人によって吟味され、特定物売買の形式をとっていた、とされる。西洋の一六世紀頃から重要になるに至ったこのような種類売買の観念から、種類債務の概念が形成されるに至り、そして物が商品として個性を失い、かつ標準化された商品の巨大な量が生産される資本制社会においては、種類債権は実際上極めて重要な意味を有している(来栖三郎)。

A倉庫内にある米一トンの引渡しを求める債権のように、一定の範囲で制限した、一定の種類に属する物の一定量の引渡しを求める債権を、特に制限種類債権という。これが普通の種類債権と異なる点、および選択債権との差については後述する(五**6**参照)。

2　給付すべき物の品質　まず、法律行為の性質によって(たとえば、米を一〇キログラム借りたときは、同じ程度の品質の米を返すべきである)、また、当事者の意思表示によって定まる(たとえば、「こしひかり一〇キログラム」の売買のときは、この通りの米を引き渡すべきである)。もしこれによって決しえないときは、中等の品質の物(標準米)を給付すべきである。

中等の品質のものを給付すべき場合に債務者が下等の物を給付しようとしても、債権者はその受領を拒みうる。拒んでも受領遅滞にならず、むしろ、そのために履行を遅らせた債務者が履行遅滞の責めを負う。債権者が下等の品質の物を知らずに受け取ったときは、原則として追完請求権を有し、中等の品質の物に取り替えを請求しうる。

逆に、債務者が中等の品質の物と誤信して上等の品質のものを給付したときはどうか。それが債権者側の詐欺によるものであれば、取り消して返還を請求しうるが、単なる錯誤のときは、原則として要素の錯誤(九五条)に該当せず、したがって返還請求をなしえない。無能力者が単独で(親権者などの保護者の同意を得ないで)これをなした場合には四七六条が適用され、無能力を理由に取り消して返還を求めうるためには、中等の品質の物をあらためて給付するのと引換えであることを要する（第六章第二節二参照）。

3　種類債権の特定　種類債権はそれが発生した段階では種類債権であっても、それが履行されるときは、特定の物（特定のこのビール一ダース）として履行される。そして現実に履行が完了する前であっても、一定の要件があると、いわゆる種類債権の特定を生じ、そして特定によって種類債権は特定物債権に転化するわけではないが、それに準じて扱われる。

(1)　**特定の時期**　まず、特定によって生じる効果にかんがみると（後述(2)(a)(b)参照）、特定の時期が早いほうが債務者にとって有利であることを注意すべきである。さて、考えうる最も早い特定時期は、債務者が、履行のために必要な一定量をよりわけた時であり、最も遅い時期は、債権者が受領した時である。しかし、法はその中間をとって、債務者が履行をするに必要な行為を完了した時に特定を生じると定めた（四〇一条）。したがって、

(a)　債権者の住所地で履行すべき債務（持参債務という。民法はこれを原則とする。四八四条参照）にあっては、債権者の住所で現実に提供することを要し、目的物を発送しただけでは足りない（大判大八・一二・二五民録二五輯二四〇〇頁）。ただし債権者が受領を拒んだために持ち帰ったようなときも特定は生じる。

(b)　しかし債務者の住所で履行すべき債務、すなわち債権者が債務者の住所まで取りに来る債務（取立債務という）においては、債務者が給付すべき物をよりわけてその旨を通知することによって特定を生じる。

(c)　債権者および債務者の住所以外の第三の場所に送り届けるべき債務（送付債務）においては、もし、それが予め義務の内容となっていれば、第三の場所で提供すべきであり、もし、義務としてでなく単に債権者からの依頼に応じて好意でなす場合には、発送だけで足り、したがって運送人に引き渡せば特定する。

(d)　債務者が特定についての指定権を予め与えられているときは、指定権の行使によって特定するから、債務者が単に目的物をよりわけた段階で（口頭の通知も要せずに）、特定しうることになる。

(e)　債権者と債務者の合意で特定することもできると一般に解されている。しかしこのような合意は、種類債権を特定物債権それ自体に変更するための合意と見るべきであり、種類債権の特定と区別して捉えるのが正当であろう。

(2)　**特定の効果**　前述のように、特定により、以後は特定物債権に準じて扱われる。

(a)　特定後に、その物が滅失すると、それが債務者(たとえば、贈与者を考えよ)の責めに帰すべき事由によるときは履行不能による損害賠償債務が発生し、責めに帰しえない事由によるときは発生せず、したがって債務はすべて消滅する。いずれのときも、他の物を給付すべき義務はない。また損害賠償債務が発生するときに、その履行の代りに他の物を給付する権利もないのが原則だが、後述の変更権の存するときはその限りでない。なお特定する前の段階で、債務者が特定しようと意図していた物が滅失したならば、債務者は別の物を給付すべきことはいうまでもない。

(b)　売買その他の物権の変動を目的とする双務契約においては、特定の時から危険は債権者(売買の場合には買主)に移る(五三四条二項)。したがってその時より後に不可抗力により目的物が滅失すると、買主(債権者)は(a)に述べた通り目的物の引渡しをうけることができず、またそれに代る損害賠償債権も取得しえないのに代金債務は存続する。逆に売主(債務者)は代金債権を取得するから、不可抗力による滅失の危険を免れうる。もし特定前に不可抗力で滅失すれば、売主は代りの物を給付すべきであるから、売主が危険を負担することになる。

(c)　特定後は特定物債権に準じて扱われることから、債務者は特定した物を善良な管理者の注意をもって保管すべきである(四〇〇条)。それとともに、特定後は必ずこの物を給付すべく他の物と取り替えることはできない。しかし普通の種類売買によって生じる種類債務のように、後で別の物を給付しても債権者にとって何ら不利益を生じない場合には、債務者は信義則上変更権を有すると解されるようになってきている(そして債務者が変更権を有する限り、種類債権は特定後も特定物債権に転化したとはいえないわけである)。だから、特定後に売主がその目的物を他に処分しても、変更権を有する売主が別の物について履行の用意をしている限り、買主のほうで、売主の債務不履行を理由に売買契約を解除することはできない（大判昭一二・七・七民集一六巻一一二〇頁。株式の売買の事例）。

(d)　特約のない限り、特定によって目的物の所有権は債権者に移る。物権法に関する問題だから、そちらの説明に委ねる。

4　制限種類債権　制限種類債権が普通の種類債権と異なった扱いをうける点を述べると、後者では、その特定後に滅失する場合を除いて、その種類に属する物が世の中に存在する以上は常に履行不能にならないが、前者では、——前述した事例の場合についていうと——特定前においてもA倉庫中の物がすべて滅失すれば、履行不能になる。したがって種類債権の特定の効果として前述した(a)と(b)の効果がこの場合も生じる（もっとも、(b)については通説は債務者主義をとるようである。五三四条が立法論として妥当でない（前述）ために、これを制限的に解釈しようとする態度といえよう）。

五　選択債権

1　意　義　選択債権とは、「A馬かB馬か」、あるいは「Cの土地かDの家屋か五〇〇万円か」、というように数個の給付中、選択によって定まる給付を目的とする債権である。贈与契約によって生じることが多いが、法律の規定によって生じることもある（一一七条・一九六条など）。数個の給付のそれぞれが個性をもち、したがって数個のうちのどれが選択されて給付されるかが当事者の利害に重大な意味をもつ。したがって給付のそれぞれに個性がない、種類債権の場合のように、単に中等の品質の物の中から債務者がとりわけて給付する（もしくは、もし債務者が任意に給付しないときは、強制的に実現するために、債権者は執行官によって、債務者の占有している、当該種類に属する物の中から一定量をとりわけて差し押えてもらい、その引渡しをうける）という処理の仕方を採用することができない。そこで民法は選択債権の場合には、誰が数個の給付中の一個を選択しうるか、また、その選択権はいかにして行使されるか、について規定を設けている。

2　選択権者　選択権は債務者に属するのが原則（当事者の通常の意思の推定にもとづく）だが（四〇六条）、当事者の特約によって、債権者または第三者に属させることもできる。

債務者に選択権が属する場合には、これを行使しないままで弁済期が到来したとき、相手方たる債権者が、選択権者たる債務者に対して相当の期間を定めて催告しても債務者が選択しないときは、選択権は債権者に移転する。特約によって債権者に選択権が属していたときも、これと同様な方法で相手方たる債務者に選択権の移転が生じる（四〇八条）。なお、第三者が選択権を有する場合に、選択をなすことができず、または選択をなすことを欲しないときは、選択権は債務者に移転する。

3　選択権行使　選択権行使の方法は、選択権が、債務者または債権者に属しているときは、相手方たる債権者または債務者に対してなす選択の意思表示であるが（四〇七条一項）、第三者に属するときは、債務者または債権者のいずれかに対する意思表示である。当事者のする選択の意思表示は、いったんこれをなしたときは、相手方の同意がなければ取り消しえない（同条二項）。ここでいう取消しは撤回の意味であって、いったん選択の意思表示をした以上、債権の目的は選択された物に特定するから、勝手にこれを変更して別の物を選択しえないという趣旨である。

第3図

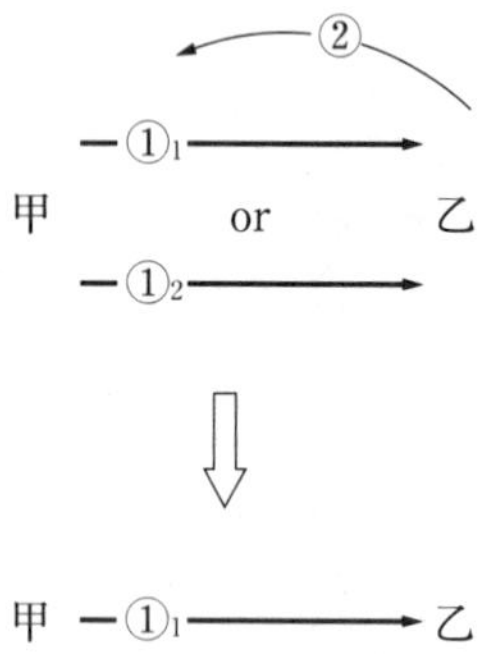

①1：A馬引渡債務
①2：B馬引渡債務
②：選択権行使

そして選択債権の場合にはそれぞれの給付に個性があり、どれを選択するかは当事者の利害関係に重大な影響を生じるから、個性のない種類債権の場合のような一方的な変更権は認められないわけである。なお、選択の意思表示が、詐欺または強迫によってなされるような場合に、それを理由にこれを取り消しうるのはいうまでもない。なお、後述**5**を参照せよ。

4　選択の効果　選択権行使により債権の目的は選択されたほ

うの給付に特定する。したがってA馬かB馬かというような選択債権の場合、A馬が選択されると、その後はA馬を給付すべき特定物債権に準じた扱いをうける（第3図参照）。このような選択の効果は債権発生の時に遡る。ただし第三者の権利を害することはできない（四一一条）。選択に遡及効が与えられている結果、選択権者は不能となった給付を選択しえ、それによって選択権という一種の期待権の保護が与えられることになる。

前例で、債務者乙に選択権が属する場合、もしB馬が不可抗力または債務者の過失で死亡したときは、債権はA馬に特定するから選択の余地はない（四一〇条二項）。しかし選択権を有しない債権者甲の側の過失によって死亡したときは特定しない（同条二項）。したがって、債務者乙はB馬（時価一〇〇万とする）を選択することができ、そしてB馬を選択すると、遡及効によって、債権成立の時からB馬を給付すべき特定物債権だったことになる。これが債務者の責めに帰しえない事由で履行不能になったのだから、債務者は債務を免れることになり、したがって生き残っているA馬（時価一五〇万円とする）を給付する必要がなくなる。これは選択権者たる債務者が自分にとって負担の少ないほうのB馬を選択しうる期待権が相手方の過失によって失われることがないということを意味する。

逆に債権者甲が選択権を有する場合に、債務者乙の過失でA馬（時価一五〇万円）が死亡したとき、債権の目的は生存しているB馬（時価一〇〇万円）に決定することはなく、したがってA馬を選択しえ、その効果として、債権者はA馬の給付が債務者の責めに帰すべき事由により不可能となったことを理由として、A馬に代り一五〇万円の損害賠償を請求しうる。ここでも債権者が自分の有利なほうの給付を選択しうるという期待権の保護がこれによってはかられるわけである。

遡及効が第三者の権利を害してはならないという但書の規定は、物権法に関係するから深く立ち入らないが、A馬が選択されたときに債権者が取得すべきA馬の所有権と、債務者からA馬を譲り受けた第三者の取得すべき所有権と、いずれが優先するかは、物権変動に関する理論の適用により決すべきであり、したがって物権変動の対抗要件たる引渡し（動産の場合）の前後によって決されるから（一七八条参照）、結局、この規定は解釈上無意味な規定といわざるをえない。

5　選択権行使によらない特定　前に一言したように、選択債権は、選択権を有しない当事者の過失によって給付のいずれかが不能となる場合を除いて、原始的に不能なとき、もしくは後発的に不能となったとき、のいずれの場合も、選択債権は二個の選択のときは残存したものに当然に特定し、三個以上のときは、残存するものの上の選択債権となる（四一〇条）。

6　選択債権と制限種類債権　ある債権が選択債権かそれとも制限種類債権かを判断することが困難な場合が少なくない。両者の区別は、数個の給付がそれぞれの個性に着眼され、個別的に定まっているか、それとも一定の範囲に属するものならどれでも同じで、物の個性に着眼されていないかに求めるべきである。

かつて判例は、自己の所有の田地内の一町歩を与えるという場合には制限種類債権が生じるとし、しかし制限種類債権であっても、選択債権に関する選択権行使の規定および選択権移転の規定が準用されるとした。したがって贈与者（債務者）Yが約束の期日までにその地所を指定して移転登記手続を済ませることをしないので、受贈者（債権者）Xは相当の期間を定めて地所の指定をなすようYに催告し、それでもYが指定しないのでXが指定し、その所有権移転登記を請求したのに対して、四〇七条、四〇八条の準用により、これを認容した（大判大八・五・一〇民録二五輯八四五頁）。

この判例に対して学説は、自己の所有田地内の一町歩の部分といっても、地味や交通の便や地価など様々であり、したがって給付に個性が強いことにかんがみて、右のような債権は種類債権でなく選択債権と見るべきであり、したがって四〇七条、四〇八条は準用でなくて適用すべきであるとした。

その後、判例もAが所有する一筆の土地（三一五坪）のうちの五〇坪を賃貸する旨の契約がAとBとの間に結ばれたが、Aが約束の履行期が来ても、五〇坪の指定をせず、引渡しをしないので、Bが催告したうえで自ら指定し、その引渡しを求めた事案において、選択債権と認定しつつ四〇七条、四〇八条を適用するに至った（最判昭四二・二・

二三民集二一巻一号一八九頁)。

7　任意債権　選択債権と似てこれと異なるものに任意債権がある。これは一定量の現物を給付すべきだが、その時の時価で換算して金銭で支払ってもよい、というように、債権の目的は一応決まっているが、債務者が他のものをもって代える権利（代用権・補充権）をもっている場合をいう。任意債権においては一つが本来の給付であり、他は補充的なものにすぎないから、本来の給付が債務者の責めに帰しえない事由で不能となれば、債権がすべて消滅する。また代用給付をなすべき意思表示は、特別の事情のない限り、選択債権における選択の意思表示と異なり、特定の効果を生じない。任意債権における代用権の法的性質につき、わたくしは債務者が（債権者がでなく）有する、一種の代物弁済の予約完結権（後述参照）と解する。任意債権は契約によって生じるほか、法律の規定（たとえば、四〇三条）によっても生じる。

六　金銭債権

(1)　金銭債権は一定の金額の金銭を支払うことを目的とする債権である。これは種類債権の極致ともいうべきもので、金銭は全く個性をもたず、貨幣価値そのものであり、したがって品質は問題にならない。また、特定ということも生じない。この点に、金銭債権が一般の種類債権と異なる法的規制を必要とする理由がある。

右のごとき金銭債権は狭義の金銭債権であり、金額債権ともいうが、広義の金銭債権の中には、このほかに、特定物債権としての金銭債権（陳列棚に飾る目的で特定の金貨を貸借したり、売買することによって生じる）また、種類債権としての金銭債権（金種債権ともいう。収集の目的で、明治二八年発行の一〇円の日本銀行兌換券一〇枚の売買契約がなされたようなときに生じる）も含まれる。しかし一般に金銭債権といえば狭義のそれを指す。

(2)　金銭債権に関する規定として、債務者はどんな種類の通貨で弁済してもよい（四〇二条一項本文）。ただし特殊の通貨で支払う特約（たとえば、五〇〇円札で払う特約。金本位制度が採用され、金貨が流通していた時代には、紙幣でなく金貨で払う、という特約がしばしば見られた。これを金貨約款という）は有効であるから、約定された特殊の通貨で支払わなくてはならない（同項但書。しかし明治二三年に制定された、いわゆる旧民法ではこのような特約は無効とされた。紙幣の社会的信用力が十分でなかった時代に、これを高めるためには、金貨で払うという特約を無効とする必要があったからである）。しかしその場合にも、弁済期においてその特殊の通貨が強制通用力を失ったときは、債務者は他の通貨をもって弁済しなければならない（同条二項）。

右に述べたように債務者は原則としていかなる通貨で支払ってもよいが、いわゆる補助貨幣で支払う場合については、「通貨の単位及び貨幣の発行等に関する法律」によりその個数が制限され、最大限二〇個までと定められている（同法三条）。だから、二、〇〇〇円の債務を負う者が百円玉二〇個で支払おうとするのを債権者側で受領を拒むことはできない（拒めば受領遅滞となる）。しかし十円玉二〇〇個で支払おうとするのを拒むことはできる（拒んでも債権者の受領遅滞とならない。もちろん債権者が拒まずに同意して受け取れば有効な弁済となって問題は生じない。しかし債権者が拒んだために履行が遅れると、債務者は履行遅滞の責めを負う）。十円玉二〇個と五十円玉二〇個と百円玉八個とで支払おうとする場合も受領を拒みえない。

外国の通貨をもって債権額を指定したときも右の四〇二条一項二項が準用されるが、このほか、債務者は履行地における為替相場によって日本の通貨をもって支払うことができる（四〇三条）。

なお、金銭債務の不履行の要件と効果については特則がある（四一九条、後述）。

(3)　金銭は、商品交換のための不可欠の媒体であり、現代の商品交換経済を運営するために極めて重要な機能を有する。そのために金銭債権は、たとえば、売買代金債権として、雇傭契約より生じる賃金債権として、賃貸借上の賃料債権として、また、金銭消費貸借より生じる元本返還債権あるいは利息債権として、さらには不法行為にもとづく損害賠償債権として、その他、種々な発生原因によって生じ、社会の中で最も広範に見られる、そして最も重要な債権である。債権総則の規定のうち、金銭債権を念頭において設けられている規定は少なくない。

〔補説〕　貨幣価値の急激な変動特に下落があったときに、事情変更の原則を適用して、金銭債権の増価評価が認められないかが問題となる。第一次大戦後ドイツでマルクの価値が著しく下がったとき、判例はこれを認め、その後増加評価法が制定された。日本では金銭債権に事情変更の原則を適用するについて判例は慎重である。昭和九年に発行された割増金付割引勧業債券につき、貨幣価格の下落があっても、債券発行売出銀行は、償還期限に債券面記載の償還金額を支払えば足りるとした（最判昭三六・六・二〇民集一五巻六号一六〇二頁）。

七　利息債権

(1)　意　義

利息債権とは利息の支払を目的とする債権である。それでは利息とは何か。その定義は困難であるが、要するに、金銭その他の種類物（たとえば、米）の返還を求める債権（元本債権）の存在を前提とし、元本のいわば使用の対価としての意味をもつもので、元本に対する一定の率（利率）によって計算された金銭その他の種類物である。元本債権・利息とも金銭であることが圧倒的に多い。

利息債権という語には二つの異なった意味がある。すなわち一定の元本債権から、毎年末または毎月末に現実に発生する一定額の利息を請求する個々的な債権としての利息債権と、右の元本債権について毎年末または毎月末に一定率の利息を生み出す効力をもった基本的な債権としての利息債権とである。前者を支分権たる利息債権、後者を基本権たる利息債権という。一般に利息債権という語は後者の意味で使われる。この両者の関係は、定期金債権における支分権としての定期給付債権（一六九条）と基本権たる定期金債権（一六八条）の関係に近い。

(a)　支分権たる利息債権で、すでに弁済期の到来したものは、元本債権から独立した債権として扱われる。すなわち、元本債権が消滅しなくても独立に時効によって消滅するし、元本債権が弁済などによって消滅しても独立に存続しうる。また、元本債権が譲渡されても、これに伴って移転しないのを原則とするし、元本債権と分離して処分（譲渡・質入れ）できる。弁済期の未到来の支分権たる利息債権は元本債権に対して概して従属性を有するが、しかし元本債権と独立して処分（将来の債権の処分）することが可能であるなどの点で独立性を有する。

(b)　これに対して基本権たる利息債権は、元本債権に対して全面的に附従性をもち、元本債権が消滅すれば、これも消滅し、元本債権が譲渡されるとこれに伴って当然に移転する。もっとも、基本権たる利息債権も元本債権と別個の権利である（単に元本債権の効力にとどまらない）。だからこれだけを元本債権と別に免除によって消滅させることもできる。わたくしはさらに、基本権たる利息債権について一六八条の規定を準用すべきであり、同条に定める事由の発生により、基本権たる利息債権が元本債権と別個に時効消滅すること、したがって利息づき債権が以後は無利息債権に転じることを認めるべきではないかと考える。

(2)　**利息債権の発生**　利息債権は法律行為（利息づきの金銭消費貸借契約、利息づきの金銭の不規則寄託契約（六六六条）、あるいは利息づきの米の消費貸借契約など）または法律の規定（六五〇条・七〇四条、商法五一三条等）によって発生する。前者を約定利息、後者を法定利息という。

(a)　約定利息の利率は、当事者の約定によって定める約定利率によるのが原則だが、金銭貸借の場合の約定利率については、これが過度に高くならないようにし、債務者を保護することを目的として、利息制限法が定められている。当事者が利息をつけることだけを約定して、利率の約定がなかったときの利率は法定利率による。法定利率は民事上は年五分（四〇四条）だが、商事では年六分（商法五一四条）である。

(b)　法定利息の利率は、右に述べたごとき法定利率による。たとえば友人に頼まれて友人の借金の保証人になった人は、友人に代って自分で支払ったとき、その友人に求償するにあたり、支払った金額に年五分の法定利息をつけて請求しうる（四五九条二項）。また、金銭貸借の際に利息に関する約定がなされていなかったときは無利息となるのが原則だが、当事者が共に商人であったときは、例外的に年六分の法定利息がつく（商法五一三条）。

(3)　**重利（複利）**　重利の特約は有効である。ただし、それが利息制限法の規定を潜脱する手段とされてはならないから、特約による利息計算の結果が、利息制限法で定める最高利率を超えない限度でのみ有効となる。重利の特約がなければ単利計算となる。しかしこれに対する例外として、債権者の組入権が定められている。すなわち、利息が一年分以上延滞し、催告しても支払わないときは、債権者は延滞利息を元本に組み入れることができる（四〇五条）。したがって延滞利息はこの時から元本として利息を生じ、この限度で重利となる。債権者によって組入権が行使されないときは延滞利息に利息はつかず、したがって単利のままである。

(4) 利息制限法

(a) 利息制限の歴史

ヨーロッパの中世ではキリスト教の影響もあって、利息を取ること自体が禁止されたが、わが国でも古くは利息づきの金銭貸借は、無利息の金銭貸借と異なって十分な法的保護が与えられなかった。たとえば、徳政令や相対済令の対象となったのは利息づきの貸借に限られ、また、徳川時代利息づきの金銭貸借の取立訴訟は特別の訴訟手続（金公事という）に服し、裁判官は和解をすすめ、また分割払いが原則であったとされる。しかし近代になって契約自由の原則が認められ、また経済的には、貨幣経済が進展したことに伴って、利息は一般にこれを認め、ただ高利だけを禁止するように変った。その際、最初は一律に一定の率を超える利息を無効としたが、次第に個々的に判断し、暴利と見られる情況のある場合に限ってこれを無効とするようになった。一律に無効とすることは、経済の実情に合わず、その活力を失わせるおそれがあるからである。

わが国では明治一〇年の太政官布告によって利息制限法が定められ、昭和二九年の大きな改正（形式上は新立法）、平一一年改正を経て現在に至っているが、これによって一律に高率の利息を無効とするという方式がとられている。

(b) 利息制限法の内容

(ア) 金銭消費貸借上の利息の約定についてのみ適用される（手形割引は手形売買であるから本法は適用されないとするのが判例の態度である（最判昭四八・四・一二金融法務事情六八六号三〇頁）。しかし疑問である）。その約定利率は元本が一〇万円未満は年二割、一〇万円以上一〇〇万円未満は年一割八分、一〇〇万円以上は年一割五分を最高とし、この最高利率を超える部分は無効とする(同法一条一項)。したがって、その部分については基本権としての利息債権も支分権としての利息債権も発生しない。ただし、この超過利息の部分を債務者が任意に支払ったときは、その返還を請求することはできない(同法同条二項)。したがって一種の自然債務(後述)として成立するわけである。

(イ)　利息を天引きした場合においては、天引額が、債務者の受領額を元本として前述した最高利率によって計算した金額を超えるときは、その超過部分は、元本の支払に充てたものとみなされる(同法二条)。たとえば、五万円の一年間の消費貸借で、約定利率年二割の一年分利息一万円を天引すれば実際には四万円を渡すことになるが、一年後に約定の元本五万円でなくて、四万八、〇〇〇円を返せばよい。しかし右の事例で、約定利率年一割の一年分利息五、〇〇〇円を天引して四万五、〇〇〇円を渡したときは、右の規定にふれないから一年後に約定通りの五万円を返還しなければならない(このときは実質的には四万五、〇〇〇円の元本に、年一割一分強の利息をつけて返すことになり、そしてこの利息だと前述の最高利率を超えていないからそのまま有効としてよい)。この規定は、利息の天引という計算方法を用いることによって、前述の最高利率の規定を潜脱することを許さない、という趣旨である。

(ウ)　超過利息もいったん任意に支払われると返還請求できない、という規定をそのまま適用すると、往々にして、高利を支払った債務者の保護に欠ける結果となる。そこで判例は、解釈によってこの規定の適用を狭くし、債務者保護に努める方向へ向ってきた。

まず、利息の天引に関する前述の規定を手がかりにし、任意に支払った利息の超過部分についても、残存元本が存する限りこれに充当すべきものとした(最大判昭三九・一一・一八民集一八巻九号一八六八頁)。したがって、たとえば五〇万円に対する約定利率年三割の利息一五万円を一年目の年末に支払っても、最高利率である年一割八分の利息九万円を超える六万円は元本に充当されて、弁済期である二年目の年末には元本の四四万円とそれに対する年一割八分の七万九、二〇〇円を弁済すればよいとされた。のみならず、判例は、このように元本が残存する場合についてだけでなく、長年超過利息を支払った結果、上記の判例理論によれば、元本が完済されただけでなくて、さらに続けて利息が払われた場合にも、非債弁済の法理（七〇五条）を適用することによって、債務者に、その部分の返還請求を認めるようになった（最大判昭四三・一一・一三民集二二巻一二号二五二六頁）。さらに判例は右判例との均衡をはかる必要があることを理由に、超過利息の元本充当という理論をいれる余地のない、元本と超過利息が一括して支払われた場合にも、超過利息の返還請求を認めるに至った（最判昭四四・一一・二五民集二三巻一一号二一三七頁）。これによって一条二項は全くの空文に帰したといってよい。

(エ)　利息制限法の潜脱を防ぐ目的から、礼金、割引金、手数料、調査料その他何らの名義をもってしても、それが金銭消費貸借に関して債権者が受け取る元本以外の金銭であれば、すべて利息とみなされる。ただし、契約締結および債務弁済の費用はこの限りでない（同法三条）。

(オ)　同法はさらに、債務者が弁済期に弁済せず履行を遅らせた場合の賠償額の予定についても、一定の制限を加えている。すなわち予定された賠償額の元本に対する割合が、前述した最高利率の二倍（平成一一年の利息制限法の改正により、一・四六倍に引き下げられた）まではこれを認めるが、それを超過した部分についてはこれを無効とする（同法四条一項）。たとえば、元本五万円約定利率三割の一年間の金銭貸借にあたり、一年後に弁済しなかったときは以後年五割の割合で賠償を支払うと約定されていれば、債務者は最初の一年間は二割の利息を、弁済期後の期間については年四割（前述の平成一一年の改正により年三割まで引き下げられた）を損害賠償として支払えばよい。しかし、債務者が超過部分を任意に払えば返還請求をなしえない（同法四条二項）。もっともこれについても、判例理論では一条二項と同様な空文化が生じている。

(カ)　**出資法と利息制限法**　利息に関する法規制としては、利息制限法以外に「出資の受入れ、預り金及び金利等の取締りに関する法律」（出資法、昭二九法一九五、改正平一一法三二・法一五五）がある。同法によれば、年一〇九・五％（日歩〇・三％）を超える貸付けを行った者には、刑事罰として三年以下の懲役もしくは三〇万円以下の罰金に処し、またはこれを併科することになっていた。このように年一一割にも近い極端に高い利息で貸し付けた場合には、

第４図

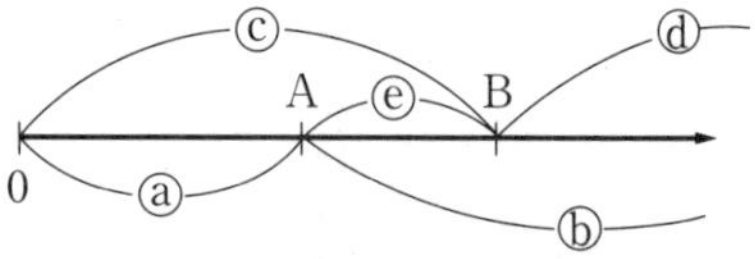

Ａ：利息制限法最高利率
Ｂ：出資法最高利率
ⓐ：利息約定有効　ⓑ：無　効
ⓒ：刑罰なし　ⓓ：刑罰あり
ⓔ：いわゆるグレイゾーン
（刑罰なし、利息約定無効）

民事上、利息制限法によってその効力が制限されると同時に刑罰による制裁も受ける――しかし右のような高利でないときは刑事上の制裁はない――ことになっていた。

しかし近時、いわゆるサラ金問題の急増・深刻化に伴い、サラ金業者から借主をより強く保護する必要が叫ばれ、その結果、貸金業を登録営業として、一定の資格を要求し、厳重な業務規制に服せしめることを定めた「貸金業の規制等に関する法律」(昭五八法三二)が制定されるとともに、出資法による規制が一層強化されることになった。すなわち、年一〇九・五％の限度額は、貸金業者の貸付けについては四〇・〇〇四％(日歩〇・一〇九六％)とする(ただし、引下げは漸進的に実施されることになっており、六一年一〇月末日までは七三％、それ以降は五四・七五％、さらに五年後の六三年一〇月末日以降において、経済・金融情勢などを検討したうえで四〇・〇〇四％に移行する日を法律によってすみやかに定める、となっている(同法附則二条以下)。平成二年六月にその法律が制定公布され、平成三年一一月から移行が実施されることになった。)このような段階を逐って最高利率を引き下げる方式は、政府与党の原案と野党の修正案の妥協をはかるために採用された。違反の際の罰金の額も三〇万円以下が三〇〇万円以下に改められた。

しかしその反面において、前述した利息制限法一条二項に関する厳格な判例理論を緩和する規定が貸金業規制法の中に設けられている。すなわち、利息制限法の制限を超える利息を債務者が任意に支払った場合に――但し債権者たる貸金業者が、貸金業規制法の定めるところ(同法一七条・一八条)にしたがって、貸付契約の内容を示す書面および受取証書の交付義務を履行している場合に限って――利息制限法の規定にかかわらず「有効な利息の債務の弁済とみなす」(同法四三条一項)ことになった。したがって貸金業者による金銭貸借の場合、右のような一定の条件のもとで、利息制限法の最高利率を超えるがしかし出資法の最高利率を超えない利息の部分（いわゆるグレイゾーン（**第4図参照**））については、任意で支払ってしまうと、もはや元本充当や返還請求は認められないことになり、判例理論に著しい修正が加えられたわけである（出資法の最高利率を超えた利息部分については、判例理論がそのまま適用される（同条二項三号））。

〔補説一〕　日賦貸金業者（日掛金融業者）に関する出資法の特例　出資法附則（昭五八・五・一三法三三）八号は、日賦貸金業者に関する特例を定める。同項の適用を受ける貸金業者であるためには、①従業員五名以下の小規模事業者を対象にして貸付をなすを業とする者であること、②返済期間は百日以上であること、③返済期間の百分の七十以上の日数にわたり（すなわち週五日以上のペースで）、かつ貸付の相手方の営業所または住所において貸金業者が自ら集金する方法により取立をすることが必要である。特例の内容として、出資法の最高利率は、昭和五八年の出資法の改正後も、従来通り、年一〇九・五％（日歩〇・三％）に据え置かれていたが、平成一二年に至って規制が厳格にされ、右の半額（年五四・七五％、日歩〇・一五％）にまで引き下げられることになった（なお、業者は九州と沖縄地区に比較的多く、また出資法に違反して、対象外の個人に貸付をおこなう者が少なくないことが国会でも問題にされ、特例自体の廃止論も主張されている）。

〔補説二〕　利息制限法廃止論について　最近、利息制限法廃止論が優勢になってきた（昭和六一年度秋の金融法学会のシンポジウムでこの問題が取り上げられたが廃止論が大勢を占めた。反対論を主張する人も、出資法の最高利率を年三割五分程度に引き下げるならば、賛成してよいとの意見であった）。廃止論の根拠としては、

①　利息制限法の最高利率は厳格にすぎ、これ以内の利率で金銭を貸して、貸金業を営むことは事実上不可能である。そこで、これを超えた利率で貸すことになるが、超過利息は裁判所へ訴えて取り立てることはできない。また裁判外で取り立てようとしてもその方法について厳しい規制がある。すなわち前述の貸金業規制法二一条は、貸金業者が貸金債権の取立てをなすにあたって「人を威迫し又はその私生活若しくは業務の平穏を害するような言動により、その者を困惑させてはならない」と規定しており、これに違反した者に対して六ヵ月以下の懲役又は一〇〇万円以下の罰金を科し、またはこれを併科すると定める（同法四八条）。したがって貸金業者としてはいきおい陰微な方法をとって利息の回収をはからざるをえなくなる。

②　超過利息については裁判所へ訴えて取り立てることができないために、事実上取り立てることのできない貸倒れが一部の貸付金について生じる。そこで貸金業者は不利益をカバーするために、貸付けの際の利息を割り高にする。ということは、約束通りの

利息を正直に支払う借主の立場から見るならば、利息制限法があるために、そうでない場合と比べて割り高な利息を払わされる結果になる。特に最近、低金利時代に入っていることもあって、銀行は、もし利息制限法が廃止されたなら、サラ金（すなわち無担保の小口金融）に乗り出したいとの意向をもっており、その際年三割六分くらいで貸付けをなしうるということである。利息制限法を存続させることは、借り手からこのような低利で借りる機会を奪うことになる。

③　利息制限法を廃止したからといって、高利の契約がすべて有効になるわけではない。出資法で定める最高利率を超える利息の約定は、借主保護を目的とした出資法に違反する契約として、民法上も無効となるのはもちろんだが、それを超えない利息の約定でも、もし暴利行為（九〇条）と認められる事情があれば無効となる（もちろん出資法違反の場合と違って刑罰は科されない）。たとえば、年三ないし四割程度の利息の約定でも、貸主が借主の無思慮や窮迫に乗じて締結したという事情があれば、暴利行為として無効となりうる。なお、前述したように、現代の先進国家は、高利を抑えるために利息制限法のような、一律に高利を制限する法律を廃止し、個々的に暴利行為に該当する高利を禁止する方法を採用するようになった（イギリス・ドイツ・フランスなど。ただし、アメリカは州により異なる）のであり、わが国で利息制限法を廃止することは、この傾向に合致することになるわけである。

④　最後に、今直ちに廃止することができないならば、せめて、同法が採用している元本の額の切り方（一〇万円未満・一〇〇万円未満・一〇〇万円以上）を直ちに改めるべきだと強く主張されている。というのは、現行利息制限法の元本金額の切り方は昭和二九年の改正の際に決定され、それ以降全く変えられていないが、当時と比べて現在の物価は一〇倍にはなっていることを考えると、一〇〇万円未満・一、〇〇〇万円未満・一、〇〇〇万円以上の三段階に改訂するのが当然であり、現行のままでは不当に利息の制限が厳しすぎるからである。

（ちなみに、現行利息制限法の規定の仕方には不合理な点がある。例えば元本が一〇万円のとき、一年後の元利合計額は最高で一一万八千円となる。ところが元本がそれより少ない九万九九九九円のとき、一年後の元利合計額は最高で一一万九九九九円となり、反って大きくなる。このアンバランスを無くし、合理的にするためには、規定の仕方を改め、元本が一〇万円以下の部分については、最高利率を年二割、元本が一〇万円を超えて一〇〇万円以下の部分については、最高利率を年一割八分、元本が一〇〇万円を超える部分について最高利率を年一割五分、という形にすべきである。もっともこの計算だと幾分計算が面倒になる。）

第三章　債権の効力

第一節　総　　説

1　債権の効力を大別すると、債務者に対するものと、債務者以外の第三者に対するもの（対外的効力）とがある。

債務者に対する効力として、

第一に、債務者が任意に債務を履行すると正当に受領することができる（受領）。正当に受領できるとは、受領が是認され、したがって不当利得（七〇三条）にならず、受領したものを不当利得返還請求権によって返還する義務を負わないという意味である。この効力を債権の最低限度の効力と呼ぶことができる。

第二に、債務者が任意に履行しないとき、債権者は債務者を相手どって裁判所に訴えを起こし、裁判所の審理を経たうえで、裁判所によって債務の存在を確認してもらい、さらに債務の履行を命じてもらうことができる（判決）。

第三に、このような命令があるにもかかわらず、債務者が任意に履行しない場合、債権者は強制執行の手段をとり、裁判所の実力を用いて債務の内容自体を強制的に実現してもらうことができる（現実的履行の強制）。すなわち、金銭債務の場合には、後に詳述するように、裁判所によって、もしくは裁判所に所属する執行官によって、債務者

第５図　金銭債権の取立て（不動産への差押え）

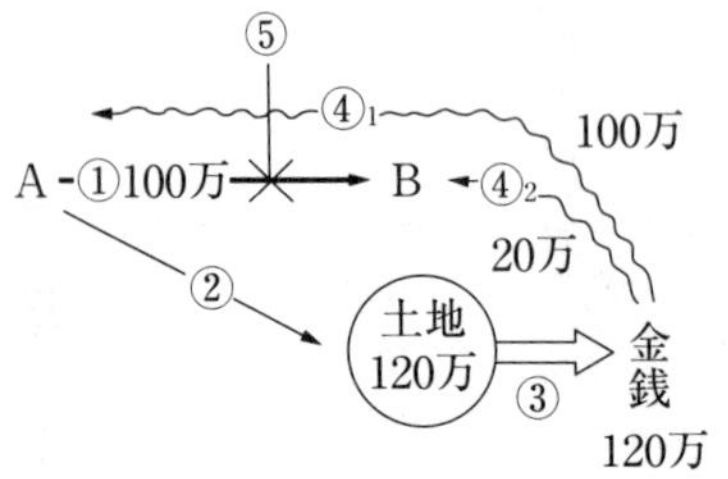

Ａ：債権者、Ｂ：債務者
②：差押え
③：競　売
④1：執行機関からＡへの交付
④2：執行機関からＢへの交付
⑤：消　滅

の財産を差し押え、これを競売などの方法で金銭に換え、その金銭を債権者に引き渡すことによって債務の弁済がなされる（第５図参照）。また、特定物を引き渡すべき債務のときは、裁判所に所属する執行官がこれを差し押えてその占有を債務者から取り上げ、これを債権者に引き渡すことによって債務の内容が実現される（このように債権の効力として債務者の財産に対して強制執行しうることを債権の摑《かく》取力という）。

第四に、右のように債務の内容を強制的に実現しえた場合でも、債務の実現が履行すべき日（履行期）よりも遅れてなされたことによって債権者が損害を蒙ることが起こりうる（遅延損害）。たとえば家屋の明渡債務の履行が一年間遅れたことによって、その期間家屋を利用できないという損害を生じる。また、家屋を明け渡すべき債務において、債務者が過失で焼失させた場合、その債務の履行は不可能となり、したがって債権者は、その家屋を手に入れることができないという損害を蒙る（不能による損害）。このように債務者がその責めに帰すべき事由により本旨に従った債務の履行をなさないときは、債務者はそれによって生じる債権者側の損害を賠償しなければならない。これは原則として金銭（賠償金）の支払によってなされる（損害賠償請求権。履行遅滞のときは本来の債務とともにこれが生じ、履行不能のときは本来の債務に代って発生する）。これについても債務者が任意に履行しないときは――あたかも本来の債務について、訴えの提起、判決、強制執行が可能であると同様に――債権者は訴えを提起してその支払を命じる判決を得ることができ、また強制執行によって強制的に実現することができる。

第6図

		A	B	C	D
本来の給付	受　　領	○	○	○	○
	判　　決	○	×	○	○
	強制執行	○	×	×	×
損害賠償	受　　領	○	○	○	○
	判　　決	○	×	○	○
	強制執行	○	×	×	○

A：原　則
B：自然債務
C：責任なき債務
D：間接強制もなしえない債務（47頁参照）

2　ところで債権（債務）は債務者に対する効力として通常右の四つの効力を有するが、しかし例外的に、本来の債務および損害賠償債務について、任意の履行を受領をすることはできるが、それ以上に訴えて判決を得ることも強制執行もなしえない場合、および判決を得ることはできるが強制執行をなしえない場合がある。前者の場合が自然債務であり、その例として、消滅時効にかかった債務がある。また自己の財産が債権の実現のための引当てとなり、それに対して強制執行がなされる（摑取力が及ぶ）という負担を「責任」というところから、後者の場合を責任なき債務という（**第6図**参照）。その例としては、強制執行しないという特約が付されている債務がある（大判昭二・三・一六民集六巻一八七頁）。そして以上の両者を併せて不完全債務という（もっとも学者によっては、自然債務の語を不完全債務と同じ意味で用いる者もある）。

さて債権（債務）は、本来的に金銭債務である場合のほか、本来はそうでないけれどもその債務不履行によって損害賠償債務に代ることによって金銭債務になる場合もあるが、いずれにせよ金銭債権の強制執行の方法は、前述したように、債務者の財産を差し押えて金銭に換えて弁済に充てることである。差し押えうる債務者の財産の範囲としては、債務者の最低限度の生活を維持するに必要な財産は除かれるが（民執法一三一条・一五二条）、これ以外は、必要であれば債務者の全財産に及ぶ。このように原則として、債務者の全財産が執行の対象となるが、このことを無限責任を負うという。これに対して、例外的に債務者の一部財産に対してしか強制執行しえない場合があり、これを有限責任という。

3　右のように、債権者は債務者の全財産に強制執行しうるのであるが、しかし、債務者の財産が少なければ、たとえ全財産に強制執行していっても事実上弁済を受けることはできないのであるから、債権の実質的な価値は債務者の資力状態によって左右されることになる(たとい、何十億円の債権を有していても債務者が無資力者であれば無価値に等しい)。したがって、債権者もまた債務者の資力が不当に散佚《さんいつ》することなく維持・保全されることについて、債権者に一定の利害関係を有する。債権者のこのような立場にかんがみて、民法は債務者の財産を保全するために、債権者に一定の権能を与えた。すなわち、債務者が自己の財産が減少しそうになっているのにそれを放置しているとき、債権者はその減少を防止するために債務者の権利を代って行使することができることとし(債権者代位権)、また、債務者が自己の財産を贈与するなどして不当に減少させる行為を行ったとき、債権者はこれを取り消して財産を回復することができることとした(債権者取消権)のである。そしてこれらの債権者の権能の行使は、第三者に対して効力を生じ、その利害に影響を与えるものであるから、これを債権の対外的効力と呼ぶのである。

もっとも債務者以外の第三者に対する効力一般の問題としては、第三者が債権の行使を妨げたときに、第三者に対して妨害の排除を請求しうるか、また、債権侵害が不法行為となり、第三者に対して損害賠償を請求しうるか、も問題となる。以上述べた債権の効力についての問題を、次節以下でさらに詳しく検討しよう。

第二節　自然債務、責任なき債務、有限責任

1　前述したように、自然債務とは、任意の履行を正当に受領することはできるが、それ以上の強い効力を有しない債権をいう。その例としては、①前述した消滅時効にかかった債務(時効完成後に債権者が債務者を訴えても、債務者は時効を援用することによって請求は棄却される。時効完成を知らずに債務者が弁済したときでも、債務者は信義則によ

り時効援用権を喪失する（最大判昭四一・四・二〇民集二〇巻四号七〇二頁）から、もはや取り返すことはできない）。②前述の利息制限法の最高利率を超過した利息債務（利息制限法一条二項）。③ある債務について、徳義上支払い、支払わなくても裁判上の問題にしないとの特約（不訴求特約）のある場合。浅いなじみ客がカフェーの女給に相当多額の（当時の金で四〇〇円）の金銭を与えることを手紙で約束した場合に（なお、もし単なる口頭の約束ならば五五〇条が適用される）、裁判所は、女給のほうから履行を強制しえない趣旨の黙示的な合意の存在を認めた（大判昭一〇・四・二五法律新聞三八三五号五頁）。④書面によらない贈与の約束は、その履行までは、いつでも撤回することができる（五五〇条）から、受贈者は事実上訴えてまでは履行を強制することは困難であり、その限りで自然債務に近い。

元来、自然債務の概念はローマ法に由来する。ローマ法では、社会観念上は債務と認められながら、国家による保護の与えられていない債務が少なからずあり（たとえば、奴隷が当事者となる債務とか家長と家子《カシ》〈家族員〉の間の債務、家子相互の間の債務など）、これが自然債務obligatio naturalisとして把握された。しかし近代法のもとでは、契約が社会的な重要性を有するに至ったことにもとづいて、原則的にあらゆる契約ないし債務に国家的保護が与えられ、その履行を求めて裁判所に訴えることが認められるようになった。そのために近代法のもとでは、そもそも統一的な自然債務という概念は不要だとする説も有力に主張されている（川島武宜）。この説をとる学者によれば、現行法上、自然債務として捉えられている諸々の場合は、それぞれ特殊な理由から生じる例外的な場合として個別的に捉えられることになる。

なお、自然債務という場合の「自然」の語は、自然法とか、天賦自然の人権という場合の「自然」の語と同じく、国家以前に存在し、国家による保護もしくは強制の有無と関係なく、当然に守られるべきものという意味である。

2　契約ないし債権に対する国家の保護が十分でなかった時代においては、債務の履行を命じる裁判所の判決があっても、直ちに強制執行することはできず、当事者の間に責任の発生を目的とする特別の合意がなされるとか、その他一定の要件があるときに、はじめて認められたのであり、その意味で債務と責任とは分離・独立しており、債務の効力として当然、責任がそれに伴うものと観念されたわけではなかった。しかし債権に対する国家の保護が強化された近代法においては、責任は債権の通常の効力として観念され、したがって債務の観念の中に包摂されるに至った。このようにして近代法のもとでは、責任は債務から分離したものとして捉える必然性はない。しかし責任の語を、債権の効力としての強制執行を受ける地位として理解したうえで、自然債務の概念に対応する概念として、責任なき債務という概念を用いることは無意味でなく、むしろ現行法の体系的な整理のうえで有意義であろう。

責任なき債務に該当する場合としては、強制執行しないという特約が、当事者間になされた場合をあげることができる。また後述するように、債務の種類によっては、判決を得ても、それにもとづく現実的履行の強制のできない場合があるが、これもその限りでその中に含めてよい。

第7図

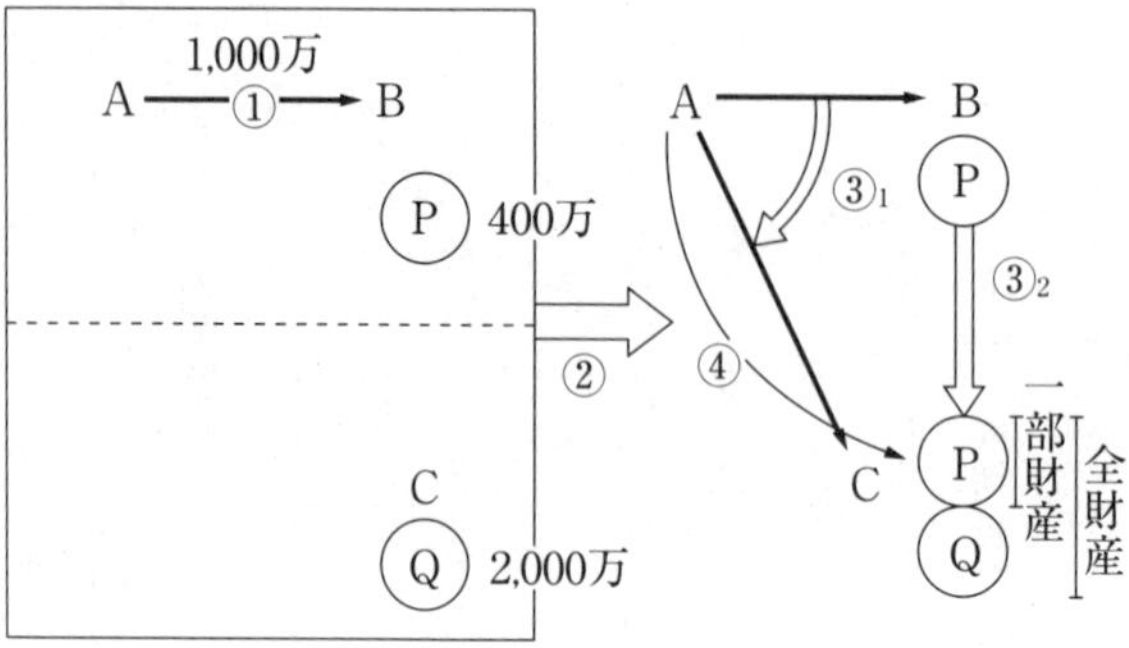

B　　　　：父、C：子
②　　　　：B死亡
③1、③2：相続による承継
P（右下）：相続財産
Q（右下）：固有財産
④　　　　：差押え

3　金銭債権のための強制執行の方法として、債権者は裁判所に申し立てて、いわゆる差押禁止財産（民執法一三一条・一五二条）を除き、必要とあれば債務者の全財産を差し押えてもらい、それを競売などの方法で金銭に換えてもらってそこから支払を受けるが、その際、債務の一部の財産にしか差し押えることのできない場合がある。それを有限責任という。また逆に、債務者以外の第三者の財産に対しても差押えのできる場合がある。

前者に属する場合としては、相続の限定承認をした場合（一般に、相続開始とともに被相続人の債務〈消極的財産〉は、その積極的な財産とともに相続人がそのまま承継するが、九二二条によると、相続人が相続開始を知った時から三ヵ月以内に限定承認の手続をとることによって、被相続人に対する債権者であった者は、現在の債務者である相続人の全財産〈すなわち相続人が相続することによって得たいわゆる相続財産に、それ以前からもっている固有財産を加えたもの〉に差押えていくことはできず、相続財産に対してしか差し押えができない（**第7図**参照）、および質屋営業法の適用をうける営業質屋の場合（一般に質権者は、質物を競売して換価した額が債権の弁済に不十分なときは、債務者の所有する他の財産（一般財産）を差し押えて、そこから支払を受けることができるが、営業質屋の場合は、質物から支払を受けうるだけで、その不足分について一般財産にかかってはいけない（質屋営業法一九条））がある。

〔補説〕　そのほか株式会社の株主の地位についても、有限責任という語が用いられることがあるが、株主は、そもそも会社の取引先に対しては、直接には何ら債務を負っていないのだから、債務を負いながら、しかも責任が有限だという場合には該当しない。そこでいう有限責任は、株主が会社に対して出資義務のみを負い、取引先に対しては債務を全く負っていないこと、その意味で債務が有限であるということを指しているのであり、「債務と責任」という場合の責任の語と異なった意味で用いられていることに注意する必要がある（後述〔補説〕参照）。

後者の例としては、まず保証人が立てられている場合が問題になる。債権者は主たる債務者の財産だけではなく、保証人の財産に対しても、これを差し押えることができるからである。しかし現行法の建前のうえでは、保証人は単に主たる債務のために責任を負うのではなく、自ら保証債務という特殊な債務を負い、その債務の効力として責任を負っているものとして捉えられている。したがって後者に該当しないことになる。それに反して、他人の債務の担保のために自己の財産に担保物権（質権・抵当権）を設定している、いわゆる物上保証人は、現行法の建前においても、自らは債務を負わず、もっぱら債務者の債務のために責任を負う（担保権の実行により差押えと同様な関係を生じる）と解されているから、まさしく後者の場合に該当する（**第8図**参照）。抵当不動産の第三取得者も同様である（**第9図**参照）。そして、右の場合の物上保証人・抵当不動産の第三取得者の地位を指すために、債務なき責任という語が用いられている。

第8図

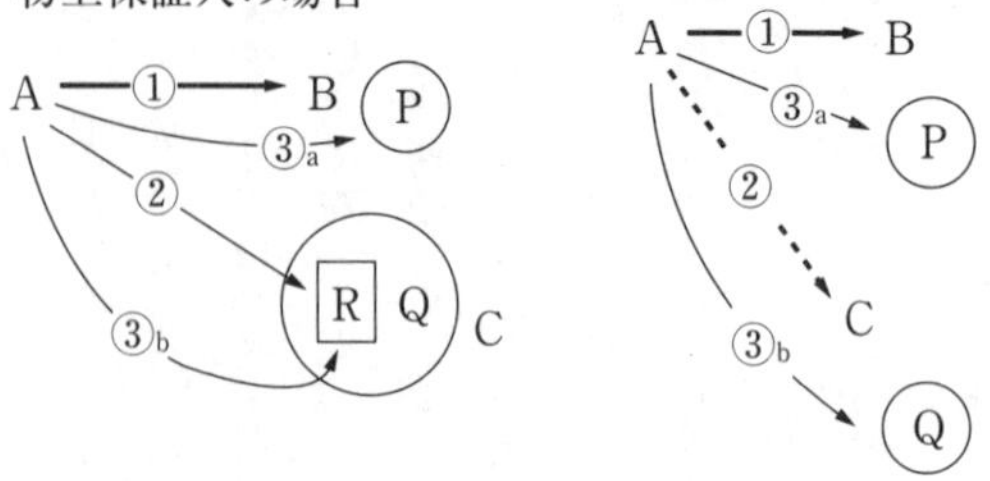

①　：被担保債権
②　：抵当権
C　：物上保証人
P　：Bの財産
Q　：Cの財産
R　：抵当不動産
③a：差押え
③b：抵当権実行（差押えに準じる）

B　：主たる債務者
C　：保証人
①　：主たる債務
②　：保証債務
P　：Bの財産
Q　：Cの財産
③a、③b　：差押え

第9図

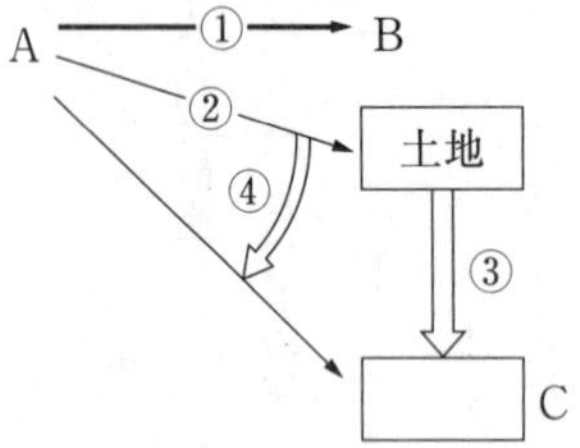

①：被担保債権
②：抵当権（設定登記あり）
③：抵当不動産の譲渡
B：譲渡人、C：譲受人
④：抵当権の承継

〔補説〕　株式会社の株主の有限責任に関連していうと、元来、責任という語は多義的である。①本文で用いるような、強制執行を受けるという意味のほか、②債務と同義で用いる場合もある。たとえば、郵便物の亡失・毀損について国家は有限責任を負う（郵便法六八条）と一般にいわれるが、その場合の有限責任は有限債務とおきかえてよい（なお、商法五七八条にも同旨の規定がある）。株式会社の株主の有限責任という場合の有限責任の語もこれと同じ意味で用いている。そのほか損害賠償責任、担保責任という場合の責任の意義も同様である。③さらに、法律上の不利益ないし制裁を受けるべき地位の意味で用いられることもある。不法行為責任・民事責任・刑事責任という場合のそれがこれに属する。

第三節　現実的履行の強制

一　基本理念

現実的履行の強制の問題を処理する際の基本的理念は、

(ア)債権の実現を国家の力によって確保し、債権者の保護をはかるという要請と、(イ)債務者の人格を尊重する、という要請との二つを調和的に実現することである。すなわち右の二つの要請は、ともに近代法のもとで重要であるが、一方を尊重することによって他方が害されるおそれがある。そこでこれをなるべく両立させるようにして、両者を調和的に実現することが要求される。そのためには、債務をいくつかの種類に分け、それぞれの種類に応じて異なった強制方法が用いられている。

〔補説〕 歴史的な発展をふり返ると、近代法ではまず、右の(イ)の要請にもとづいて、公的執行つまり公的機関を通しての執行が原則とされ、私的執行は原則として禁止される。同じ趣旨から近代法では、債務者の財産に対する執行のみが許され、債務者の身体に対する執行は禁止される。たとえばローマ法の時代には、債権者が債務者を奴隷にしてこれを自ら売却するとか、債務者の財産を債権者が自ら没収して売却することが認められていたが、近代法ではこれが禁止され、国家機関を通して債務者の財産を売却して債務の弁済に充てるという方法がとられる。また、かつては、債務を履行しない債務者を債権者が監禁して、強制的に働かせ、債務を履行させるというようなことも認められたが、近代法のもとでは禁止され、このような行為は刑事上の犯罪行為とされ、また民事上の不法行為とされる。

また右の(ア)の要請にもとづいて、近代法では原則としてすべての債務について、現実的履行の強制が是認されるに至る。たとえばイギリスの普通法（common law）では、物権にもとづく回復請求権と異なって、金銭債務以外の債務不履行の場合の債権者の救済方法としては、履行に代る損害賠償（金銭による賠償）のみが認められ、債務の内容そのものの強制的実現は認められなかったが、近代に至って衡平法（equity law）によって、特定履行（specific performance）という形で、これがはじめて認められるに至ったのである。

また、フランス民法では、フランス革命時の自由の尊重の思想の影響により「なす債務」については、現実的履行の強制を認めていない（同法一一四二条）が、その後の判例は、これについての代替執行や間接強制を認めるに至っている。

二　現行法上の強制手段

現行法上認められている強制手段は、直接強制・代替執行・間接強制の三つである。

(1)　**直接強制**　国家の力によって債務者の意思を無視して、直接に債務の内容を実現する方法である。いわゆる与える債務について認められる。その具体的な方法については民事執行法が詳細に定めている。その要点を述べると、

(a)　特定不動産や特定の動産のような特定物の引渡しをなすべき債務の場合、国家の機関である執行官が、債権者の申立てによって債務者からその特定物の占有を取り上げ、債権者に引き渡すことによってなされる(民執法一六八条・一六九条)。

(b)　金銭債務の場合においては、債務者の最低限度の生活の維持に必要な、日常の寝具衣服等の差押禁止物(民執法一三一条)および一定の差押禁止債権(民執法一五二条)を除き、必要とあれば債務者の全財産を差し押えてもらうことができる。その方法として

(ア)　もし動産を差し押えるときは執行官が占有を取り上げ、そして執行官は競売・入札などの方法で金銭に換えて、債権者に支払う(民執法一二二条以下)。

(イ)　不動産を差し押えるときは、その所在地を管轄する地方裁判所が差し押え、同裁判所が競売・入札などの方法で金銭に換えて債権者に支払う(民執法四三条以下)。

(ウ)　債務者が第三者(第三債務者という)に対して有する金銭債権を差し押えるときは、債務者の住所地を管轄する地方裁判所に申し立てて差押命令を発してもらう。これは第三債務者に送達されるが、差押債権者はその日から一週間経過したときは、債務者に代って第三債務者から取り立てることができ、そして取り立てた金銭を、自己の債権の弁済に充てることができる(民執法一五五条、**第10図**参照)。

なお、執行裁判所は、差押債権者の申立てにより、支払に代えて券面額で差し押えられた金銭債権を転付する命

第10図

金銭債権取立てのための金銭債権の差押え

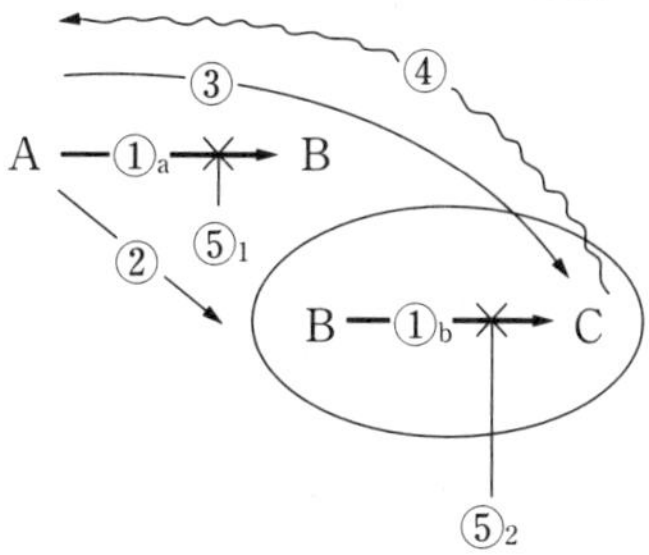

A　：差押債権者　②　：差押え
B　：差押債務者　③　：取立権
C　：第三債務者　④　：支　払
①a：差押債権　⑤1：債務消滅
①b：被差押債権　⑤2：債務消滅

第11図

転付命令の効果

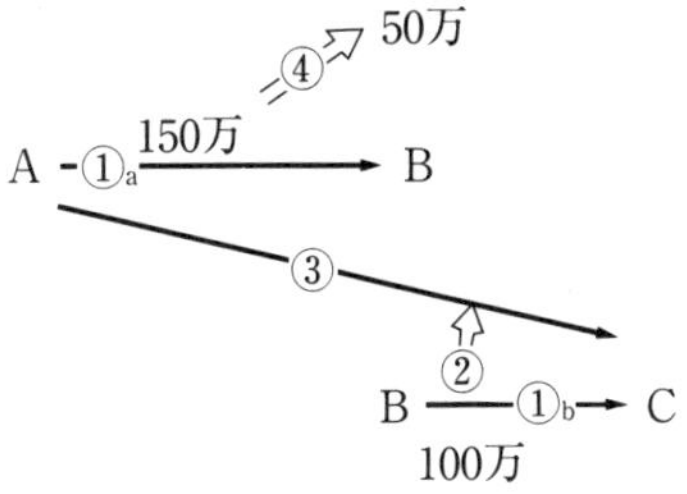

①a：差押債権
①b：被差押債権
②　：転付命令による移転
③　：その効果（債権取得）
④　：その効果（債務の消滅）

令（転付命令という）を発することができる（民執法一五九条）が、これが発せられると、後述する代物弁済の関係を生じ、差押債権者は、債務者に対する、たとえば一〇〇万円の債権の弁済に代えて、差し押えられた一〇〇万円の債権を取得することとなる（**第11図**参照）。したがってこの場合には、もし第三債務者Cが無資力者であれば、その危険を差押債権者Aが負担することになる。つまりその無資力のため、事実上第三債務者から取り立てることができないときでも、差押債権者の、債務者Bに対する一〇〇万円の債権は消滅したままであり、したがって債務者の他の財産を差し押えて、その債権の満足を受けることはできない（なお、原則通り民執法一五五条によって、差押債権者が債務者に代って第三債務者から取り立てる場合（**第10図**参照）には、第三債務者の無資力のときの危険は、差押債権者が負担しなくてよい。つまり、差押債権者は債務者の他の財産を差し押えて、そこから満足を受けることができる）。

しかしその反面、転付命令の発せられたときは、他の債権者の配当要求は認められないから、差押債権者が優先弁済を得ることが可能だという利点がある（なお、民執法一五五条の場合（**第10図**参照）には、他の債権者は配当要求することができるから、差押債権者が第三債務者から取り立てた金額を他の債権者にも分配しなければならず、自分だけ優先弁済を得ることはできない。優先弁済については、後述第六節一〔補説二〕参照）。

(エ)　債務者が第三債務者に対して有する、動産の引渡しを求める債権を差し押えてもらったときは、差押債権者はその動産を執行官に引き渡すよう請求でき（民執法一二七条）、そして引渡しをうけた執行官は、これを競売などの方法で金銭に換えて債権者の弁済に充てる。

以上、与える債務の主要な場合について述べたが、詳細は民事訴訟法にゆずる。ただし、ここで一言つけ加えると、直接強制の具体的方法は、債務によって種々であること、また右に述べた(ウ)(エ)の場合において、差押債権者が債務者に代って第三債務者に対する債権を行使する関係は、後述する代替執行の関係に、極めて類似するものであることを注意する必要がある。

(2)　**代替執行**　債権者に債務の内容である行為をさせ、その費用を債務者から強制的に取り立てる方法。これは、いわゆる「なす債務」のうち、第三者に代ってなさしめても目的を達することのできる作為（代替的作為）について認められる。たとえば、(ア)家屋（債務者所有）を取り壊す債務、(イ)道路を修繕する債務、(ウ)謝罪広告を掲載する債務（七二三条）などがその例である（大決昭一〇・一二・一六民集一四巻二〇四四頁は、特定の新聞に謝罪広告を掲載すべきことを命じた判決の執行につき代替執行を容認したもの。ちなみに判決で謝罪広告を命ずることが、憲法で保障されている良心の自由（憲法一九条）を害しないかが争われたことがある。最高裁大法廷は合憲と認め、代替執行が許されるとした（最大判昭三一・七・四民集一〇巻七号七八五頁））。

その具体的な方法としては、債務者に代って債権者がなしうる権限が、裁判所によって与えられ（授権決定）、債権者が自ら、また第三者を傭って当該行為をなす。そしてその費用を債務者から取り立てる。取立ての方法は直接強制による。授権決定の効果として、債権者がなす行為は違法性を阻却される（特に(ア)と(ウ)の場合に重要）。また債権者が代ってなす際に、債務者が妨害するとき（特に(ア)の場合）、執行官あるいは警官の立合いを求めて妨害を排除してもらうことができる（四一四条、民執法一七一条）。

(3) **間接強制**　債務者に対して、一定期間内に債務を履行しないと、たとえば一〇〇万円の損害賠償を払え、と予め申し渡し、あるいは、履行の遅れた期間について、たとえば一日につき五万円の損害賠償を払え、と予め申し渡し、それによって債務者を心理的に強制し履行を促す方法である。「なす債務」のうち第三者が代ってはなしえない行為（不代替的行為）について認められる。たとえば独占的地位を有する電力会社の配電設備をなすべき債務については、第三者が代ってなしえないから、代替執行の方法をとることはできないので、間接強制の方法による。

もっとも、不代替的行為のすべての場合に認められるのではなく、次ぎの場合は間接強制が認められず、したがって現実的履行の強制方法がすべて存在しないことになる。すなわち、(ア)強制して履行させることが債権の目的を達成しえない場合、たとえば芸術的創作をなすべき債務、(イ)強制しても債務の実現を期待しえない場合、たとえば第三者を手術すべき債務について、第三者が手術を受けるのを拒んでいる場合とか、特殊な設備がなければ債務を実現しえず、その入手の方法がない場合、(ウ)強制してなさしめることが、社会の道徳観念に反する場合、たとえば、輸血をする債務とか妻の同居義務（七五二条）など（大決昭五・九・三〇民集九巻九二六頁。夫婦の同居義務に関する）。親権にもとづく幼児の引渡債務については(ウ)に入らず、間接強制が認められている（大判大元・一二・一九民録一八輯一一一四頁）が、学説では、直接強制を認めてよいとする説も有力に主張されている（幼児の不当な拘束があるときは、人身保護法にもとづく引渡請求も認められる（最大判昭三三・五・二八民集一二巻八号一二二四頁））。

なお、わが国では間接強制の方法として、予め損害賠償を申し渡しうるのみであるが、外国の例では六カ月以内の拘留もしくは無制限の罰金を命じうるものとするものもある（ドイツ）。わが国ではこのような強力な手段は認めていないのであるが、わが国でも予め申し渡す損害賠償の額については、心理的強制を加えるに必要な相当な額（「債務の履行を確保するために相当と認める一定の金銭」）とされている（民執法一七二条）。また、間接強制の方法も認められない債務については、債権者は、履行に代る金銭による損害賠償を請求することによって（その取立てについては直接強制による）救済されることになる。

(4) 不作為債務の特殊な強制執行

不作為債務は、(ア)一回的不作為債務（某日の甲劇場における公演に出演しない債務）、(イ)反復的不作為債務（夜一〇時以降はやかましくしない債務）、(ウ)継続的不作為債務（競業しない債務、隣家の眺望を害する建物を建てない債務）に分類される。(ア)については、その違反について損害賠償を請求するしかない。(イ)(ウ)について、その違反行為により有形的な結果を生じるとき（家が建ったとき）は、債権者は、代替執行の方法により債務者に代って有形的な結果を除去し、その費用を債務者から取り立てることができる。さらに、将来の違反行為を予防するための物的設備や将来の違反から生ずべき損害賠償のための担保を請求することもできる（四一四条三項、民執法一七一条）。(イ)(ウ)について、もし有形的な結果を生じない（(イ)の設例の場合）ならば、将来の違反に備えて間接強制の手段をとり、また将来の損害賠償のための担保を請求しうると解される。

(5) 法律行為を目的とする債権の特殊な強制執行

第12図

農地譲渡の許可申請

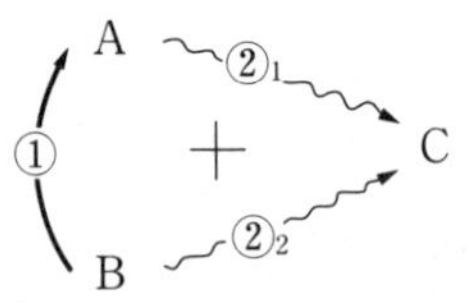

A　：農地譲渡人
B　：農地譲受人
C　：農業委員会
①　：許可申請すべき債務
②1：Aの許可申請
②2：Bの許可申請
＋　：共同申請を意味する

債務者が債権者に対して意思表示、たとえば同意をなすべき債務などは、同意をなすべきことを命じる判決の確定したときに、債務者の同意があったものとみなされる（四一四条二項但書、民執法一七三条）。したがって代替執行も間接強制も必要としない。判例・通説は、第三者に対する意思表示をなすべき債務についても同様に扱っている。

しかし後者の場合（たとえば、農地を譲渡した者が譲受人に対して負っている、市町村の農業委員会もしくは都道府県知事に対して許可の申請をなすべき債務（許可申請は譲渡人と譲受人が共同して行う。農地法三条（**第12図**参照））、あるいは、債権を譲渡した者が譲受人に対して負っている、債務者に譲渡の通知をなすべき債務（四六七条、第五章第一節**四1**(1)の場合））には、前者の場合（債権者に対して同意をなすべき債務）と区別して扱うべきであり、債権者は許可申請をなすべきことを命じる判決、あるいは譲渡通知をなすべきことを命じる判決の謄本を添えて、債務者に代って許可申請、あるいは譲渡通知をなしうると解すべきであり（その際、右の謄本は代ってなしうる権限を第三者に証明する手段となる）、したがって代替執行に類似した（しかし、裁判所の授権決定を要しない点で、より一層簡易な）方法が用いられると解するのが正しい。その費用も、代替執行の費用と同じように債務者に負担させるべきである。実務上の扱いもこのような考え方に適合している（つまり右の判決が確定した時に、直ちに第三者に対する意思表示があったものとされているわけではない）（春田一夫「意思表示をもとめる債権の現実的履行の強制方法」法学志林六八巻三・四合併号参照）。

(6)　損害賠償の請求との関係　前述したように、現実的履行の強制方法をすべて欠いている債権は、履行に代る賠償を請求することによってのみ救済される。現実的履行の強制が可能で、その実現がなされたときでも、たとえば、履行の遅延によって損害が生じたときは、その賠償を請求しうる。また現実的履行の強制的実現が可能なときにも、債権者はこの手段に訴えずに、履行に代る損害賠償を請求することも可能である。

もっとも右の最後の点については、かつては否定説が有力であった。その理由としては、わが民法上は（ドイツ民法などと異なって）、明文でこれを認めていないこと、また、わが民法ではドイツ民法と異なって、贈与契約のような片務契約についても、債務不履行を理由とする解除権を認めつつ、解除の効果として原状回復義務のほかに損害賠償義務を認めている（五四五条三項）ことから、契約から生じる債務については、否定説をとっても事実上、ドイツ民法と同様な結果を生じさせることが可能である、という事情があげられていた。しかし、契約によらない債務（たとえば遺贈により生じる債務）などについても同様な結果を生じさせる必要がある。そこで近時の支配的見解は、ドイツ民法と同様な解決を解釈上とり入れることになった（大判昭八・六・一三民集一二巻一四三七頁）。そして判決の内容についても「○○を引き渡せ。△月△日までに履行しないときは履行に代る賠償として××円を支払え」という形の判決が是認されている（最判昭三〇・一・二一民集九巻一号二二頁）。

第四節　債務不履行にもとづく損害賠償の請求

一　総　説

債権の効力として、債務不履行にもとづき、損害賠償請求権が発生することは前述したが、その要件である債務不履行については、これをいくつかの態様に分けて考察することが必要である。通常、履行遅滞・履行不能・不完全履行という三つの態様に分けて扱われる。

ところで債務不履行とは、一般的にいえば、債務者がその責めに帰すべき事由により、債務の内容の実現に必要な履行をなさないことであるが、債務の実現のためには、債務者が履行に必要な行為をなすだけでなく、多くの場合に、債権者もまた、一定の協力行為を必要とする。それが得られないために、債務の本旨に従った実現がなされなかったときは、債務者に賠償義務を負わせるわけにいかない。のみならず、債権者の側の必要な協力がないために債務者が何らかの損害を蒙ったときは、これを一定の要件のもとに債権者が賠償すべき筋合いである。右の前段の問題は、弁済の提供の効果の問題であり、後段の問題は、いわゆる債権者の受領遅滞の問題である。民法典の構成のうえでは、前者は債権の消滅の節で規定され、後者は、債権の効力の節の中で債務不履行にもとづく損害賠償と並んで規定されている。しかし、両者は右に述べたように密接な関係をもっているので、後者を前者と関連させながら理解することが大切である。

二　履行遅滞

1　履行遅滞の効果概説

はじめに履行遅滞の効果を簡単に述べておくと、債権者は前述したように履行自体を強制的に実現しうるが、それとともに遅滞によって生じる損害の賠償を請求できる（これを遅延賠償という）。このほか、契約によって生じた債務の履行遅滞の場合、債権者はそれを理由に契約を解除しうる（たとえば売買契約にもとづいて買主は代金債務を履行したのに、売主が目的物引渡債務について履行遅滞に陥るならば、買主はこれを理由に売買契約を解除し、売買契約の効力を消滅させることができる）。その結果、買主は、目的物の引渡しを求める債権を失うとともに、売主に支払った代金の返還を請求しえ（五四五条一項）、その際、支払った時から年五分の利息をつけて請求しうる（同条二項）。さらに損害についても賠償請求しうる（同条三項）から、もし目的物の時価が代金額より高いときは、通常、その差額分について損害賠償を請求しうることになる。ただし右の解除については、予め期間を定めて催告し（たとえば、五日以内に履行せよ、と通告する）、それでも履行がないときはじめて解除しうる（五四一条）。

2　履行遅滞の要件

(1)　債務が履行期に達したこと。いつ履行期が到来するかについては、(ア)確定期限（平成三年四月一日に支払う）があれば、その到来の時である（四一二条一項）。しかし、(イ)不確定期限の定めのあるとき（ある人が死亡した時に支払う）は、債務者がその期限の到来を知った時から（同条二項）、(ウ)また債務の履行について期限を定めなかったときは、履行の請求をうけた時に履行期が到来する（同条三項）。右の履行期に履行しないと履行遅滞になる。

ただし、(ウ)については重要な例外がある。返還期の定めのない消費貸借契約による借主の債務の場合には、債権者たる貸主は相当な期間を定めて返還を催告すべきこととされているから（五九一条）、貸主が直ちに返還せよと申入れたとき、借主が即座にこれに応じることができなくても遅滞にはならない。右のような申入れの時から相当の期間を経過した後になお、履行しないときにはじめて遅滞になる。同様な趣旨の規定は、期間の定めのない賃貸借契約における借主の返還すべき債務についても設けられている（六一七条）。

〔補説〕　履行期の到来の時期に関する近時の判例として、①不法行為による損害賠償債務は、何らの催告を要することなく、損害の発生と同時に遅滞に陥るとするもの（最判昭三七・九・四民集一六巻九号一八三四頁）、②雇用契約上の安全保障義務(後述参照)の違反を理由とする債務不履行にもとづく損害賠償債務は、期限の定めのない債務であり、債務者は債権者から履行の請求をうけた時にはじめて遅滞に陥るとするもの（最判昭五五・一二・一八民集三四巻七号八八八頁）がある。

(2)　履行期に履行が可能であること。履行が不可能であれば、次の履行不能に入る。履行期が過ぎ、履行遅滞に陥った後に、履行不能になったときは、その時から履行不能を生じる。なお、履行が形式上可能であっても実質的ないし経済的に見て、履行が無意味であれば、履行不能として扱う（たとえば、婚礼用の衣裳を届ける債務において、婚礼が済んでしまったとき)。

(3)　主観的要件として、債務者が、不履行がその責めに帰すべき事由によらないことを証明できないこと。

(a)　この要件は、条文の上では履行不能の場合についてのみ規定するが、解釈上、履行遅滞についても同じく扱われるべきものとされている。債務者の帰責事由の証明責任は債務者の側にあり、損害賠償を請求しようとする債権者の側にはない。このことは、債務者の帰責事由の存在が法律上推定されていることを意味しており、だから債務者は、不履行責任を免れるためには、自らその不存在を立証しなければならないわけである。この点は、不法行為にもとづく損害賠償請求の場合と逆であることを注意する必要がある。すなわち不法行為による損害賠償請求の場合にも、その主観的要件として加害者の帰責事由の存在が必要であるが、その立証責任は、損害賠償を請求する側である被害者が負担し、したがって被害者の側で加害者の帰責事由を立証できない限り、被害者は加害者の不法行為責任を追求することはできない。

債務者の側の帰責事由とは、債務者の故意・過失および信義則上これと同視すべき事由をいう。過失とは善良な管理者の注意義務を怠る場合であり、換言すれば、社会の一般人として保持すべき程度の注意を欠く場合(軽過失という)である。信義則上債務者の過失と同視すべき場合として、履行補助者の故意・過失がある。債務者は、債務の履行のために、いわば手足としてその指図・命令に服する者（狭義の履行補助者）を使用することのできるのはもちろんだが、そのほか、ある程度他人の判断に任せて履行させるいわゆる履行代行者を使用することも原則として許されている。たとえば、商品を届ける債務において運送業者に委託して届けさせるごとし。例外的に、債権者の承諾がなければ、代行者を用いえない場合もある（たとえば寄託契約の場合の六五八条一項）。狭義の履行補助者と履行代行者を併せて広義の履行補助者という。

このような補助者の故意・過失による不履行の場合、債務者は、――狭義の補助者の場合だけでなく代行者の場合にも――たといその選任監督に過失がないことを立証したときも、債務不履行責任を免れえないとするのが判例・学説の立場である（大判昭四・三・三〇民集八巻三六三頁。賃借人の被用者の過失によって賃借物の返還が不能となった事案につき、使用者たる賃借人がその責任を負うべきだとする）。債権者の承諾あるときのみ代行者を用いうる場合に、承諾なしに用いたときは、承諾なしに用いたこと自体に債務者の故意もしくは過失があるから、代行者の行為について全面的に責任を負う。債権者の承諾を得て履行代行者を用いたときに、債務者はその選任監督に過失のあったときのみ責任を負うか、それとも選任監督に過失のないときも責任を負うかは争われているが、特別の規定のない限りは後者と解すべきであろう（特別の規定としてたとえば一〇五条・六五八条二項）。なお債務不履行の場合の履行補助者の故意・過失に類した問題として、不法行為の場合の使用者責任の問題（七一五条）があるが、後述する。

〔補説〕　履行補助者と区別すべきものに利用代用者がある。債務者以外の者であって契約上の利用に関する利益を享受する者をいう。賃借した家屋を賃借人の家族その他の同居人が利用する場合がこれにあたる。このような利用代用者の過失による賃借家屋の焼失については、賃借人は自分自身の過失による焼失の場合と同じ責任を負う（もっとも判例は利用代用者を履行補助者の一種と見て、用語上、これと区別していない。家屋を保存し、これを返還すべき義務については、履行補助者に類似した性質を有するからである（最判昭和三〇・四・一九民集九巻五号五五六頁））。

なお履行補助者（および利用代用者）は、債権者に対して不法行為（第三者の債権侵害）にもとづく損害賠償義務を負う余地がある。これと債務者自身の債務不履行にもとづく損害賠償義務とは連帯債務（正しくは不真正連帯債務）の関係にある。債務者が損害賠償を支払うと、債務者は履行補助者（あるいは利用代用者）に対して求償権を取得する。以上の関係は、あたかも、不法行為における使用者責任の場合に、直接の不法行為者たる被用者の損害賠償義務と使用者の損害賠償義務が連帯債務（正しくは不真正連帯債務）の関係にあること、また、使用者が支払うと被用者に求償しうること（七一五条三項）と類似している。

(b)　金銭債務の例外。金銭債務は、履行不能ということはなく（もっとも米一トンを引き渡すべき種類債務も、世の中に米が存在する限り、履行は可能だからその限りで履行不能は起こりえない）、常に履行遅滞であるが、これについては特別の規定が設けられている。債務者は不可抗力を理由に履行遅滞の責めを免れることができない。すなわち遅滞の原因について無過失を立証しても賠償義務を免れえない。その代り、賠償額は法律により一定の率によって定められ、債権者が蒙った実際の損害の多いか少ないかによらない。すなわち原則として法定利率である年五分とし、もしそれより高い約定利率が定められているときはそれによる。したがって無利息あるいは年五分以下の利率で借りたときは、弁済期後は年五分の遅延損害金を払うべきであり、それより高い利率、たとえば年一割の利率で借りたときは、弁済期後もその率で遅延損害金を払うべきこととなる。

金銭債務に関するこのような特則は、金銭が極めて流通性に富むという性質に由来する。つまり、金銭を保有すべくして保有しえなかった債権者は、他から融資を得て、その損害額の上昇を抑えうる可能性があり、逆にこれを保有する債務者は、これを他に融資することによって一定の利得を得る可能性がある。そこで過失の有無を問わずに、かつ一定率の賠償で形式的に扱うのが通常の場合、かえって公平に合すると考えられるのである。もっとも、組合設立の際の出資金支払債務などについては特則が定められている（六六九条、商法六九条など）。また立法論として、債務者が悪意の場合には、一般原則を適用すべしとの説も有力である（能見善久）。なお、約定利率が利息制限法の定める最高利率を超える場合の扱いについては後述する。

(4)　履行しないことが違法なこと。債務者が履行を遅延しても、それが正当な理由にもとづくとき、たとえば同時履行の抗弁権を有するとき、あるいは留置権（二九五条以下）を有するとき、あるいは、債務者が履行に必要な協力行為をなさない（たとえば、債権者が金銭を受け取るべき場所に出頭しない）ときは、債務者は履行遅滞の責任を問われることはない。

三　履行不能

1　効果の概説

まず履行不能の効果を履行遅滞のそれと比較しつつ述べる。前者では現実的履行の強制はなしえず、そもそも現実的履行を求める訴えを提起しても棄却される。ここでは履行に代る損害賠償（塡補賠償）を請求しうるだけである。もっとも、契約によって生じた債務の履行不能の場合にも、それを理由に契約を解除しうるが、解除にあたっては、予め催告することを要しない（五四三条）。

解除の効果をより具体的に説明すると、まず、特定物の売買契約において代金が一〇〇万円と定められていた場合に、買主が代金を売主に支払った後に、売主が目的物を滅失せしめ、売主の目的物引渡債務が履行不能に陥ったとし、当時の目的物の時価が一四〇万円であったとすれば、買主は売主の履行不能を理由として目的物に代る一四〇万円の損害賠償を請求しえ、代金については売主がそのまま保有しうる。しかし、もし買主が売主の履行不能を理由に契約を解除するときは、売主は契約時に遡って目的物引渡債務を免れるから、買主は売主から塡補賠償を請求しえないが、すでに支払っていた一〇〇万円の代金について、それに法定利息をつけて売主から返還請求しうる。のみならずこれに加えて五四五条三項により、損害賠償として四〇万円を請求しうる。一〇〇万円の代金の返還を得ただけでは――売主が契約を履行した場合と比して――四〇万円の損害が残るからである。したがって右の事例の場合には、買主が塡補賠償を請求するときと、契約を解除するときとで実質的にほとんど差異を生じないことになる（もし目的物の時価が一〇〇万円未満であれば差異を生じる。たとえば、八〇万円であれば、塡補賠償のときは八〇万円

第13図

土地の二重譲渡

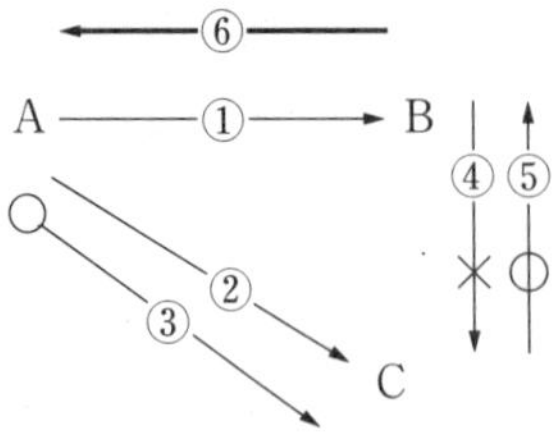

A ：譲渡人（売主）
B ：第１譲受人、①：第１譲渡
C ：第２譲受人、②：第２譲渡
③：所有権移転登記
④：所有権取得を対抗しえない
⑤：所有権取得を対抗しうる
⑥：債務不履行による賠償請求権

の賠償請求をなしうるにとどまるが、解除のときは一〇〇万円の代金の返還請求をなしうる。解除に伴う損害賠償の請求はなしえない）。

2　履行不能の要件

(1)　債権発生後に履行が不能となったこと。特定物の売買契約の締結前に目的物が滅失していて履行が不能であるときは、前述のように、契約は、原始的不能により無効となり、売主の債務自体が成立しえない（したがって債務不履行の問題はそもそも起きない。もっとも売主は契約締結上の過失による賠償義務を負うべき場合がある）。

履行が不能であるかどうかは社会観念による。物理的に不能の場合に限らない。売主が売買の目的物である特定のダイヤモンドを、太平洋航海中に海中に落とした場合はもちろん、不動産の売主が目的物を第三者に二重に譲渡して登記を先に済ませてしまったような場合にも、履行不能を生ずる（**第13図**参照）。売主が二重譲受人からあらためて買い戻したうえで、所有権を第一の買主に取得せしめることは、社会観念上不可能と見るべきだからである。これを履行遅滞と見れば、買主は予め催告したうえでないと契約を解除しえないが、履行不能と見ることによって、直ちに（履行期前でも）解除しうる、という差異を生じる（ただし第三者に仮登記がされただけでは不能とされない。最判昭四六・一二・一六民集二五巻九号一五一六頁）。種類債務については、その種類物が世の中に存在している限り履行不能は生じない。また、その特定後に特定されたものが債務者の過失によって滅失したときも、債務者に変更権がある限り、不能を生じない。債務の一部が不能となったとき（たとえば、離れのついた家屋の売買で、その離れの部分だけが滅失したとき）には、もし残部だけで債務の目的を達しえなければ、全部不能と同様に扱う。その結果、債権者は全部について契約を解除しうる。

(2)　履行期に達する以前でも、履行期に不能なことが確実であれば、その時から履行不能の効果を認めてよい。したがって、債権者は直ちに契約を解除しうることになる。

(3)　債務者が、不能がその責めに帰すべき事由にもとづかないことを証明しえないこと（四一五条）。この点は履行遅滞のところで述べたと同様である。なお、いったん、責めに帰すべき事由によって遅滞に陥った後には、たとい不可抗力で不能になっても、その不能は結局は責めに帰すべき事由によるものとして扱い、債務者に責任を負わせるべきである（大判明三九・一〇・二九民録一二輯一三五八頁）。たとえば運送契約において、期限に遅れて船積みをした船が台風にあって沈没した場合には、運送人が期限通りに船積みしたとしても台風に遭っていたはずだ、ということを立証しえない限り、履行不能の責任を負う。

〔補説〕　履行不能の帰責事由の立証責任に関する判例として次のものがある。

最判昭三四・九・一七民集一三巻一一号一四一二頁。家屋賃借権譲渡契約の対象である家屋が訴外第三者によって取り壊された場合、家屋賃借権譲渡について譲渡人の債務は履行不能となったというべきであり、債務者たる譲渡人としては、右履行不能が自己の責めに帰しえない事由によって生じたことを証明しなければ、債務不履行の責めを免れえない。原審が、履行不能が債務者の責めに帰すべき事由によることの立証責任を債権者（譲受人）に負わせているのは違法である。破棄差戻し。

四　不完全履行

1　序　説

この態様は歴史的に見れば、債務不履行の新しい態様である。とりわけドイツ民法では当初、履行遅滞と履行不能の二つの態様だけが認められていた。しかしこれだけでは、債務不履行のすべてをカバーしきれないことが認識されるようになり、学説・判例上、第三の態様としての不完全履行が是認されるに至った。そしてわが国でもこれにならっているのである。これについては後に詳述する。不完全履行の効果については、履行遅滞に準じるもの、履行不能に準じるもの、さらに独自のものがある。後述する。

2　不完全履行の要件

(1)　一応履行はあったが、それが不完全であること。履行がそもそもありえない履行不能と、その点で異なる。履行が不完全な場合を分類すると、

(a)　給付の内容が不完全なとき。これを細分すると、(ア)与える債務の場合に、引き渡した物が不完全なとき。たとえば、鶏を一羽給付すべき債務のとき、病気の鶏を給付したとか、クーラー一台を給付すべきとき、故障のあるクーラーを給付した場合。(イ)なす債務の場合に行為が不完全であったとき。たとえば盲腸の手術をすべき債務のとき、止血処置が十分なされなかったとか、さらに手術の失敗によって患者を死亡せしめた場合。人を傭うに際して興信所に調査を依頼したが、債務者たる興信所の調査の不完全なため、不良な人を傭い入れて損害を蒙ったという場合。

(b)　給付の方法が不完全なとき。たとえば、物を運送すべき債務者が乱暴に扱って運送の途中に壊してしまった場合

(c)　給付に際しての注意の不完全なとき。たとえば、カーテンをとりつけるべき債務を負った者が、誤って窓ガラスを壊した場合

(d)　給付の時期が不完全であるとき。もっとも履行期よりも遅れた履行については履行遅滞に入るから、早過ぎた履行だけが問題となる。たとえば、自動車を給付すべき債務者が、予定の時期より早く給付したために、債権者は、ガレージの準備ができていなかったために余分な費用を支出した場合

右の(a)(ア)すなわち給付した物が不完全なときについて一言すると、これは種類債務のときにのみ問題になり、特定物引渡債務のときには問題にならない。たとえば特定した家屋の売買契約において、最初からその家屋に瑕疵があるとき（たとえば、白アリが巣くって柱が腐っていた家屋）は、瑕疵のあるその家屋を給付することが売主の債務の内容となっていたのだから、そのまま給付しても売主の不完全履行とはならない。ただし、これとは別に、隠れた瑕疵のある物を売った売主にはいわゆる瑕疵担保責任が生じ（五七〇条）、買主の側は損害賠償請求権を、また事情によっては解除権を取得することを注意すべきである。

(2)　不完全履行が債務者の責めに帰すべき事由にもとづかないことを債務者が証明できないこと。これは履行遅滞、履行不能におけると同様である。

3　不完全履行の効果

(1)　給付の内容が不完全な場合（前述**2**(1)(a)）の効果については、追完可能な場合（前例では、病鶏を給付した、故障あるクーラーを給付した、止血処置を忘れたという場合）と不可能な場合（前例では、手術失敗により死亡せしめた、不完全な調査書を作成したために不良の者を傭ったという場合）に分けて扱うことが必要である。

前者では、追完すなわち完全な給付（健康な鶏、故障のないクーラーの給付、止血処置をなすこと）を請求しうるとともに、完全な給付が遅れたことによって生じる遅延損害（たとえば、健康な鶏でなかったためにその間、卵を生ませることができなかった損害、ルームクーラーをその間利用できなかった損害）について賠償請求しうる。また、追完がなされないときに履行遅滞の場合に準じて解除しうる。さらに、解除すると否とにかかわらず、病気の鶏を給付されたために、病気が他の鶏に感染したことによって生じた損害、また、故障のある機械を給付されたために、その機械の操作の際に怪我をした損害（手術の事例では、余病を併発し、病気の回復が遅れたことによる物的・精神的損害）についても賠償を求めることができる。

次に後者すなわち追完不能の場合には、追完請求をなしえないが、履行不能の場合に準じて、直ちに契約を解除して自分の債務を免れ、いったん支払った対価の返還を求めうる。さらに解除をすると否とにかかわらず、不完全な履行がなされたことによって蒙った損害（前例でいえば、死亡によって生じる損害、不良な人を傭ったことによる損害）の賠償を求めうる。

(2)　不完全履行のうち給付の内容の不完全な場合以外の他の場合（**2**(1)(b)(c)(d)）には、追完請求権も解除権も生じないが、債権者は、蒙った損害（前例では、運送品が壊されたこと、窓ガラスが壊されたこと、車の余計な保管費）について賠償を求めうる。

(3)　前に述べた追完可能な場合の追完請求権については信義則上の制限がおかれている。すなわち本来からいえば、弁済期から一〇年の時効期間が経過するまでは追完請求しうるはずだが、これでは法律関係があまりにも不安定となるので、相当な期間を経過した後には、双方の事情を考慮したうえで、追完請求権を認めず、その代りに瑕疵修補請求権（たとえば、故障あるクーラーの修補請求権など）、もしくはそれに代る損害賠償請求権を認めるべきだとされている。

〔補説〕　給付の内容が不完全で追完可能な場合の効果に関する判例

最判昭三六・一二・一五民集一五巻一一号二八五二頁。不特定物の売買にもとづいて給付されたものに瑕疵があった場合には、買主がその瑕疵の存在を認識したうえでこれを履行として認容し、売主に対して瑕疵担保責任を問うなどの事情がない限り、買主は、取替えまたは追完の方法による完全な給付を請求する権利を有し、その不完全な給付が売主の責めに帰すべき事由によるときは、債務不履行の一場合として、損害賠償請求権および解除権を有する。

この判例によると、買主が瑕疵を認識してこれを履行として認容したときは、売主は特定物売買の売主と同じく五七〇条の責任を負うことになる。

(4)　不完全履行による損害は、完全な履行がなされなかったことによる消極的損害（これは追完および遅延損害の賠償によってカバーされうる）と不完全な履行がなされたことによる積極的損害（**2**(1)で述べた例でいえば、健康な鶏に病気を移された損害、有毒な飼料を給付されたために家畜が病気になった損害、故障ある機械が給付されたため操作の際に怪我をした損害、不良な人を傭ったために蒙った損害、誤った手術のために余病を併発し、または死亡した損害、そのほか運送品を壊されたり窓ガラスを壊された損害など）に分けることができる。

後者の損害を特に積極的債権侵害による損害という。かような損害は、かつては、債務不履行を理由としてはその賠償請求がなしえず、不法行為を理由としてのみ賠償請求が認められていたのであるが、しかし、それでは債権者の保護が十分でないことから、右のような侵害行為をむしろ債務不履行として捉える必要があるとされ、そしてこれを債務不履行の第三の態様として、すなわち不完全履行として把握されることになった（不完全履行における消極的損害の救済だけならば、それを履行遅滞の態様として捉えることによってもできないわけではない）。これが不完全履行という態様が、後になって新たに認められるようになった歴史的背景である。

〔補説〕　このことが理解されるための前提として、ある侵害行為を、債務不履行として捉えるほうが、不法行為として捉えるよりも被害者（＝債権者）の保護に厚くなることを明らかにしなければならない。

(a)　すでに述べたように不法行為においては、賠償を請求する被害者が、加害者の故意過失を証明しなければならないのが原則であるのに、債務不履行においては、賠償を請求される側の債務者のほうで、自己に故意過失がなかったことを証明しなければならないから、それだけ、債権者の賠償請求が容易である。

(b)　不法行為における使用者責任の場合、使用者は選任監督上の無過失を証明して責めを免れうる（七一五条）が、これと対応する、債務不履行における履行補助者の行為を通しての債務者の責任の場合、右のような免責は認められない（前述参照）。

(c)　損害賠償請求権の時効期間についても、不法行為の場合、三年という短期時効が定められている（七二四条）のに、債務不履行では、履行期から計算して一〇年が原則であり、債権者にとって一般的にいって有利である。

(d)　特殊な問題であるが、「失火ノ責任ニ関スル法律」（明治三二年）によると、失火者は故意または重過失の場合のみ不法行為責任を負い、通常の過失（軽過失）のときは責めを免れる（重過失とは、たとえば火災警報発令中にたき火をしてそれが隣家に移って焼失したように、故意に近い重大な不注意をいう）。しかし同じく失火でも、賃借人の失火によって賃貸家屋が焼失したときは、賃借人の家主に対する、契約にもとづく家屋保管義務の不履行となり、したがって債務不履行となり、この場合には、右の特別法は適用されないから、軽過失による失火でも賠償義務が発生する（最判昭三〇・三・二五民集九巻三号三八五頁）。それだけ債務不履行のほうが重い責任を負わされているわけである。

このように、一般的にいえば、不法行為よりも債務不履行のほうが加害者あるいは債務者の責任が重く、被害者あるいは債権者の保護が厚い、といってよい。そしてこのような取扱い上の差異が生じる理由は、後者は契約という特別な信頼関係で結ばれている者の間の信頼破壊行為という意味をもつのに対して、前者はさような信頼関係によって結ばれていない、いわば赤の他人の間の権利侵害行為であり、それだけに、後者のほうが、より重大な加害行為とされ、被害者たる債権者を一層厚く保護すべきものとされるからである。例外的に六五九条の無償受寄者の責任や商法六二六条の倉庫営業における受寄者の責任のように、債務不履行の責任が特別に軽くされている（すなわち注意の程度が軽減されたり時効期間が短縮されている）場合もあるが、それはいずれもそれぞれの契約の特殊な性格（無償性あるいは迅速な処理の必要性）を考慮した例外的な場合である。また、不法行為によって生じた損害賠償債務については特別に「其債務者ハ相殺ヲ以テ債権者ニ対抗スルコトヲ得ス」とされ（五〇九条）、加害者は賠償義務を現実に履行することを要求され、被害者の救済がはかられている。債務不履行による賠償義務については、このような規定は存在しないから、この点に関しては、不法行為の責任がより重いといえよう。五〇九条の規定の理由については後述参照（第六章第五節二**2**(3)(ウ)(e)）

4　不完全履行の概念の歴史的背景

その歴史的背景を一層広い視野から捉えると、次のようにいうことができる。

前述したように、商品交換経済に入るまでの自給自足経済社会のもとでは、物権特に所有権と身分権が中心になり、契約、したがってまた、そこから生じる債権は重要な意味をもたなかった。しかし、その当時でも物権、身分権、人格権に対する侵害に対する救済の制度としての不法行為制度は必要であった。そして不法行為にもとづく損害賠償請求権という形で債権が所有権などから派生しつつ分化していき、ついで交換経済の進展に伴う契約の発展とともに、契約から生じる債権があらわれてそれに合流し吸収されることとなった。しかし契約の重要性の増大とともに、そこから生じる債権が不法行為より生じる債権に対して独自的な地位を占め、さらには債権の中心的地位を占めるに至る（船田享二『ローマ法』第三巻）。この過程において債権の保護制度としての債務不履行が、権利保護のための一般的制度としての不法行為から——当初はそれに吸収されていたけれども——次第に独立し、別個の制度としてあらわれるようになった。たとえば借金を返済しない場合、当初は他人の物の横領や窃取と同じく不法行為として扱われていたのが、新たに債務不履行として捉えられるに至る。

このように不法行為から債務不履行が分化独立する過程において、いわば両制度の間の中間的な領域として、売主の担保責任（追奪担保責任（五六一条）、瑕疵担保責任（五七〇条））の制度もあらわれた。その後、契約したがって債務不履行制度が一層重要な社会的地位を占め、契約＝債権の保護の要請が強まるのに伴って、従来、不法行為および売主の担保責任によってカバーされていた領域を債務不履行として捉えなおす必要が出てきた。その結果、一方で、従来、不法行為の問題として扱われていた積極的債権侵害が、債務不履行として扱われるようになり、それに伴って、新しい債務不履行の態様としての不完全履行が是認されるに至る。他方では、売主の担保責任のうち(ア)追奪担保責任は、次第に債務不履行責任に近い性質のものとして扱われるに至った。(イ)瑕疵担保責任もかつては種類売買（米一トンの売買）と特定物売買とを問わず、適用さるべきものと考えられていたが、次第に種類売買については適用せず、これは債務不履行の一態様としての不完全履行として扱うべきものとされるに至った（**第14図参照**）。

のみならず、近時は、特定物売買についても、瑕疵ある物の売主に瑕疵修復義務を認めるべきだとの見解も有力に主張されており、不完全履行に近い扱いがされようとしている。

第14図

（Bの範囲の拡大の傾向）

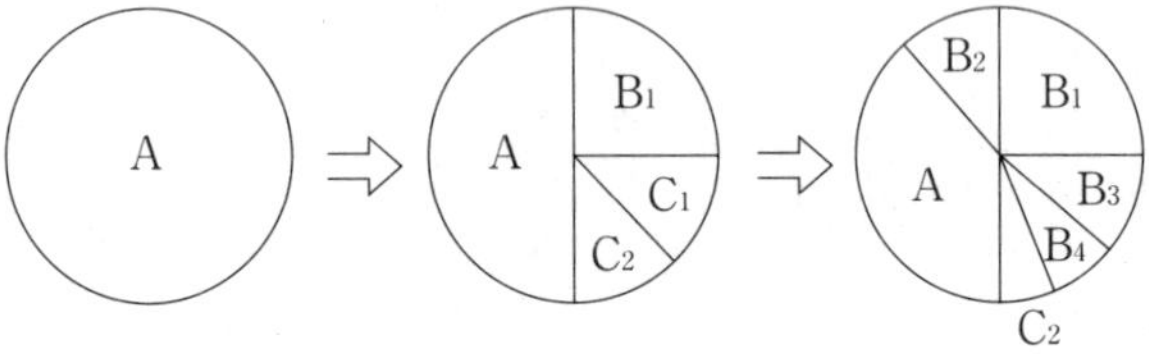

A ：不法行為　　　　　B_2：積極的債権侵害
B_1：債務不履行　　　　B_3：債務不履行に変る
C_1：追奪担保責任　　　B_4：種類債務について
C_2：瑕疵担保責任　　　　債務不履行に変る

ちなみに、原始的に不能な契約を締結した者の責任に関する法理も、元来、歴史的には不法行為と債務不履行の中間的なものとして生まれた。すなわち、不法行為責任の法理だけでこの問題を処理すると、例えば、要件としての故意、過失の挙証責任の点などで、相手方の保護に欠けるところが生じる。そこでこれを修正し、契約責任＝債務不履行責任の法理を一部採り入れたものとして、契約締結上の過失の法理が作り出された。しかし前に述べたように（二章**二**(2)(b)末尾参照）、近時は、その効果の点についても、全面的に債務不履行責任の法理を採り入れ、契約締結上の過失ある者に、信頼利益の賠償義務に留まらず、履行利益の賠償義務をも負わせるべきだとの説が有力になりつつある。

〔補説一〕　不法行為理論自体の変化について

以上述べたような、債務不履行の領域の拡大の傾向の中で不完全履行概念を地位づけることが必要であるが、右の傾向と並んで、不法行為の領域自体の中においても、——すでに民法典の中に、土地の工作物の占有者や所有者の責任を加重する規定（七一七条）が設けられているが——近時、とりわけ自動車事故とか、公害問題に関して、被害者の保護を厚くするために、加害者の故意・過失の立証責任の転換とか、損害賠償請求権の時効期間の延長について、立法あるいは解釈によって改善がはかられていることを注意すべきである(不法行為の要件たる権利侵害を違法行為と読みかえるべしと主張する解釈論も、このような文脈の中で理解さるべきである)。このことは不法行為責任の債務不履行への、ある側面での接近を意味する。

〔補説二〕　請求権競合について

ある事実が債務不履行の要件を満たし、同時に不法行為の要件をも満たしているとき(たとえば、他人から預かっている物を過って壊したとき)は、契約上の保管義務を怠って相手方に損害を与えたのだから、債務不履行となり、他面、他人の所有権を侵害したのだから不法行為になる。このような場合、寄託者(所有者)は債務不履行の要件を立証して債務不履行にもとづく損害賠償を請求してもよいし、また、不法行為の要件を立証して不法行為にもとづく損害賠償を請求してもよい。いずれを選ぶかは本人の選択に任されている。また、一方を理由とする訴で敗訴したとき、他方を理由とする訴を提起しても、一事不再理の原則に抵触しないから、却下されない。このような考え方は判例によって採用されている伝統的な考え方であり、これを請求権競合説という(不法行為と債務不履行では、前述のように、故意過失の立証責任、時効期間、相殺などの関係でも差異を生じる)。

この説に対立するものとして、不法行為は一般的な権利保護の制度であるのに対して、債務不履行は債権者と債務者との間の特殊な権利保護の制度であるから、特別法が一般法に優先するのと同じ趣旨から、寄託契約違反の債務不履行だけが成立するのであり、寄託者はこれにもとづく請求権のみを主張しうる、とする考え(請求権非競合説＝法条競合説)が学説上主張されるに至った。最近ではこの考えをさらに発展させた説として、寄託者は、いわば右の二つの請求権を統合した、一つの損害賠償請求権のみを主張しうるが、裁判所はその請求権の内容を確定するにあたり、関係する債務不履行および不法行為に関する諸規定の中から当該事実関係に最もふさわしいものを選択し適用することによってなすべきだとする考え(請求権非競合説を前提とする規範選択説もしくは規範統合説)が学説上、有力になりつつある。この立場では、故意過失の立証責任や時効については債務不履行の規定を、相殺に関しては、不法行為の規定(五〇九条)を適用するということが可能となる。

なお、この問題は、いわゆる訴訟物理論の問題として、民事訴訟法学者によっても取り上げられ論じられている（請求権非競合説の立場に立つ訴訟物理論を新訴訟物理論と呼ぶ）。

〔補説三〕　契約責任の再構成の理論について

最近、幾多の学者によって、契約責任の再構成の試みが――ドイツの新しい学説の影響をうけつつ――なされている。これは不完全履行概念と密接にかかわっている。

右の試みにおいては、契約によって生じる債務の内容が、たとえば次のように分類される。①本来の給付義務、②附随的給付義務、③保護義務（履行に際して、債権者の生命・身体・財産を保護すべき義務）、④雇庸契約において使用者が労働者に対して負う安全配慮義務（生命や健康を危険から守るよう注意すべき義務）。

以上のうち、①はたとえば売買契約の場合についていうと、売主が目的物を引き渡すべき義務、②はデパートで売った場合に、買主の住所に届けるべき義務、あるいは、目的物の使用方法について適切な指示を与えるべき義務（これを履行しないために買主が操作を誤って目的物を壊したり、怪我をすると売主は債務不履行による賠償義務を負う）、③の義務の違反は、たとえば毒性のある食物を売ったために、これを食べた買主が病気になったとか、あるいは、商品を買主の住居に搬入するにあたってガラス戸や家具を壊した場合などに生じ、売主の債務不履行責任を生じる、④は雇主が給料支払義務のほかに負う債務だが、自衛隊員が演習中、国の責任による装備不良のために事故を起こして死亡したときも、国は同様な債務不履行責任を負うとされる（最判昭五〇・二・二五民集二九巻二号一四三頁）。

さらに、⑤債務者が債権者以外の第三者に対して、その生命・健康・財産を保護すべき義務（有毒食品を買った人の家族や親戚がこれを食べて中毒を起こしたとき、売主は債務不履行責任を負う）。これは契約責任の人的範囲の拡張である。⑥契約締結の準備段階において相手を保護すべき義務（デパートに買物に行った人が、その施設の不備のために転んで怪我をしたとき債務不履行責任を負う）。これは契約責任の時間的範囲の拡大の意味をもつ。そしていわゆる契約締結上の過失もこれに含まれる。⑦債権者の受領遅滞（後述）も契約に伴う一種の債務不履行として捉える。

以上のような契約責任の再構成の試みは、不完全履行の概念に対していかなる意味をもつか。前述したように、この概念は、履行遅滞と履行不能という従来からの債務不履行の二つの態様に収まりきれないものを捉えるための、いわば、補充的な態様としての意味をもち、歴史的には債務不履行責任の適用範囲を拡張する意味をもった。しかし不完全履行の態様はますます実際上重要な地位を占めるに至る。けだし、その一つの契機として商品交換経済の進展とともに、物だけでなくサービス(役務)が商品交換の対象として重要となり、したがって、「なす債務」が重要性を増すに至るが、この種の債務においては与える債務と比べて不完全履行が重要な意味をもつからである。

ここにおいて、まず、不完全履行を単なる補充的な態様として、また完全でないという消極的な形で、捉えるのでなく、他の二つの態様と対等な形で、しかも積極的な形で捉えなおすことが要請される。さらに進んでは、契約責任をその全体的な構造においてとらえなおし、中心的な義務と周辺的な義務を含んだ、複合的構造として、しかも人的および時間的な面でのひろがりをもつものとして捉えることが要請される。これに応えようとするのが契約責任の再構成の試みということができる。したがってそれは、不完全履行概念から出発しつつ、これを乗り越えようとするものといえよう(債務不履行の態様を履行遅滞と履行不能の二つに分けるという従来の考え方は、主に与える債務について、しかもその本来的給付義務を念頭におきつつ作られたものであり、したがって、それ以外の義務の違反を捉えるには極めて不十分だったといえる。その欠陥を克服するために、不完全履行の態様が考えられ、さらにそこから、契約責任の再構成へと進んだわけである)。

〔補説四〕　右に言及した使用者の安全配慮義務に関する近時の一判例を紹介する。

最判昭五九・四・一〇民集三八巻六号五五七頁。繊維製品の卸売会社の新入社員が、夜間の宿直中に反物を窃取する目的で社屋を訪れた元従業員によって殺害された場合に、右社屋には盗賊侵入防止のためののぞき窓、インターホン、防犯チェーンなどの設備もなく、夜間の宿直員を適宜増員するとか宿直員に対し十分な安全教育を施すなどの措置も講じていなかった等の事情のもとでは、会社は社員の生命・身体等の安全を配慮すべき義務を怠ったものとして、債務不履行による損害賠償義務を免れない。

五　賠償すべき損害に関する原則

(1)　賠償すべき損害の種類

(a)　寄託契約にもとづいて寄託者から預かっていた時価一〇万円の物を、受寄者が不注意で滅失してしまったとき、債権者たる寄託者は、その物の所有権を失ったことによって一〇万円相当額の損害を蒙る。もし寄託者がその物を他に一五万円で売る契約を結んでいたとすれば、寄託者はさらに右滅失の結果、右の有利な売買によって得たはずの五万円の利益を失ったという損害を蒙る。前者の損害は、財産が積極的に減少したことによる損害だから積極的損害といい、後者の損害は、ふえるべきものがふえなかった損害だから消極的損害という。同様に、タクシーの乗客とタクシー会社との間には運送契約が存在するが、運転手（履行補助者）が過失で事故を起こして、乗客が負傷したならば、タクシー会社の債務不履行となるが、乗客（債権者）が病院に支払った治療費、衣服が破損したために新調した費用は積極的損害だが、乗客が入院の期間中、仕事を休んだために賃金を得られなかった損害は消極的損害となる。右のいずれの損害も賠償の対象となる。

(b)　右のタクシーの事例で、右に述べた乗客の蒙る損害はいずれも物質的損害だが、乗客はこのほか、負傷したことによって精神的な苦痛を蒙るのが普通である。精神的苦痛も精神的損害として賠償の対象となる。一般に生命・身体・名誉などの侵害の場合、被害者は精神的苦痛を蒙り、したがって精神的損害が生じるが、財産権の侵害についてもこれが生じることがある。たとえば、親の遺愛の時計を貸していた場合に借主が誤ってそれを滅失することによって、貸主は物質的損害のほかに精神的損害を蒙る。精神的損害に対する賠償を特に慰藉料という。不法行為に関しては明文で精神的損害についての賠償義務を定めている（七一〇条）のに対して、債務不履行では明文の規定はない。しかし判例・学説は同様に扱うべきものと解している。

(2) 賠償すべき損害の範囲

(a) 右に述べた各種類の損害のうち、一定の範囲内のものについて賠償義務が生じる。その範囲をどう定めるかについては、四一六条の規定がある。

まず、この規定が作られた目的を説明しよう。そもそも賠償すべき損害は、債務不履行によって債権者が蒙った損害である。つまり、債務不履行と因果関係のある損害である。したがって、A（債務不履行）がなければ、B（損害）が生じなかったであろうという関係にあるBのみが賠償の範囲に入り、Aがなくても生じたであろう損害Cについてはその範囲の外におかれる。しかし右の意味でAと因果関係のある損害(自然的あるいは事実的因果関係のある損害）は果てしもなく拡がるおそれがある。それは、大風が吹けば桶屋がもうかるということわざの通りである。

具体的にいうと、たとえば、家屋の売買契約において、売主の家屋明渡義務の履行が一年間遅れた。そのために買主たる債権者は、その間ひきつづいて日当りの悪い湿気の多いアパートに住まなければならず、そのため小さい子供が病気になり、その看護のために妻が病気になった。その妻の看護のため娘が勤めをやめたが、気苦労からノイローゼになり、そのため婚約者から婚約を破棄された(星野英一教授の設例による)。このような損害のすべてを売主（債務者）に負わせるのは、売主にとって酷であり、不公平であることは明らかである。

他の例をあげると、売主AはBとの間に家屋の売買契約を結び、買主BはCとの間に極めて有利な転売契約を結び、転売代金が時価の二倍もの高額に定められていた。AがBに対する債務の履行を遅らせたために、BもCに期限通り債務を履行できず、そのためにCによってBC間の契約が解除されてしまい、転売利益を失った。そのうえ多額の違約金を取られた。そのため経営不振に陥り倒産した。この場合にもBの蒙った損害のすべてをAに賠償させるのは酷であろう。

そこで公平の見地から、債務不履行と因果関係のある損害のうち、一定の基準によってその範囲を区切り、その範囲内の損害のみを賠償させるのが妥当である。このような趣旨から、四一六条の規定が作られたが、その際、損害を、通常生ずべき損害と特別の事情によって生じた損害に分けて規定している。

(b)　第一項は「損害賠償ノ請求ハ債務ノ不履行ニ因リテ通常生スヘキ損害ノ賠償ヲ為サシムルヲ以テ其目的トス」と定める。ここでいう通常の損害とは、家屋明渡債務の履行遅滞の場合でいうと、債権者が明渡しをうけられなかった期間、その家屋を利用できなかった損害であり、その期間の家賃相当額ということになろう。また履行不能の場合、すなわち家屋の売主がそれを滅失させたとか、他に二重譲渡して登記してしまったような場合、買主が蒙る通常の損害は、その家屋を入手できなかった損害であるから、その家屋の時価相当額ということになる。これらの通常生ずべき損害については、債権者は、その損害の発生を立証するを要しない。

もっとも、もし、それが債権者に現実に発生していなければ債務者はこれを賠償する必要がないが、そのような事情の存在についての立証責任は債務者の側が負う。たとえば、履行遅滞の例でいうと、売主は家屋の引渡しを半年間遅れたが、買主は勤務地の関係から、たとい期限通り引渡しされていてもそれを利用することはできなかったという事情、あるいは履行不能の例でいうと、土地付きの家屋の売買において、売主は家屋を焼失させてしまったが、もともと買主は、建物を壊して建て替える予定だったというごとき事情。

(c)　第二項は「特別ノ事情ニ因リテ生シタル損害ト雖モ当事者カ其事情ヲ予見シ又ハ予見スルコトヲ得ヘカリシトキハ債権者ハ其賠償ヲ請求スルコトヲ得」と定める。このような特別損害については、債権者の側でその発生を立証しなければならない。しかもその発生を債務者が予見したか、または通常の注意力をもってすれば予見しえたはずだ、ということを債権者の側で立証しなければならない。特別損害は、前例の履行遅滞の場合、家屋の明渡しが遅れたために家族が病気になった等の損害であり、前例履行不能の場合は、有利な転売利益を失った損害および違約金を取られた損害などである。このような特別損害については、前述のように債権者が立証責任(特に予見に関して)を負うために、その賠償請求はかなり困難になる。

通常損害か特別損害かに関し、営業上の逸失利益を特別損害とする判例と通常損害とする判例とがある。

①　最判昭三二・一・二二民集一一巻一号三四頁。土地賃貸人が賃借人に土地を明け渡さないため、賃借人がその地上に店舗を建築し、海産物商を営むことにより得べかりし利益の喪失による損害が生じた場合には、特別の事情により生じた損害として、その賠償を請求しうる。

②　最判昭三九・一〇・二九民集一八巻八号一八二三頁。事業用自動車の売主が、登録名義変更手続および車体検査手続を遅滞したために、その間買主が右自動車を運送事業の用に供することができなかった場合には、買主は道路運送法四条一項所定の自動車運送事業の免許を受けていなくても、売主に対して、通常生ずべき損害として、得べかりし営業利益の喪失による損害の賠償を、請求することができる(但し、以下の少数意見が附されている。無免許の運送事業であっても、運送契約自体は私法上有効である。しかしながら無免許で運送事業を行うことを前提とする「得べかりし利益」は法の保護に価しないから、買主の請求は認められない)。

(d)　特別損害の発生を「予見シ又ハ予見スルコトヲ得ベカリシ」時期はいつかについて、不履行の時か、それとも債務発生の時、換言すれば契約締結の時か、が争われている。従来の判例・通説は不履行時説をとったが(大判昭一五・二・二八法律新聞四五四三号七頁)、近時、締結時説が有力に主張されている。

前例の履行不能の場合について、締結時説をとると、売買契約締結時に、買主が有利に転売しうる立場にあることを売主が予見し、または予見することをうべかりしことが必要であり、したがって、売買契約締結時には、買主は自己使用の目的だということを明らかにしていたが、後にたまたま時価の二倍で買いたいという人があらわれてきたので、これと有利な転売契約を結んだというのでは、転売利益の賠償請求はなしえないことになる。

しかし不履行時説をとれば、不能時にこのような買主側の事情を売主が知り、または知りうべきであれば、買主の賠償請求は認められる。

締結時説が正当であると考える。というのは、前例に即していうと、一般的にいって売主は、売買契約締結時に、将来債務不履行を犯せば、どれだけの損害を買主に蒙らせ、したがってどれほどの賠償義務を負わされることになるかというリスクを計算に入れたうえで、対価たる売買代金も、そのリスクの分だけ高く決定することができるはずである。したがって締結時に予見し、または予見しうべきであった事情による損害について賠償義務を負わせても不公平ではない。しかし締結時には予見しえず、その後、たまたま生じた事情により蒙った損害についてまで賠償義務を負わせるのでは、締結時における売主の期待に反する結果になるからである(但しその後に生じた事情による損害でも、債務者がさような事情を知りつつ、かつ意図的に、すなわち避けようと思えば容易に避けることができたのにあえて債務不履行を犯したなら、賠償義務を負わせても不公平とならない)。

なお、売買の目的物が転売に適した商品であるとか、買主が、通常転売利益をねらって買い入れる商人であり、締結時に価格が騰貴に向いつつあるというような事情があるときは、売主は、買主が有利に転売するであろうことを予見しうべきであったといえる。しかしそれにしても、時価の二倍までの有利な転売契約をなすであろうということまでは、予見しえないはずである(したがって締結時説では、締結時に予見しえた限度でのみ賠償義務を生じる)。

(e)　価格の変動の激しい商品が転売目的で売買される場合、商品の引渡しが遅れたために、買主は、その後三倍に急騰した高い相場で転売できず、その後再び相場が下落したあとで引渡しをうけたために安い価格でしか転売できなかったという場合、買主の側で、もし適時の引渡しがあれば、短期間の最高の騰貴時に素早く転売したはずであると、たとえ立証できても(それは決して容易ではあるまい)、買主が神業《わざ》のような商才をもっていることを売主が予見することは困難であり、したがって高騰時の中間の最高価格をそのまま基準にして損害賠償請求することは許されない(大判大一三・五・二七民集三巻二三二頁)。しかし他面、相場が下落した後の転売価格を基準にすることも、買主に酷であるから、売主が契約締結時に予見しうべきであった限度でのみ損害の賠償を請求しうるとして、中間的な解決をはかるべきであろう

(f)　売買の履行不能の場合に通常生ずべき損害は、目的物の時価相当額であると述べたが、それではいつの時価が基準となるか。物価の変動特に騰貴の場合に問題となる(これを一般的にいうと損害額算定の時期如何の問題であ

る）。主要な説として不能を生じた時とする説、履行期とする説、損害賠償を請求した時とする説、判決時（裁判手続上では口頭弁論終結時）とする説がある。従来、判例・通説は、不能時説を採用する（最判昭三五・四・二一〔補説〕参照。なお、売主の履行遅滞を理由に売買契約を解除する場合、買主は代金債務を免れるほかに目的物の時価と代金額との差額を損害賠償として請求しうる（五四五条三項）が、この場合の時価算定の基準時はいつかも問題となるが、判例・通説は、解除時とする（最判昭二八・一二・一八〔補説〕参照））。

その理由としては、損害賠償債権はその発生の時にその額が決定されるべきであり（したがって、直ちにそれに対する法定利息を生じる）、その後の物価の変動によって影響をうけるべきではないから、とされている（解除時とする理由も同様である）。比較的近時の判例で、不能時後に騰貴した口頭弁論終結時の時価を基準とすべしとするものもあらわれている（最判昭和三七・一一・一六、最判昭四七・四・二〇〔補説〕参照）。もっともこの判例は、前述した特別損害の理論をあてはめてその根拠としているから、理論としては従前の判例を改めたとはいえない。つまり不能時後の価格騰貴による損害分を特別損害と見、したがってその賠償請求の要件として、不能時における価格騰貴事情の予見または予見可能性が必要だとする（〔補説〕の判例要旨参照）。なお最判昭三〇・一・二一（〔補説〕参照）は、口頭弁論終結時説をとっているように見えるが、これは現在まだ到来していない将来の不能時に最も近い——裁判手続上の制約を考慮して——時期として口頭弁論終結時が考えられているのであるから、実質的には不能時説をとったものというべきである。

思うに、不能時説（および解除時説）の右の根拠づけはあまりにも形式的であり、十分な根拠とはいえない（特別損害と構成する説も、不能時（もしくは解除時）の後に新たに生じた（したがってその当時には予見しえなかった）騰貴事情を考慮に入れない欠陥がある）。この問題は場合を分けて考察すべきである。

その際、第一に考慮すべき事柄として、不能を生じた時（もしくは解除した時）には、本来の給付（土地）は、もはや入手しえないことが確実になるのだから、買主は、遅滞なくこれに代るべき他のもの（土地）を入手するよう努めるべきであり、それを怠って時間が徒過する間に物価が騰貴し、そのために、今、他の代替物を入手するのに多額の金銭を必要とするならば、それは買主の怠慢から生じる余計な出費なのだから、その分についてまで売主に賠償させるべきではあるまい。ここに後述の過失相殺の法理が働くというべきである。この限りでは、不能時説(および解除時説)が妥当である。

しかし第二に、買主が代替物を他から直ちに買い求めるには、通常、現金を必要とする。したがって、少なくとも売主としては、買主が現金なしに入手するように要求することはできない。売主が、代替物を入手するのに必要な金銭を買主に保持させたときにはじめてこのような要求が正当となる。この限りで、売主が買主に、履行に代る塡補賠償を支払う時点での時価を基準とすべきだといえる。

以上の考察をもとに(ア)買主が不能時(解除時)に売買代金をすでに支払っていた(したがって代替物の買入のための代金相当額が買主の手元にないと看做しうる)ときは、裁判を通してなされる塡補賠償の支払時に最も近い時点として、口頭弁論終結における時価を基準として賠償額を決定すべきである(口頭弁論終結時以降、現実の支払時までの間にさらに騰貴した分については、別の訴えによって損害賠償を追加的に請求しうると解すべきである)。(イ)買主が不能時(解除時)、まだ売買代金を支払っていなかったとき(したがって代替物の買入のための代金相当額が買主の手元にあると看做しうる)は、売主は、買主がその手元にあるその代金相当額で遅滞なく代替物を入手すべく努めるよう要求しうるから、代金額が当時の時価相当額と一致する限り、買主が現在の騰貴時にまだ入手していなくても、不能時(解除時)の時価を基準にして賠償額を算定してよい。(ウ)もし買主がすでに支払っていた代金額が不能時の時価の半分ならば、賠償額の半分については前述(ア)の計算を、他の半分については(イ)の計算をなすべきである。(エ)右の(ア)の場合でも、買主が売主から賠償を得る前に、代替物を入手していたときは、そのための出費相当額を(法定利息をつけて)賠償額とすべきである。

以上述べたように、当事者間の具体的な公平をはかる立場から、債務不履行における損害額算定の基準時の問題を扱うことが必要であると考える。

〔補説一〕　賠償額算定の基準時に関する判例の推移を、参考までに紹介しておこう。

①　最判昭二八・一二・一八民集七巻一二号一四四六頁。売買契約が売主の債務不履行を理由に解除された場合における塡補賠償額は、解除当時の目的物の時価を標準として算定すべきであって、履行期の時価を標準とすべきでない。

②　最判昭三〇・一・二一民集九巻一号二二頁。物の給付を請求しうる債権者が、本来の給付の請求に併せて、その執行不能の場合における履行に代る損害賠償を請求したときは、右請求の範囲内において、事実審の最終口頭弁論期日当時における本来の給付の価額に相当する損害賠償を命ずべきである（この判例の意義については、第三節二(6)参照）。

③　最判昭三五・四・二一民集一四巻六号九三〇頁。土地の所有者がこれを乙と丙に二重譲渡し、丙名義の所有権移転登記を経た場合には、甲の乙に対する債務は右登記の完了した時に履行不能となり、履行に代る損害賠償の額はこの時の不動産の価格を基準として算定すべきである。

④　最判昭三六・一二・八民集一五巻一一号二七〇六頁。売主が履行遅滞に陥った後に目的物を引き渡したところ、その間に市価が低落したため、買主の転売利益が減少した場合に、履行期の市価と引渡し時の市価の差額は、買主が遅滞によって蒙った損害といえる。

⑤　最判昭三七・一一・一六民集一六巻一一号二二八〇頁。債務の目的物を債務者が不法に処分し、債務が履行不能になった後も、その目的物の価格が騰貴しつつあるという特別の事情がある場合は、債務者が債務を履行不能とした当時、右事情を知っていたかまたは知りえたときは、債権者はその騰貴した現在の時価による損害賠償を請求することができる。

⑥　最判昭四七・四・二〇民集二六巻三号五二〇頁。買主が自己使用の目的でした不動産の売買でも、売主の債務履行不能による損害賠償額は、売主が債務を不履行にした時に価格騰貴という特別事情の存在を知り、または知りえた場

合には、騰貴した現在の不動産の価格を基準として算定すべきである。

〔補説二〕　損害賠償額の算定の基準時に関する従来の判例・学説は、主として物価騰貴の場合を扱った。しかし今後、物価下落の場合も問題になる。もっとも基本的には後者も前者と同じ考え方によって処理すべきであると考える。例えば、土地の売買契約締結の後、地価が下落したために、買主が代金の支払を拒み（同時に登記義務と占有の引き取りをも拒み）、そのため売主が契約を解除したとする。このとき売主は――解除後遅滞なく他の代りの買主を探して売却するよう努めるべきであるから――たとい土地をそのまま保有していたとしても、原則として、解除時の時価を基準に算定した賠償額を請求しうるに留まり、その後一層下落した現在の土地の時価を基準にすべきではない。もっとも、もし買主が登記名義を取得し、また占有の引渡を受けていながら代金の支払を拒んでいたために売主が契約を解除したのであれば――売主が他の代りの買主を探して売却するためには、登記名義や占有を自己に回復していることが通常必要であることにかんがみて――売主は、解除時の時価ではなく、その後一層下落した現在の時価を基準にして、すなわち登記名義や占有を自己に回復した時の時価あるいは――損害賠償の請求とあわせて訴によって登記名義あるいは占有の回復を請求しているときは――口頭弁済終結時における時価を基準にして、賠償額を算定すべきである。

(3)　賠償の方法

損害賠償の方法は、当事者間に違約の罰として、一定の品物を給付するとか、一定の方法で謝罪するとか、あるいは賃借物を壊したときは借主は修繕して返すというような特約がある場合のほかは、金銭の支払による。精神的損害も金銭で賠償する。債務不履行の結果生じた精神的苦痛を慰藉するに足る金銭を支払わせる趣旨である。父祖の遺愛の品を貸していた貸主が、借主によって滅失させられたことにより生じる精神的苦痛は、特別損害に属する。

〔補説〕　賠償すべき損害の範囲の問題につき、従来、相当因果関係説ということがいわれてきた。これは、前に述べたごとき因果関係（条件説的因果関係）にある損害のうち相当と決められる範囲のもののみを賠償させるべきだとする主張であり、そしてわが民法四一六条は、相当因果関係説にもとづいて作られた規定だとされてきた。しかし最近は、このような考えを否定する見解が有力である。

否定説の主張は次のとおりである。もともと相当因果関係説はドイツで主張された理論である。すなわち、ドイツ民法では元来、債務不履行と因果関係のあるすべての損害を賠償させる建前（完全賠償主義）をとっているが、しかしこれをそのまま適用すると債務者に酷なので、これを相当因果関係という基準によって区切るべきだということがいわれ出したのである。このように、もともと広い範囲で賠償をなさしめる建前を前提にして、これを制限するための法理として学説・判例上主張されたのが相当因果関係説である。しかしわが民法の規定（四一六条）は、イギリス法にならって作られたものであって、ドイツ民法と違って賠償の範囲をかなり強く制限した規定になっている。だからわが民法上に、相当因果関係説をもってくる必要性は全くない。

のみならず、これは有害である。というのは、具体的な問題の処理においても、ドイツで相当因果関係説を適用した結果と、わが民法四一六条を適用した結果とでは、かなりの差異を生じるのだから（たとえば、人を傷つけたところ被害者がたまたま血友病患者であったために死亡するに至った、という場合、ドイツでは相当因果関係ありとして賠償の対象になるが、わが民法では特別損害として扱われるから「予見シ又ハ予見スルコトヲ得ヘカリシ」が要件となる）、ドイツで用いられている相当因果関係説という言葉と同じ言葉でわが民法の規定を説明することは妥当でなく、無用の混乱を生じさせるからである。

六　賠償すべき損害に関する特則

以上の原則に対して三つの重要な例外がある。

(1)　金銭債務については賠償すべき額が一定の率によることは前述した（二**2**(3)(b)）。

(2)　債務の不履行に関して債権者にも過失があるときは、裁判所は損害賠償の責任およびその金額を定めるについてこれを斟酌することになっている（四一八条）。これを過失相殺という。自ら過失のあった債権者にも責任を負わせようとするものであり、公平の原則にもとづく。したがって債務の不履行自体について債権者に過失のあった場合にだけでなく、損害の発生ないし拡大について債権者に過失のあった場合にも適用される。

たとえば、タクシーによる運送契約の場合に、運送すべき債務者である運転手の過失と、債権者たる乗客の過失とが加わって衝突事故を生じ、乗客が怪我をしたという場合だけでなく、運転手の過失だけで事故を生じたが、乗客が運転手のすすめに反してシート・ベルトをつけていなかったために重傷を負ったとか、あるいは負傷した乗客が、そのあとの傷の手当を怠ったために傷が悪化したような場合にも過失相殺は認められる。

そして双方の過失の大小その他諸般の事情を考慮して、賠償額を決定することになる。もし、債権者の過失の程度が極めて大きいときは、その他の事情をも考慮したうえで、債務者の責任を全部免れさせることもできる。過失相殺は不法行為についても定められている（七二二条二項）。

(3)　当事者が予め債務不履行の際の賠償額について特約を結んでいたときは、特約が優先する。これを賠償額の予定という。

(a)　特約が優先するということは、賠償すべき損害の範囲についての四一六条が任意規定であることを意味している。賠償額の予定は、遅延賠償については、履行が遅れれば一日について一万円の賠償を払うとか、塡補賠償については、特定物を給付すべき債務が履行不能となれば履行に代えて一〇〇万円を支払う、と特約するような形でなされる。債務不履行を生じたときは、債権者は、実際に蒙った損害額が予定された賠償額より大きくても、少なくても、また仮にゼロであっても、予定賠償額を請求できる。けだし賠償額の予定は、その最も重要な目的として、実際の損害額如何の立証、および特に特別損害の場合の予見に関する立証の困難を救い、争いを一律に解決しようとする趣旨で約定されるからである。

なお、通説は、このほか、債務不履行が債務者の不可抗力で生じたときにも債権者は、予定賠償額を請求しうるものとするが、疑問である。けだし①賠償額の予定は額についての予定であって、賠償自体の予定でないのだから、通説の解釈は通常の当事者の意思に反すること、②また、賠償額の予定は、通常、債権者の利益のために、とりわけ立証の困難を救うために結ばれるが、債務不履行の主観的要件である債務者の故意過失は、元来、債権者に立証責任がないのだから賠償額の予定によって、債権者の立証の困難を救う必要はないこと（この点は損害とりわけ特別損害の立証および予見可能性の立証の問題と異なる）、③さらに賠償額の予定は、債務者に履行を促し、心理的な強制を加える目的で結ばれることが少なくないが、このような目的は、不可抗力のときにも予定賠償額を払わせることとそぐわないからである。

(b)　当事者の約束した賠償額が、実際の損害額と比して、過大であっても、過小であっても、裁判所は増減することはできない（四二〇条一項）。その趣旨は前述したところであり、契約自由の原則が適用される結果だということもできる。

しかし、前に一言したように、賠償額の予定は、単に立証上の困難を救うためにとどまらず、債務者に心理的強制を加えるために取り決められることが少なくなく、しかも債権者はしばしば取引上の優越的な地位を利用して、多額の賠償額の予定を債務者に押しつけることがある。そこでドイツ民法やスイス民法では、経済的弱者を保護し、暴利行為を禁止する趣旨から、不当に巨額の賠償額の予定は、裁判所が適当に減額しうるものと定めている。

わが民法では条文上は契約自由を優先する建前をとっているが、しかしすでに戦前から、多額の賠償額の予定が暴利行為になりうるとされ、あるいは、人身の自由を著しく拘束する契約であるとされて、九〇条違反の無効の契約とされる例があった。判例上、人身の自由を拘束するものとして無効とされた例としては、徒弟契約に伴う違約金の定め、および芸娼妓契約に伴うそれがある。それは一定の契約期間が経過するまでの間に徒弟あるいは芸娼妓をやめるときは、それまで傭主が支出した食費、衣服費等の費用を直ちに弁済するというような内容のものであった（大判大七・一・三〇民録二四輯一二四頁、大判昭三・二・二四法律新聞二八四七号九頁）。

戦後の労働基準法はこのような判例の立場を一歩進め、より一層、一般的な形で、使用者は、労働契約の不履行について違約金を定め、または損害賠償額を予定する契約を結んではならないと定めている（労働基準法一六条）。これに違反する契約は無効となり、また違反者は罰則の適用をうける（同法一一九条）。

また戦後改正された利息制限法も前述した通り（第二章七(4)(b)(オ)(カ)）、金銭を目的とする消費貸借上の債務についての賠償額の予定に関しては、利息制限法四条の制限があり、通常の制限利率の二倍までしか認めていない（改正前の利息制限法では、不当に高い賠償額の予定は裁判官が相当の減額をすることができるものと定めていたが、これは商事には適用がなかった）。

〔補説〕　約定利率が利息制限法の制限利率を超えているが、遅延利息（すなわち遅延賠償額）についての約定がなかった場合に、借主が支払うべき遅延利息の利率は如何。

判例によると（以下、元本五万円、約定利率年三割として説明する）、利息制限法一条により、弁済期までの利率は年二割に引き下げられる。これが四一九条一項にいう約定利率に相当し、したがって同項により、弁済期後の遅延利息の利率は年二割となるという（最大判昭四三・七・一七民集二二巻七号一五〇五頁）。

しかし思うに、このような判例理論はあまりにも形式論であり、当事者の意思を無視しすぎていると思われる。当事者の間に、確かに弁済期後の利息についての特別の約定はなかったが、しかし当事者の意思は、弁済期の前も後も同様に年三割の利息を支払う趣旨だったと解するのが正当であろう。そうだとすると、年三割の賠償額の予定があった場合と同様に扱うべきであり、したがってこれに利息制限法四条を適用することによって、借主は——弁済期までは年二割の利息を払うのは当然だが——弁済期後は年三割の遅延利息を払うべきであろう。学説にはこの立場をとる者が多い。

(c)　賠償額の予定がなされていても、履行を請求したり解除権を行使することは妨げない（四二〇条二項）。特定物売買において、売主が引渡しを一日遅れれば、一万円の遅延賠償を払うという遅延賠償額の予定の場合、履行期が来ても履行がなされないと、債権者たる買主は履行を請求し、同時に予定した遅延賠償を請求しうる。また買主は売主の履行遅延に業を煮やして、予め催告したうえで契約を解除することもできる。解除の効果として買主は、売主から損害賠償を請求しうるが、一日一万円というのはその際の基準とならないから、一般原則にもとづいて算定すべきことになる。履行不能のときは履行に代る塡補賠償として、一〇〇万円支払うという予定がなされているとき、債務者が履行期に履行しないと、履行請求と遅延賠償の請求をなしうるが、一〇〇万円という額が遅延賠償の基準にならないのは当然である。

債権者が業を煮やして契約を解除したときは、その際の損害賠償（五四五条三項）の基準として一〇〇万円が意味をもつ。けだし一般に、特定物債務の履行不能のときの塡補賠償の額は目的物の時価相当額であり、同様に、履行遅滞を理由とする契約解除のときの損害賠償額算定にあたっても、前述したように目的物の時価が基準となる（前述二1・三1参照）。したがって、あたかも塡補賠償額の予定のある場合の履行不能の際の塡補賠償が時価によってでなく、予定賠償額によって計算されるのと同様に、塡補賠償額の予定のある場合の履行遅滞を理由とする解除の際の損害賠償額も、時価によってでなく、予定された塡補賠償額を基準とすべきだからである。

(d)　損害賠償額の予定と類似したものに違約金がある。違約金の語は実際の取引上多く用いられているが、多義的であって、その内容は明確でない場合が多い。前述した損害賠償額の予定の意味で用いられることが多いが、そのほか損害賠償額の最低額の予定の意味であったり（この場合は、債権者はこれを超える損害額を実際に蒙ったことを立証してその賠償請求をなしうる）、あるいは、一般原則にもとづく賠償に加えて支払われる特別の賠償額の意味であったり、あるいは、債務者の帰責事由の有無を問わず払われる趣旨のものであったりする。しかし民法は、一般に違約金を賠償額の予定と推定した（四二〇条三項）。けだしこの意味で違約金の語が用いられる蓋然性が最も高いからである。したがって、一般の推定規定の場合と同じく、もしも賠償額の予定の意味と異なった意味で違約金の語が用いられていた場合には、それを主張する側でこのことを立証しなくてはならない。

(e)　当事者は金銭以外のもの（たとえば、一定の品物の引渡し、あるいは一定の労役につくこと）を損害賠償にあてることを予め約定することがある。この場合にも、金銭による賠償額の予定と同様に扱う（四二一条）。

第15図

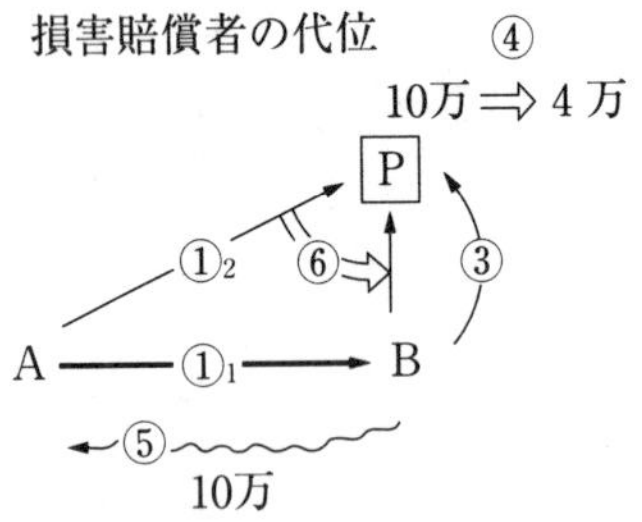

A　：寄託者
B　：受寄者
①1：目的物返還を求める債権
①2：所有権
③　：Bによる毀損
④　：価値の減少
⑤　：目的物の価格全額の賠償
⑥　：所有権の移転

(4)　**損害賠償者の代位**　債権者が、損害賠償の方法として、その債権の目的となっている物または権利の価額の全部を受け取ったときは、債務者はその物または権利について、当然債権者に代ってその権利を取得する(四二二条)。これを損害賠償者の代位という。たとえば、寄託契約にもとづいて寄託者の所有物を保管している受寄者が、過って毀損し、損害賠償として、その物の時価相当額全額を支払ったとき、毀損して減価した物の所有権をそのまま債権者たる寄託者に留めておくことはその不当利得となり、不公平であるので、所有権は当然受寄者に移るものと定めているのである(**第15図**参照)。なお、右の事例の場合、債務者たる受寄者は、本来は、減少した価格相当分もしくは、修繕費相当分のみを賠償すれば足りたにもかかわらず、時価相当分の金額を支払ったという点を注意する必要がある。また、目的物の毀損が、直接には第三者のいたずらによって故意になされ、受寄者は保管上の注意を欠いたためにこれを防げなかったという事情がある場合には、受寄者が価格の全額について賠償したとすれば、受寄者は、毀損した物の所有権だけでなく、第三者に対する、不法行為にもとづく損害賠償請求権も当然に取得することになる(後述四章三節**六**参照)。

条文の上では、債務者が物または権利について債権者に「代位」すると規定するが、ここでいう代位とは、「債権者代位権」(後述)の場合のように、代って権利を行使しうるだけでなく、「弁済者の代位」(後述)の場合と同様に、当然に権利が移転するの意味に解釈すべきである。

(5)　**代償請求権**　履行不能を生じさせたのと同一の原因によって債務者が

目的物の代償といえる利益を受けているときは、債権者は、損害の限度で右の利益の引渡あるいは譲渡を請求できる。これを代償請求権という。ドイツ民法（二八一条）にその定めがあり、わが民法でも賠償者の代位の規定や五三六条二項但書の規定の趣旨にもとづき、当事者の公平をはかるために、学説・判例上認められている。たとえば、建物の所有権を移転すべき債務者が、家屋の焼失によってその移転が不能となったが火災保険金を受け取っているときは、債権者は、家屋所有権の代償として、右保険金の引渡しを求めることができる（最判昭四一・一二・二三民集二〇巻一〇号二二一一頁）。

〔補説〕　事案は、家屋の焼失が債務者の責に帰しえない事由による場合であったが、もし責に帰すべき事由による場合であったとすればどうなるか。債権者は、債務者に対する損害賠償債権の取立のために、保険会社に対する保険金請求権の譲渡を請求しうる（債権の取立のための債権譲渡については後出五章一節**六**参照）。したがって債権者が保険金を受領した程度で、債務者に対する損害賠償債権は消滅する。なお、債務者が保険金を既に受領していたとき、債権者は債務者に対して、損害賠償に重ねて保険金の引渡を請求しうるわけではないことはもちろんである。

第五節　債権者の受領遅滞（債権者遅滞）

一　弁済提供と受領遅滞

債務が履行されて消滅するためには、多かれ少なかれ債権者の協力を必要とすることは前述した。眺望を害する高い建物を建てないというような不作為債務ならば、債権者の協力を必要としないが、債権者の持参する材料を加工すべき債務であれば、債権者がそれを予め持参しない限り債務を履行できない。金銭債務のような場合でも、債務者が債権者の住所に届けた金銭を、債権者の側で受け取ることが履行のために必要である。しかし債務者は、まず、債権者の協力の有無にかかわらず、債務の履行のために自分としてなすべきことをしなければならない。債務者が履行のために、自己のなすべきことをなすことを弁済の提供という。弁済の提供ありといえるためには、どの程度のことをしなければならないかは、債務の内容によって様々であるが、民法はこれについて一般的・抽象的な基準を設けている。これについては後述する（第六章第二節三参照）。

さて、弁済提供の効果は、たとえ債権者が協力しないために履行ができなくても、債務者が債務不履行の責任を負わない、したがって損害賠償義務を負わないし、違約金をとられることもなく、強制執行されず、契約を解除されることもない、という消極的なものである（四九三条）。

ところで、弁済の提供があった場合には、右のような効果だけでなく、債権者の協力がないために履行が遅れた（あるいは履行が不能になった）ことから債務者に生じる不利益を、債務者に負担させないで、債権者に負担させることが公平に合すると考えられる。その結果、必要な協力を怠った債権者は一定の不利益を負わなければならない。このような趣旨から、民法は債権者の受領遅滞の制度を定めている（四一三条）。もっとも右にいう債務者の不利益としてどのようなものが認められるかについて、また、債権者がその不利益を負担する際の要件として、債権者の不協力（すなわち受領遅滞）について、債権者の側の故意過失を必要とするかについて、学説上の対立がある。さらにこれと関連して、そもそも債権者は法律上の債務として受領義務を負うのか、それとも受領義務を負うことなく、単に受領しないことによって信義則上不利益を受けるにすぎないのか、について見解が対立し、ひいては受領遅滞の概念自体をどう捉えるのか、についても対立がある。

二　法定責任説

伝統的な考え方によると、債権者は、債権を放棄（免除）することもできるのだから、受領すべき債務を負うとは解しえないが、しかし受領遅滞の結果、信義則の適用によって、その故意・過失を問わず、以下の不利益を負い、それが受領遅滞の効果である（この効果は法の定めた特別のものと見るために法定効果説とも呼ぶ）。① 約定利息の発生を止める。② 特定物の引渡債務にあっては、債務者は受領遅滞後は注意義務を軽減され、自己の物に対すると同一の注意をもって保管すれば足りる。したがって債権者は、その限りで目的物の滅失・毀損による不利益を負担する蓋然性が大きくなる。③ 債権者は同時履行の抗弁権を失う。④ 特定物の引渡債務が双務契約によって生じた場合、わが民法上は危険負担に関して債権者主義の原則をとっている（五三五条）が、特約によって債務者主義とすることもできる。このとき、債権者の受領遅滞があれば、以後は債権者に危険が移転する。⑤ 受領遅滞のために債務者に履行の費用や保管費用が増大したときは、債権者がそれを賠償すべき義務を負う。⑥ 弁済費用、保管費用以外に債務者が蒙った損害については、債権者は賠償する義務を負わない。債権者は受領すべき債務を負っていないからである。⑦ 同様に、債権者の受領遅滞を理由にして債務者が契約を解除することはできない。

三 債務不履行説

近時、有力になっている債務不履行説は、債権者には受領すべき債務があると見、したがって受領遅滞は、債権者の側の一種の債務不履行だと解する。債務不履行だと解する以上は、受領遅滞の主観的要件として、債務不履行一般の場合と同様に、受領遅滞に陥った債権者の側の帰責事由を要求することになる。もっとも法定責任説が受領遅滞の効果としてあげている①②③④の効果については、これらを弁済提供の効果として扱い、受領遅滞の効果からはずしている。したがってこれらの効果の発生のためには、債権者の側の帰責事由を要しないとする。その結果、受領遅滞の効果としては前に述べた⑤（増加費用の負担義務）と⑥（損害賠償義務）および⑦（債務者の解除権）がそれに相当することになり、これらが発生するためには債権者の側に受領遅滞についての帰責事由が必要だと解している。

〔補説〕 判例は従来、法定効果説をとっていた。しかし近時債務不履行説をとるもの（後掲④）があらわれている。

① 大判大五・四・二六民録二二輯八〇五頁。買主は、売買残代金に利息を付し登記と同時にこれを支払うべきこと

を約した場合に、代金弁済の提供をして売主を受領遅滞に付したときは、それ以後の約定利息の支払義務を免れる。

② 最判昭四〇・一二・三民集一九巻九号二〇九〇頁。債務者は、特段の事由のない限り、債権者の受領遅滞を理由として契約を解除することはできない。

③ 最判昭四五・八・二〇民集二四巻九号一二四三頁。不動産の賃貸人が、賃貸借の終了を理由に賃料の受領を拒絶したときは、その後に提供されるべき賃料についても受領拒絶の意思を明確にしたものと解されるから、賃貸人は自己の受領遅滞を解消させる措置を講じたうえでなければ、賃借人の債務不履行責任を問うことはできない。

④ 最判昭四六・一二・一六民集二五巻九号一四七二頁。硫黄鉱石の継続的供給契約において買主が目的物の引取りを拒絶するときは買主に債務不履行の効果を生じ、売主は契約を解除して損害賠償を請求しうる(引取拒絶による損害金と前渡金返還債務との相殺および残金の請求を容認)。

四　検　討

私見を述べる前に従来の説の考え方を批判したい。

1　第一に、従来、受領遅滞の問題を考えるにあたっては、特定物売買における特定物引渡債務や金銭債務のような与える債務が中心におかれていた。もっとも、労務供給契約にもとづく債務(家庭教師として教える債務、工場で働く債務、備付家具を修繕する債務など)も言及されていなかったわけではないけれども、しかしいずれにせよこの問題の処理にあたっては、債務の種類に応じて区別して扱うことが重要であるにもかかわらず、従来必ずしもそれが明確に意識してなされていなかったように思われる。

わたくしは、債務を以下の二つのグループに分けて捉えることが重要であると考える。

Ⓐ　与える債務および「なす債務」のうち、備付家具を修理する債務、肖像画を画く債務のように、債権者の受領遅滞によって債務が直ちには消滅せず、債務者が、あらためて債権者の協力を待って債務を履行すべき義務が残

る場合（なお、これはさらに、与える債務のように、供託することによって債務を消滅させることのできる場合と、肖像画を画く債務のように供託によって債務を免れることのできない場合とにわかれる）

Ⓑ「なす債務」のうち家庭教師として教える債務のように、債権者側の受領遅滞（たとえば、教えられる側である債権者の子供が遊びに行ったまま帰って来ない）によって債務が消滅し、債務者が別の日にあらためて教えるべき義務を負わない場合（このグループは常に、債務者が供託によって債務を免れることの不可能な場合に該当する）。

もっとも前にあげた例のうち備付家具を修繕すべき債務においては、債権者が約束の日に旅行してしまったために債務者は家の中に入れず、修繕ができなかった場合ならばⒶのグループに入るが、約束の日の前日に債権者が失火によって家屋と一緒に家具も焼失させてしまったならばⒷのグループに入る。肖像画を画く債務も、債権者が約束の日を間違えて画家のアトリエに当日行くのを忘れたときはⒶに、また債権者が自殺したならばⒷに属する。また、工場で労務を給付すべき債務もⒷに入る。もっとも具体的な事例がⒶとⒷのいずれに入るかの決定は場合によっては困難であり、肖像写真を撮影すべき債務でも、仕事の完成自体よりも子供の結婚式の日という特定の日における撮影（労務の給付）に重点がおかれているならば、Ⓑに属することになろう。いずれに属するかは最終的には当事者の契約の趣旨によって決定すべきである。

Ⓐ類型のうち与える債務では、前述の受領遅滞の効果として問題にされている①―⑦が、すべて問題になる（ただし、①は金銭債務に限る）のに対して、Ⓐ類型に属する他の債務（家具を修理する債務など）では④の危険負担の移転（債権者（＝注文者）が受領を遅らせている間に家具が不可抗力で滅失すると、債務者（＝請負人）が危険負担〈五三六条一項〉するのでなく、債権者が危険を負担し、修繕代金債務を負う）と⑤の費用負担（約束の日に仕事ができず、別の日にしなければならないことによる出費の負担）と⑥損害賠償と⑦解除権は問題になるが①と②は性質上問題にならない（③については、債務者の負担する債務（修繕する債務）につき先履行の特約（修繕が済んでから料金が払われる旨の特約）がある場合には、問題にならない（注文者はその受領遅滞後もなお、修繕後に支払えば足りる））。

それに反し、Ⓑ類型では受領遅滞の結果として債務者は債務を免れることになるから④の危険負担の問題を除き①―⑦の効果は事実上問題にならない。双務契約によって生じた債務の場合については、受領遅滞が債権者の責めに帰すべき事由によって生じたとき（たとえば家庭教師の債務の場合、子供が遊びに行って帰って来ない）には、危険負担の問題については、結局債権者の責めに帰すべき履行不能と同じことに帰するから、五三六条二項が適用され、債務者は反対給付を受ける権利を失わない（ただし、自己の債務を免れたことによって利益を得たときは、これを債権者に償還すべきこととされる（同条同項但書））。しかし債権者の責めに帰しえない受領遅滞であれば（たとえば前例で、その子供がその当日責めに帰しえない交通事故で怪我をして入院した場合）、双方の責めに帰しえない履行不能に帰するから、危険負担における債務者主義の原則が適用され（五三六条一項）、債権者は反対給付をなすべき義務を免れることになる。Ⓑグループでは、以上のごとき危険負担の問題だけが生じるのである。

2　第二に、受領遅滞の問題を（とりわけⒶ類型を）扱う際に重要な事柄として、受領遅滞の結果、債権者が一定の不利益を負担しなければならないということから、「したがって（その前提として）債権者は受領すべき義務を負う（換言すれば受領義務を怠るから不利益を蒙る）」という命題を導き出すことができよう。しかし、右の意味で受領義務を負うからといって、直ちに、債権者は受領すべき債務を負うとはいえないし、いわんや直ちに債権者を訴えて受領を命ずる判決を取得できるとはいえない。このことはあたかも、過失相殺に関連して、債務者の債務不履行の結果負傷を負った債権者が、自ら負傷の手当を怠ることによって過失相殺の不利を受けることから、債権者は自ら負傷の手当をすべき義務があるとはいえても、その債務があるとはいえないのと同様である。

3　第三に、受領遅滞の際に債権者が不利益を負担するための要件として、論理必然的に債権者に故意・過失を要求すべきだとはいえない。受領遅滞の効果の多くは、債権者にも債務者にも帰責事由のないとき、そのいずれに不利益を負担させるべきかが問題になっている場合、つまり一種の危険負担が問題になっている場合が多い。一般の債務不履行でさえ、たとえば金銭債務のとき不可抗力による不履行でも、債務者が一定の額の賠償義務を負うことを想起すべきである。

4　第四に、法定責任説の論者のいう「債権者は一方的に債務を免除しうるのだから受領義務を負うことはない」という命題は不当である。というのは債務を免除すればもちろん受領義務も消滅するが、しかし免除していない間は前述のごとき意味での受領義務を負い、そして義務の懈怠によって一定の不利益を負担しなければならぬ、ということはありうるからである。

5　第五に、受領義務は債権者たる地位に附随する義務であって、それと独立した存在ではない。債権の消滅に伴って消滅し、また受領義務に対応する債務者の権利が、債務と独立に譲渡されることもありえない。

五　私　見

(1)　以上の考察を通して、わたくしは、結論的にいって、債権者は受領しないと一定の不利を受けるという意味での受領義務を負い、そしてその性質は、本体である債権に附随する義務であり、信義則上の義務であると解する。したがって受領すべき積極的な債務を負うとは解さない。

(2)　Ⓐ類型について具体的に検討するならば、前述の①—⑤は、債権者の帰責事由の有無を問わず、受領遅滞ある債権者に負担させるべき不利益であり、帰責事由のない債務者に負担させるのは公平の見地からいって不当である。債権者に帰責事由がなくても受領遅滞（すなわち、受領義務違反）の効果として捉えうることは前に一言した。したがって、①—⑤の効果を債務不履行説のいうように、受領遅滞の効果でなくて提供の効果だという必要はない。それは債務者の側から見た場合には弁済提供の効果であり、同時に債権者の側から見ると受領遅滞の効果でもあるといってよい。

前述の⑥と⑦の効果は、受領義務を附随義務と認め、信義則上の法定効果とする立場をとっても、是認しうる。もっともその要件としては、債務不履行の普通の場合に準じて、債権者の帰責事由を要求することが当事者間の公平をはかるために必要であろう。もっとも⑥の損害賠償についていえば、その損害は四一六条の特別損害に準じた性質を有するから、その立証が困難であること、さらに、債務者は与える債務の場合においては、供託によって債務を免れて損害の発生を防ぐことができた限りにおいて、過失相殺の法理が適用さるべきであることを注意しなければならない。

また、⑦の解除については、双務契約の場合であれば債権者の受領遅滞は、反対給付義務についての履行拒絶を意味するのが普通のケースであるから、これを理由にして解除することも可能であり、したがってこの場合には、債務不履行にもとづく解除と並んで、受領遅滞にもとづく契約解除を認める必要はないかも知れない。しかし債権者の反対給付義務の履行期が未到来のため、その履行拒絶の意思を断定しえない場合もあること、また債権者が反対給付義務を先に履行している場合もないわけではないこと、さらに片務契約でも契約の解除を認める必要がある（たとえば、贈与契約の受贈者の受領遅滞の場合）ことを考えると、肯定してよいのではなかろうか（前掲三〔補説〕④の判例参照）。

以上のように⑥⑦の効果を債権者の帰責事由の存在を要件にして認めるからといって、債務不履行説のように、この効果だけを①—⑤と切りはなして受領すべき債務の不履行の効果と見るべきではあるまい。受領義務は前述したように、本来的給付義務に附属する特殊な義務であり、一般の債務とは著しく異なった性質を有するからである。

これについて附言すると、一般の債務であれば、その履行を訴求し、かつ現実的履行の強制をなしうるが、Ⓐ類型のうち与える債務については、債務者は供託（四九四条）あるいは自助売却（四九七条）によって、あたかも債権者自身が受領したのと同様な効果を生じさせることができるのであるから、債権者の受領を訴求する必要はなく、もちろん現実的履行の強制も必要がない。したがってこれを認めるべきでないであろう（なお、いわゆる登記引取請求権は従来、受領義務の問題として扱われ、それについての訴求と現実的履行の強制が容認されてきたが、私見では、これは特殊な登記請求権の問題として、受領遅滞の問題とは別個に扱うべきであると考える（安達三季生「登記請求権に関する試論」加

藤一郎編・民法学の歴史と課題〔来栖三郎先生古稀記念〕（昭五七年））。

また、Ⓐ類型で、与える債務に属さない場合についても、一般的にいえば、附随義務にすぎない受領義務についてまで訴求および現実的履行の強制を認める必要があるか疑問である。これはあたかも、労働契約上の附随義務である安全配慮義務に関し、一般的にいって被用者は傭主に対して安全施設の設置を訴求したり、その現実的履行を強制することはできず、単にその設置がないときは就労を拒みえ、また、設置なきために生じた損害について賠償請求しうるにとどまるのと同様であろう。

(3)　Ⓑ類型についてはすでに述べたように、受領遅滞の効果として双務契約における債権者の危険負担（前述④）のみが問題になり、それ以外の前述①—⑦は問題にする余地がない。また受領の訴求や現実的履行の強制も問題になりえない。危険負担の問題については、ある履行不能が、債権者の責めに帰すべき受領遅滞の結果生じたのか（このときは債務者は自己の債務を免れるが反対給付を請求しうる。但し債務を免れることによって得た利益を債権者に償還しなければならない。五三六条二項）、それとも双方の責めに帰しえない事由によって生じたのか（このときは債務者は反対給付を請求しえない）の判定が重要である。

これが特に問題になる場合として、労働契約の場合がある。交通機関の途絶で職工が工場に行けないときは、双方の責めに帰しえない事由による履行不能であることは明白だが、停電のために工場が休みになる場合や、雇主が材料をきらせたために工場を休む場合は判断が難しい。いずれに不利益を負担させるのが公平であるかを考え、具体的妥当性の見地から決すべきであるが、従来、債権者（雇主）の責めに帰すべき事由による受領遅滞から生じる履行不能とする見解が支配的である（なお、特別法である労働基準法二六条は、使用者の責めに帰すべき休業の場合においては、使用者は休業期間中に労働者に平均賃金の一〇〇分の六〇以上の手当を払わなければならないと定めているが、停電の場合や材料入手不可能のときは同条が適用されると解されている）。

Ⓑ類型では右の事例からわかるように、債権者の責めに帰すべき受領遅滞か、それとも債権者の責めに帰しえな

い受領遅滞かを論じることは必要であるが、他面、ある事実が債務者の履行不能に該当するか、それとも債権者の受領遅滞に該当するかをわが民法上論じることは――たとえば右の例でドイツ民法の議論（そこでは履行不能のときは危険負担につき債務者主義をとり、他方、受領遅滞のときは債権者の帰責事由を要せずして債務者に反対給付請求権を認めている。ドイツ民法六一五条）にならって、停電による休業がそのいずれに属するかが論じられ、履行不能なら反対給付を失うが、受領遅滞なら失わないとされていたけれども――ドイツ民法と異なった建前をとるわが民法上は無意味である。というのは、Ⓑ類型では、債権者の受領遅滞によって必然的に債務者の履行不能をも招来すると解するのが事理に適合するからである。

(4)　なお「Ⓐ類型では受領遅滞があっても債務は存続するのに対して、Ⓑ類型においては受領遅滞によって債務が消滅する」という関係は、あたかも債務者の債務不履行の場合において「履行遅滞があっても債務は存続するのに対して、履行不能によって債務が消滅する（その代り塡補賠償義務を生じる）」という関係と類似している。そこで、言葉の問題ではあるが、前者の関係（受領遅滞）を後者の関係（債務不履行）と対比しやすい形に表現方法を変えるために、Ⓐ類型の場合を受領遅滞、Ⓑ類型の場合を――受領遅滞と呼ばずに――受領不能と呼んで区別し、また両者を併せて受領義務不履行と呼ぶことが適切であろう（ここでいう受領不能は、供託の要件としての受領不能（四九四条）と意味が異なる。債権者の不在は後者に該当するが、前者に該当しない）。

第六節　債権の対外的効力

一　総　説

あらゆる債権は終局的には金銭債権という形をとる。というのは、もとから金銭債権である場合はもちろん、本来はこれ以外の、与える債務やなす債務、もしくは不作為債務でも、債務不履行の際の損害賠償債権として金銭債権の形に変りうるからである。

ところで前述したとおり、金銭債権の強制執行の方法は、債務者の財産を差し押え、これを競売などの方法で金銭に換えることによってなされる。その際、債務者に属する財産が少なければ、全財産を差し押えても債権の十分な満足にあてることができないことになり、債権者は不利な立場に立たされる。このようにして債権の実質的な価値は、債務者の資力によって大いに左右される(債権者は、債務者の無資力によって支払を受けられなかった債権の部分については、後に債務者が資力を回復した時に、それを差し押えて支払を受けうる。しかし後に債務者の資力が回復するかは不確実である)。

したがって、たとい多額の債権をもっていても、債務者が全くの無資力者であればその債権は無価値に等しい。そのために契約による債権の取得（売掛代金債権とか消費貸借上の貸付債権の取得）にあたっては、債権者は債務者の資力を調べて無資力者に対して債権を取得することを避けようとするのは当然である。また、債務者が無資力の場合に備えて保証人を立てさせることも行われる(後述)。同様な事情から、債権の成立後も債権者の資力が正当に維持されることに深い利害関係を有しており、したがって、債務者の資力の保全のために債務者の財産権に対して、一定の干渉をなしうる権能が認められる。

すなわち、債務者の財産を構成する権利がそのまま放置されれば減少するおそれがあるような場合(たとえば、第三者に対して有する債権が時効にかかりそうになっている)、債務者に代って権利を行使し(前例では、債務者に代って債権を行使して時効を中断させる)、減少を防止することが認められている。これが債権者代位権である。さらに、債務者が、資力の十分でないにもかかわらず、自己の財産の一部を第三者に贈与するなどの方法で不当に減少させたとき、債権者は贈与行為を否認して、もと通り債務者の財産に復帰させ、それによって差し押えうる財産を確保することができる。これが詐害行為取消権（債権者取消権ともいう）である。この二つの権利は、債務者の資力の保全のために、債務者が本来有している自己の財産に対する財産管理権に対して干渉を加えるものであるが、その権利行

第16図

債権者平等の原則

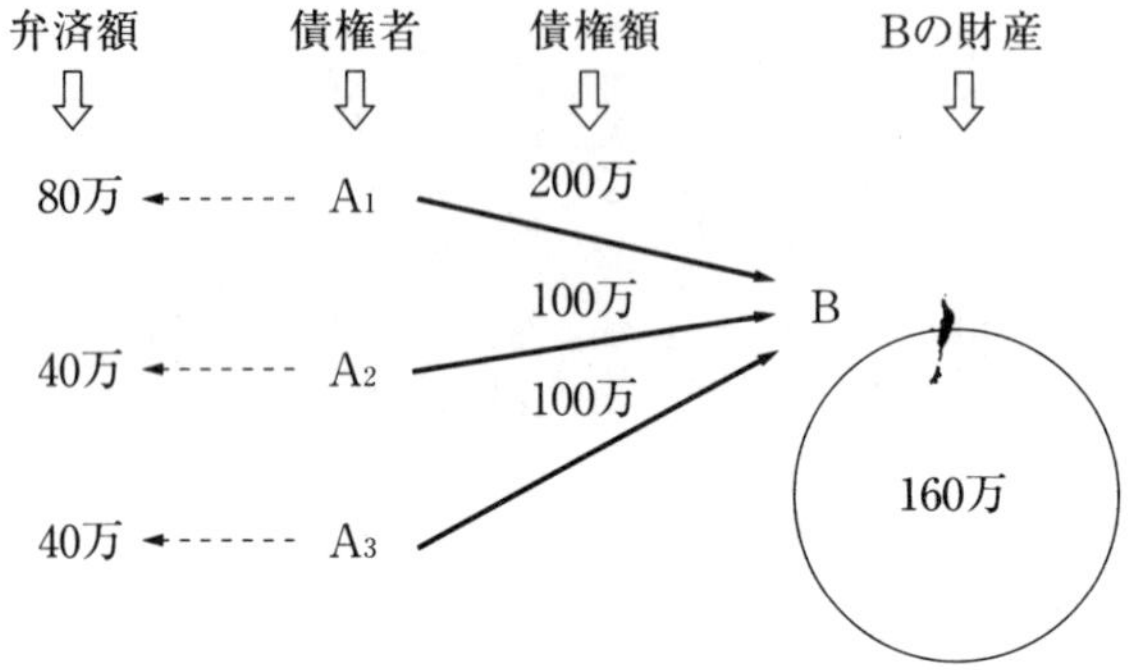

〔各債権者は債権の額に応じて平等な弁済を受ける〕

抵当権の優先弁済権

弁済額		
40万	約26万	約14万
20万	約13万	約7万
100万		100万
計	その他から	土地から

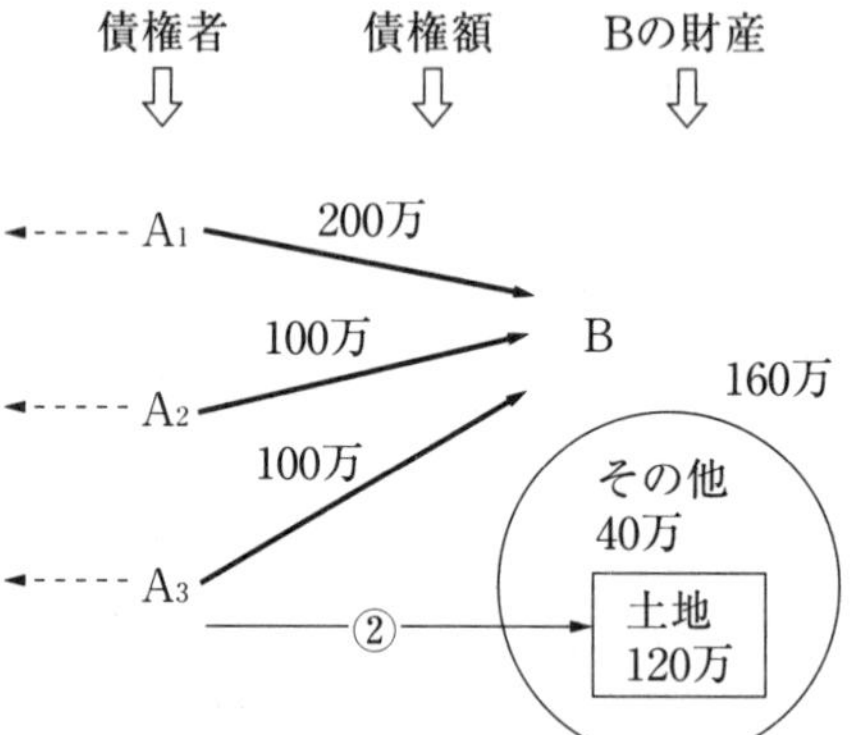

②：抵当権

〔抵当権者は抵当不動産については、他の債権者に優先して弁済を受ける。

他の債権者は、その残りから、また他の財産から債権の額に応じて平等な弁済を受ける。〕

第17図

二番抵当権の効力

	弁済額	
約28万	※※約28万	0
約32万	※※※約12万	※20万
100万	0	100万
計	その他40万から	土地120万から

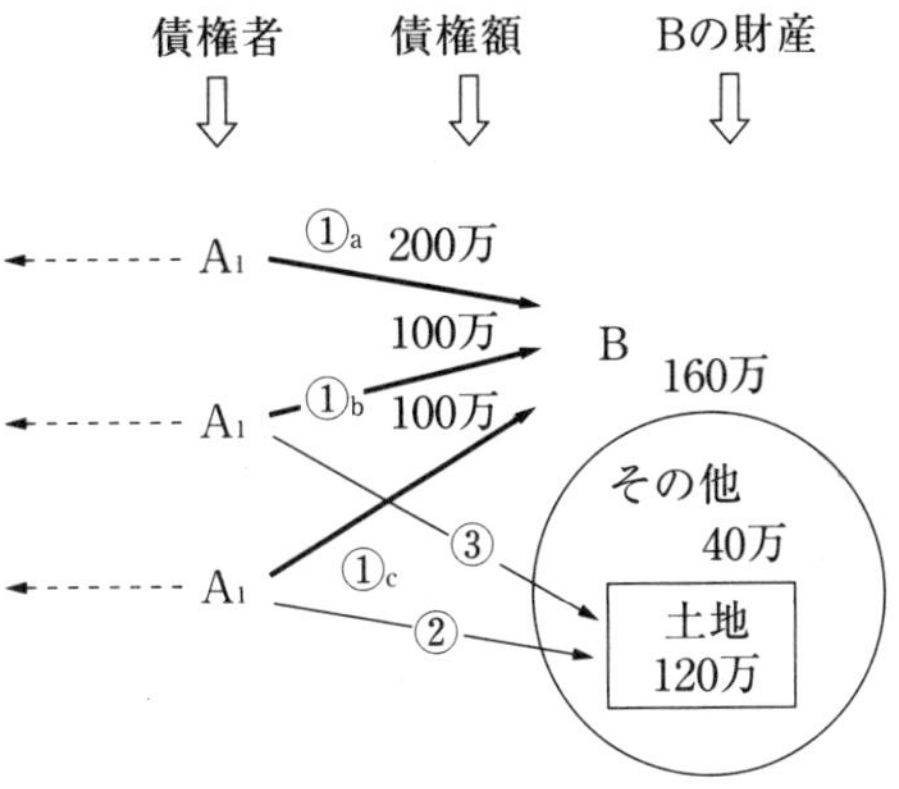

※A_2の残りの債権は80万となる

※※$40万\times\frac{200万}{280万}$＝約28万

※※※$40万\times\frac{80万}{280万}$＝約12万

①a、①b、①c：それぞれA_1、A_2、A_3の債権
②：抵当権（一番抵当権）
③：抵当権（二番抵当権）
（一番、二番の順序は設定登記の時間的順序による）

抵当不動産については、一番抵当権者が優先的に弁済を受ける。その残り（20万）については、二番抵当権者が、他の債権者に優先して弁済を受ける。さらにその残りがあれば、それについては、また抵当不動産以外の他の財産については、債権者平等の原則によって弁済にあてられる。

使はいずれも第三者に対して影響を与えるものである。そこで、これを対外的（すなわち対第三者の）効力と呼んでいる。

債権者は、債権者代位権や債権者取消権によって保全した債務者の財産に対して、差し押えて弁済を受けるのが通常の経緯である。したがって、これらの権利は債権者が差し押える際の準備として、あるいは前段階として、行使されるのが普通の形である。

なお、後に詳述するように、担保物権によって担保されていない一般の債権については、いわゆる債権者平等の原則が適用され、そのために一人の債権者が債務者の財産を差し押え、それから支払を受けようと考えていても、他の債権者が配当要求してきたならば、差押財産の競売などによって得られる金銭を、その債権者にも債権の額に応じて平等に分けなければならず、差し押えた債権者だけが一人占めすることはできない（後述参照）。この意味で、債務者の一般財産（すなわち担保物権の設定されている財産を除く債務者の財産）は、総債権者の共通の担保となっている。そのために債権者代位権および債権者取消権は債務者の一般財産の保全のための制度だといわれる。以下両制度の具体的問題を説明する前に、これを理解するのに必要な予備的な事柄を補説の中で述べよう（**第16図**、**第17図**は債権者平等の原則と、それに対する例外としての担保権者の優先弁済権を図示する。**第17図**は二番抵当権の効力を図示する）。

〔補説一〕　両権利の異同について

債権者代位権と債権者取消権とは、いずれも債務者の一般財産の保全のための権利であるが、前者が債務者の財産の減少の防止という消極的な作用を果たすのに対して、後者はいったん減少した財産の取戻しという積極的な作用を果たす。したがって前者と比べて後者は、より強力な権利であり、それだけに、第三者の利益に影響するところが大きい。したがってその利益を保護するよう配慮することも必要となる。このような事情から、後述するように、前者では「債権の保全」のためという要件に関して拡張解釈がなされているのに対し、後者では制限的に解釈され、特定債権の保全のために用いることは認められていない。また、後者では、第三者の利益のために特別に短い時効期間が定められ、また第三者の悪意が要件とされているが、前者ではそのようなことはない。ただし、二つの権利がいずれも債務者の財産管理権に対する干渉の意味をもっているが、それが行き過ぎた不当な干渉となってはならないという考慮から、前者の場合、債務者の一身専属権については代位権の対象とならないとされ、また、後者の場合、財産法上の行為のみが取消権の対象となるとされている。

〔補説二〕　債権者平等の原則について

この原則の一般的な意味については前に述べたが、それは、実際には様々な場合に応じて異なった扱われ方をする。

(a)　債務者の破産(包括執行)のとき。このときは右の原則は最も完全な形で実現される。すなわち、ある債務者について裁判所が破産宣告をすると、破産管財人が裁判所によって選任される。彼は総債権者の代表者としての地位を有し、彼の手で、破産債務者の総財産が競売などによって金銭に換えられ、すべての一般債権者は、その債権額に応じて平等に弁済を受ける。もっとも、すべての債権者といっても、破産手続中に配当要求してきた債権者に限られるのであるが、しかし、破産宣告がなされたということは、裁判所によって、官報や経済新聞紙上で公告されるし(破産法一一五条)、裁判所はさらに、知れたる債権者には個々的に通知する(破産法一四三条)から、すべての債権者にとって、破産宣告を知って配当要求することが比較的容易である。

(b)　強制執行(個別執行)のとき。個々の債権者によって強制執行がなされ、債務者の財産が差し押えられるときは、前述したように、他の債権者は執行手続中の一定期間内に配当要求することによって、債権額に応じて平等な弁済を受けうる。もっとも、昭和五五年に施行された民事執行法においては、配当要求しうる債権者の範囲は、確定判決その他のいわゆる債務名義を有する債権者に限られることになった(民執法二二条)ので、それ以前と比べると著しく制限されることになった。また、破産の場合と異なって、強制執行が公告されたり、裁判所によって個々の債権者に通知されるということもない。したがって、それだけ債権者平等の原則が実現されない場合が多くなるわけである。

(c)　任意弁済の場合。すなわち破産や強制執行のように強制的に弁済されるのでなくて、債務者が任意に支払う場合には、債権者平等の原則は適用されない。したがって、ある債権者だけが任意の弁済によって全額の満足を受け、他の債権者は債務者の無資力のために支払を受けられなかったときでも、その弁済は有効であり、他の債権者が直ちにその無効を主張して、あらためて平等な弁済を要求することはできないのが建前である。

しかし、その結果生じる不平等を是正するために、破産手続が用いられる。すなわち、公平な弁済を受けられなかった他の債権者は、債務者について破産の申立てをなしえ、そして、それに対して裁判所の破産宣告がなされると、前述したように、破産管財人が裁判所によって選任され、そして彼の手で債務者の全財産がすべて換価されて総債権者に平等に弁済されることになるが、その際破産管財人は、特定の債権者に対しなされた不公平な弁済を否認権によって取り消し、その受け取っていた金銭その他を、破産債務者の財産として取り返す（破産法七二条）。そのうえで、破産債務者の全財産を平等な割合で総債権者に分配することになる。このように任意弁済には、それ自体としては債権者平等の原則は適用されないが、破産手続によって不平等を是正しうる可能性が認められている限りにおいて、ここでも平等原則が貫徹しているということができる。ちなみに、前述したように強制執行（個別執行）のときも不平等な弁済が生じる可能性がある。これを是正するために、執行手続中に、もしくは終了後でも、破産申立てをなしうる（破産法七五条参照）。

右に破産法上の否認権についてふれたが、これにつけ加えると、破産管財人は、総債権者に分配すべき財産を確保するために、もし債務者が破産宣告を受ける前に、無資力を知りつつ第三者に贈与するなどの行為によって、不当に財産を減少させていたならば、これをも否認して債務者の財産として返還させることができる（破産法七二条）。破産管財人が破産手続の中において行使しうる右の権利も、否認権と呼ばれる。したがって破産法上の否認権には、二つの種類が含まれていることとなる。後のほうの否認権が、債権者取消権と実質的に同じ目的を有することはいうまでもない。右の両者の差異は、一方が破産（包括執行）手続の中において破産管財人によって行使されるのに対して、他方（債権者取消権）は、強制執行（個別執行）の準備ないし前提として、個々の債権者によって行使される点に存する。

〔補説三〕　支払を受けられなかった債権の運命

ついでに債務者の無資力のため支払を得られなかった債権はどうなるか、を説明しておこう。

原則としては、債権はそのまま存続する。しかし例外的に、破産手続によって支払のなされた場合には、支払の得られなかった債権は一定の限度で消滅する。これは、戦後、アメリカの免責制度がわが国に導入されたためである（破産法第三編第一章がこれについて規定する）。ごく簡単にその骨子を述べると、破産債務者は、破産手続において裁判所に対して免責申立てをすることができ、裁判所はこれに対して、特別の事情があるときのみ免責不許可決定をするが、そうでなければ、免責決定をしなければならない。

免責不許可決定をなすべき場合は、破産法三六六条ノ九に列挙されているが、たとえば、債務者が破産宣告の前後を問わず、自己または他人の利益をはかり、もしくは債権者の利益を害する目的で総債権者の弁済にあてるべき財産を隠匿したり毀棄したり債権者の不利益に処分した場合とか、あるいは浪費または賭博その他の射倖行為をなすことによって、著しく財産を減少させるとか、過大な債務を負担したような場合である。ごく一般的にいえば、不誠実な破産債務者でなければ免責決定がなされるといってよい。

ところで免責決定がなされると、その効果として、破産債務者は、破産手続による配当を除いては、破産宣告前に負担した債務の全部についてその責めを免れることになる。しかし次のような一定の債務は除外されて存続する。たとえば、租税債務とか、破産者が悪意をもって加えた不法行為による損害賠償債務とか、雇人の六ヵ月分の給料債権などである（破産法三六六条ノ一二）。

以上のような免責制度の導入によって、過重な債務の負担に苦しむ債務者は、自ら破産を申し立てることによって再起をはかることが可能となる。債務者自らが破産申立てをする場合（破産法一三二条一項）を自己破産という。

なお、相続の限定承認の場合（九二二条以下）にも、相続人は相続によって承継した相続財産の限度で、相続した債務を支払えばよいのであるから、相続債務が大きくて相続財産が少ないときは、その差額に相当する債務については免責されることになる（ちなみに、その手続について、破産法では、「相続財産ヲ以テ相続債権者及受遺者ニ対スル債務ヲ完済スルコト能ハサルトキハ裁判所ハ申立ニ因リ決定ヲ以テ破産ヲ宣告ス」と定め（同法一二九条）、さらに、限定承認した相続人は、右のごとく債務を完済しえないことを発見したときは、直ちに破産の申立てをなすことを要する旨定められている（同法一三六条二項））。

以上は、自然人の債務について述べたが、法人（民法上の公益法人とか商法上の株式会社など）の債務についても一言しよう。法人は一定の事由によって解散するが、破産は解散事由の一つである（六八条一項、商法四〇四条）。その手続上の問題に関し、民法上の公益法人においては「法人カ其債務ヲ完済スルコト能ハサルニ至リタルトキハ裁判所ハ理事若クハ債権者ノ請求ニ因リ又ハ職権ヲ以テ破産ノ宣告ヲ為ス」（七〇条一項）。「前項ノ場合ニ於テ理事ハ直チニ破産宣告ノ請求ヲ為スコトヲ要ス」（同条二項）と定める。また株式会社においては「其ノ財産ヲ以テ債務ヲ完済スルコト能ハサル場合ニ於テモ亦破産ノ宣告ヲ為スコトヲ得」るが（破産法一二七条）、破産の申立ては債権者のほか取締役がなしうる（破産法一三三条）。

民法上の公益法人および株式会社のいずれにおいても、その社員ないし株主は、その債権者に対しては直接の債務を負わないのであるから、その破産のとき、債権者が法人財産ないし会社財産から支払を受けられなかった債権の部分については、消滅することになる（合名会社においては、その社員はいわゆる無限責任を負うから、会社財産で支払を受けられなかった債権者は、その社員に対して請求して満足を受けることができる。商法八〇条）。

〔補説四〕　債権者代位権と債権の差押え

両者の間には密接な関係がある。

前述のように、債権者代位権は債務者の一般財産の減少を防止するために、債権者の権利を代って行使しうる権利であり、たとえば債権者は、放置すれば時効にかかりそうな、債務者の第三者に対する債権を代位権にもとづいて代って行使して時効を中断させることができる。このように減少防止の目的のための制度と考えるならば、債権者は時効中断手続(最も普通の方法は第三債務者の債務承認を求め、それが得られなければ訴えを提起して判決を得る)を代ってなしうるだけで十分であって、代って取り立てることまでは認めるべきでない、ということになるはずである。というのは、このようにして確保した債権について、債権者はそれを差し押えて、そこから満足を受ければよい、といえるはずだからである。

ところが実際は、現行法の解釈として、債権者代位権によって、第三債務者から取り立てることまで認められている。それは、この制度の歴史的な沿革にもとづいている。すなわち、債権者代位権はもともとフランス民法から継受した制度であったが、フランス民法ができた当時、債権を債権のままの形で差し押えることは認められていなかった。差押えは動産、不動産のような有体財産に対してしかなしえず、債権のような無体財産に対しては、そのままの形ではなしえないとされていた。したがって事実上債権を差し押えようとすれば、債権者が債務者に代って取り立てて、有体財産の形(現金とか商品のような)に代え、そのうえでこれを差し押えることが必要であった。このように、差押えるべき財産を確保するために、フランス民法およびそれを継受したわが民法では、代って取り立てることも認められたのである。

しかしその後、差押制度の発展によって、債権をそのままの形で差し押えることが日本法でも、さらにはフランス法でもできるようになった。したがって、本来からいえば、代って取り立てることまで認める必要はなくなった(そして現に、ドイツ民法ではこのような理由から、債権者代位権の制度自体を廃止している)。しかし、この制度ができた当時の沿革に基づいて、今もなお、債権の差押えの制度と並んで、代位権にもとづく取立てが認められているわけである。

しかも後述するように、特に債務者の有する金銭債権を代位権によって債務者に代って取り立てた場合、事実上、債権者は取り立てた金銭を自己の債権の弁済に充てうることになるので、あたかも金銭債権を差し押えて第三債務者から取り立て、自己の債権の弁済に充てるのと同様な結果になる。したがってその限りで債権者代位権は、債権の差押えと同じ機能を果たしうることになる。そして前者にあっては、後者と異なって、判決その他の債務名義がなくても、第三債務者から取り立てて弁済に充てうるのであるから、それだけ簡易な手続でなしうるという利点があるといえる（しかし他方、前者は、後者と異り、債務者の無資力を要件とする）。もっとも立法論として、法律関係のやや曖昧な代位権の制度を廃止して、債権の差押制度一本だけにすべしという主張にも、相当な理由があると思われる。

二　債権者代位権

1　債権者代位権の要件

(1)　第一に、債務者の権利を代って行使することが、債権の保全に必要であることを要する（四二三条一項本文）。債権の保全に必要とは、債務者の資力が不十分であって、債権者代位権を行使することによって債務者の資力を確保しないと、債権の満足を得られない状態にあることを意味する。したがってこの場合の債権とは元来、金銭債権を意味する。たとえば、ＡがＢに対して一〇〇万円の債権を有するが、Ｂの財産（特に有体財産）が六〇万円相当分あり、そのほかにＢはＣに対して二〇万円の金銭債権（もしくは売買によって生じた商品引渡債権）を有するという場合、Ａは債権者代位権によって右のＢのＣに対する債権を、Ｂに代って行使して時効を中断し、さらには、代って取り立ててＢの財産を確保することは右の一〇〇万円の債権の保全に必要である。しかし右の事例において、もしＢの財産（有体財産）が五〇〇万円あれば、それを差し押えることによって一〇〇万円全額の満足を得ることができるから、債権者代位権を行使する必要はなく、そのための要件は備わっていないことになる。

このように金銭債権の保全のために必要な場合に限られるならば、たとえば、借主Ａが貸主Ｂとの間に家屋賃貸借契約を結び、その結果、ＡはＢに対して家屋の明渡しを求める債権を取得した、ところがその家屋は、Ｃが不法占有しているという場合、ＡはＢに対する右の債権の実現をはかるために、Ｂの資力の如何を問わずに、ＢがＣに対し有する所有権にもとづく家屋の明渡請求権を代って行使することは認めえないはずである。すなわち一般的にいえば、金銭債権の保全のためにではなく、特定債権の現実的履行の確保のために、債務者の資力を問わないで、債権者代位権を行使することはできないはずである(もっとも右の事例の場合に、Bが約束に反してAに家屋を明け渡さないので、Aが賃貸借契約を解除して、その結果、Bに対して損害賠償債権(金銭債権)を取得し、そして、債務者たる貸主の資力がその支払に充てるのに十分でない、という事情のもとにおいては、右の代位権の行使は可能となる。このときは、保全される債権は金銭債権だからである)。

ところが判例は、従来このような場合の代位権行使をも認めてきた(大判昭四・一二・一六民集八巻九四四頁)。右の事例のほかの例としては、CがBに不動産を売却し、BがAにこれを転売した場合、AはBに対する登記請求権の保全のために、BのCに対する登記請求権をBに代って行使しうる(そしてそのうえで、AはBに対する移転登記を請求しうる)とされている(大判明四三・七・六民録一六輯五三七頁)。その条文上の根拠としては、四二三条が「自己ノ債権ヲ保全スル為メ」と定めており、特定債権の保全の目的で行使される場合を除外していないこと、また、実質的な根拠としては、それが債権者の保護のために必要であり、しかも第三者の利益を害する結果にならないことをあげている。

しかしこのような解釈は、この制度の歴史的な沿革に反しており、制度の本来の目的を逸脱したものである。そこで学説の中には、判例に反対し、金銭債権の保全の目的に制限すべきだとする説もある。もっとも判例の立場に反対する学者も、多くは判例の認める実際の結論を別の法律構成をとることによって導き出そうとする。すなわち賃借人の債権のケースにおいては、Aの取得する賃借権自体の効力として、Cに対して明渡しを請求しうると主張する。登記請求権のケースにおいては、Aは直接にCに対して中間省略登記を請求しうると主張する。しかしこのような理論構成の主張は、まだ判例でも通説でも、これを承認するには至っていない。

そこで支配的な学説は、判例の立場が債権者代位権をその本来の目的と異なった目的のために利用しているものであって、その意味で制度の転用(便法的利用)が行われていることを承認したうえで、「このような転用は、できれば避けるべきであるが、しかし、解決を求められている当面の問題の処理のために直截的な法的手段ないしは理論構成が十分に確立していない段階では、転用による弊害がさほど生じない限りは、過渡期の理論として転用を是認すべきである」として判例の立場を支持している。なお、このような債権者代位権の転用の形態が、近時、判例の上でいくつかあらわれているので、後にまとめて紹介しよう（後述**4**参照）。

(2)　第二の要件は、債務者がまだその権利を行使していないことである。たとえば債務者がその有する五万円の債権の代物弁済として、時価三万円の時計を受け取ったとか、あるいは債権について債務の免除を行った場合、それがいかに不利益なものであっても、その債権はすでに消滅してしまっているから、もはや債権者代位権によって代位行使する余地はない。もっとも、右のような行為は、債務者の資力を不当に減少させる行為として詐害行為取消権の対象になりうる。

右の趣旨を一歩進めて判例は「債務者がすでに自ら権利を行使している場合には、その行使の方法又は結果の良否にかかわらず、債権者が債務者を排除し、または債務者と重複して債権者代位権を行使することはできない」とする（最判昭二八・一二・一四民集七巻一二号一三八六頁）。

(3)　第三の要件は、債権が原則として弁済期に達していることである。債権者代位権は前述のとおり、強制執行の準備手続であり、場合によっては（金銭債権を代位権によって代って取り立てる場合には）強制執行と同じ機能を果たすから、債権者代位権を行使する債権者の債権は執行可能な状態にあること、したがって弁済期にあることが必要である。

しかし例外的に弁済期前であってもよい場合として、

(a)　弁済期前に債務者の権利を行使しなければ、債務者が自らその権利（たとえば債権）を行使して、取り立てた金銭を浪費したり隠匿するおそれがあり、そのようにして債権の保全が不可能または困難な場合に、裁判所の許可を得てなす「裁判上の代位」（非訟事件手続法七二条―七九条）の場合。

(b)　単なる保存行為の代位、たとえば債務者が第三者から不動産を買い入れたが所有権移転登記を済ませていないときに、債権者が債務者に代って登記請求権を行使して債務者名義の不動産にする（もしこれを放置すると売主が二重譲渡して、こちらに先に登記を済ませると一七七条により、債務者はその所有権を失うことになる）場合、あるいは時効にかかりそうになっている債権について、代位して権利を行使し、時効を中断させる（したがって、代って取り立てることまではできない）場合がある（四二三条二項）。

右の(a)の裁判上の代位が弁済期前になしうることは、あたかも仮差押えが弁済期前でもなしうることと対応する。仮差押えについては、民事保全法（平成元法九一）で規定しているが、その趣旨は、弁済期後に判決その他の債務名義を得てなされる本差押えをもってしては、それまでに債務者が自己の財産を浪費したり隠匿したりするために、事実上差押えが不可能になるおそれがあるという場合は、判決などの債務名義をまだ得ていなくても、そして、さらに弁済期前であっても、債務者の財産に対する仮差押えを認め、それによって債務者がこの財産を処分すること（第三者に対して有する債権については他に譲渡したり取り立てること）や隠匿することを禁止するものである。そして判決などの債務名義を得てから、本差押えに移行する。すなわち右の財産を競売などによって換価し（金銭債権だと差押債権者が代って取り立てる）、債権の弁済にあてることになる。裁判上の代位も、その要件は前述したように仮差押えと同様であり、その効果についても、仮差押えの場合と同じように、債務者はその対象とされる権利について処分が禁止されるから、それが債権であるときは、それを取り立てることも他に譲渡したり免除することもできなくなる。そして債権者は、自己の債権が弁済期になるのを待って債務者の権利を代位行使し、代って取り立てうることになるのである。

右の(b)が認められる理由については、保存行為の代位行使は、債務者の利益にこそなれ、その不利益になるおそれは全くなく、したがってその代位行使は、それが弁済期前になされる場合でも、債務者の財産管理権に対する不当な干渉となるおそれがないことにある。

(4)　第四に、代位行使される権利は、原則としていかなる種類のものでもよく、債権、物権的請求権、登記請求権などの請求権でも、取消権、解除権、買戻権などの形成権でもよい。また時効の援用権でもよい。

しかし債務者の一身専属権は代位行使しえない（四二三条一項但書）。ここでいう一身専属権とは、その権利を行使するか否かを、権利者の個人的意思に任せねばならぬものをいう。すなわち行使の一身専属権である。これに属するものとしてはまず親権、配偶者の同居請求権、離婚請求権のような非財産的な身分上の権利があり、さらに夫婦間の契約取消権（七五四条）、被害者によって現実に行使される前の、精神的損害に対する慰藉料請求権のような、財産的権利であるけれども人格権と密接に結びついた権利がある。このような一身専属権についての代位行使を認めないのは、それが債務者の身分上の自由や人格権に対する不当な干渉となるからである（一身専属権にはこのほか、帰属の一身専属権がある。これは権利がその個人にのみ帰属して、相続されないものをいい、たとえば、委任者・受任者の地位とか組合員たる地位など。精神的損害に対する、行使前の慰藉料請求権もそうである（ただし、生命侵害の場合は特別に扱われている）。帰属の一身専属権と行使のそれとはその範囲が若干異なる）。

〔補説〕　なお、判例は離婚に伴う財産分与請求権（七六八条・七七一条）について「当事者間の協議又は審判等によって具体的内容が形成されるまでは、その範囲及び内容が不確定、不明確であるから、このような段階で財産分与請求権を保全するために債権者代位権を行使することはできない」とする（最判昭五五・七・一一民集三四巻四号六二八頁）。

(5)　差押えの禁止された債権（民執法一五二条、恩給法一一条三項）も代位行使しえない。前述したように債権に対する代位権の行使は、実際上、債権に対する差押えと同様な機能を営むからである。

2　代位権の行使　債権者が自己の名において債務者の権利を行使する。債務者の代理人として行使するのではない。代理人なら本人の利益のために行使するが、債権者は債務者の利益のために行使するのでなくて、自己の利益のために行使するからである。この関係は、あたかも、債権を差し押えた差押債権者が、差し押えた債権を自己の名において取り立てるのと同様である（なお、債権者代位権をめぐる以下の具体的な問題も、債権の差押えのそれに共通するところが多い）。債権者は債務者に代位して、裁判外での債権の取立て、担保権の実行、訴訟の提起、強制執行などをなしうる。債権を免除したり、代物弁済として別の物を受け取るような処分行為をなしえないのはいうまでもない。

代位行使される権利の相手方（第三債務者など）は債務者自身が権利を行使するときよりも不利益な地位に立たされるべきではないから、債務者に対するすべての抗弁（同時履行の抗弁、相殺の抗弁、取消しの抗弁など）を代位権を行使する債権者に対抗しうる（同様な趣旨により判例は、債権者代位訴訟において、被告である第三債務者が提出した抗弁に対し、原告である債権者が提出することのできる再抗弁は、債務者自身が主張することのできる再抗弁事由に限定され、原告独自の事情にもとづく再抗弁を提出することはできない、とする（最判昭五四・三・一六民集三三巻二号二七頁））。

また、代位権の行使によって、第三者から物の引渡しを請求するにあたっては、債務者自身に引き渡せと請求するのが本来の形であるが、債務者が受領を拒むこともありうるから、自己に引き渡せと請求することもできる（大判昭一〇・三・一二民集一四巻四八二頁。建物の賃借人が貸主に代位して不法占有者に対し、自己への明渡しを請求した事案に関する。

〔補説〕　金銭債権の保全のために代位権を行使する場合に関し、金銭債権の債権者は、自己の債権を保全するために必要な限度で、債務者に代位して他の債権者に対する債務の消滅時効を援用することができる、とする判例（最判昭四三・九・二六民集二二巻九号二〇〇二頁）、および、債権者が債務者に対する金銭債権にもとづいて債務者の第三債務者に対する金銭債権を代位行使する場合には、債権者は自己の債権額の範囲においてのみ債務者の債権を行使しうるにすぎない、とする判例（最判昭四四・六・二四民集二三巻七号一〇七九頁）がある。保全される債権の範囲の限度でのみ、第三債務者に対して債務者の権利を代って行使しうるということも、金銭債権の取立てのための金銭債権の差押えの場合と基本的に共通している。

3　代位権行使の効果

(1)　債権者が代位権の行使に着手してこれを債務者に通知すると、債務者はその後、これを妨げるような行為(たとえば、弁済の受領、債務の免除、債権の譲渡)をなしえなくなる、と解するものが多いが、これに反対する少数説もある。もっとも裁判上の代位の場合は、これを許可した裁判所が職権をもって債務者に告知することになっており、そうして告知を受けた債務者は代位される権利を処分できない旨、明文で定められているから争いの余地はない(非訟事件手続法七六条)。問題は、裁判外の代位権の行使だが、この場合は、裁判上の代位や、債権の差押えの場合と違って、債権者が代位行使しうる要件が具わっていることが、公的な機関によって予め確認されているわけではないから、裁判外の、単なる私人(債権者)によってなされる代位権行使の通知によって、果たして処分禁止の効果を生じさせてよいか、とりわけ、第三者に対しても効力を生ぜしめるような処分禁止の効果を認めうるか、疑問である。思うに債務者に対する関係では、代位権行使の要件が具わっていない限りは債権者からの単なる通知がなされても債務者を拘束しないのは当然だが、第三者に対する関係では、その要件がたとい具わっていてもやはり無効と解すべきであろう。ただしこの場合は、債権譲渡の債務者に対する対抗要件の規定(四六七条一項)を類推適用し、債務者から(債権者からでなく)第三者に対して、債権者により代位権が行使された旨の通知がなされるか、もしくは第三者が承諾した場合には、債権者は第三者に対して代位権行使による処分禁止を対抗しうる(したがってその後第三者が債務者に弁済しても代位債権者はその効力を否定して再度の弁済を請求しうる)と解すべきであろう(代位権行使が訴訟の方法でなされるときは、訴訟の中で、代位権の要件の有無が裁判所によって認定される。したがって代位債権者の勝訴判決後は第三者に処分禁止の効力が生じるのは当然である)。

(2)　代位権行使の効果は、すべて債務者に帰属し、第三債務者が目的物を代位権を行使する債権者に交付したときでも、債務者の第三債務者に対する債権は消滅する。しかし債権者は金銭を受け取った場合でも、債務者に代って受け取ったにすぎないのだから、これを直ちに自己の債権の弁済に充てることはできない。受け取った金銭を債務者に返還すべき債務を負い、そしてこれと自己の債権とを相殺することによってはじめて——、相殺は実質的に

第18図

債権者代位権行使の効果

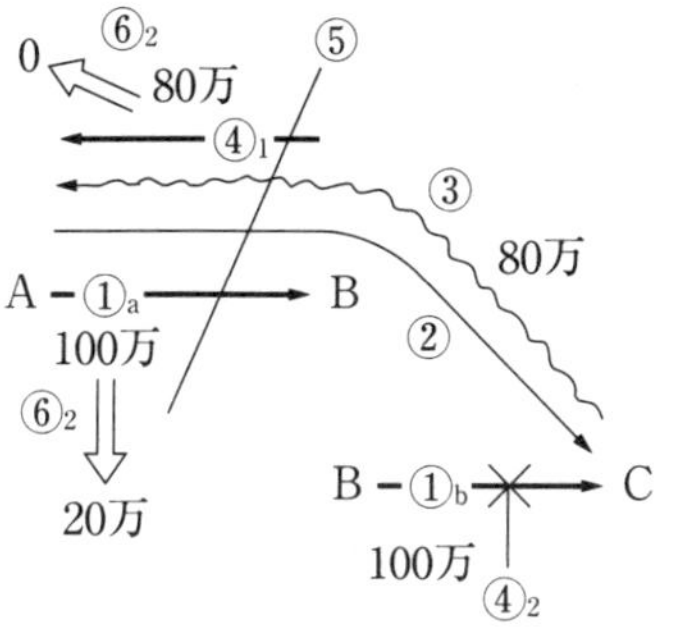

A　：債権者（代位権者）
B　：債務者
C　：第三債務者
①$_b$：代位行使される債権
②　：代位権にもとづく取立権
③　：支　払
④$_1$：返還請求権
④$_2$：消　滅
⑤　：①$_a$と④$_1$との相殺
⑥$_1$：相殺の効果
⑥$_2$：同　上

は両債務の弁済と同じ意味をもつ（後述参照）から――、事実上自己の債権の弁済に充てることになる（**第18図**参照）。また、債権の代位行使によって債権者が債務者に代って物を受け取ったならば、あらためてこれを差し押え（その前提として、判決その他の債務名義の取得が必要）、競売などによって金銭に換えて、弁済に充てることになる。なお、この場合には、一定の要件の具わっている他の債権者A′は、民事執行法にもとづいて配当要求する機会がある。

しかし前述のように、債権者Aが債務者Bに代って金銭を受け取った場合には――たとえ前述したような、代位した債権者Aによる相殺の意思表示がなされる前に、他の債権者A′が、債務者Bの債権者Aに対して取得する、受領金額の返還請求権を差し押えても――その後になされる相殺をもって差押債権者A′に対抗することができる（五一一条、後述参照）。そして現行法のもとでは、このほか他の債権者A′が配当要求するための手段は与えられていないから、代位権を行使した債権者は、事実上優先弁済を受けることができる結果になる（もっとも代位権の行使が訴訟の方法でなされるときは、他の債権者A′が、代位行使される債権をその弁済前に差し押えることによって代位債権者Aと平等な弁済を受ける可能性はある）。

このような結果は、不当に他の債権者の利益を害すると解し、他の債権者に配当要求の機会を与えさせる必要があると主張して、立法論として、代位債権者は第三債務者から直接に金銭を受け取ることはできず、供託所に供託することのみ請求しうるとすべきだと主張する説もある（三ケ月章）。確かに、債権の差押えの場合には、差押債権者以外の他の債権者が配当要求しうる機会が与えられていることと比較すれば、債権者代位権にもとづいて金銭債権を代って取り立てる場合には不公平な結果を生じるといえよう。

〔補説〕　しかし他面では、次の法律関係すなわち「第三債務者Cが任意に債務者Bに代って第三者の弁済（後述参照）としてAに支払い、そしてその結果、債務者Bに対して求償権を取得し、この求償権と第三債務者Cがその前から債務者Bに負担していた債務とが相殺される、という法律関係――この法律関係は、裁判外の代位権の行使に応じて、第三債務者が任意に債権者に弁済する法律関係に近似する――」と比較するならば、あながち代位権の場合が、他の債権者にとって不公平とはいえないであろう。けだし第三者の弁済の場合の法律関係においても、第三債務者Cから第三者の弁済を得た債権者Aは事実上優先弁済を受け、他の債権者A′が配当要求する機会は失われるからである。

(3)　代位権の行使が訴訟の方法によってなされたとき、その判決の既判力が、訴訟参加（民事訴訟法七一条）もせず、訴訟告知（同法七六条―七八条）も受けない債務者にも及ぶかについては争いがある（同じ問題は、差押債権者が第三債務者に対して訴を提起する場合にも生じる）。かつて判例・通説は否定説をとっていたが、近時は肯定説が採用されている（大判昭一五・三・一五民集一九巻五八六頁）。

思うに代位債権者が勝訴した場合と敗訴した場合とで区別し、前者の場合は肯定説を、後者の場合は否定説をとるべきであろう。債権者Aが債務者Bの第三者Cに対する債権をBに代位して取り立てるためにCを訴えた場合を考えると、勝訴の場合には、債務者Bに既判力を生じ、第三債務者Cが債務者Bに対して債務の不存在を主張できなくなることは債務者Bに不利ではなく、そもそも勝訴判決を得ることは、債権者代位権にもとづく財産管理権の範囲内の行為といえる。しかし、敗訴判決の場合には――真実には債権が存在するにもかかわらず、代位債権者Aが訴訟遂行上に落ち度があったために敗訴になることが少なくないことを考慮すると――、債務者Bに既判力が生じ、債務者Bが第三者Cに対し債権の存在を主張できなくなることは、債務者Bに不利であり、敗訴判決を得るような訴訟の遂行は、代位権にもとづいて代位債権者に与えられた権限の範囲を越えている。したがって、債務者が自らこのような判決を追認（無権代理の追認（一一六条）に類する事後的な授権）しない限りは、その既判力は債務者に及ばないと解すべきであろう。

4　債権者代位権の転用の新しい事例

近時問題になった事例として以下のものがある。①売主の土地所有権移転登記義務を共同相続した者のうちの丙が、この義務の履行を拒絶しているため、買主乙が、同時履行の抗弁権により代金全額の弁済を拒絶している場合は、他の相続人甲は、自己の相続した代金債権保全のため、乙が無資力でなくとも、乙に代位して、丙に対して乙への所有権移転登記手続を請求しうる、とするもの（最判昭五〇・三・六民集二九巻三号二〇三頁）、②交通事故による損害賠償請求権者（被害者）が債務者（加害者）の保険会社に対する自動車対人賠償責任保険金請求権を行使する場合に、債務者が無資力であることが要件であるか否か、が争われた事案について、肯定説を採用したもの（最判昭四九・一一・二九民集二八巻八号一六七〇頁）。

右の①については、本来、他の共同相続人甲は債権者代位権によらなくても登記請求権自体の性質にもとづき、直接に丙に対して、乙への所有権移転登記手続を甲と共同してなすよう請求しうる立場にあるはずである（そして乙自身が、登記の引取りを拒んでいるときは、共同相続人である甲と丙は、共同して乙に対して登記の引取りを請求することも可能であるはずである）。しかし従来、この点について判例理論が確立していない。そこで同じ結論に到達するために、債権者代位権を用いることを判例は認めたのであり、したがって債務者たる乙の無資力を要求しなかったわけである。

②の判例については、学説には反対する者が少なくない。思うに元来、損害保険の法律関係については、債務者（加害者）が債権者（被害者）に損害賠償を支払うことによって、債務者は第三者（保険会社）に対する保険金請求権

第19図　§464の場合

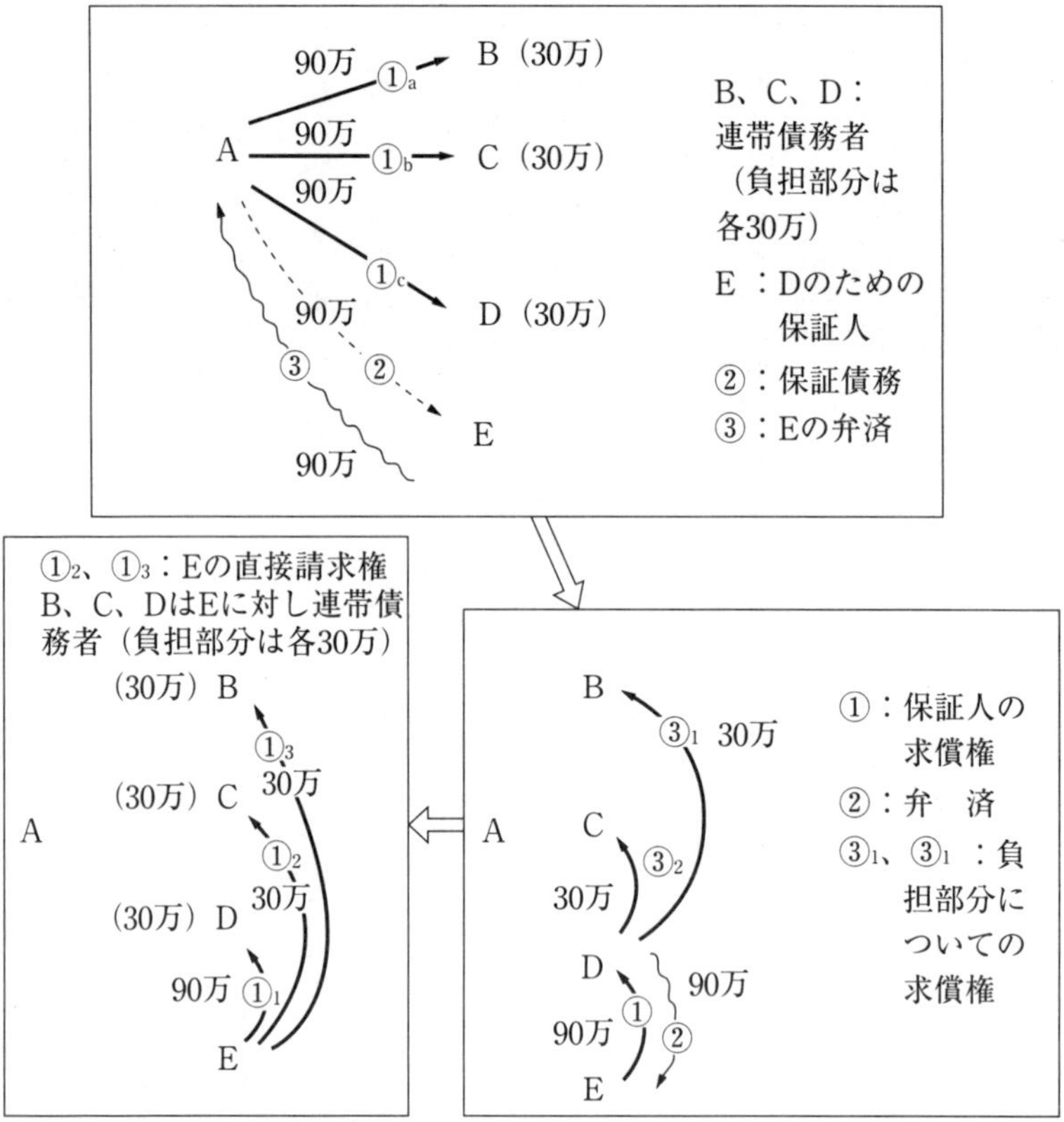

をはじめて取得するという関係にあるのだから、四六四条の場合（後述参照）に準じて扱うべきである。したがって、債権者は第三者に対して直接に保険金の支払を請求しうると解するのが正当であろう。もっとも、このような直接請求権の法理は、判例によって確定的に承認されているわけではない。そこでこれに代る便法として債権者代位権を利用することが考えられるのである。わたくしも債権者代位権転用の事例の一つとして、このような事案について、債務者の無資力を要件としない債権者代位権を認めてよいと考える（なお、右の判例の後、保険約款が改正されるに至り、被害者は保険会社に対する直接請求権を約款の

効力によって取得しうることとなった）。

〔補説〕　四六四条によると、連帯債務者の一人のために保証人となった者が債権者に弁済すると、元来、主たる債務者に相当する、その連帯債務者に対してのみ求償権を取得し、そしてこの者は償還義務を履行したときにはじめて他の連帯債務者に対して、その負担部分について求償権を取得するはずである。しかしこの関係を前提にして、同条は、法律関係の簡易な決済をはかるために、保証人は直接に他の連帯債務者に対して、その負担部分について直接求償しうるとする（**第19図**および後述第四章第二節**四 3**参照）。

このことを一般化していうと「ＡがＢに債権を取得しており、Ｂがこれを支払ったとき、ＢはＣに対して債権をはじめて取得ないし行使しうる」という関係があるならば、法律関係の簡易な決済のために、ＡはＢに請求しうるのと並んで直接にＣに対して請求していって、ＡのＢに対する債権の満足に充てることができる、ということになる。

このような法理にしたがった他の規定としては、たとえば商法二三条による名板貸しの場合の名板貸人と名板借人が連帯債務を負う旨の規定がある。すなわち善意の相手方は元来、自分の信頼した通りに名板貸人にのみ請求しうるはずであり、そうして名板貸人がこれに応じて相手方に支払うと、名板借人に対して不当利得や委任契約を理由に求償しうるはずである。そしてこの関係を前提にして法律関係の簡易な決済のために、相手方は直接に名板借人に対して請求することが認められている。このほか手形法三二条（手形保証人が支払うと被保証人に求償しうるほか、被保証人の前者に対しても直接請求しうる）や同法八条（無権代理人による裏書の場合を例にとると、所持人に支払った無権代理人は本人に求償しうるほか、本人の前者に対しても直接請求しうる）をあげることができる（この法理は、不当利得のところで問題になる、いわゆる転用物訴権と関係がある）。

三　詐害行為取消権（債権者取消権）

前述のように、債権者は、債務者が債権者を害することを知ってなした行為の取消しを、裁判所に請求すること

第20図

詐害行為取消権

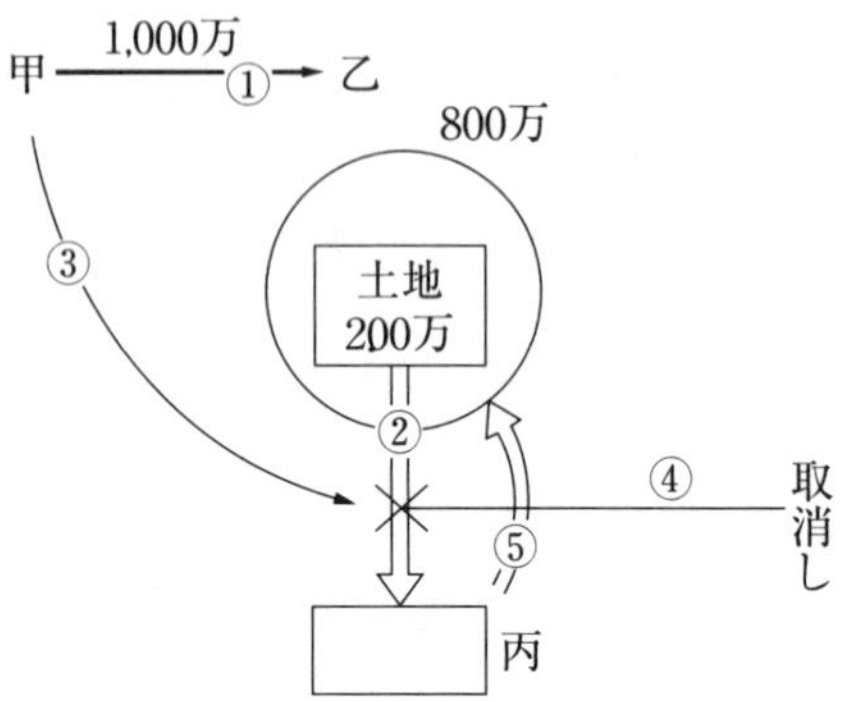

②：贈与による逸失
③：取消権
④：取消しによる無効
⑤：その効果としての復帰

第21図

免除の取消し

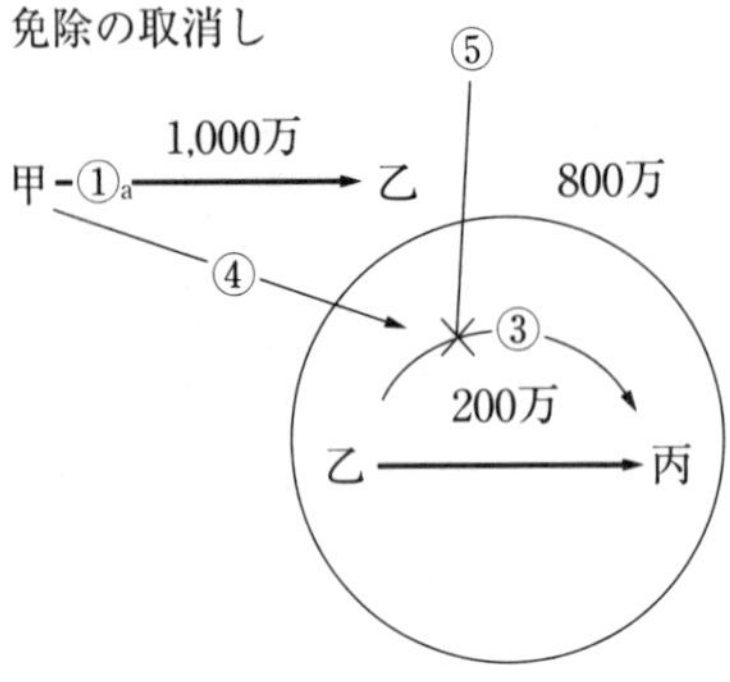

③：免　除
④：取消権
⑤：取消しによる無効

ができる。これを詐害行為取消権または債権者取消権という。その典型的な事例として、債務者乙が自己の無資力を知りつつ、唯一の財産である不動産を友人丙に贈与した場合、債権者は詐害行為取消権によって贈与を取り消して、債務者の財産に復帰させることができる。

1　性　質　古くからその性質をめぐって争われ、近時も新しい学説が登場して注目されている。

最も古く主張された説は形成権説である。この説によれば、詐害行為取消権は右の例でいうと、債務者乙と受益者丙の間の贈与契約の取消し自体を目的とする（第20図参照）。しかし取り消されても、丙が不動産を返還することを肯じない場合、債権者甲は債権者代位権にもとづいて不動産を乙に返還させることが必要になる（すなわち登記名義を乙に直させる。もっとも占有は、乙に代って甲に引き渡させることができる）。詐害行為取消権の行使は、裁判所に請求してなすことになっている（四二四条一項）――その意味については後に検討する――が、裁判所に訴えて取消権を行使する場合、形成権説によると、被告は乙と丙であり、訴えはいわゆる形成の訴えとなる。この説では、詐害行為取消しの訴えとは別に、逸失利益の取戻しのために債権者代位権の行使を要することになり、二重の手間を必要とする点が批判されている。

そこで後に主張された請求権説によると、詐害行為取消権は、逸失した財産の取戻しを目的とするものであって、取消しは、単に取戻しのための論理的前提であるにすぎない。したがって取消権を行使する訴えは、丙を相手とする給付の訴えである。この説は、条文でいう取消しの語を全く無視するものとして批判された。また、債務者乙が丙に対する債権を不当に免除したような場合（第21図参照）については、給付の訴えは適切でなく、免除行為の取消しの訴えが適切だとして批判された。そこで現在の判例・通説は、折衷説をとるが（大連判明四四・三・二四民録一七輯一一七頁）、それによると、(ア)取消権を行使する訴えは、取消しだけを目的とする形成の訴えでもよいし（これは債務者乙が丙に対する債権を不当に免除したような場合に用いるに適しているといわれる）、(イ)取消しと取戻請求とを一体としたものとして、その両方併せて請求してもよい。この場合は、形成および給付の訴えとなる。しかし(ア)(イ)いずれの場合も被告は、丙だけである。また、いずれの場合の判決でも行為の取消しを命じる(イ)ではそのほか目的物の返還を命じる）が、その取消しの効果は、甲と丙の関係で無効を生じさせるのみであって（相対的無効という）、したがって(イ)の訴えの形では、結局、取戻請求の論理的前提としてのみ取り消すというのと大差ない。

近時主張されている学説として責任法的無効説がある。これは、従来の説と異なるところが極めて大きいから後に取り上げる。以下は、主に折衷説を前提に説明する。

2　詐害行為取消権の要件

(1)　**客観的要件**　第一の要件は、債務者の行為が債権者を詐害することである。一言でいえば、その行為によって債権者の最後のよりどころである債務者の総財産が減少して、債権者が十分な満足を得られなくなることである。次に、具体的な点で問題になるところを説明しよう。

(a)　第一に詐害行為は、債務者のなした法律行為で、財産権を目的とするものに限る（四二四条二項）。婚姻、養子縁組、離婚のような純粋な身分行為はもちろん、離婚による財産分与、相続の承認、放棄といった、財産上の効果を伴った身分行為についても、たとえそれが、債務者の財産状態の悪化を生じさせるような場合であっても取消しの目的とならない（最判昭四九・九・二〇民集二八巻六号一二〇二頁）。もし取消しを許すと、債務者の人格的自由に対する不当な侵害になるからである。もっとも離婚の際の財産分与の額が、不当に大きいときの超過部分については、財産分与の名を借りた贈与と見るべきであり、取消しの目的となりうる（最判昭五八・一二・一九民集三七巻一〇号一五三二頁は、離婚に伴う財産分与の結果、分与者の一般債権者に対する共同担保が減少しても、それが七六八条三項の趣旨に反して不相当に過大であり、財産分与に仮託してなされた財産処分であると認めるに足る特段の事情のない限り、右財産分与は詐害行為とならないと判示する）。なお相続人が負債超過の相続財産の相続を承認する際には、相続人の債権者は、詐害行為取消権に類似した機能を営むものとして、財産分離を裁判所に請求することができる（九五〇条）。

(b)　取消しの目的となる、債務者のなした法律行為の種類については、契約すなわち贈与、不当な廉売（時価よりも不当に安い売買）、不当な代物弁済（債務額よりも著しく高価な物を代物弁済として給付する）などのほか、債務免除のような単独行為、会社設立のような合同行為（商法一四一条）でもよい。

(c)　詐害行為取消権によって保全される債権については、金銭債権に限られるが、その金銭債権は、詐害行為の前に成立していることが必要である（最判昭三三・二・二一民集一二巻二号三四一頁）。もっとも夫が妻に婚姻費用として今後月々一万円を払うというような形の将来の債権でもよい（最判昭四六・九・二一民集二五巻六号八二三頁）。債務者の資力を減少させる行為の後に債権が成立したときは取消権が認められない理由は、その行為によって債権の取立てが困難になったとはいえないからである。

〔補説〕　これに関連した近時の判例として、次のものがある。

最判昭三八・一〇・一〇民集一七巻一一号一三一三頁　不動産の売買予約の履行として当事者で売買本契約が締結された場合には、右予約の時に四二四条所定の要件がなければ、これを詐害行為として取り消すことはできない。

最判昭五〇・七・一七民集二九巻六号一一一九頁　既存債務を目的とする準消費貸借契約が締結された場合には、その既存債務成立後になされた債務者の行為は、詐害行為の要件を具備する限り、準消費貸借契約成立前のものであっても、貸主たる債権者においてこれを取り消すことができる。

最判昭五五・一・二四民集三四巻一号一一〇頁　不動産物権の譲渡行為が、債権者の債権成立前になされたものである場合には、登記が右債権成立後に経由されたときでも、その債権者は右譲渡行為につき詐害行為取消権を行使することはできない。

(d)　質権や抵当権のような物的担保によって担保され、全額について優先弁済を受けられる事情のある場合には、債務者が資力を減少させても（特に担保の目的物が他に贈与されても、債権者が第三取得者に対して、担保権を対抗しうる地位にある限りは）詐害行為とはならない。しかし保証人のような人的担保によって担保されているときは、これによって全額の満足を受ける保障はないから、債務者の資力を減少させる行為は詐害行為となりうる。

(e)　詐害行為取消権によって保全される債権については、金銭債権に限られ、債権者代位権の場合のような、債務者の資力を問わずに特定債権の現実的履行の保全のための、制度の転用は認められない。たとえば、BがAに不動産を売った後、登記をしない間に、Cに二重譲渡して、Cに先に登記を経由した場合においては、AのBに対する不動産の引渡債権（所有権の移転と占有の引渡しを求める特定債権）は、Bの責めに帰すべき事由によって履行不能となる。この場合、もしAが、BとCとの間の譲渡を詐害行為として取り消すことができるとすれば、AのBに対する特定物債権は履行不能とならず、Aはその現実的履行を確保できることになる。しかし、このような意味での特定物債権の保全のための行使は認められないのである。詐害行為取消権においては債権者代位権におけると異なって、このような特定物債権の保全のための転用が認められない理由は、前者の行使が、後者のそれと比して第三者の利害に影響するところが一層大だからである。

もっとも、右の事例において、BがAに売った不動産がBの唯一の不動産であり、これをBがCに贈与したとか、廉売したという場合で、その際、CがBの無資力を知っていたとすれば、AのBに対する特定物引渡債権がその履行不能によって損害賠償債権つまり金銭債権に変り、他方、その債務者であるBが無資力にもかかわらず贈与や廉売によって資力を減少させた、という関係を生じるから、AはBC間の行為を取り消しうると解されている(もっとも、金銭債務の発生の時期と資力を減少させる行為の時期とが同時であり、前者の時期がより早いとはいえない点で理論的には問題の余地がある。前述(c)参照。しかし判例は、損害賠償債権としての金銭債権の発生のもとになった特定物引渡債権自体は、発生の時期がより早いことを理由に、時期に関する要件は満たされていると解しており(最判昭三六・七・一九民集一五巻七号一八七五頁)、学説の多数はこれを支持している)。

右判例の事案は、右の事例におけるBがCに対して負っていた債務の代物弁済として、その債務の額を超える価格を有する家屋をCに譲渡したケースである。したがってBがCに家屋を不当廉売した場合に類似する。なお右判例では、その不動産の価格から当該債権額を控除した残額の部分に限って右代物弁済を取り消しうるものと判示しており、さらに、このような詐害行為の一部取消しの場合に、右家屋のように目的物が不可分のものであるときは、債権者は一部取消しの限度で、価格の賠償(後述参照)を請求するほかはない、と判示する。

また、AがBC間の行為を取り消して登記名義をBに移したあとで、さらに自己(A)へ登記を経由することを請求しうるか、それとも、これは認められず、AがBに対する金銭債権の満足のために不動産に強制執行しうるにとどまるのか、については見解がわかれている。判例は後説をとっている(最判昭五三・一〇・五民集三二巻七号一三三二頁。Aのほかに債権者A′がいる場合を考えると、A′に配当加入する機会を与えるためには、後説がすぐれているといえよう)。

しかしわたくしは、右のような事例の場合、やはり詐害行為取消権を用いるのは、本来の制度の目的からはずれていて正当でなく、一七七条の適用におけるいわゆる背信的悪意者排除の理論によって処理すべきであると考える。その際、Cが無償譲受人であることは、Cの背信的悪意の認定に積極的に働き、Aは登記がなくても背信的悪意者Cに優先的な所有権の取得を対抗しうる、と考えている(二重譲渡の法理については後述**四1**(7)を参照せよ)。

(f)　詐害行為は、その行為の当時債権者を害するだけでなく、取消権行使の時にも害していることが必要である。たとえば、Bがその不動産を贈与したときは無資力だったが、その後資力が回復したときは、もはや取消権行使の必要がなくなるから、取消権を行使しえない。

(g)　詐害行為といえるためには、贈与、不当廉売、債務免除などのように、債務者の資力を減少させる行為でなければならぬ。したがって（Ⅰ）不動産の時価による売却、（Ⅱ）数人の債権者のうちの一部に対する債務の弁済、もしくは担保権の設定は、本来的には、詐害行為にあてはまらないはずである。

けだし(Ⅰ)の場合は、不動産は逸失するが、その代りに価値の点でそれに相当する代金が債務者の財産として加わるからであり、(Ⅱ)の場合は、弁済した金額が逸失するが、その代りに、負債もその分だけ消滅し、債務者の総財産の額は結局において減少しないからである。同様に担保権の設定も、将来、担保権の設定を得た債権者に優先的な弁済を得させる可能性はあるにしても、それ自体として債務者の総財産を減少させる行為といえないからである。しかし、従来、判例は右の場合に一定の要件のもとで詐害行為が成立しうることを認めており、学説も、かつてはこれに反対する立場が多数説であったが、近時は賛成の立場が有力になっている。

（Ⅰ）〔不動産売却〕についての判例の考えによると、不動産を売却して隠匿もしくは散逸しやすい金銭に換えることは、不動産が有している、債権者にとっての共同の担保としての効力を減少させることになる、という理由で、時価相当額の売却も詐害行為になる（大判明四四・一〇・三民録一七輯五三八頁など）。ただし、債務者が弁済その他有用の資を調達するために相当の代金で売却し、かつその代金を実際に弁済に充てたときとか、有用な物の購入資金として用いて、その物が現存するようなときは詐害行為とならないが、その事実は取消権を行使される相手方が立証すべきものとしている（大判大五・一一・二二民録二二輯二二八一頁、最判昭四二・一一・九民集二一巻九号二三二三頁、最判昭四四・一二・一九民集二三巻一二号二五一八頁など）。

これに対して従来の学説の多数説は、前述したように、財産の種類が変っただけで総額に変りはないこと、これを詐害行為とすることは、債務者が窮境の際に不動産を処分して資金を捻出し、更生をはかることを著しく困難にさせること、さらには、不動産売却行為は債務者の意思と代金の使途如何によって、詐害行為となったりならなかったりすることは、相手方の取引の安全を害するおそれがあること、などを理由に反対した。しかし近時は、判例の要求する条件のもとで、取消権を認めるならば、また特に、主観的要件としての「詐害の意思」を厳格に解するならば、実際上の弊害は生じない、として判例を支持する説が有力になりつつある。

思うに、債権者にとって共同担保たる意義を有する債務者の資力を取消権によって保全するという場合、この担保としての価値は量的な面のみならず、質的な面をも考慮して決めなければならない。差押えが事実上困難な金銭に換える行為は、質的な意味で担保としての価値を減少させるものである。判例の立場を支持したい（なお、取消権を行使した後に生じる受益者の債務者に対する代金返還請求権については後述する。後述の責任的無効説の立場は、この問題の処理を容易にさせ、ひいては、取消権の行使を許容すること自体をも容易にさせよう）。

なお、詐害行為取消権のこのような運用は、債務者Bが、債権者Aによる不動産の差押えを免れるために、その友人Cとの間の通謀虚偽表示（九四条）によって不動産をCに売却するのに対して、Aがこのような譲渡の無効を主張して、この不動産の登記名義のCからBへの復帰を請求するのに類似する（**第22図**参照）。そして後者の請求に代る機能を前者が実質的に果たしている場合が少なくない。つまり後者の請求のためにはAはBC間の通謀虚偽表示なることを立証しなければならず、これは必ずしも容易でないことから、実際には後者の法律関係の成立する場合であるけれども、あえて後者の請求をしないで、その代りに、立証のより容易な、詐害行為取消権を行使することによって、同じ目的を達する、という方法が用いられるのである。

(Ⅱ)〔一部の債権者への弁済〕について、判例は従来、原則として詐害行為にならないとしながらも、債務者が、一部債権者と通謀して故意に他の債権者を害する意思で弁済したときは、詐害行為になることを認めている（最判昭三三・九・二六民集一二巻一三号三〇二二頁）。これに対して最近までの多数の学説は、前述のように、債務者の総財

第22図

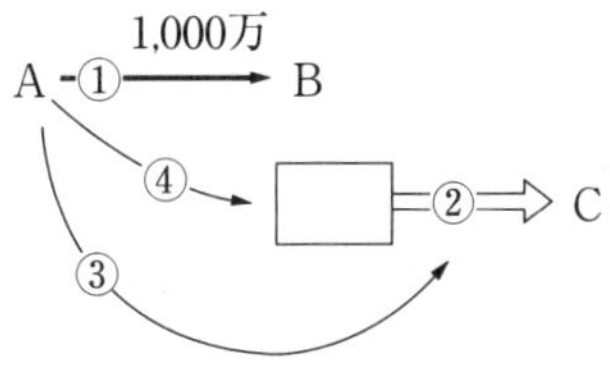

②：通謀虚偽表示による譲渡と移転登記
③：②の無効を主張し登記抹消を請求する
④：Aによる差押え

第23図

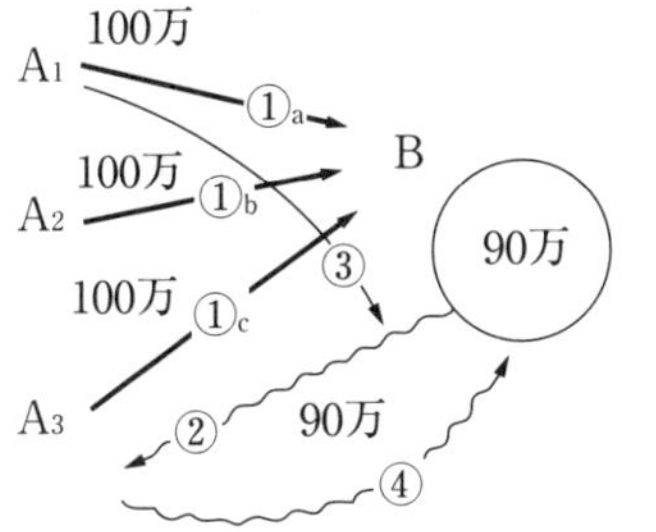

A_1、A_2、A_3：債権者
②：一部債権者への弁済
③：他の債権者による取消権行使
④：取消権にもとづくBへの返還
（A_1が全額Bに代って受領しうるか？）

産の額が不変であることを理由に反対し、同時に、任意弁済における債権者間の不平等は、詐害行為取消権によってでなく破産手続によって是正すべきであると主張した（前述〔補説二〕(C)参照）。しかし近時の有力な学説は、判例の支持に傾いている。その理由は次のとおりである。確かに本来の制度の建前からいうと、債権者間の不平等は、破産手続によって是正すべきであるが、しかし破産手続は、元来多数の利害関係者の利益の調整をはかる必要から、極めて慎重な手続をもって行われ、多くの費用と時間を要する。そこで、より簡易な手続である詐害行為取消権を利用することを容認してよい。「鶏を割《さ》くに常に牛刀をもってせよ」と要求するのは不当である、と。

ある債権者Cに対する任意弁済について、右のような理由で詐害行為の成立を認め、他の債権者Aが、これを取り消すことを容認するならば、他の債権者Aは、弁済を受けた債権者Cに対して、Aの債権額の限度内でCが弁済を受けた金額の全部について取り戻すことは認められないはずであり、債権額に応じて平等な弁済となる額を超えた部分についてのみ、取戻しと自己への引渡しを請求しうるにすぎないはずである（第23図参照。但し本文のCをA_3に、本文のAをA_1に読みかえよ）。しかし、従来、判例は、全額の取戻しを認める。そしてその結果として、CとAの立場が全く逆になって、Cは全く弁済を受けられないのに、Aが全額の満足を受けるという事態が起こりうる（最判昭四六・一一・一九民集二五巻八号一三二一頁)。このような判例の扱いは是認しえない。

なお、一部の債権者に対してのみ担保権を設定する行為については、判例は古くから、これは担保権者をして優先弁済を受けることを得させる行為であり、他の債権者の共同担保を減少させる行為であるから、詐害行為になりうるとする(大判昭一二・九・一五民集一六巻一四〇九頁など)。これは、一部の債権者への弁済に準じた行為として同様に扱うべきである。もっとも、すでに成立していた債務について新たに担保権を設定するというのでなくて、担保権を設定して新たに借金をするという行為は、あたかも、所有物を時価相当額で売却する行為に類している(ここでも実質的には、物が現金に変ったのと同じである。借金を返せなくて、担保権が実行され他に売却される場合を考えよ)。したがって、不動産の時価通りの売却に準じて扱うべきであり、事業の継続というような有用な目的のための借金および担保権の設定は、詐害行為にはならない(最判昭四四・一二・一九民集二三巻一二号二五一八頁)。

〔補説〕　なお一部の債権者への弁済が、詐害行為になりうるとする趣旨にもとづいた判例として、次のものがある。

まず代物弁済に関し、最判昭四八・一一・三〇民集二七巻一〇号一四九一頁は、債務者が詐害の意思をもって特定の債権者に対し、自己の第三者に対する債権を代物弁済に供する行為は、その債権の額が右債権者に対する債務の額を超えない場合でも、詐害行為となる、と判示する。

また不動産の売却に関して、最判昭三九・一一・一七民集一八巻九号一八五一頁は、債務超過の債務者が特にある債権者と通謀して、その債権者だけに優先的な満足を得させる意図のもとに、自己所有の重要な財産を右債権者に売却し、その代金債権と右の債務とを相殺することを約定した場合には、売買価格が適正価格であっても、その売却行為は本条にいう詐害行為として取消しを免れない、と判示する。

(2)　**主観的要件**　第二の要件である詐害の意思とは、債権者の利益を害することを欲する、いわゆる害意である必要はなく、単に、その行為によって、債務者の資力が減少し、弁済をなしえなくなることを知ること、すなわち悪意である。

このような詐害の意思は、まず債務者が有し、さらにその相手方すなわち受益者も、これを有することが必要である。債務者が悪意であることを要する理由は、善意の債務者を保護し、債務者の財産管理権に対する不当な干渉を制限するためであり（しかしこれはとりわけ贈与のような無償行為のとき、納得しうる根拠といえるか疑問の余地はある）、受益者の悪意を要する理由は、善意の受益者の取引安全の保護のためである。なお債務者の悪意については、取消権を行使する債権者が挙証責任を負うが、受益者は自らの善意について挙証責任を負うと解されている。したがって、債務者乙が時価二、〇〇〇万円の土地を一、〇〇〇万円で売った場合、債権者甲が詐害行為取消権を行使するためには、乙の悪意を立証するを要するが、丙は自ら悪意でないことを立証することによって、甲の取消権の行使を免れうる。

丙がその不動産を転得者丁に一、五〇〇万円で譲渡した場合はどうか。丙も丁もいずれも悪意であれば、甲は丁から不動産を取り戻しうる。しかし丙が悪意で丁が善意のときは、甲は丁から取り戻すことはできない。丁のための取引の安全を保護する必要があるからである。その場合、甲は悪意の丙から目的物に代る利得として、二、〇〇〇万円を取り戻すことができる。また、前述の丙、丁共に悪意のときも、甲は丁から土地を取り戻さずにおいて、丙から目的物に代る利得を取り返してもよい。

問題になるのは、丙が善意だが丁が悪意の場合に、丁から目的物を取り戻しうるか否かである。丁が悪意である以上は、これを保護する必要なしとして、肯定説をとるのが、判例および多数の学説の立場であるが（最判昭四九・一二・一二金融法務事情七四三号三一頁）、少数意見は、否定説をとる。わたくしもこれを支持したい。けだし、いったん善意の丙が介在する以上は、善意の丙を完全に保護する必要から、このためのいわば反射的効果として、丁は善意、悪意を問わず保護されるべきである。すなわち、もし、悪意の丁から取り戻せるとすると、丁は丙に対して、売主の担保責任（五六一条）を追求できるとしなければならず、そうすると、善意の丙の保護に欠ける結果となるからである（次のようにもいえる。もし悪意の丁から取り戻せるとすると、善意者丙は、悪意者すなわち事情を知っている者に事実上売却できない。したがって売却しうる相手の範囲が制限される。その結果、その範囲に制限がない場合に比して、安くしか売れないという不利益を生じるからである）。なお、同様な問題は、九四条二項（通謀虚偽表示における善意の第三者保護の規定）や九六条三項（詐欺による意思表示における善意の第三者保護の規定）についても生じ、ここでも肯定説と否定説が対立していることを注意すべきである。

〔補説〕　通謀虚偽表示の場合につき判例（大判大三・七・九刑録二〇輯一四七五頁）は否定説をとったが、学説ではむしろ肯定説が有力であった。しかし最近では、逆に否定説が有力になりつつある（四宮和夫・幾代通など）。なお、甲が転得者丁に対して取消権を行使するにあたって、甲は転得者丁の悪意を立証することは必要でなく（乙の悪意を立証するだけでよい）、丁のほうで自ら善意であることを立証することによって、丁は取消しの効果を免れうる（また、右の少数説の立場をとるならば、丁は、丁の善意を立証しなくても、丙の善意を立証すれば、取消しの効果を免れることができる）。

(3)　以上、客観的要件と主観的要件に分けて説明したが、最近の有力な学説は、右の両要件を総合的に判断することが必要だと主張し、そして従来の判例も（これを仔細に検討すると）、このような判断に従ってなされてきたということができるという（下森定）。たとえば、客観的要件として詐害性の低い一部債権者への弁済も、主観的要件としての強い害意性が認められれば詐害行為として取消しの対象となるし、他方、客観的には詐害性の高い無償の贈与や廉売行為などでは、単なる詐害の認識すなわち悪意だけで取消権の対象となり、また詐害性の中程度である時価相当額での不動産売却などでは、目的、動機の正当性などが考慮に入れられるという。思うに、詐害行為取消権の成否を考えるにあたって、当事者間の複雑な利害の調整をはかるよう努めることが必要であるから、一方では、詐害行為の諸類型についてそれぞれ、客観的および主観的要件を総合的に判断し、他方では取消しの効果を考えて、それに適合するよう要件を判断すること、換言すれば、要件と効果との総合的な判断が必要である。

3　取消しとその効果

(1)　取消権の行使は裁判所に請求して行う(四二四条一項)。債権者代位権の場合と違って、裁判所に訴えを提起することが必要であり、裁判外の請求によってはなしえない理由として、普通、取消権の要件は複雑であるから裁判所に判断させ、争いを残さないためであるとか、他人の行為を取り消すという行為は重大な行為であり慎重な手続を要するから、ということがあげられている。

しかし、果たして常に裁判所に請求する必要があるといえるのか疑問である。少数の学説(川島説)と同様に、わたくしも、裁判外の請求でも、もし相手方がそれを承諾すれば有効で、相手方が承諾しないときにはじめて、裁判所に請求することが必要になると解すべきものと考える。このように考えると、債権者代位権の行使の場合と基本的な差異はない。そして債権者代位権の場合、債権者が債務者に代ってその権利を(特に債権を)行使して、自己への債権の目的物の引渡しを裁判外で請求しても、相手方たる第三債務者が、代位権の要件を争って引渡しを拒むならば、債権者は第三債務者に対する訴えを提起して代位権を行使することが必要であり、この訴えの中で代位権行使の要件が備わっているかどうかが判断されるのであるが、それと同様なことが詐害行為取消権でも行われると解してよい。債権者代位権の場合と比べると、詐害行為取消権の要件の判断は困難であり、また第三者の利害に影響するところは大であることは確かだが、――したがって第三者が裁判外での詐害行為取消権の行使を容認する蓋然性は少ないが――その差は相対的であり、第三者が詐害行為取消権の行使を自ら承認する限り、裁判所に訴えを提起することは余計なことといわねばならない。

(2)　裁判所に請求するにあたり、いかなる請求を、何人に対してなすべきか、について争いがあることは前述した(**1**参照)。前例で転得者丁がいる場合についても簡単にはふれたが(**2**(2)参照)、詳論すると、通説・判例の立場である折衷説をとれば、甲は丁を相手に乙、丙間の売買の取消しと目的物の取戻しを請求することになり、請求を許容する判決により、丁との関係において、乙、丙間の売買は相対的に無効となり、また丁から乙へ登記名義を回復し、自己(甲)に占有の引渡しをうけることができる(このほか丁を相手どって乙、丙間の売買の取消しのみを請求してもよい)。もし形成権説をとるならば、甲はもっぱら乙と丙を相手どって乙、丙間の売買の取消しのみを請求し、目的物を丁から取り戻すためには、このほかに債権者代位権によって乙の権利(所有権にもとづく返還請求権および登記請求権)を代位行使することが必要となる(登記請求権の代位行使によって登記名義ははじめて乙に回復する)。また請求権説をとれば、もっぱら丁を相手に目的物の取戻しを請求する(登記名義を乙に回復させ、かつ、自己へ占有を引き渡させる)。乙、丙間の売買の取消しは、取戻しの論理的な前提にすぎないから、その取消しの効力も、甲、丁間においてのみ生じる。

(3)　甲が詐害行為取消権によって取り戻した動産や不動産を、自己の債権の弁済に充てるためには、あらためて判決などの債務名義にもとづいて差し押え、競売などの換価手続によって金銭に換え、その支払を受けることが必要である。そして一定の条件を備えた他の債権者は、民事執行法にもとづき一定期間内に配当要求しうる(民執法四九条・五一条)。債務者乙が丙に対する債権を債務免除したときに、債権者甲がこれを詐害行為取消権によって取り消して、乙の丙に対するこの債権を甲が差し押え、そこから支払を受ける場合にも同様である。

しかし、債権者甲が詐害行為取消権によって、金銭を自己に引き渡させた場合には、債権者代位権の場合と同様に、事実上、他の債権者が配当要求する機会は奪われるから、取消権を行使した債権者が優先弁済を受ける結果となる(最判昭三七・一〇・九民集一六巻一〇号二〇七〇頁)。もっとも一人の債権者による詐害行為取消しの訴えの継続中に、他の債権者が同一の詐害行為を取り消すために訴えを提起することは可能というべきであり、その場合には、両債権者が平等の割合で弁済を受けうる結果を生じさせうるであろう(このことは、複数の債権者が債権者代位権にもとづいて、同一の第三債務者に訴えを提起する場合にも妥当すべきである。)。

なお、判例によると、特定の債権者丙にのみなされた弁済が、詐害行為として他の債権者甲によって取り消される場合に、返還すべき義務を負わされる丙は、自己の債権額に応じて按分した金額を保留しえないとされていることは前述した(2(1)(g)(II)参照)。

(4)　詐害行為取消権の行使は、取引の安全に与える影響が大であるために、取消しの範囲は、責任財産の確保のために、必要かつ十分な範囲に限られるのが原則である。したがって、取消権行使の範囲は、詐害行為当時の債権額の限度とされる。たとえば、甲に対して一、〇〇〇万円の債務を負う乙が、六〇〇万円の不動産と一株千円の株券一万株（すなわち一、〇〇〇万円分）を有していたが、丙に株券のすべてを贈与した場合、甲はその贈与のうち四〇〇万円分の贈与(四、〇〇〇株)のみを取り消して取戻しを請求しうる。もっとも詐害行為の目的物が、一棟の家屋のように不可分な物であるときは、そのうちの一部のみを取り消すことは不可能なので、家屋全部について取消権を行使しうるとされている（最判昭三〇・一〇・一一民集九巻一一号一六二六頁）。

また、前述のように、取消権にもとづいて取り戻した物を差し押えるにあたって、他の債権者が配当加入することが可能であることから、他の債権者が配当加入をなすべきことが明白なときは、その債権額をも合算して取消しの範囲が決められる。だから前例で、一、〇〇〇万円の債権を有する他の債権者が配当加入することが明らかならば、甲は株券の贈与の全部について取り消し、かつ取り戻すことができる（大判大五・一二・六民録二二輯二三七〇頁）。

(5)　詐害行為取消権が行使されて、受益者丙もしくは転得者丁が、目的物もしくはそれに代る利得を債権者甲に返還した場合、丙あるいは丁と債務者乙との間の利害を、いかにして調整するかが問題となる。

乙が、**2**(2)の事例のように、丙に不当廉売したときで甲が丙から取り戻した場合は、買主丙は、五六一条を準用して、売主乙に対して追奪担保責任を追求することができる。けだし、丙は目的物の所有権を取得しえず、売主以外の第三者に返還しなければならぬ点で、他人の所有物の買主と同じ立場に立たされるからである。その際、丙は悪意の買主であるから、売買代金の返還を請求しうるだけで、損害賠償を請求しえない（五六一条但書）。もし乙が丙に贈与した場合であれば、贈与者は追奪担保責任を負わないから(五五一条)、丙は乙に対していかなる請求もなしえない。他の見解として、右のような売買、もしくは贈与者の追奪担保責任の規定を準用すべきでなく、むしろ不当利得の法理を適用し、したがって不当廉売の場合には、丙は乙に対して不当利得を理由として、売買代金の返還を

第24図

不当廉売のケース

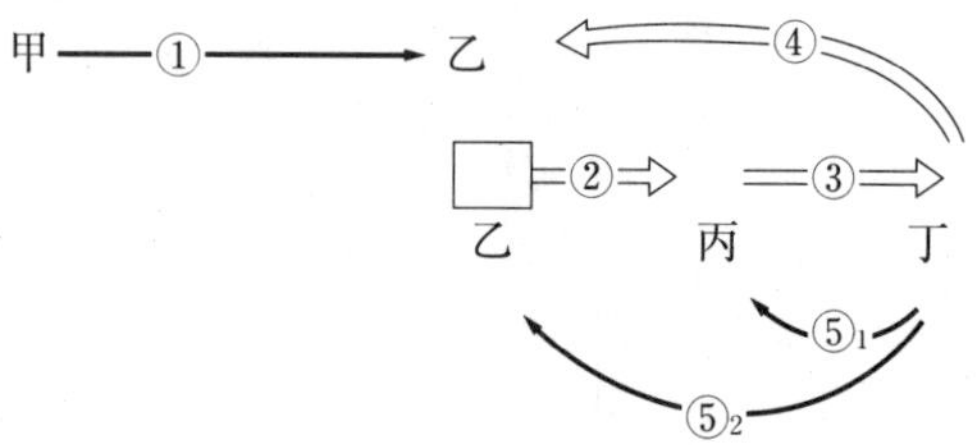

乙：債務者（悪意）
丙：受益者（悪意）
丁：転得者（悪意）
②：不当廉売による所有権移転
③：売　買
④：甲の取消権行使による土地所有権の復帰
⑤1：売主の追奪担保責任の追求
⑤2：不当利得返還請求権（もしくは丙の乙に対する担保責任追求権にもとづく直接請求権）

請求すべしとする見解もある。

前述の**2**(2)の事例で、甲が丁から目的物を取り戻した場合には、担保責任の規定を準用する立場からは、丁は丙に代金一、五〇〇万円の返還を請求しえ、また丙は乙に代金一、〇〇〇万円の返還を請求しうることになる（そして四六四条の趣旨（前述**二4**②参照）をとり入れて、丁は直接に乙に対して一、〇〇〇万円の返還請求をしてもよいと解すべきことになろう）。もし不当利得説をとるならば、丁は、乙に対し、乙の不当利得を理由に一、〇〇〇万円の返還を請求しうるであろう（**第24図**参照）。

もし、乙、丙間が不当廉売で、丙、丁間が贈与の場合なら、不当利得説だと丁は乙に対して、乙、丙間の代金相当額一、〇〇〇万円の返還を請求しうる。しかし追奪担保責任説だと、その法律関係はやや複雑である（悪意の丁は丙に一、〇〇〇万円の返還請求権を有しないが（五五一条一項）、丙は乙に対して一、〇〇〇万円の返還請求権を有している。しかし丙がこの権利を保持することは丁との関係で不当利得となる。したがって丁は丙からこの権利を譲り受けることによって乙に一、〇〇〇万円の直接請求をなしうると解しうるであろう）。

なお、丙もしくは丁が、乙に一、〇〇〇万円の返還請求をする際に、この債権は同時履行の抗弁権によって――すなわち、乙が、丙もしくは丁に一、〇〇〇万円を払うまでは、丙もしくは丁は、目的物を乙に返還しないという抗弁権によって——保護されると解する余地がないわけではない。しかし、従来の支配的見解は、そこまで強い保護は与えない。しかしながら、甲が、丙もしくは丁から乙に取り戻した目的物を差し押える際に、丙もしくは丁は、右の債権でもって配当要求しうると解していた(現行民事執行法のもとでは、配当要求のための要件は厳格だから、実際には困難である)。

4　取消権の消滅時効　詐害行為取消権は、債権者が取消しの原因を知った時——すなわち債権者がその客観的要件のみならず、主観的要件をも知った時(ただし、債権者がその客観的要件を知ったときには、主観的要件をも知ったものと推定される。最判昭四七・四・一三判例時報六六九号六三頁)——より二年間これを行わないときは、時効によって消滅する。行為の時より二〇年を経過したときも同様である(四二六条)。取消権の行使は取引の安全を害する結果を生じるので、消滅時効の期間を二年間とし、除斥期間として行為の時から二〇年間しか取消権の行使を認めない。

5　責任法的無効説(責任的無効説ともいう)　これは元来ドイツで主張された説であるが、近時、わが国でもこの説をとり入れようとする有力な二、三の学者があらわれ、注目を集めている(中野貞一郎・下森定など)。わたくしもこれに基本的に賛成したい。もっとも責任説も論者によって、その説くところは必ずしも同じでない。以下に、私見を(特に手続的側面について)加えつつ、責任法的無効説の特徴を簡単に述べよう。

(1)　債務者乙が所有する物を丙に贈与したのに対して、債権者甲が丙を相手どって取消権を行使し、勝訴の判決を得ると、その効果として贈与の効力は「責任法的に無効」となる。すなわち目的物の所有権は乙に復帰せず、丙に帰属したままだが、甲は乙に対する被保全債権(取消権によって保全される債権)の取立てのために、右の目的物に強制執行することが許容される。したがって、丙は物上保証人に類似した地位におかれる。

すなわち、甲の被保全債権の取立てのために右の目的物を差し押え、それが換価され、競落代金が被保全債権の弁済に充てられると、丙はあたかも物上保証人の場合(三五一条・五〇一条)と同様に、債務を免れた乙に対して求償権を取得する。また、被保全債権の額よりも競落代金が多いときは、被保全債権の支払に充てた残りは、物上保証

第25図

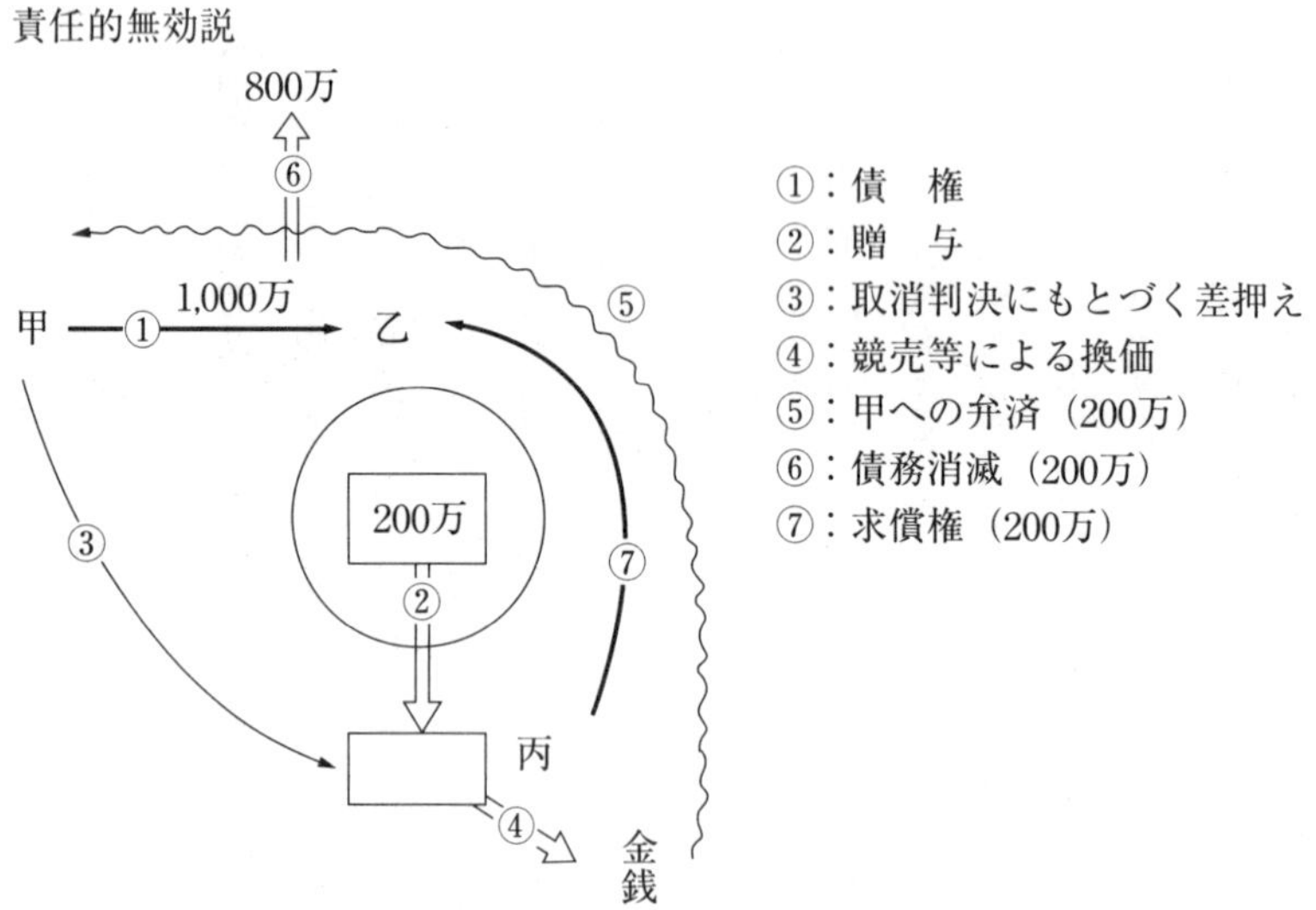

の場合と同様に、目的物の所有者である丙が取得することになる。そして被保全債権の支払に充てた部分について丙は乙に求償権を取得する。しかしこの求償権は物上保証人の求償権と同じように、目的物については、甲の乙に対する被保全債権に劣後し、目的物から平等な弁済を受けることはできない（第25図参照）。

手続法的側面にふれると、右に述べた取消訴訟の判決には、贈与の責任法的取消しを宣言するとともに、被保全債権と差押えをなしうる丙所有の財産の範囲が明示されるが、この判決を債務名義として、甲は丙のその財産に差押えをなしうる。そして丙は、この差押えに対して第三者異議の訴え（民執法三八条）により、これを排除することはできなくなる。丙が贈与によって得た不動産を戊が競売によって取得したときは、丙から戊への移転登記がなされるべきである。

(2)　右に述べたことは、乙、丙間に不当廉売行為があったときも基本的には異ならない。丙を相手とする取消訴訟の勝訴判決を得た甲が、この判決にもとづいて目的物を差し押え競売して被保全債権の弁済に充てると、丙は、債務を免れた乙に求償権を取得する。その際、丙が乙に支払った売買代金を取り返すことはできない（もっとも担保権の設定された物の売主の担保責任に関する五六七条の準用によって、乙、丙間の売買契約を解除して代金の返還を請求してもよい。その際同条三項により損害賠償を請求しうるから、結局、時価相当額＝換価額の返還を請求しうる。なお、その場合には解除の効果として目的物の所有権は乙に復帰し、乙の甲に対する債務の弁済は乙の所有物の換価によってなされたことになるから、丙が乙に求償権を取得することは起こりえない。したがって結果的には、丙が解除権を行使するとしない（前段の場合）とでほとんど差異を生じない。もっとも代金額が時価相当額＝換価額より大ならば解除権を行使するほうが丙にとって有利であるが、これは不当廉売のケースでは事実上起こりえないであろう）。以上に述べた丙の乙に対する求償権もしくは代金返還請求権については、当該目的物についても、甲の被保全債権に劣後する。

(3)　乙が丙に廉売し、丙から丁に売却した**2**(2)の事例で、甲が丁を相手どって取消訴訟を起こし、勝訴判決を得、それによって目的物が差し押えられ換価され、被保全債権の弁済に充てられると、債務を免れた乙の不当利得を理由に、丁は乙に求償権を取得する。（しかし、これを請求せずに、五六七条の準用によって、丙、丁間の売買を解除して代金の返還と損害賠償の請求をしてもよい。そしてこのような丁の請求に応じた丙は、右(2)で述べたところにしたがって、丙所有の物（右の解除によって丙に復帰するから）の換価によって債務を免れた乙に対し、不当利得を理由に求償しうるが、これを請求せずに、乙、丙間の契約を解除して、代金の返還と損害賠償の請求とをなしてもよい。）

(4)　債務者乙が丙に対して有する一〇〇万円の債権を乙が免除した行為が詐害行為であるとして、乙に対する債権者甲が、丙を相手に取消訴訟を起こして、甲が勝訴判決を得たとすると、免除は、責任法的に無効となるが、丙の乙に対する債務自体は免除によって消滅したままである。その結果、甲は乙に対する被保全債権の満足を得るために、あたかも乙が丙に債権を有していて、これを差し押えたと同じように、丙に対しては被保全債権の限度で支払うよう請求しうる。これに応じて支払った丙は、自らは乙に債務を負っていないのに、その支払によって、乙の甲に対する債務を免れさせたことになり、乙は不当利得を得たことになるから、丙は乙に対して求償しうる。これはあたかも乙の甲に対する被保全債務の担保のために丙が保証人となって支払う関係に類似する。

なお、手続的な側面にふれると、右のような取消訴訟の勝訴判決は、免除の責任法的取消しを宣言するとともに、被保全債権を明示し、かつ丙が乙の甲に対する債務を、その限度で支払うべきことを命じるべきである。そして丙がこれに任意に従わないとき、甲はこの判決を債務名義として丙の財産に強制執行をしうることになる。

(5)　不動産を時価で売却する行為が、詐害行為として取り消される場合は、不当廉売が取り消されるのと基本的に異ならない。

(6)　一部の債権者Cに対する債務者Bの弁済が、詐害行為として他の債権者Aによって取り消される場合、責任法的無効説を適用すると、Aの被保全債権の満足を与えるに必要な限度で、Cへの弁済が責任法的に無効となり（したがってAに対する関係では、BはCに返還請求権を取得し、Aは被保全債権の満足のためにBに代ってこれを行使しうる。しかしCは元来Bに債務を負っていないのだから）、CはAの被保全債権について保証人と同様な地位において弁済の義務を負う。したがって、CはAに弁済したあと、Bに対して求償権を取得することになろう。もっとも、思うに、このような場合における取消権の行使は、前述したように、簡易化された破産手続の代用という特殊な機能を有し、本来的な詐害行為取消権の行使とかなり異なっている。このことを考慮に入れた問題の処理が必要である。その結果、右に述べたような、責任法的に無効となるべき、BからCへの弁済は、弁済の全部でなく、債権者平等の原則を適用した場合にCが正当に受けるべき弁済の額を超えた部分についての弁済に限られ、したがってAはその部分についてのみCに支払を求めうる、と解すべきであろう。

(7)　以上、各類型について責任法的無効説による構成を説明したが、この説では従来の説と異なって、受益者や転得者は、取消しによって、確定的に権利を失ったり義務を負担するのでなく、単に物上保証人や抵当不動産の第三取得者の地位に類似した、もしくは保証人に類似した地位におかれることになる。そのために、受益者の保護のために、従来の説のように取消しの範囲を厳しく制限することはさほど必要ではない（一棟の建物の全部を取り消しても、その建物を差押換価して被保全債権の弁済に余りがあれば、受益者が取得できるから）。また受益者や転得者が債務者に求償権を取得しうることは、従来の説と異なってこの者に有利な点であり、このことは、ひいては詐害行為の成立をより広く認める方向に作用するであろう。

〔補説〕　私見では、詐害行為取消権は、受益者や転得者が容認する限り、裁判外でも行使しうると解することは前述した。責任法的無効説をとりつつ、このような見解を維持することは可能である。

まず債務の免除が詐害行為となる事例について検討しよう。債権者甲が裁判外で、受益者丙から被保全債権の限度で支払を求めるのに対して、受益者丙がこれに応じて免除された債務の金額を支払えば、受益者丙は債務者乙に求償権を取得しうる。そして爾後誰からも詐害行為取消権を行使されることはない。

次に債務者乙の物の贈与が詐害行為になる場合について検討しよう。債権者甲が受益者たる受贈者丙に対して、裁判外で被保全債権の弁済を求めるのに対して、受益者丙が、これに応じて目的物の価格相当分の金額を支払えば、受益者丙は債務者乙に求償しえ、また、爾後受益者丙は、誰からも取消権を行使されない。甲が乙に対する、被保全債権の取立てのために、丙が乙から贈与された目的物を差し押えることを、丙が甲に対して承諾した場合には――それでもって直ちに甲が、丙所有のその目的物を差し押えることはできないが――甲の乙に対する被保全債権についての債務名義を得たうえで、それによって、その目的物に差押えをなしえ、それに対して丙は、第三者異議の訴えをもって対抗しえないこととなる。

四　第三者の債権侵害

債権の対外的効力としては、第三者の債権侵害による損害賠償請求権のほか、債権にもとづく妨害排除請求権も問題になる。

1　第三者の債権侵害による損害賠償請求権

物権は物を支配する権利として絶対権であり、天下万人に対する権利であるのに対し、債権は独立主体性をもった人に対して、特定の行為を要求する権利であって、債務者という特定の人に対してのみ効力を有する相対権である。したがって債権は物権と異なって、債務者以外の第三者がこれを侵害することはありえず、第三者の債権侵害によって不法行為にもとづく損害賠償請求権が発生する余地はない、というのが古典的な考え方であった。

しかし、その後、債権が債務者に対して一定の行為を要求しうる権利であるからといって、論理必然的に、第三者による債権侵害が成り立ちえないわけではなく、債権侵害による損害賠償請求権を認めるか否かは、結局は、債権者にどれだけ広い保護を与えるべきかの立法政策上の問題に帰着し、そして、近代社会における債権の社会的重要性にかんがみて、一定の要件のもとに、債権侵害に対して損害賠償請求権を認めるべきであると解されるに至った。もっとも、この問題は、本来、不法行為法の中で扱われるべき問題であるので、ここでは簡単に述べる。

具体的にいかなる場合に、第三者の債権侵害による損害賠償請求権が成立し、また、成立しないかを検討しよう。

(ア)　第三者が自己の権利の正当な行使の結果として、債権者に損害を与えても不法行為にならない。したがって、第三者が自由競争その他自由活動の範囲に属する行為の結果として債権者に損害を与えても、不法行為とはならない。たとえば、第三者が有利な条件で、他の雇主のもとに働いている労働者を勧誘して雇い入れても、それが直ちに、もとの雇主に対する不法行為に（すなわち、もとの雇主が労働者に対して有していた、労務の給付を求める債権の侵害による不法行為に）なるわけではない。

(イ)　これに反して、第三者が自由競争その他自由活動の範囲を逸脱する行為によって、債権者に損害を与えたときは、債権侵害による不法行為が成立する。たとえば、（Ⅰ）悪意で金銭債権の準占有者として弁済を受け、債権を消滅させた場合（後述第六章第二節五(2)参照）とか、（Ⅱ）債務者の所有する特定物の引渡しを求める債権において、債権者を害する目的で目的物を破壊した場合、（Ⅲ）なす債務（たとえば、労務につく債務、俳優が一定の日時に、ある劇場に出演する債務）において、債権者を害する目的で債務者を拘禁した場合、（Ⅳ）金銭債務の債務者と通謀して虚偽の借用証書を作成させてその財産に差押えをなし、真実の債権者の執行を妨害したり、あるいは、債務者に強制執行を免れさせる目的で、債務者と通謀し、債務者の唯一の財産を隠匿した場合、(Ⅴ)不正な方法で職工または俳優の引抜きをした場合、などがある。

(ウ)　右の（Ⅰ）については後でも述べるが、債権者は弁済を受けた第三者に対して、不法行為にもとづいて損害賠償を請求しうるが、これと競合して、第三者の不当利得を理由としてその受領した金額について返還請求権を取得する（両請求権は時効期間の点などで差異がある。前者の時効期間は三年だが後者のそれは一〇年）。

(エ)　（Ⅱ）の場合を、売買によって特定物引渡債権が発生する事例について検討すると、債務者（売主）にとってはその責めに帰しえない事由で、債務の履行が不能となるのであるから、債権者（買主）は債務者に対して損害賠償を請求しえない。しかも五三四条に定める特定物に関する危険負担の債権者主義の適用により代金債務を免れない。他面、債務者は、目的物を破壊した第三者に対して、所有権の侵害を理由に、不法行為にもとづく損害賠償請求権を取得する。しかしこの場合、前述した代償請求権によって（第四節六(5)参照）、債権者は債務者の取得するこの損害賠償請求権の譲渡を請求しうる（第26図参照）。債権者はこのような代償請求権によって、その損害をカバーしうる場合が多いが、しかし、たとえば債権者にとって、その目的物の価値が時価よりも特別大きい場合には、その差額については第三者の債権侵害を理由に賠償を請求しうることになる（もっともその賠償

第26図

Ⅱの場合の前半

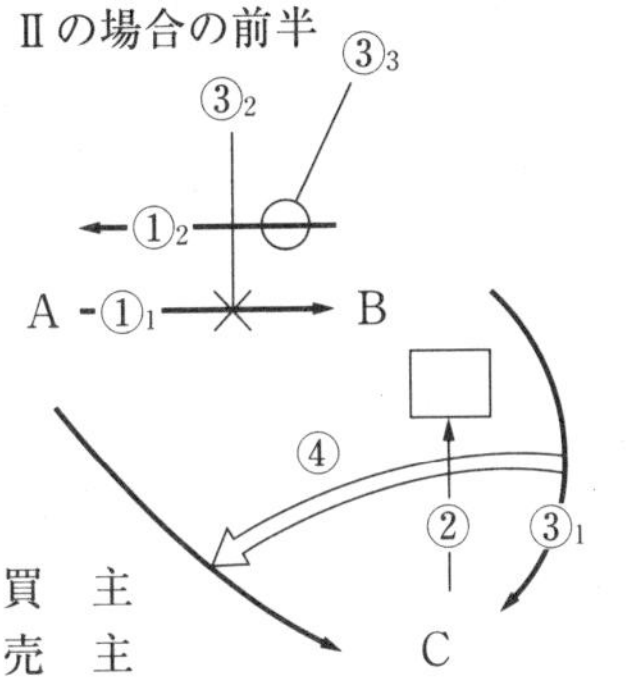

A　：買　主
B　：売　主
①₁：目的物引渡請求権
①₂：代金債権
C　：第三者
②　：Cによる目的物の滅失
③₁：損害賠償請求権
③₂：Bの責めに帰しえない債務消滅
③₃：存続（危険負担の債権者主義による）
④　：代償請求権による移転

第27図

Ⅱの場合の前半

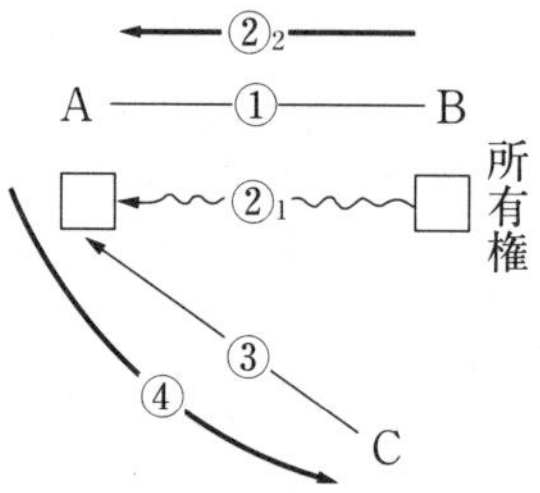

①　：売買契約
②1：所有権移転
②2：代金債権
③　：第三者Cによる滅失
④　：不法行為による賠償請求権

請求にあたっては、特別損害として、その予見可能性が必要となろう)。

もっともわが民法上は物権変動の時期について、意思主義がとられている(一七六条)。したがって特定物の売買のとき、原則として売買契約が締結された時に所有権は買主に移ることになる。そのために、目的物が買主に引き渡される前に第三者の故意・過失によって目的物が滅失・毀損したとき、それは買主の所有権に対する侵害となり、買主は不法行為にもとづく損害賠償請求権を第三者に対して取得することになる。なおその際、第三者たる不法行為者丙に対して、買主は登記(不動産)や引渡し(動産)のような物権変動の対抗要件なしに所有権取得を対抗しうると一般に解されている(登記引渡しなしに対抗しえない第三者の範囲についての制限説の立場)ことを注意すべきである(第27図参照)。このように考えると、わが民法上は買主(債権者)が第三者たる不法行為者に対して債権侵害を理由に、損害賠償を請求する関係は通常の場合は起こらない(売買契約と同時に所有権の移転しないときのみ例外的に生じる)。

以上、双務契約たる売買によって特定物引渡債権が発生する場合を検討したが、それでは片務契約たる贈与契約によってそれが発生する場合についてはどうか。このときは、危険負担の問題を生じないから、その分だけ問題の解決は容易である。

(オ)　(Ⅲ)について考察すると、債務者(被傭者・俳優)の債務不履行(履行不能)は、その責めに帰しえない理由によって生じたものであるから、債権者(雇主・劇場主)は債務者に対して債務不履行を理由とする損害賠償を請求することはできない。もっともこの場合には債務者が危険を負担する(五三六条)。だから債権者は報酬支払義務を

第28図

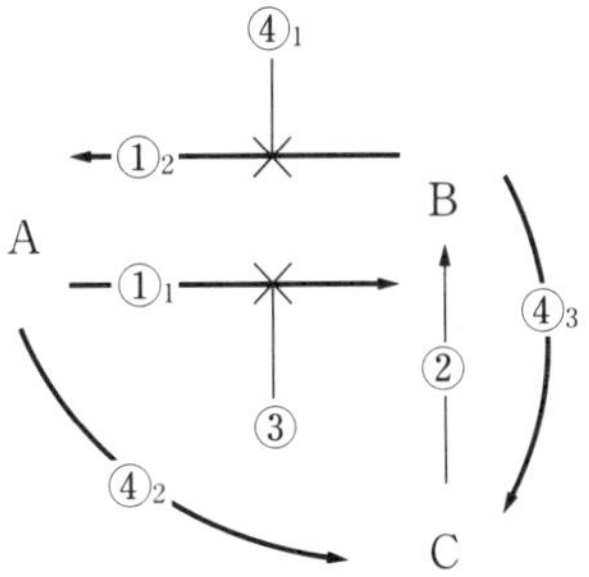

A　：劇場主
B　：俳　優
①$_1$：演技を求める債権
①$_2$：報酬を求める債権
②　：第三者Cによる監禁
③　：履行不能による消滅
④$_1$：危険負担の債務者主義による消滅
④$_2$：債権侵害による賠償請求権
④$_3$：不法行為による賠償請求権

第29図

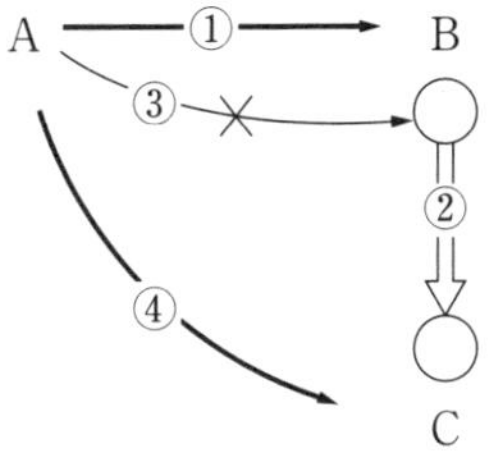

②：第三者CによるB所有物の隠匿
③：差押不能
④：債権侵害による賠償請求権

免れる。しかし債権者はそれでもなお債務の履行がなされなかったことによって損害を蒙る。というのは債権者たる雇主あるいは劇場主は、債務者の就労あるいは出演がなされなかったことにより、得られたはずの利益を失うという損害を蒙るからである。この損害について、債権者は第三者に対して、債権侵害（不法行為）を理由として損害賠償を請求しうる。

なおこの場合、被傭者あるいは俳優も、不法に拘禁した第三者に対して、彼等が雇主あるいは劇場主に対して有する債権（報酬支払請求権）の第三者による侵害を理由として、損害賠償を請求しうる。というのは前述したように彼等の有していた報酬請求権は、第三者の拘禁による債務不履行の結果、危険負担に関する法理の適用によって、消滅するからである（そのほか彼等は、第三者の拘禁により、その人格権としての自由権を侵害されたことを理由に、不法行為にもとづく損害賠償（慰藉料）を請求しうる（第28図参照）。

(カ)（Ⅳ）の場合、債権者は債務者に対して、本来の債権である金銭債権を行使しうるのはいうまでもないが、これと並んで第三者に対して不法行為にもとづいて損害賠償を請求しうる。その際、債務者と第三者とは後述の連帯債務者（正確にいうと不真正連帯債務）の関係（第四章第三節六参照）に立つ。したがって両方のいずれに請求してもよく、一方から支払を受けると他方に対する債権も、この限りで消滅する（第29図参照）。

なお、第三者に対して不法行為を理由に請求しうる損害賠償の額は、債務者に対する債権額の限度内の額で、第三者が債権者の差押えを妨害することによって弁済が拒まれた額とすべきであろう（債務者に対する債権額が遅延利息も含めて一、〇〇〇万円だったとして、右の第三者に対する損害賠償額が六〇〇万円だったとすると、債権者が第三者に六〇〇万円請求してその支払を受けたあと、債権者は債務者に残りの四〇〇万円を請求しうる。第三者は、右の六〇〇万円を債権者に支払ったあとで、債務者に対し不当利得の返還請求権を行使し、六〇〇万円について求償しうるはずだが、ここで七〇八条の不法原因給付の規定が適用され、求償権の訴求が制限されることになろう）。

(キ)（Ⅴ）の場合、たとえば競争相手である他の工場主や劇場主（第三者）が、債務者たる職工あるいは俳優を欺いて、債権者たる雇主もしくは劇場主が支払不能状態にあると偽って引き抜き、その際債務者も不注意で第三者の言をそのまま信じて欺かれたとすると、債権者は債務者に対し、その責めに帰すべき事由による債務の履行不能を理由として損害賠償（債権者が履行によって得たであろう利益から報酬債務を差し引いた額）を請求しえ、同時に、第三者に対しても債権侵害を理由として、不法行為にもとづく損害賠償

第30図

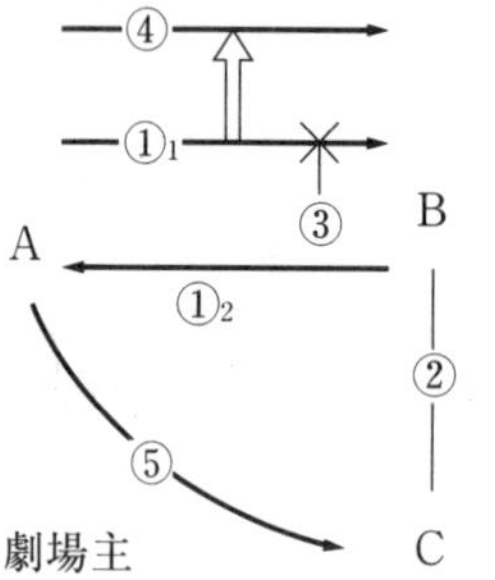

A　：劇場主
B　：俳　優
①$_1$：演技を求める債権
①$_2$：報酬債権
②　：Cによる不法な引抜契約
③　：債務不履行による消滅
④　：履行に代る賠償請求権
⑤　：第三者Cの債権侵害による賠償請求権

を請求しうることになる、そうしてここでも、債務者と第三者は、不真正連帯債務者となる（第30図参照）。この点で、（Ⅴ）は（Ⅳ）と類似した関係を生じる。もっとも、債務者の賠償額と第三者の賠償額は、原則として同額と解すべきであろう。そして債務者は、単なる過失による債務不履行であるのに対して、第三者は悪意による不法行為であることを考えると、両者の間の内部的な負担部分の問題については、第三者に全額を負担させるのが妥当であり、したがって、債務者が債権者に損害賠償を支払ったときは、第三者に求償しうると解すべきであろう。

以上述べたところから明らかなように、（Ⅳ）と（Ⅴ）においては、不真正連帯債務の関係を生じるが、それによって債権者の得る利益は、たとい債務者が無資力であっても、第三者たる不法行為者に資力があれば、これを請求して支払を受けることができるという利益である。このような利益は（Ⅰ）（Ⅱ）（Ⅲ）の場合に債権者が与えられる利益とは質的に異なる。後者では、債権者は債務者に請求することができず、その代りに第三者に請求するという関係を生じるからである。そして歴史的に見るならば不真正連帯債務の関係を生じる（Ⅳ）（Ⅴ）の債権侵害の類型は、比較的に後に至るまで不法行為として承認されなかった。けだし（Ⅰ）（Ⅱ）（Ⅲ）と比べて、これを認めることが債権者の保護に必要でないと考えられたからである。しかし前述のように債務者の無資力のとき、これを認める実際上の利益があることにかんがみて、現在では不法行為の成立が認められるに至った。

〔補説〕　わが国で判例法上、債権侵害による不法行為の成立を確立させた判例として有名な、大正四年の判決（大判大四・三・一〇刑録二一輯二七九頁）は、右の（Ⅴ）に近い事案を扱ったものである。事案を簡略化して述べると、甲からその所有山林をできるだけ高価に売却するように委任されて、売却の代理権を与えられたAが、買主乙と通謀して、実際の売買価格よりも安く売れたことにして、差額をAと乙とで着服した事案について、Aは甲に対して負う委任契約上の債務（善良な管理者の注意をもって委任された事務を処理すべき債務）について、債務不履行の責任を負うのは当然だが、乙もまた、甲がAに対して有する右の委任契約上の債権を不当に侵害したことを理由に、不法行為にもとづく損害賠償義務を負い、したがってAと乙とは、甲に対して連帯して右の差額分の賠償義務を負うとした（第31図参照）。

第 31 図

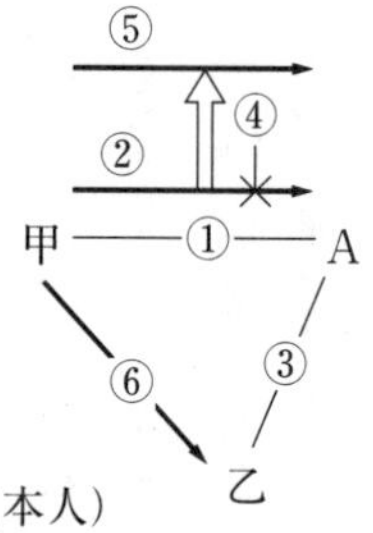

甲：委託者（本人）
A：受託者（代理人）
①：委任契約
②：委任契約上の債務
乙：第三者（買主）
③：不当に安い売買契約（代理行為）
④：②の不履行
⑤：債務不履行による賠償請求権
⑥：乙の債権侵害による賠償請求権

第 32 図

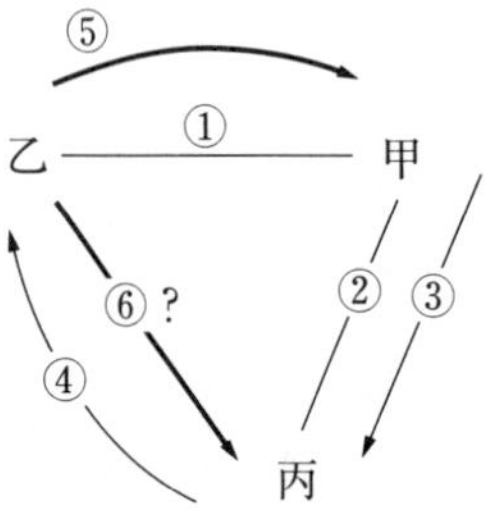

甲：売　主
乙：第一譲受人
丙：第二譲受人
①：第一譲渡
②：第二譲渡
③：所有権移転登記
④：優先的な所有権移転を対抗しうる
⑤：債務不履行による賠償請求権
⑥：不法行為による賠償請求権？

なお、この判決では甲乙間の売買契約を有効としたうえで、乙の不法行為責任を認めたのであるが、もし甲が、この売買契約の無効を主張したならば（そしてその結果、山林の所有権を主張したならば）、その主張を認めることもできたはずだと思われる。というのはAは、自己の利益をはかる目的で甲を代理して乙と売買契約を結び、その事情を相手方乙も知悉していたのであるから、権限踰越の無権代理に類した無権代理の成立が認められ、したがって甲は、乙との間の売買契約の無効を主張しうることになるからである（実際の事案では、Aは乙と直接にではなくて、乙の代理人たるBとの間に売買契約を締結しており、そして甲のBに対する損害賠償請求が認められた。甲は、乙も右の売買に加担したとして、乙に対しても不法行為責任を追及したが裁判所は、乙が通謀した事実は立証できないとしてその請求を棄却した）。

(ク)　甲が所有する不動産を乙に売却し、代金を受け取ったが、登記未経由のままでいた間に、甲が悪意の丙に二重譲渡して丙が先に登記を経由したとき、丙は所有権の譲受を乙に対抗しえ、乙は丙に対抗しえないから、結局、丙が優先的に所有権を取得し、したがって乙は甲に対して、債務不履行（履行不能）を理由に履行に代る損害賠償を請求しうることはしばしば述べたが、この場合の悪意の丙は、乙の甲に対する債権を侵害したものとして、乙に対して不法行為にもとづく賠償義務を負わないのか、が問題になる（第32図参照）。従来の学説は、この場合の丙の二重譲受行為を、自由競争にもとづく正当な行為として扱い、債権侵害にあたらないとして説明してきたが、疑問である。

ここで詳論することはできないが、甲が乙から代金まで受け取っているのを知りながら、丙が甲から二重に譲り受ける行為を債権侵害でないとはいえないのではなかろうか。問題の解決は、しかし登記の対抗力を定めた一七七条の趣旨に立ち返って判断すべきである。登記の対抗力の意義については種々の学説が存在するが、私見では、同条をもって、互いに両立しえない不動産物権変動の先後関係を決定するための規準を定めた規定であり、登記の早いほうの物権変動がより先になされたものとみなす、という意味で、登記を物権変動の先後関係についての法定証拠として定めた規定と解する（安達三季生「一七七条の第三者」柚木馨＝谷口和平＝加藤一郎編・判例演習物権法（昭三八））。

こう解すると、二重譲渡の事例において、真実には丙は乙の譲受よりも後に譲り受けたのであるが、しかし裁判所で争われる場合には、登記が先の丙のほうが乙よりも先に譲り受けたとみなされることになり、したがって丙が乙に優先して所有権を取得するとともに、丙の譲受行為は、乙のそれよりも先だったとされる以上は、債権侵害が成立しないのは当然ということになる。ただし一七七条に関して、近時、背信的悪意者排除の法理が判例・学説上認められている。この法理は、私見では、登記の法定証拠力を信義則によって制限する法理として是認される。そしてこの法理を適用すると、右事例における丙が背信的悪意者に相当する限り、丙は登記の法定証拠力を援用することができず、したがって乙が先に譲り受けたものと認定されるから、丙は乙に、所有権の優先的な取得を主張しえず、もっぱら甲に対して債務不履行にもとづく損害賠償を請求しうるのみである（第33図参照）。いずれにせよ、右

第33図

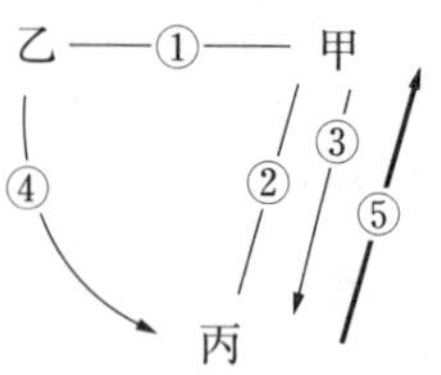

①：第一譲渡
②：第二譲渡
③：所有権移転登記
丙：背信的悪意の譲受人
④：優先的な所有権取得を対抗しうる（登記抹消を請求しうる）
⑤：債務不履行による賠償請求権

のように解するならば、乙が丙に対して——丙の優先的な所有権取得を前提にしたうえで——債権侵害を理由とする損害賠償を請求するという、中途半端な解決は起こりえないわけである。

2　債権にもとづく妨害排除請求権

物権についてはその効力として、いわゆる物権的請求権が認められ、物権にもとづく物の支配を他人が正当な権限なしに妨害したときは、物権にもとづく妨害排除請求権が認められる。これと同様な関係が債権についても認められるかが問題となる。とりわけ、その効力として物の支配権の許与を伴う賃借権について、第三者がこれを妨害したときに、賃借権にもとづいて妨害を排除しうるかが問題になる。

登記のなされた不動産賃借権（六〇五条）や地上の建物に保存登記のなされている借地権（借地借家法一〇条）、建物の引渡しのなされた建物賃借権（借地借家法三一条）、農地の引渡しのなされた農地賃借権（農地法一八条）のように、第三者に対抗しうる賃借権、すなわち、いわゆる物権化された不動産賃借権については、物権と同様に、賃借権にもとづく妨害排除請求権が認められることは疑問の余地がなく、判例もこれを認めている（最判昭三〇・四・五民集九巻四号四三一頁）。

それでは、物権化されるに至っていない賃借権はどうか。判例は前述した債権者代位権の転用（前述**二1**(1)参照）によって賃借人は賃貸人（所有者）が第三者（無権限の占有者）に対して有する所有権にもとづく妨害排除請求権を代位行使しうるものとする（大判昭四・一二・一六民集八巻九四四頁）。しかし元来、債権者代位権の行使にあっては、第三者は債務者に対抗しえた事由を債権者に対抗しうるはずである。したがって債務者（賃貸人）が第三者（無権限占有者）に対して、賃貸借契約の後に占有継続を承認したとき、債権者（賃借人）は、第三者の占有妨害を排除できないとい

第34図

物権化されない賃借権の場合

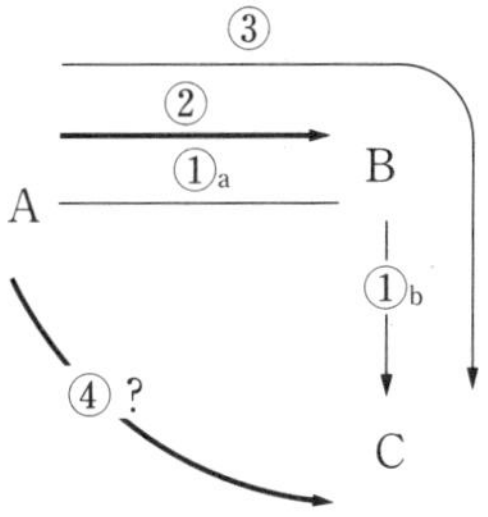

A　：借　主
B　：貸　主
C　：不法占有者
①a：賃貸借契約
①b：所有権にもとづく引渡請求権
②　：①aの効果－引渡しを求める債権
③　：債権者代位権による引渡請求権
④　：賃借権にもとづく引渡請求権

う結果を生じる。そこでこれでは賃借人の保護に欠けるとして――さらには債権者代位権という迂路をとらずに直接的な保護を与えるほうが理論的にすっきりするとして――債権者代位権によらずに賃借権そのものの効果として、妨害排除請求を認めるべきだとする見解を主張する学者は少なくない（第34図参照）。

この説においては、賃借権が物権化されていると否とにかかわらず、賃借人は無権限で占有する第三者に対して直接に賃借権を対抗し、妨害排除請求をなしうることになる。（そうして論者によっては、この結論は、物権の譲渡設定をうけた者が、その対抗要件が備わっていなくても、不法占有者に物権を対抗しうるとする物権変動の一般に承認されている法理（制限説）と対応していることを指摘し、この説の正当性の根拠の一つとして主張する者もある。）したがってこの説をとると、賃借権が物権化され、第三者に対抗しうる効力が与えられることが有する意義は、不法占有者に対抗しうる効力がそれに与えられる点にはなくて、むしろ所有権やその他の物権および賃借権を取得した正当な第三者に対抗しえ、したがって妨害排除を請求しうる点にあることになる。この説は判例の立場よりもすぐれていると思う（対抗力を有する土地賃借人は、その土地について二重に賃借権を得た者に対して妨害排除を請求しうることは判例も認めている（最判昭二八・一二・一八民集七巻一二号一五一五頁）。ただし、この判例が賃借人による妨害排除請求に関し、二重賃借人と不法占有者とを同視している点は疑問である）。

〔補説〕　なお、学説の中には次のような説もある。すなわち判例の採用する債権者代位権による構成を、この制度の本来の趣旨を逸脱したものとして排斥するとともに、他方で賃借権自体による直接の妨害排除請求を認める説に対しても、この説が賃借権一般を物権と同一視することは、物権と債権とを峻別する近代法の体系にそぐわないとして排斥し、結局、物権化された賃借権について妨害排除請求権を認めるほかは、占有訴権による保護（一九八条）のみが与えられるべきであり、したがって占有の伴っていない賃借権は何ら保護されえない、とする(川島武宜)。思うに賃借権は債権ではあるが、物の支配を目的とする債権であるという点で、本来的に物権に類似した側面を有しており、その限りで物権に準ずる扱いがなされることは、近代法のもとでも不当とはいえない。賃借権にもとづく妨害排除請求権を認める説に賛成したい。

第四章　多数当事者の債権

第一節　総　説

1　債権法総則の第三節「多数当事者ノ債権」は、総則、不可分債務、連帯債務、保証債務の各款から成り立っている。多数当事者の債権とは、債権関係の当事者である債権者もしくは債務者が複数の場合の債権関係を意味する。その主要な部分である、債務者が複数の法律関係、すなわち不可分債務、連帯債務、保証債務は、その機能の点から見ると、債権の人的担保の機能を果たしている。

それに反して債権者の複数の関係である不可分債権（および連帯債権）は債権担保とは無関係であるが、不可分債務（および連帯債務）に対応するものである。

以下の叙述では、まず保証債務を説明し、ついで総則と連帯債務、不可分債務、不可分債権と連帯債権の順序で説明する。けだし保証債務は、債権の人的担保制度として最も重要であるのみならず、連帯債務、不可分債務と比べて法律関係が簡明であり、したがって、前者の法律関係を前提にしてこれと対比しながら、より複雑な後者を説明することが、後者の理解を容易ならしめるからである。次に不可分債務と連帯債務の順序であるが、両者の法律関係は極めて類似している。しかし実際上、後者がより一般的で、前者は特殊的な制度といえる。そこでより一般的な連帯債務のほうを先に説明するのが便宜だからである。

2　債権担保制度のうち保証債務や連帯債務のような人的担保は、ごく大まかにいうと、債権者にとって責任財産の範囲を拡げることによって、債権の取立てを確実にするものである。それに対して、質権とか抵当権のような物的担保は、主として債権者平等の原則を破り、債権者に優先弁済権を与えることによって、債権の取立てを確実ならしめる。

人的担保と物的担保は、このようにそれぞれ異なった方法で債権の取立てを確実にするが、その優劣を強いて比較すると、物的担保のほうがより確実な担保となりうる。というのは人的担保の場合(たとえば、保証人を立てさせた場合)、保証人が十分な資力を有する人でないと保証人を立てる意味がないので、債権者は、資力のある人を保証人に立てるよう要求する必要があるが、しかし、保証人になった当初は資力があっても、後に弁済期が到来して保証人に請求しようとする時点で、保証人が無資力に陥っているということが起こりうるから安心できない。しかし物的担保であれば、債権者が目的物の評価を誤ることなく、また価値の容易に減少しない物を選んでおけば、確実に全額の満足を受けることが可能だからである。このような理由から、現代の資本主義経済社会では物的担保が中心的地位を占め、特に大企業の資金調達は、主に物的担保付きの社債発行という形をとって行われる。

しかし他面において、人的担保にも長所はある。物的担保は、その目的物となりうるような財産をもたない者は事実上用いることができない(物上保証はその例外である)。しかし人的担保だと、このような財産のない者も、用いることができる(そして物上保証人になることを承諾してくれない人でも、普通の保証人になることは承諾してくれる場合は少なくない)。また物的担保の場合は、その設定の際に登記を要するとか、その実行にあたっては競売手続を要するなど、手続が面倒であるけれども、人的担保の場合には、その成立にあたって保証人と債権者の間の無方式の合意で足りるとか、その実行すなわち保証人に支払を請求する際、保証人の任意の支払を期待しうる場合は少なくない(もちろん、常にこれを期待しうるわけではないが)など、概して手続的に簡便である。このような理由から、個人に対する比較的少額な融資の場合、人的担保が用いられることが多く、また、実質上個人事業で形式上会社の形態をとっている場合の融資には、社長の個人保証をとることも一般に行われている。

以上要するに、物的担保と人的担保は、結局のところ一長一短であり、それぞれの融資の具体的事情にふさわしい担保の方法が用いられるが、それと同時に、同一の融資にあたって物的担保と人的担保の両方が用いられることも少なくない。債権者はいずれか有利な方法を選択して実行しうることになる（後述六章二節四8参照）。

なお、融資を得ようとする人が保証人を立てるにあたっては、従来は友人とか親戚のような個人的なつながりに頼って保証人になってもらう形をとっていたが、近時は債務者から一定の保証料を得て、保証人となるのを業とする機関が発達していること（たとえば、信用保証協会）が注目される。

〔補説〕　難しい問題であり、本章末尾で述べるほうがわかりやすいとも思うが、本章に関する総論的な問題であることにかんがみて、敢えてここで、多数当事者の債権関係の諸形態の歴史的な関連性の問題について説明を試みる。船田亨二『ローマ法』第三巻のほか淡路剛久教授（同『連帯債務の研究』）および椿寿夫教授（同『連帯債務論序説』その他）等の研究をふまえ、そして法の発展法則に関する私見を加えつつ、試論的ではあるが一応の整理をしてみよう。

歴史的には（とくにローマ法の発展において）最も古く現れた多数当事者の債権関係の形態は、原初的な形での連帯債務であり、それは家族共同体や氏族共同体の成員が共同して負担する公的または私的な罰金支払義務について生じたとされる。その後、このような連帯債務は契約によっても生じるようになるが、その顕著な例としては、組合が作られて複数の組合員が第三者に対して負担する債務において成立する場合があったようである。それはまた他人の債務の担保（実質的な保証）のためにも用いられた。次の段階は、右の原初的な形での連帯債務からの保証債務の分化であった。すなわち他人の債務の担保の目的で債務を負担する場合も、当初は前述のように、債権者との契約によって本人と連帯して債務を負担するという形式が用いられたが、しかし次第に債権担保という経済目的によりよく適合した法律形式としての、保証債務という新しい形態が、連帯債務から分化して創り出されるに至った。つまり債権担保のために連帯債務を負担するという形式においては、担保する側（実質的な保証人）は担保される側（本人）と並んで同じ内容と同じ効力の債務を負い、一方の弁済によって他方の債務も消滅するに過ぎず、相互に独立性を有してした。しかし新たに創り出された保証債務は、その担保の目的に適合するものとして、主たる債務に対する附従性と補充性が認められ、さらには保証人複数の場合の分別の利益（後述参照）が認められ、保証人の負担を軽減するものであった。

このような保証債務の連帯債務からの分化による創出は、法の進化の一般的な法則に従ったものである。すなわち法の未発達な段階では、一般的にいって、利用される法形式あるいは法制度は単純であり、数も制限されていた。従って経済の発展とその複雑化に伴って生じる新たな経済目的のためには、従来の単純な法形式や法制度を用いてその実現をはからざるをえないが、しかしその場合、実質的な経済目的と、それを実現する手段としての法形式との間に齟齬を生じるという不都合が生じる。そこで次第にその経済目的に適合した新たな法形式が従来の単純な法形式から分化し、新たに創り出されるようになる。そして保証債務が連帯債務から分化し創出されるという現象は、まさに右のような一般的法則に従ったものといえるのである。これはあたかも、物的担保制度の発達の歴史において、当初は債権担保のために所有権を移転するという形式（買戻あるいは再売買予約、さらには譲渡担保という諸形式）が用いられ、そしてこの形式は古くからの、かつ単純な、売買ないし所有権譲渡という形式を利用したものであるが、次第に債権担保という経済目的によりよく適合した形式としての質権とか抵当権のような担保物権の形式がそれから分化し、新たに創り出されるに至った（後述五章一節**六**中段参照）のと軌を一にするということができよう。しかしながら、あたかも右の物的担保制度の発達において、新たに担保物権の制度が創出された後においても、それと並んで、依然として、債権者にとってより有利な物的担保の形式としての、所有権移転の形式が併用されたのと同様に、連帯債務から保証債務が分化し、創出された後においても、それと並んで依然として、債権者にとってより有利な人的担保の形式としての連帯債務の形式が併用されたと考えられる。しかしともかく、右のような連帯債務から保証債務が分化し、創出されるのと同じ流れに沿って、今度は保証債務から、連帯保証債務が——その内容と効力において連帯債務にかなり類似した形式として——さらに分化し、創出されていったといえるであろう。

他方、本来の連帯債務において、連帯債務者相互間の負担部分とそれにもとづく求償権が明確になるにつれて、連帯債務を相互保証的あるいは相互担保的な関係として(後述参照)捉える考え方が、意識的あるいは無意識的におこなわれるようにならざるをえないが、しかしその場合でも、その際の相互担保的な関係においてどの程度の独立性ないし従属性を保たせるべきか、したがってまた一人の連帯債務者に生じたいかなる事由に、他の連帯債務者に対するいわゆる絶対的効力を生ぜしむべきか(それとも相対的効力を生ぜしむべきか)の問題が依然として残る。けだし前述したように、他人の債務の担保の目的で債務を負担するからといって、常に附従性と補充性を認めるのが当事者の意思に合致した妥当な解決であるとはいえないからである。この問題を処理するにあたっては、一つのアプローチとして、連帯債務の発生原因によって区別して(とりわけ連帯債務者相互間の主観的連結関係あるいは組合的関係の有無によって区別して)なされるのが妥当だともいえる。しかし少なくとも契約によって生じる連帯債務にあっては、当事者が特約によって規定(任意規定)を変更しうるのであるから、場合をわけて細かく規定する必要はなく、典型的な場合のみを規定すれば足りるともいえる。しかしたとえそうだとしてもいかなる場合を典型的な場合と見るべきかの問題がやはり残る。

このようにして、連帯債務の相互担保的な関係を認識したうえでの、いわば新しい連帯債務の規定を定めるにあたっては、右に述べた諸問題の処理についていかなる方針を採用するかによって規定の仕方は多様でありうる。連帯債務に関する規定が立法例により少なからざる差異があるのは、このような理由によると思われる。また各立法例において、右の問題の処理が必ずしも一義的に明確で統一的な方針によって行われているわけではないところから、連帯債務の規定がおのずから複雑でわかりにくくなっているのではなかろうか。

なお、連帯債務と不可分債務の関係についても、その原初的な段階においては未分化であったものが、其の後の連帯債務の進展とともに分化するに至ったと推測される。

第二節　保証債務

はじめに、保証債務をめぐる法律関係をごく簡単に述べておこう。乙が甲から借金をするにあたり、友人丙に頼んで保証人になってもらう。保証人丙は、乙（主たる債務者という）が払えないときに、乙に代って支払うべき義務を負う。丙が支払うと、それは本来、乙が払うべきものを代ってなしているのであるから、乙にその償還を求めることができる。

一　保証債務の性質

保証人丙は、債権者甲に対して保証債務を負うが、それは主たる債務と同一内容を有する従たる債務であり、主たる債務を担保する作用を有する。

〔補説〕　民法の理論では、保証人はこのように自ら債務を負い、単に、主たる債務者乙の負っている債務について責任を負うのみではないとされる。その具体的な意味を理解するために、他人の債務について責任のみを負うとされている物上保証人（たとえば、乙の債務を担保するために自己の土地に抵当権を設定している者）と比較してみよう。

物上保証人の地位は、債務者の地位に対して完全に従属しているのに対し、保証人の地位は、主たる債務者の地位に対して、多少の独立性を有する。たとえば、① 債権者は保証人の財産に対して強制執行しようと思えば、予め保証人を相手どって訴えを起こして判決を得るとか、その他、保証人についての債務名義を得ておくことが必要である。主たる債務者についての判決その他の債務名義があっても、それでもって、主たる債務者の財産に強制執行はできても、保証人の財産に強制執行はなしえない。しかし、債権者が物上保証人に対して担保物権を実行し、目的物から弁済を受けるためには、このような物上保証人についての債務名義は必要とせず、単に、債務者の債務の弁済期が到来しているだけでよい。② 実体法の側面についても、保証人は、主たる債務者の弁済期が到来しても、直ちに支払うべき義務はなく、後述のように、一定の条件のもとに支払を拒絶しうる抗弁権を有する。しかし物上保証人にはこのような抗弁権はない。③ また、後述のように保証人の場合は、保証債務についてだけ担保を設定したり、違約金を定めることも可能とされている（四四七条二項）。このように保証人の地位が主たる債務者の地位に対して若干の独立性があるために、単に責任のみでなく債務を負う、と構成される。しかし他面、その独立性は極めて弱いので、それを表現するために、保証債務の附従性の観念が用いられる。

保証債務は主たる債務者が弁済しないときに、これに代って弁済すべき債務であるから、主たる債務を前提にし、それと同じ内容の債務である。したがって主たる債務が代替性のない債務の場合、たとえばその所有する特定の土地の引渡債務の場合には、それについての保証人は、主たる債務者が、債務不履行によって将来負担すべき損害賠償債務（代替性のある金銭債務）を保証したものとして扱われる。また、主たる債務が存在しないのに保証債務だけが存在することはありえない。ある人が雇われるにあたって身元保証人が立てられる場合、この者は、被用者が将来雇主に対して不都合な行為をして、その結果負担することあるべき損害賠償債務を保証する義務を負うにとどまる。もっとも世上、身元保証人もしくは身元引受人と呼ばれる場合には、往々にして単に右のような保証債務を負うにとどまらず、さらに、当人の疾病その他の事故についても一切引き受け、雇主に迷惑をかけない、という趣旨で身元保証人ないし身元引受人になる場合がある。この場合の身元保証人等の債務は、主たる債務が存在しないのに独立に負う債務であり、したがって保証債務ではない。損害担保契約の一種である。主たる債務者が無能力者のときにも、後述のように同様な関係が問題になる。

保証債務は、主たる債務を担保するための債務であることから、次のような性質を有する。

(ア) 保証債務は主たる債務に対して附従性を有する。附従性は、（I）存続における附従性と（II）内容における附従性に分けられる。

（I）は、主たる債務が成立しないと保証債務も成立しえず、また、主たる債務が消滅すると保証債務も消滅することをいう。担保物権における附従性と基本的に同じものである。なお、主たる債務が条件付き債務のときも、それについての保証債務を成立させうるが、その際の保証債務は条件付きの保証債務となる（ある人が結婚すれば、一〇〇万円を給付するという債務の場合を考えよ）。

（II）は、保証債務は主たる債務よりも目的・態様において主たる債務より重いことはありえないということである。たとえば、主たる債務が一〇〇万円で保証債務が一二〇万円とか、主たる債務が条件付きであるのに保証債務が無条件の債務ということはありえない。たまたまこのような約定がなされていても、保証債務の目的ないし態様は、主たる債務のそれ（一〇〇万円ないし条件付きの債務）まで減縮される（四四八条）。保証人は主たる債務者に代って支払う立場にあるのだから、このような減縮は当事者の真意に合致する。

なお、右と逆に保証債務の目的・態様が主たる債務のそれよりも軽いことは可能である。すなわち、主たる債務が一〇〇万円であるのに対して、保証債務が五〇万円であるとか、主たる債務が無条件なのに保証債務は条件付きである（たとえば、宝くじに当たれば支払う）ということは可能である。前者の場合、特に一部保証と呼んでいる（第35図参照）。主たる債務の全額を保証することは保証人にとって負担が重すぎる場合、特約によって、このような一部保証が行われる。

第35図

一部保証

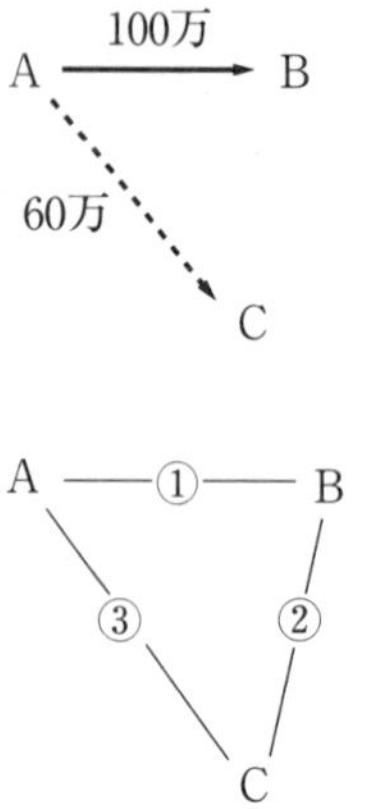

①：保証人を立てる契約
②：委任契約
（CはBに欺される）
③：保証契約－Aの善意のときCは取り消しえない

保証人がその債務についてだけ違約金や損害賠償の予定を定めたり、物的担保を設定し、あるいは保証人（副保証人という）を立てることは妨げない（四四七条二項）。この場合は、保証債務の態様が重くされたわけではなく、単にその履行を確実にしているだけだからである。

(イ) 保証債務は主たる債務に対して随伴性を有する。すなわち、主たる債務について債権譲渡がなされると、それに伴って当然に保証人に対する権利も譲受人に移転する。

(ウ) 保証債務は主たる債務に対して補充性を有する。すなわち、主たる債務が第一次的な債務であって、主たる債務者が支払えないときに、はじめて第二次的に支払う立場にある。この補充性の具体的なあらわれとして、保証人は後述のように、催告の抗弁権と検索の抗弁権を有する。もっとも、後述のように、連帯保証人は右の両抗弁権を有しない。

二 保証債務の成立

(1) 保証契約

保証債務は、債権者と保証人の間の保証契約によって成立する。この保証契約が結ばれる経緯としては、普通は、まず、主たる債務者が債務を負担するにあたって(たとえば、借金するにあたって)、債権者との間に、保証人を立てる契約が結ばれる。主たる債務者は、この契約によって生じる、保証人を立てる債務を履行するために、自分の友人や親戚に保証人になってくれと頼む。友人などがこれを承諾することによって両者の間に一種の委任契約(友人等が保証人となって、主たる債務者が自ら支払えないときは、代りに支払をするという内容の事務処理契約)が成立する。その結果、友人などは、主たる債務者から頼まれた事務の処理として、債権者との間に保証契約を結ぶべき債務を、主たる債務者に対して負う。これを履行するために保証契約が結ばれる。しかし、保証契約は保証人を立てる契約とも、また保証人になることを頼む委任契約とも独立した別個の契約である。

したがって、たとえば右の委任契約が無効あるいは取り消されても直ちに保証契約が無効になるわけではない。もっとも右の委任契約の締結について、主たる債務者が保証人をだましていたような事情があるとき、たとえば主たる債務者が実際には無資力者であるにかかわらず、多くの財産があるかのように偽り、保証人はそれを信じたた

第36図

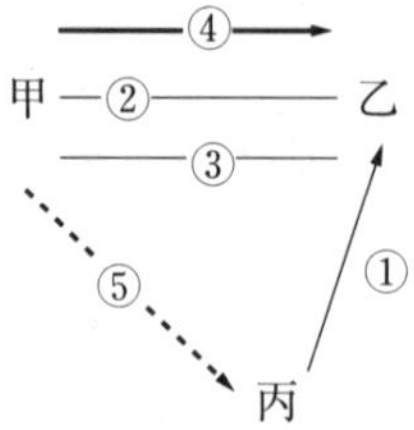

①：50万の保証契約締結についての代理権授与
丙：本人（保証人）
乙：代理人（借主）
甲：相手方（貸主）
②：100万の消費貸借契約
③：100万の保証契約（代理権を超えた代理行為）
④：②の効果としての貸金債権
⑤：③の効果としての保証債務（甲の善意無過失のとき100万、そうでないとき50万となる）

めに保証人になることを承諾して保証人になった場合には、第三者の詐欺による意思表示（九六条二項）が問題になる。したがって、第三者（債務者）の詐欺に保証人がかかったことを、相手方（債権者）が知りつつ、保証人との間の保証契約を結んだときには、保証人は保証契約を取り消すことができる（第35図下段参照）。

〔補説〕　また、次の場合も問題になる。主たる債務者乙が、丙に保証人になってくれと頼むに際して、甲に対する五〇万円の借金について保証人になってくれと頼み、丙はそれを承諾した。そして丙は乙に印を渡し、乙が甲、丙間の保証契約を丙を代理して結ぶについての代理権を乙に与えた（印を渡したことは、右の代理権授与の証拠としての意味をもつ）。ところが乙は実際には甲から一〇〇万円の借金をし、丙を代理して一〇〇万円全額について甲との間に保証契約を結んだ（乙が一〇〇万円の借用証書に保証人丙に代って、その記名・捺印をして、甲に交付すると、それは、そのような保証契約の成立の証拠の意味をもつ）。このときは、乙は丙から与えられた五〇万円についての代理権を超えて一〇〇万円についての保証契約を結んだことになる。したがって一一〇条の権限踰越の表見代理が問題となり、相手方である債権者甲は、善意無過失であれば保護され、保証人は一〇〇万円全額について保証債務を負う。しかし、甲が悪意もしくは有過失のときは、丙は代理権の範囲である五〇万円についてのみ保証債務を負うこととなる（第36図参照）。

保証契約は、諾成契約であり、何らの方式を必要としない。しかし他の立法例を見ると、書面を要求したり（ドイツ民法）、あるいは、一般的に書面を要求するだけでなく、一定金額を超える保証契約については公正証書を要求する例（スイス民法）もある。保証契約が無償の片務契約であることにかんがみて、保証契約の締結を慎重ならしめるためであり、贈与契約に書面を要求するわが民法五五〇条の趣旨と基本的には共通している。わが民法では右に見たように書面を要求していないが、実際には、――後日、保証契約成立の有無が争われる場合に備えて、その証拠として――書面が交付される（しかしそれは契約成立の証拠にすぎないから、書面がなくても保証契約は成立しえ、そしてその証明は、書面以外の他の証拠によっても（たとえば、立会人の証言によって）なしうるわけである）。

(2)　**保証人となる資格**　原則としては、いかなる人でも保証契約を結んで保証人になれる。ただし民法は、法律上（たとえば、建設業法二一条）または契約上、債務者が保証人を立てる義務がある場合には、二個の条件を具備する人であることを要求している。すなわち、能力者であることと、弁済の資力を有することである（四五〇条一項）。

前者を要求する理由は、もし無能力者が保証契約を結んでも、後に取り消されるおそれがあるからである。後者を要求する理由は、資力のない人が保証人になっても債権者にとって価値が乏しいからである。したがって、いったん保証人となった者が、後に弁済の資力を失ったときは、債権者は債務者に対して、弁済の資力ある人を保証人に代えるよう請求できる（四五〇条二項）。ただし、債権者のほうから特定の人を指名して保証人になってもらったときは右の条件は問題にならない（同条三項）。

債務者が右の条件を備えた人に保証人となってもらうことができなかったときは、期限の利益を失い（一三七条三号）、直ちに弁済することを余儀なくされる。また保証人を立てる債務の不履行となるから、たとえば、売買代金債務についての保証の場合、売主は、それを理由に売買契約自体を解除することもできる。けだし、保証人を立てる契約は売買契約に附属する契約（附款）であるが、売買契約全体の重要な部分を構成しており、その不履行によって、売買契約の目的を達することができなくなるからである。もっとも、債務者が右の条件を備えた保証人を立てることができなかったときでも、債務者は、債務の弁済に十分な、質権あるいは抵当権を設定することによって、これに代えることができる（四五一条）。

(3) **主たる債務の存在**　前に述べたように、保証債務は主たる債務に対して附従性を有するところから、主たる債務が不存在ないし無効のときは保証契約は無効となる。いったん成立した主たる債務が後に取り消されると、保証契約も運命を共にして無効となる。しかし、民法は右の理論に一つの例外を定めている。すなわち、もし保証人が保証契約の当時、主たる債務者が無能力者であること、したがって無能力を理由に取り消しうる債務であることを知っていたときは、保証人は、主たる債務が取り消されると、自ら主たる債務と同一内容の独立の債務を負担する意思であったものと推定する（四四九条）。この意思は、保証人の通常の意思に合致し、債権者の保護に役立つからである。この規定の結果、主たる債務のない保証債務が成立しうるが、しかしこれは厳格な意味での保証債務ではなく、損害担保契約に近いものである。

〔補説〕なお、右の保証人が債権者に支払った後に無能力者たる債務者に求償するにあたっては、債務者は保証人との間の委任契約を無能力を理由に取り消すことができるから、債務者が現に得ている利得についてのみ求償しうるにすぎない（一二一

第37図

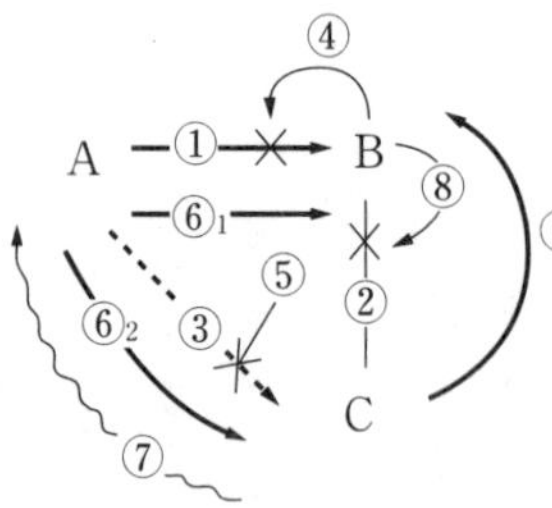

A　：貸主、B：借主、C：保証人
①　：貸金債権（主たる債務）
②　：委任契約
③　：保証債務
④　：Bの無能力を理由とする取消し
⑤　：④に伴う消滅
⑥$_1$：現存利益の返還義務
⑥$_2$：④に伴うCの独立の債務
⑦　：弁　済
⑧　：Bの無能力を理由とする取消し
⑨　：現存利益（Bが⑥$_1$を免れたこと）の返還義務

条)。したがって消費貸借上の債務の保証人の場合ならば、無能力者である債務者が、借りた金銭を浪費して何も利益が残っていないときは、保証人は何ら求償しえない。

けだし、無能力者たる債務者が消費貸借契約を取り消すと、債権者に対して、現に得ている利得のみを返還すれば足りる(一二一条)が、保証人の弁済によって、無能力者たる債務者は、右の返還義務を免れる。そしてこのことが、保証人の弁済(すなわち出捐)によって無能力者が現に得た利得となる。したがって無能力者はこの利得を保証人に返還すべきことになる。だから、無能力者が借りた金銭をすべて浪費してしまっていたときは、右にいう利得も存しないことになるから、保証人に対して何ら償還義務を負わないわけである(**第37図**参照)。

なお、民法は、保証人が独立の債務を負担するとの推定を、無能力により取り消しうべき債務の不履行の場合にも拡げている。しかし取り消しうべき債務が追認されるか取り消されるかが重要であって、もし追認されるならば、不履行の場合には、それが債務者の責めに帰すべき事由によるなら、主たる債務者は賠償義務を負い、保証人はそれについての保証債務を負う(後述参照)。もし責めに帰しえない事由による不履行なら、主たる債務者は賠償義務を負わず、したがって保証人もそれについての保証債務を負わない。以上のように解するのが附従性からくる当然の帰結である。したがって上述のような推定の拡張は、無意味な規定と解せざるをえない。これが通説でもある。

〔補説〕　なお、四四九条に類似した趣旨の判例として、他人の代理人と称して金銭消費貸借契約を締結し、自らその保証人となった者が、債権者の提起した保証債務の履行請求訴訟において、代理権の不存在を主張し、主債務および保証債務の成立を否定することは信義則上許されない、とするものがある(最判昭四一・一一・一八民集二〇巻九号一八四五頁。事案は連帯保証のケースである)。この判例は、主債務が無効なときも、それと独立して保証債務が有効に成立することがありうることを認めたものとも見ることができ、その点で四四九条の趣旨に類似するといえよう。けだし無権代理人は元来、無権代理人の責任を定めた一一七条一項によって、本人に代って消費貸借契約上の借主たる地位におかれるが、このような無権代理人の債務は、本人自身の債務(本人の追認によって生ずべき本人の債務)とは別の債務であり、したがって保証債務の附従性を厳格に適用すると、本人の追認なき限り、無権代理人(＝保証人)は保証債務を負わなくてよいはずだからである。しかし右判例の立場をとることによって、保証債務は有効に成立したとして扱われ、したがってこれに附属する担保権なども債権者は行使しうることとなる。

保証債務の目的・態様が、主たる債務のそれよりも軽いことは可能だが、重いことはありえない。このことは保証債務の、内容における附従性に関連してすでに述べた。

三　保証債務の効力

(1)　債権者の権利

保証債務の範囲は、特約がない限り、主たる債務に関する利息、違約金、損害賠償その他すべてその債務に従たるものを包含する(四四七条一項)。これは質権の場合と同じであり、抵当権より広い(三四六条・三七四条)。それでは、主たる債務が契約の解除によって消滅した場合、この結果生じる原状回復義務および損害賠償義務についても、保証債務の範囲が及ぶか。

かつて判例は、(Ⅰ)売買契約の解除のように遡及効を生じる場合と、(Ⅱ)賃貸借契約の解除のように遡及効を生じない場合とに分け、(Ⅰ)については、解除の結果遡及的に消滅した本来の債務と、解除の結果新たに生じた原状回復義務および損害賠償義務とは別個独立の債務であることを理由に、保証債務は後者に及ばないと解した。したがってたとえば、時価一〇〇万円の目的物について売買代金八〇万円で売買契約が結ばれていたとき、売主の債務を保証する保証人は、売主の債務不履行による契約の解除の結果、売主が負担すべき八〇万円の代金返還債務および二〇万円の損害賠償義務につき保証債務を負わないとした(大判明三六・四・二三民録九輯四八四頁)。しかし(Ⅱ)については、契約が遡及的に効力を失うのでなく、将来に向って終了するにすぎず、目的物の返還義務は、原状回復義務というよりも、むしろ当初の賃貸借契約にもとづく債務であるから、これに保証債務の範囲が及ぶのは当然であり、したがってまた、その不履行による損害賠償義務についても同じに解すべきものとした(大判昭一三・一・三一民集一七巻二七頁)。

しかしその後(I)についても、当事者の取引上の通常の意思を考慮し、売主のための保証は通常、単に契約から直接生じる売主の義務だけでなく、売主の債務不履行の結果、売主が買主に負担することあるべき債務についても保証する趣旨でなされていると解すべきだとして、原状回復義務および損害賠償義務についても保証すべきだとするようになった(最大判昭四〇・六・三〇民集一九巻四号一一四三頁)。

また、合意解除から生じた契約によって定められた原状回復義務についても、その合意解除が、債務者の債務不履行に起因し、かつ、原状回復義務の内容が、法定解除権行使の結果生ずべき原状回復義務より重くないと認められるときは、保証人はこれについても保証すべきだとされているが、正当である(最判昭四七・三・二三民集二六巻二号二七四頁)。

(2) **保証人の催告および検索の両抗弁権** 債権者は主たる債務者および保証人のうちの一人に対して、もしくはその両者に対して同時に、または順次に請求することができ、そしていずれの場合でも債務の全額もしくは一部を請求することができる。したがって債権者が保証人に請求するために、まず債務者に請求したり、あるいは、まずその財産に執行することは、その積極的な要件ではない。しかし普通の保証では、保証債務の補充性にもとづいて、保証人は以下の両抗弁権を有する。

(a) **催告の抗弁権** 債権者が債務者に請求しないで、いきなり保証人に請求してきたとき、保証人は、まず主たる債務者に請求せよ(主たる債務者に請求しても支払がなされないとき、はじめて自分のところに来てくれ、それまでは払わない)と主張できる。これを催告の抗弁権という。

ただし、連帯保証人はこの抗弁権をもたない。また、普通の保証でも(I)主たる債務者が破産の宣告を受けている場合と(II)行方不明の場合には、この抗弁権を有しない(四五二条)。(I)の場合は、主たる債務者に請求しても支払を受けられないことが明らかだからであり、(II)の場合は、行方不明の者に対する請求が事実上困難であること（九七条ノ二に定める方法でなしうるが、面倒であり、しかもそのような請求を行方不明者が、現実に了知することは実際上ほとんど不可能である）による。

もっとも、債権者はこの抗弁権によって、裁判上の請求を要求されるのではなく、裁判外の請求で足りるから、債権者はこれを容易になしうる。その意味で保証人にとってこの抗弁権の価値は少ない。そこでドイツ民法などでは、この抗弁権について規定していない。

(b)　**検索の抗弁権**　債権者があらかじめ主たる債務者に請求したうえで保証人に請求した場合でも、次の二つの要件、すなわち保証人が（Ⅰ）主たる債務者に弁済の資力があり、かつ（Ⅱ）執行の容易であることを証明したときは、債権者は、まず主たる債務者の財産に対して執行することが必要である（四五三条）。これを検索の抗弁権という。これが行使されると、債権者は、主たる債務者の財産に執行しなければならず、執行しても十分な弁済が得られなかったときにはじめて保証人に請求することができ、それまでは保証人は支払を拒みうる。

（Ⅰ）と（Ⅱ）の要件が共に具備しているとき、すなわち執行容易な財産でもって、債務の弁済をなしうるときに、この抗弁権を行使しうる。そこで、まず執行の容易とは何かが問題になる。金銭や有価証券は最も執行が容易である。金銭を差し押えるときは競売などの換価手続を必要としないし、有価証券も競売によらずその時の相場で適宜に売却しうるから（民事執行規則一二三条）、換価が極めて容易である。不動産は、地上権者や担保権者など目的物に利害関係を有する者の利益を保護する必要のあるために、執行は慎重な手続をもってなされるから、概して執行は困難である。普通の動産や金銭債権は、右の二つの中間に位する。外国にある財産は、国内にある不動産以上に執行困難である。また債権者が占有している動産質物は、差押えが容易であり、しかも債権者は質物から優先弁済を受けうるから、債務者の占有する普通の動産の執行よりはるかに執行が容易である（民執法一九〇条）。

次に、主たる債務者に弁済の資力があるという場合、債務の全額を支払いうる資力があることを要するか、それとも、相当な部分を支払いうる資力があれば足りるのか、が問題となる。かつて判例は、前者の立場をとったが、後に後者の立場をとるようになった（大判昭八・六・一三民集一二巻一四七二頁）と解されている。それでは、相当な部分とは、具体的な数字であらわすといくらであるかが議論され、債務額の三分の二ぐらいを標準とすべしと主張する説もある。しかし、前述のような、検索の抗弁権の二つの要件の関連を考えると、機械的に何割という答えを出すのは適当でない。

相当な部分がいくらであるかを判断するにあたっては、差押えをなしうる債務者の財産の量の大小と、その差押えの容易さの大小との二つを相関的に考察して決定すべきである。すなわち、債務者の財産の量が債務額よりはるかに大きくても、それがすべて執行の極めて困難な財産から成り立っているならば、保証人は検索の抗弁権を行使しえない（したがって債権者は、債務者の財産に執行せず全額保証人に請求しうる）し、その反面、執行の極めて容易な財産のときは、それが量的に僅少な場合でも、保証人は検索の抗弁権を行使しうる（したがって債権者は、それを執行してもなお弁済を得られなかった部分についてのみ保証人に請求しうる）。また執行が一応容易であるが、容易さの程度がさほど大きくない財産の場合には、その財産の量は、それに対応して大であることが要求され、債権の全額に近い割合（七、八割）が要求されるべきであろう。

(c)　**両抗弁権行使の副次的効果**　催告または検索の抗弁権が行使されたにもかかわらず、債権者が直ちに請求または執行することを怠り、そのために後に全部の弁済を受けられなくなった（たとえば、債務の額の六割に相当する六〇〇万円の弁済しか受けられない）ときは、直ちに請求もしくは強制執行すれば、弁済を受けえたであろう額（たとえば八〇〇万円についてはは弁済を受けえたであろうときは八〇〇万円）の限度で保証人はその義務を免れる（四五五条。したがって右例では、保証人は、債権者が主たる債務者から六〇〇万円の弁済を受けた残りの四〇〇万円全額を支払う義務はなく、債務額一、〇〇〇万円から八〇〇万円を差し引いた残りの二〇〇万円を支払えば足りる）。債権者が主たる債務者に直ちに請求もしくは執行したときに保証人がおかれたであろう地位と同様の地位を、保証人は、債権者がそれを怠ったときにも主張しうる、という趣旨である。また、催告・検索の両抗弁権は連帯保証人には認められない（四五四

第38図

(一)

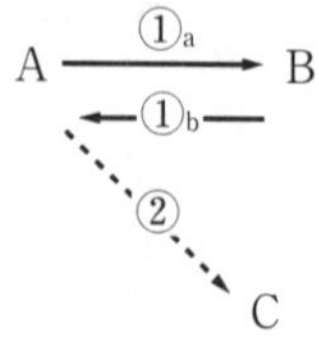

①a：主たる債務
②　：保証債務
①b：Bの有する反対債権

(二)

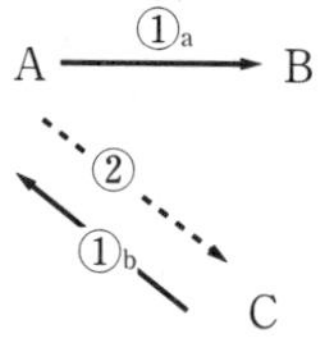

①a：主たる債務
②　：保証債務
①b：Cの有する反対債権

条)。

(3)　その他の抗弁権　保証債務の附従性にもとづき、保証人は、主たる債務者の有する抗弁権を行使しうる。たとえば、買主の代金債務の保証人は、買主の有する同時履行の抗弁権を行使し、債権者たる売主が、買主に目的物を引き渡すのと引換えでのみ保証債務を履行するをもって足る。

また、保証人は、

(I)　主たる債務者が反対債権を有する場合に――主たる債務者が自ら相殺の意思表示をすれば、その結果、主たる債務が消滅し、したがってまた、保証債務も消滅することはいうまでもないが――主たる債務者が自ら相殺しないときは、保証人が主たる債務者に代って相殺することができる(第38図(一)参照)。その結果、右と同様に保証債務を免れることとなる(四五七条二項)。保証人の負担の軽減のための規定であることはいうまでもない(なお、相殺の意義・要件・効果については、後述第六章第五節参照)。

(II)　ちなみに、保証人が反対債権を有する場合(第38図(二)参照)、保証人が自ら相殺しうるのはいうまでもない(その結果、保証人は、自ら弁済した場合と同様に、主たる債務者に対して求償権を取得する)。それでは保証人が自ら相殺しないとき、主たる債務者が保証人に代って相殺しうるか。もしこれを肯定すると、主たる債務者が、自ら支払う努力を怠り、保証人をして先に、強制的に支払わせることを是認する結果となる。このような結果は、主たる債務者にとって虫がよすぎることであり、保証人の負担を不当に重くするものであるから、到底、是認しえない。したがって、否定すべきである。

次に保証人が反対債権を有する場合に、債権者の側から相殺しうるか。これを無制限に認めることは、債権者が保証人から無条件に、しかも強制的に取り立てることを是認することを意味し、したがってまた、保証人から催告・検索の両抗弁権を不当に奪う結果となる。したがって、保証人に催告・検索の抗弁権を行使しうる条件が備わっている限りは、債権者からの相殺はなしえず、その条件が備わっていない場合にのみなしうると解すべきである（最判昭三二・二・二二民集一一巻二号三五〇頁。なお、後述第六章第五節**二2**(3)(c)参照）。

（Ⅲ）　主たる債務が取り消しうる債務であるとき、主たる債務者が後にこれを取り消すことによって保証債務も効力を失うこと、しかし例外的に、主たる債務者の無能力を理由に取り消されたときは、保証人が独立して債務を負担することがありうること、については前に述べた。主たる債務が追認されると、その結果、主たる債務は確定的に有効となり、したがってまた保証債務も確定的に有効になる。

それでは、主たる債務が、取り消されておらず、また追認もされていないとき、保証人は主たる債務者に代って取り消すことができるか。もしこれが肯定されれば、保証人はその結果保証債務を免れることになり、その利益が保護される。しかしこれは主たる債務者の利益を害する結果を生じさせる。なぜならば、取り消しうる債務（たとえば、代金債務）を取り消すことは、同時にその原因となった法律行為（たとえば、売買契約）を取り消すことを意味するが、これを取り消すことが常に債務者にとって有利であるとは限らない。無能力者による法律行為のときはもちろん詐欺、強迫による法律行為のときも、取り消すことが常に債務者にとって有利であるとは限らない（未成年者でも商才にたけ、有利な契約を結ぶことは稀ではない）。したがって、保証人が主たる債務者に代って取り消すことを認めるわけにはいかない（主債務者の無能力者の場合について、大判昭二〇・五・二一民集二四巻九頁）。それでは、主たる債務者が取り消さない限りは、保証人は債権者の請求を拒みえないとすべきか。もしそうだとすると、保証人が債権者に支払わされたあとで、主たる債務者が取り消すと、保証債務も遡って無効となるから、保証人は支払う必要のないものを無駄に支払ったことになる（もちろん、不当利得返還請求権によって債権者からこれを取り返すことは法律上は可能であるが、その無資力のために事実上取り返せないことが起こりうる）。

そこで結局次のように解決すべきである（ドイツ民法は明文でこのように規定している。同法七七〇条）。すなわち、主たる債務者によって取消もしくは追認のいずれもなされていない間は、保証人は、取消原因を主張・立証することによって、支払を拒絶しうる（後に主たる債務者が追認すると、保証人は確定的に支払義務を負う）。

(4)　主たる債務者また保証人について生じた事由の効果

(a)　主たる債務者について生じた事由は、すべて保証人についても効力を生じるのが原則である。保証債務は、すでに述べたように、その附従性によって、主たる債務とともに消滅し、また、その内容も軽減するからである。民法は、主たる債務の消滅時効の中断は、単に債権者の請求や強制執行のみならず、債務の承認も保証人について効力を及ぼすものと定めている（四五七条一項）。時効は各当事者について別々に進行すべきものだという原則から見れば例外であり、また、主たる債務が存続して保証債務のみが消滅することは、必ずしも保証債務の附従性に反するわけではないが、主たる債務が存続する限り、なるべく保証債務を存続させて債権者の保護をはかろうとして、このような規定をおいている。判例はさらに、主たる債務について弁済期が猶予されたときは、保証債務の弁済期も猶予され、時効も同時に進行するとしている（大判明三七・一二・一三民録一〇輯一五九一頁）。

また近時の判例によると、債務者たる破産者が債権者に対して債務の弁済をした場合に、その弁済が破産管財人によって否認され、給付したものが破産財団に復帰したときは、いったん消滅した保証債務は当然に復活する（最判昭四八・一一・二二民集二七巻一〇号一四三五頁。なお、事案は連帯保証のケースである）。

主たる債務について限定相続が行われたとき、債務者は相続財産の限度でのみ支払えばよいが、保証人も同じように、相続財産の限度でしか支払わないと抗弁しうるか。従来の学説は、限定相続は債務そのものには影響なく、単に責任の範囲を制限するもの（前述第三章第二節**3**参照）と解し、保証人の責任は何ら制限されない、したがって右の抗弁は認められない、と解している。

〔補説〕　この問題の解決を債務と責任の区別という抽象的な理論から導き出すのではなく、当事者間の利益の比較衡量

から導き出すべきだと考える。すなわち、無資力な債務者乙のために保証人丙が立てられており、そしてこの場合に、

（Ｉ）　債権者甲は、乙の死亡とそれに伴う相続開始の前に、債権を取り立てようとし、保証人丙から取り立てたとする。丙は乙に対して求償権を取得することになるが、この段階で乙が死亡して丁が相続人になり、丁が丙に対する乙の債務を承継したとする。ここで丁が限定承認の手続をとると、丙は相続財産の限度でしか求償権を行使しえないから、丙が損失を蒙る。

（II）　ところが、甲が債権をまだ取り立てようとしていない間に、早くも乙が死亡して、丁が限定相続した場合はどうなるか。つまり、限定相続の効果が保証人に及ぶとして、債権者甲に損失を蒙らせるべきか、それとも、保証人に及ばないとして、保証人丙に不利益を蒙らせるべきか、が、まさに問題にされているのであるが、(II)の場合にも(Ｉ)の場合と同じ解決をはかるのが当事者の公平に合致する。けだし、（Ｉ）と(II)は、たまたま乙の死亡が遅いか早いか、という偶然的な事情から生じる差異であるから、この差異にとらわれることのない同じ解決が望ましいからである。

以上の考察から、(II)の場合にも（Ｉ）と同じく、甲でなくして丙が損失を蒙るべきであり、限定承認の効果は保証人に及ばない、と解すべきである。

(b)　保証人について生じた事由は、主たる債務を満足させる行為(弁済、代物弁済、供託、相殺、受領遅滞など)のほかは、主たる債務者に影響を及ぼさない。したがってたとえば、保証債務が承認などによって時効が中断しても、主たる債務に影響を及ぼさないから、これの時効が完成することがある(もっともその結果、保証債務の附従性によって、保証人も主たる債務の時効を援用しうることになる)。保証人に対する請求の効果については、後述**五**(2)(a)を、また保証債務についてなされた更改の効力については、後述三節**三2**IIIを参照せよ。なお連帯保証について若干の例外があることは後述する（**五**(2)参照)。

四　保証人の求償権

保証人が保証債務を弁済することは、主たる債務者に代って弁済することであり、他人のために出捐《えん》するのだから、その償還を求めうるのはいうまでもない。しかしこの求償権の法律的根拠は場合によって異なる。すなわち、保証人が主たる債務者から頼まれて、すなわち「委託ヲ受ケテ」（四五九条）、保証人になっていた場合には、保証人と主たる債務者の間には委任契約が成立しており、保証人の求償権は、委任契約における受任者の費用償還請求権にあたる（六五〇条）。また、実際上生じることは少ないが、保証人が主たる債務者から頼まれないのに、すなわち「委託ヲ受ケズシテ」、保証人となった場合には、事務管理が成立し、したがって保証人の求償権は、事務管理者の費用償還請求権にあたる（七〇二条）。さらに、主たる債務者に頼まれないのに保証人になっただけでなく、その意思に反して保証人になった場合には、本人の意思に反した事務管理（七〇二条三項）が成立し、その求償権も、そのような事務管理者の費用償還請求権の意味をもつ。

しかし民法は、保証人の求償権についてそれぞれの場合に分けて詳細な規定を設けているので、委任や事務管理に関する一般的な規定が適用される余地はない。もっとも保証人の求償権に関する諸規定の内容は、後者の一般的規定に合わせて作られていることに注意する必要がある。概していえば、委託を受けた保証人と比べて、委託を受けない保証人は、求償権につき若干不利な立場におかれる。主たる債務者の意思に反して保証人になった保証人は、一層、不利である。なお、保証人は求償権について、債権者に代位することができる（後述）。

1　委託を受けて保証人になった場合

(1)　**求償の範囲**　主たる債務を消滅させた出捐の額、免責のあった日以降の法定利息および避けることができなかった費用、その他の賠償を包含する（四五九条二項・四四二条二項・六五〇条参照）。ここでいう費用としては、たとえば、保証人が支出した郵送費が――また損害賠償としては、支払に充てる金銭を他からやむをえず高利で借り入れた場合の利息相当額（ただし、前述の法定利息を超える部分）、やむをえず支出した裁判費用などが――それに該当する。

もっとも求償の範囲に関する右規定は任意規定であるから、たとえば保証人と債務者の間で、法定利息に代えて、約定利率により弁済の翌日以降の遅延損害金を支払う旨の特約を禁ずるものでないのは当然である（最判昭五九・五・二九民集三八巻七号八八五頁）。

(2) **求償権行使の要件**　普通の委任では、受任者は常に費用前払いの請求権を有する（六四九条）。しかし委託を受けて保証人となった保証人は、まず、主たる債務者を免責させ、その後に求償しうるのが原則である（四五九条一項）。

これに対する例外として、次の四つの場合は、予め求償しうる（四六〇条）。いずれも、事後に求償したのでは、事実上求償が困難な場合に該当する。

（Ⅰ）　主たる債務者が破産の宣告を受けたが、債権者がその破産財団の配当に加入しないとき（同条一号）。(ア)債権者は、もし財団の配当に加入すれば、破産財団から、たとえば債権額一〇〇万円の一割の配当を受け、残りの九〇万円の債権について保証人に請求し、そしてこれに応じた保証人は、主たる債務者に九〇万円について求償権を取得するが、主たる債務者は無資力のために支払えないから、保証人は事実上九〇万円の損失を蒙る。ところが、(イ)もし債権者が配当加入しないときは、債権者は一〇〇万円全額について保証人に請求することとなり、そして保証人の主たる債務者への求償は事実上不可能となるから、結局、保証人は一〇〇万円の損失を蒙る結果となる。(ウ)そこで債権者が配当加入しないときにも、保証人の蒙る損害額を(ア)の場合と同じ九〇万円に抑えることができるようにするために、保証人に事前の求償権を認めることによって、保証人が一〇〇万円の債権者として配当加入することを可能ならしめるのである。すなわち、その結果保証人は、破産財団から一〇万円の配当を得、他方で一〇〇万円を債権者に支払う（しかしそれについての主たる債務者に対する求償は事実上不可能となる）から、保証人の損失は差引き九〇万円となるのである。

（II）　債務が弁済期にあるとき（同条二号）。債務が弁済期に来たとき、債務者には弁済するだけの資力がある。しかし債務者が支払わないでいるうちに、その資力が減少するおそれがある。そこで保証人としては、債務者に資力がある今のうちに弁済するようにと要求しうる立場にある（もし債務者が払わないでいるうちに資力が減少すると、保証人が代って払わされることになり、しかも債務者に求償しようとしても無資力のために事実上困難となって不利益を受けるおそれがあるからである）。そして債務者がこの要求に応じないときは、保証人は、自分で支払うから、それに相当する金銭などを予め自分に引き渡すよう請求しうる。これが事前の求償権の認められる趣旨である。

ところで、債権者が後に債務者に弁済期を猶予して、債務の弁済期が、保証契約の結ばれた当初の弁済期よりも五ヵ月後におかれたとする。このとき保証債務もその附従性によって、弁済期が猶予されることは当然であるが、前述した事前の求償権を行使しうる時期は、当初の弁済期であるのか、それとも猶予された弁済期であるのか。猶予された五ヵ月の間に債務者の資力が減少し、そのために猶予された弁済期に求償しようとしても事実上困難になるおそれがある。そこで、保証人の利益を確保し、保証人が当初有していた期待権を保護するために、当初の弁済期を基準にして求償しうることが認められている（四六〇条二号但書）（第39図参照）。

〔補説〕　なお、後述する根保証に関連する特殊な判例として、主たる債務者の委託を受けた保証人が将来の求償権を担保するため、主たる債務者の所有する不動産につき、主債務の額を極度額とする根抵当権の設定を受けた場合に、主債務の弁済期が到来したときは、保証債務の履行期前であっても、保証人は先順位抵当権者の申立てによ

第39図

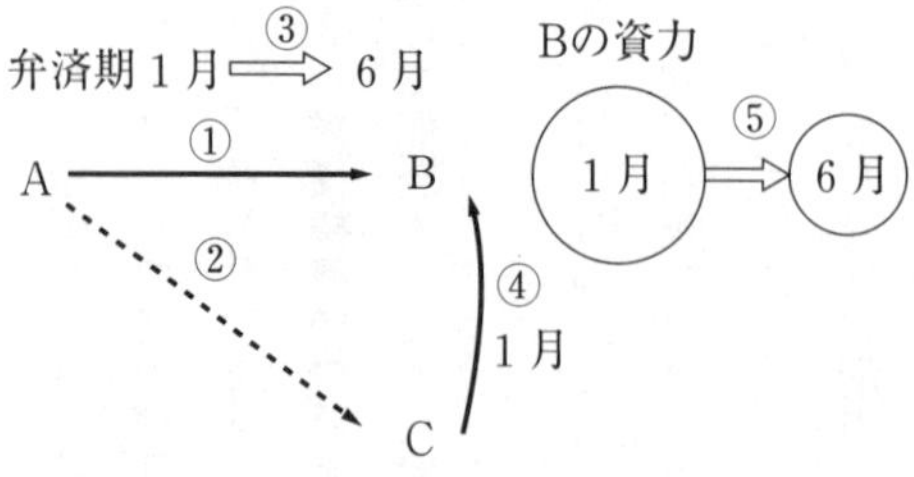

②：保証債務
③：期限の猶予
④：事前の求償権（１月）
⑤：資力減少のおそれ

る競売手続に際し、極度額の限度で配当要求することができる、とするものがある（最判昭三四・六・二五民集一三巻六号八一〇頁）。

(Ⅲ) 債務の弁済期が不確定で、かつ、その最長期をも確定することができない場合で、保証契約の後一〇年を経過したとき（同条三号）。債権者が病気で入院したとき支払う債務がその例である。病気入院がいつ発生するか不明であり、発生の時には債務者の資力が減少しているおそれがある。そこで資力のある今のうちに求償権を認め、保証人の利益を確保するのが目的である。

(Ⅳ) 保証人が、過失なくして、債権者に弁済すべき裁判上の言渡しを受けたとき（四五九条一項前段）。これは通常は（Ⅱ）の場合と重なる場合が多いが、そうでないこともありうる。

保証人が以上の例外的場合に予め求償する際、債務者は無条件にこれに応じる必要はない。債務者は、この求償に応じて前払いしたあと、その金銭などが確実に保証人によって弁済に充てられるよう保証人に請求することができるのはもちろんであるが、さらに、この前払金が、万一、保証人によって弁済に充てられることなく、そのために、債務者が債権者から請求されて支払を余儀なくされる事態が起こりうるので、それに備えて、予め担保（質権・抵当権など）を請求しうる（四六一条）。すなわち、右の事態が生じたときに、債務者は保証人に対して、不当利得返還請求権にもとづいて、右の前払金の返還請求権を取得するが、この請求権のための担保を請求しうる。担保請求権と事前の求償権とは、同時履行の関係に立つと解すべきである。

また、原則通りの事後の求償でも確実に取り立てうる保障があれば、事前の求償を認める必要はないはずである。したがって、主たる債務者が、事後の求償権に備えて、そのための担保権を設定している場合、あるいは同じ目的から、事後の求償に応ずるための金額を供託しているときは、事前の求償をなしえない（四六一条二項）。

(3) 求償権の制限

(a) 保証人は弁済をなす前に、主たる債務者にこれを通知しなければならず、これを怠ると求償権の制限をう

第40図

Cが事前に通知するとき

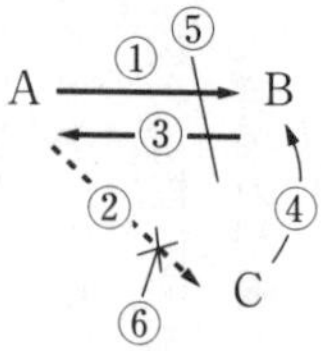

①：主たる債務
②：保証債務
③：反対債権
④：Cの事前通知
⑤：Bによる相殺（①と③が対当額で消滅）
⑥：消滅（①消滅に伴う効果）

ける。

すなわち、主たる債務者は債権者に対して、種々の抗弁権（弁済その他の事由によって債務が消滅したとの抗弁権や、同時履行の抗弁権や、相殺の意思表示によって債務を免れることができるという内容の、いわゆる相殺の抗弁権など）を有する場合があるが、もし保証人が弁済する前に、予め主たる債務者に、これから弁済するつもりである旨を通知しておくならば、主たる債務者は、自己の有する抗弁権について保証人に知らせることができる。その結果、保証人は、債権者に弁済する必要がないことを知り、弁済を差し控えることができる（同時履行の抗弁権のときには、保証人も同時履行の抗弁権を行使しうるし、相殺の抗弁のときは、保証人が主たる債務者に代って相殺の意思表示をなし、保証債務を免れることができる。前述参照）（第40図参照）。ところが事前の通知をしないために、右のような抗弁権の存在を知らずに、うっかり支払ってしまい、そのために主たる債務者に不利益を生じさせることが起こる。このような事態を生じさせないようにするために、保証人に事前の通知義務が課されている。それとともに保証人がこの義務を怠って債権者に弁済すると、保証人は求償権の行使について制限をうける。その趣旨は事前の通知義務を怠った保証人の支払によって債務者が受けるべき不利益を、債務者に代って保証人に負担させるということである。すなわち、

（I）　保証人の弁済が債務消滅後の二重弁済となるならば、保証人は、債務者に対しても有効な弁済であることを主張しえず、したがって債務者に対して求償権を取得しない。二重の弁済を受けた債権者に対して、不当利得返還請求権を行使して、支払った分を取り返しうるだけである。債権者（A）の無資力のときは事実上取り返しえないから、その無資力の危険を保証人が負担するわけである。

（II）　保証人が同時履行の抗弁権を行使せずに、無条件で債権者に弁済したならば、保証人は主たる債務者に対

第41図

Cが事前の通知を怠るとき

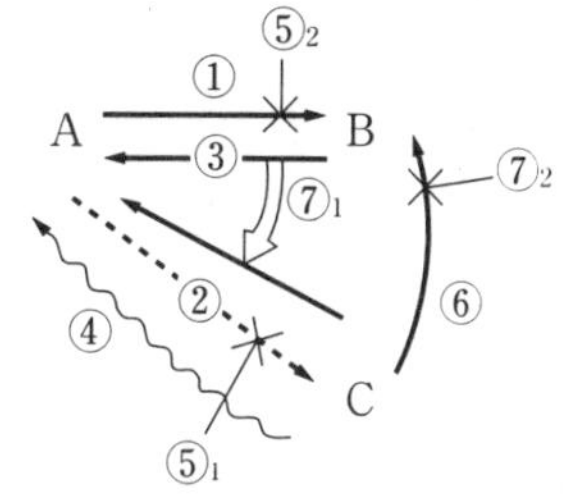

C　：保証人
②　：保証債務
③　：反対債権
④　：事前に通知せずに弁済
⑤$_1$、⑤$_1$：消滅
⑥　：求償権
⑦$_1$：③がBからCに移転
　（代物弁済のため）
⑦$_2$：代物弁済により消滅

第42図

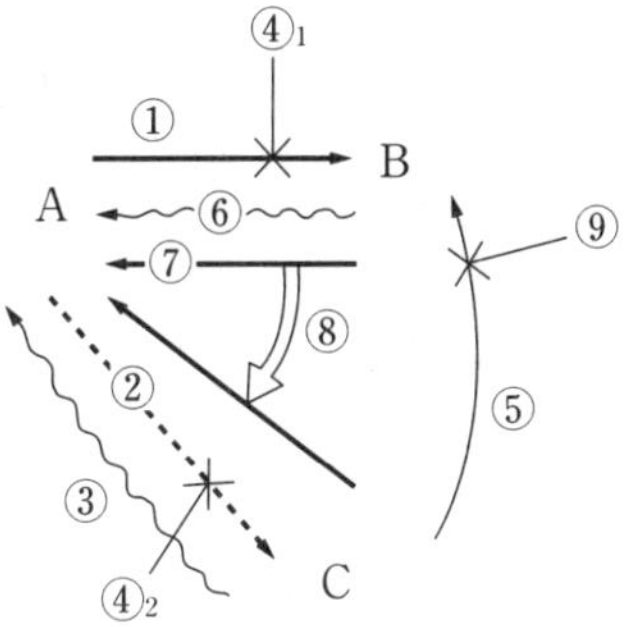

C　：保証人
②　：保証債務
③　：弁　済
④$_1$、④$_2$：消　滅
⑤　：求償権
⑥　：Bの二重弁済
⑦　：不当利得返還請求権
⑧　：BからCへ移転（代物弁済のため）
⑨　：消滅（代物弁済による）

して求償権を取得するけれども、主たる債務者は、これに対して同時履行の抗弁権をもって対抗できる。

（III）　相殺の抗弁権を行使せずに債権者に弁済したならば、保証人はその結果、主たる債務者に対して求償権を取得するが、主たる債務者はこの償還義務と、債権者に対して有している反対債権（これは、もし主たる債務者が自ら、もしくは保証人がこれに代って、相殺の意思表示をしていれば消滅していたはずのもの）とを相殺することができる。その結果、主たる債務者は、償還義務を免れるとともに反対債権も失う。この反対債権は、保証人が行使しうる（四六三条一項・四四三条一項。このように保証人が反対債権を行使しうるとされている理論的根拠に関しては、保証人が主たる債務者に求償権を行使するとき、主たる債務者は、債権者に対して取得している反対債権を保証人に移転することによって――したがって、代物弁済に類似した法理、あえていえば一種の法定の代物弁済によって――償還義務を消滅させることができる趣旨だ、と解すべきであろう）。債権者（A）が無資力のときは、保証人は事実上この反対債権を取り立てえないから、その無資力の危険を保証人が負担することになるわけである（第41図参照）。

(b)　保証人は、さらに自分で弁済その他の出捐行為を行って債務を消滅させた後にも、主たる債務者にこのことを通知すべき義務を負う。これを怠ったために、主たる債務者が債務の存続を信じて二重に弁済したとき、主たる債務者は保証人に対して自己の弁済を有効な弁済であり、保証人がすでになしていた弁済を無効であると主張できる。その結果、保証人に対する償還義務を免れることができる。その代りに、主たる債務者が債権者に対して二重弁済したことによって取得したはずの不当利得返還請求権は、保証人に移転する（これも一種の法定代物弁済の関係として説明しうる）。しかし保証人は、債権者（A）の無資力のときは、事実上これを取り立てえないからその無資力の危険を負担することになる（第42図参照）。

(c)　なお、四六三条には連帯債務に関する四四三条を保証債務に準用することによって、委託による保証人の場合には、主たる債務者も、この弁済の前と後とに、保証人に対し通知義務を負うように書かれている（四六三条二項）。しかし主たる債務者が、保証人に求償権を取得することはありえないことから、求償権の取得を前提にして、事前の通知義務を定めた四四三条一項は、解釈上準用することができないと解されている。したがって主たる債務者は、事後の通知義務のみを負うことになる。主たる債務者がこの義務を怠ったために、保証人が二重に弁済したときは、保証人の弁済が有効となる。したがって保証人は、主たる債務者に対して求償権を取得し、他方、主たる債務者には、保証人が二重弁済によって取得したはずの債権者に対する不当利得返還請求権が移転する。その結果、債権者の無資力による危険を保証人は免れ、債務者が負担することになる。

(d)　ところが、一方で主たる債務者が弁済後の通知義務を負い、他方で保証人が事前の通知義務を負うところから、このいずれかの通知義務が守られているならば、主たる債務者の弁済後に保証人が重ねて弁済するという事態は普通は生じない（例外的に、主たる債務者が事後の通知をしたのに、保証人がそれを忘れ、かつ事前の通知をせずに弁済をする場合、または、主たる債務者が事後の通知を怠り、かつ保証人が事前の通知をしたのに、主たる債務者が何ら応答せず、既弁済の事実を伝えなかったような場合は二重弁済を生じる。このときは、二重弁済を生じるについて責任を負うべき側が不利益を負担すべきであり、したがって前者のケースでは保証人の弁済が無効となり、保証人が求償権を取得しえず、また後者のケースでは、主たる債務者の弁済が無効とされ、保証人は求償権を取得する)。

それでは両方とも通知義務を怠ったときは、いずれが不利益を負担すべきか。従来の支配的な見解によると、この場合には一般原則に還り、早いほうの弁済が(したがって主たる債務者のそれが)有効とされ、遅いほうの保証人の弁済は無効と解すべきだとされている(最判昭五七・一二・一七民集三六巻一二号二三九九頁。事案は連帯債務者相互間の求償権に関する四四三条二項に関係するが、同条は保証債務にも準用されており、保証人の求償権にも妥当する)。

しかしこの根拠づけは正当でない。思うに、弁済の早いか遅いかを基準として、債権者に対する関係での弁済の有効・無効を決し、その結果、遅い弁済をした側に、債権者に対する不当利得返還請求権を認めるというのならそれは正当である。しかし問題は、債権者に対する関係での有効・無効ではなく、主たる債務者と保証人相互間における有効・無効であり、保証人が求償権を取得しうるか否かである。この側面での有効・無効を決する基準は、二重弁済の事態を生じるについていずれの側により重大な帰責事由があるか、でなければならない。換言すれば、いずれの側の通知義務懈怠がより重大であるか、である。そしてより重大な義務の懈怠を行った側の弁済を無効として、その者に不利益を負わせるべきである。

一方では、確かに、頼んで保証人になってもらっているのだから、主たる債務者はなるべく保証人に損失を蒙らせないよう配慮すべきだという点を強調すると、主たる債務者の通知義務の懈怠がより重大といえよう。しかし、他面では、保証人が支払うということは、主たる債務者が支払うことと比べて異例な事態である。そうだとすると、異例なことを行う側の保証人の通知義務のほうが、通例のことを行ったにすぎない主たる債務者の通知義務よりもより強く要求されるというべきであり、したがって保証人の通知義務懈怠がより重大と考えられる。このように解すると、結局、保証人が不利益を負担すべきであり、求償権は否定されることになる(この限りで、結論は従来の支配的見解と異ならない。しかし同様な推論にもとづいて、連帯債務の場合には、従来の支配的見解と若干異なった結論が導かれることは後述する)。

2　委託を受けずに保証人となった場合、さらに二つの場合に分けられる。

(1)　保証人になったことが主たる債務者の意思に反しないとき。求償の範囲については、弁済その他の出捐行為をした当時主たる債務者が利益を受けた限度である（四六二条）。したがって利息や損害賠償の請求をなしえない。これは事務管理者の費用償還請求権の範囲と一致する（七〇二条一項二項）。

(2)　保証人となったことが主たる債務者の意思に反するとき。求償の範囲は、求償の当時主たる債務者が利益を受けている限度である。したがって、免責以後求償の時までに主たる債務者が反対債権を取得したときにも、これをもって保証人の求償に対抗することができる。その結果、前述した1(3)(a)（Ⅲ）の法律関係に類似して、保証人は求償権を失うが、その代りに右の反対債権を取得することになる。この保証人の求償の範囲は、本人の意思に反する事務管理者の費用償還請求権の範囲と同じであり（七〇二条三項）、したがってまた善意の不当利得者に対する利得返還請求権の範囲とも一致する（七〇三条）。

右のいずれの場合でも、保証人は弁済の前と後とに主たる債務者に通知すべき義務を負い、それを怠ると求償権の行使について一定の不利益を受ける。しかし、主たる債務者は弁済した後に保証人に対して通知義務を負わない。前者の点は委託を受けた保証人の場合と同一だが、後者の点は、それと異なる（この差異も、委託を受けない保証人が、求償に関して、若干不利な立場におかれる点の一つである）。

3　**債務者が複数の場合**　主たる債務者の委託を受けた保証人であるか否かを問わず、主たる債務が不可分債務または連帯債務のときの保証人の求償には、特殊な問題を生じる。保証人が、不可分債務者全員または連帯債務者全員のために保証しているときには、求償権についても、主たる債務者全員が不可分債務、または連帯債務を負う。これに反して、保証人が不可分債務者もしくは連帯債務者のうちの一人のために保証しているとは、本来ならば保証人はその一人の債務者に対して全額の求償を行い、求償に応じて支払った債務者は他の不可分債務者ないし連帯債務者に対して、それぞれの負担部分について求償することになるはずである。しかし民法は、保証人が他の不可分債務者ないし連帯債務者に対して直接に、その負担部分について求償しうるものと定めている(四六四条)。したがってたとえば、乙、丙、丁が甲に対して九〇万円の連帯債務を負い、その負担部分が三〇万円ずつのとき、丁のための保証人である戊が甲に九〇万円弁済すると、戊は丁に対して九〇万円全額を求償しうるのは当然だが、乙と丙と丁から三〇万円ずつ求償してもよいし、またさらに、乙から三〇万円、丁から六〇万円を求償してもよい。この場合の乙、丙、丁は、戊に対して連帯債務を負い、その債務の額は、乙と丙については三〇万円、丁については九〇万円となり、そしてそれぞれの負担部分は、ともに三〇万円ずつということになる(第**19**図、第三章第六節**二4**②参照)。

このように法が保証人のために、乙、丙に対しても、その負担部分について直接の求償権を認めている理由は、二重手間を省略して法律関係を簡易に決済しうるようにしたこと、および、丁の無資力の場合に、戊の利益を確保するためである。

後者の点について敷衍すると、直接の求償権が与えられる結果、戊は丁が無資力でも、乙と丙に資力があれば、合計六〇万円については支払を受けることができる。しかし、もし乙、丙に対する直接求償権が認められないと、戊は無資力の丁に請求するほかなく、したがって事実上なんら償還を得られない。

もっとも丁が、戊に支払う前に、丁は乙・丙に求償権を行使することができると解しうる余地があるかも知れない。このように解しうるとすれば、戊は丁に対する債権についての判決その他の債務名義を得て、その執行のために丁の乙、丙に対する求償権を差し押えるか、もしくは債権者代位権にもとづいて、乙、丙から請求しうることになる。しかし、いずれの場合でも、その際、丁に対して戊以外にも他の債権者がいて、配当要求する可能性があるから、乙、丙から三〇万円ずつ取り立てて、これをすべて戊の丁に対する求償権の弁済に充てることは、その限りで困難になる。したがって丁の無資力のとき、――もし乙、丙に対する直接求償権を認めないと――戊は、乙、丙に資力があっても、六〇万円分について満足を受けうるとは限らないのである。

五　連帯保証の特則

連帯保証債務は、保証人が主たる債務者と連帯することを保証契約において約束した場合に生じる。連帯保証債務を負う者を連帯保証人という。契約書を作成する際に、単に「保証人」の肩書をつけて署名すれば、普通の保証債務を負うが、「連帯保証人」の肩書のもとに署名すれば連帯保証債務を負う。後に述べるように連帯保証債務の担保としての効力は極めて強く、あたかも連帯債務と異ならないかのように見える。しかし、後述するように、連帯債務には独立性が存するのに対して、連帯保証債務は、普通の保証債務と同じく附従性を有しており、その点で連帯債務と根本的に異なっている。

なお連帯保証債務は、普通の保証債務に比べて特殊な保証債務であるが、実際の取引のうえでは、連帯保証のほうがより広く用いられている。また、商法では、主たる債務が商行為によって生じたものであるとき、または、保証契約が商行為にあたるときは、その保証は連帯保証になる旨を定めている（商法五一一条二項）。以下に連帯保証債務が普通の保証債務と異なる特質を述べよう。

(1)　連帯保証人は、前述したように催告および検索の両抗弁権を有しない（四五四条）。連帯保証債務には、普通の債務と異なって補充性がないわけである。これは債権者にとって有利である反面、連帯保証人にとっては重い負担となる。

(2)　主たる債務者または連帯保証人について生じた事由の効力。これに関しては連帯債務の規定が準用されることになっている（四五八条）。しかし、準用されるはずの連帯債務の諸規定（四三四条―四四〇条）も仔細に検討すると、連帯保証債務の附従性に合わない規定や、連帯保証人が連帯債務者と異なって負担部分をもたないという理由で当然準用しえない規定、さらには元来保証債務にもあてはまる規定であるためにわざわざ準用する必要のない規定があり、結局、準用されるべき規定は、四三四条と四三八条の二つの規定だけである。

(a)　四三四条の準用の結果、連帯保証人に対する請求が、主たる債務者にも効力を生ずることになる。このことの実際的な意味を考えるに、そもそも請求の具体的な効果には、時効中断の効果（一四七条）と附遅滞の効果（四一二条三項。すなわち弁済期の定めのない債務にあっては、債務者は履行の請求をうけたときから履行遅滞の責めを負うという効果）の二つがあるが、普通の保証だと、債権者が主たる債務者に請求すると、その効果は主たる債務者に生じるのみでなく、保証債務の附従性によって保証人にも生じる。しかし債権者が普通の保証人に請求しても、その効果は主たる債務者には生じない（主たる債務者の債務は時効中断せず、附遅滞の効果も生じない）。それでは保証人についてその効果が生じるかというと、保証債務の附従性から、保証債務についてだけ時効中断や附遅滞の効果を生じさせて、その負担を重くすることはできない。だから結局、普通の保証人に請求しても全く無意味となる。

これに反して、連帯保証の場合には、まず、債権者が主たる債務者に請求すると、その効果は、普通の保証の場合と同じく、主たる債務者と連帯保証人の両方に生じる。次に、連帯保証人に請求した場合にも、前述のように四三四条の準用により、主たる債務者にその効力が生じ、同時に連帯保証人にも生じる。したがって連帯保証のときは、債権者は、主たる債務者と連帯保証人のいずれに請求しても、両方について請求の効果を生じさせることができ、それは連帯保証が債権者にとって有利な点の一つといえよう。

(b)　四三八条の準用の結果、連帯保証人と債権者との混同（後述）を生じると（たとえば連帯保証人丙が死亡して、債権者甲が相続する場合）、連帯保証人が弁済したとみなされる。したがって、主たる債務が消滅するとともに、連帯保証人の地位を相続によって受けついだ甲が、債務者乙に対して求償権を取得する。その際、委託による連帯保証人の場合には、甲は本来の債権額のほかに混同後の法定利息を請求しうる。

これに反し、普通の保証人の場合であればどうか。保証人と債権者が混同すると、混同に関する五二〇条の規定通りに保証債務が消滅し、主たる債務はそのまま残存する。したがって債権者甲は、債務者に対し本来の債権を行使しえ、その際当然のことながら、法定利率より高い利息の約定があれば、その約定利息を請求することになる。連帯保証の場合には、四三八条の準用の結果、これと異なった扱いがされることは前に見たとおりだが、準用が立法論的に妥当かについては疑問がもたれている(右の利息の説明からわかるように、連帯保証の場合のほうが、債権者に不利な結果になりがちであるが、これは債権者の期待に反しよう)。

(3)　共同保証の場合、連帯保証人は普通の保証人と異なり、分別の利益を有しない。これも連帯保証が債権者にとって有利な点の一つである(後述)。

六　共同保証

複数の保証人が同一の主たる債務を保証する関係をいう。次のような特色がある。

(1)　各保証人が一個の契約で保証人となった場合はもちろん、別個の契約で時間を異にして保証人になった場合でも、各保証人は債務額を全保証人間に平分してその一部を保証する(四五六条)。これを保証人の分別の利益という。したがって、一〇〇万円の乙の債務について、保証人が二人のときは、各保証人は五〇万円ずつの保証債務を負う。各保証人は一部保証することになる(**第43図**参照)。その結果生じてくる問題として、資力のあるAだけが保証人となっていれば、債権者は乙が支払えないとき、Aから一〇〇万円の全額を取り立てることができるが、Aのほかに資力のないBも保証人に加わっているときは、債権者は事実上Bから五〇万円を取り立てることができず、Aから五〇万円を取り立てうるにすぎないから、結局、資力あるAだけを保証人にしたほうが、債権者に有利ということになる。

以上の原則に対する例外として、①連帯保証のとき(**第44図**参照)(大判大六・四・二八民録二三輯八一二頁)、②保証人間に連帯の特約のあるとき(これを保証連帯という。各保証人は連帯保証人と異なり、催告・検索の抗弁権を有する)(**第45**

第43図

分別の利益あり

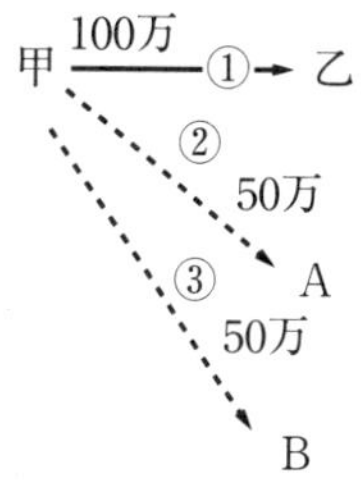

A、B　：保証人
②、③：保証債務

第44図

（連帯保証）

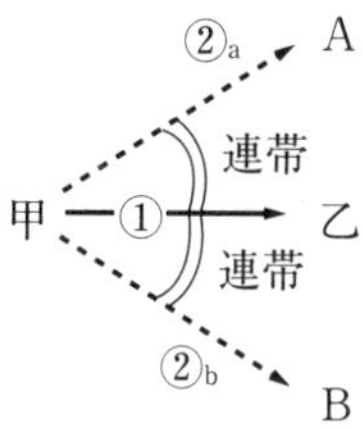

①：主たる債務（100万）
②a、②b：連帯保証債務
（各100万ずつ）

第45図

（保証連帯）

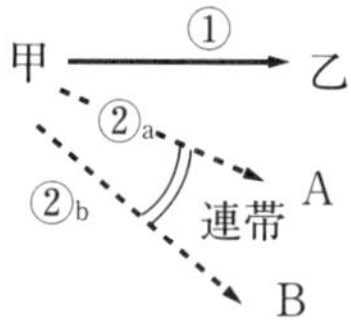

①：主たる債務（100万）
②a、②b：保証連帯債務
（各100万ずつ）

図参照）、および③主たる債務が不可分のとき（たとえばテレビ一台を給付する債務）には、保証人は分別の利益をもたない（四六五条一項）。したがって、前例でA、Bが共に連帯保証人であるときは、債権者は、債務者乙およびAとBの三人のいずれからでも一〇〇万円を取り立てることができる。したがって連帯保証人の数は多いほど債権者にとって有利である。なお、Aが普通の保証人でBが連帯保証人のときは、債権者は、Aからは五〇万円しか請求しえないが、Bからは一〇〇万円を請求することができる。もっとも、主たる債務の額が一〇〇万円である以上は、乙、A、Bの三人から合計して一〇〇万円しか取り立てることができないのはいうまでもない。

(2)　共同保証人が主たる債務者に求償するにあたって、他の保証人に対しても求償権を取得することが生じる。

(a)　第一に、分別の利益のない保証人の場合。たとえば、前例のA、Bが連帯保証人のとき、Aが債権者から一〇〇万円を請求されて、一〇〇万円全額を支払ったとき、Aは主たる債務者に一〇〇万円（頼まれて連帯保証人になったときは、それに法定利息などを加えて）の求償権を取得するが、主たる債務者が無資力のとき、Aは事実上取り立てることができないから、その限りで一〇〇万円の損失を蒙る。他方、Bは、Aが全額支払ったおかげで、何ら損失を蒙らなくてすむ。たまたまAが、債権者から請求されたために全額支払ったという偶然的な事情で

第46図

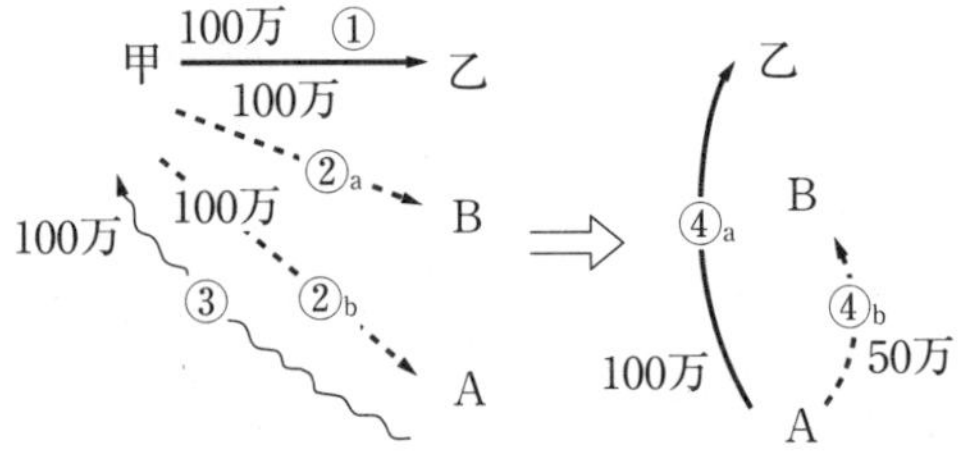

A、B：連帯保証人
①　：主たる債務
②a、②b：連帯保証債務
③　：弁　済
④a：求償権（主たる債務）
④b：求償権（連帯保証債務）

あるにかかわらず、Aのみが損失を蒙り、Bは全く損失を蒙らなくてすむということは、不公平であり、BもAの損失を分担すべきである。

このような趣旨から、分別の利益のない保証人が、全額もしくは自己の負担部分以上を弁済したときは、他方の保証人に対して、連帯債務の規定を準用して、求償権を取得する旨を定めている（四六五条一項）。前例では、AはBに対して五〇万円の求償権（その際五〇万円分の法定利息、費用なども附加される）を取得する（**第46図**参照）。したがって、主たる債務者が無資力のために、主たる債務者から全く取り立てることができなくても、Bから五〇万円については取り立てることができ、Aの損失額を残り五〇万円に抑えることができる。Aに五〇万円を支払ったBは、この支払は本来、主たる債務者の支払うべきものを代って支払っているのであるから、主たる債務者に対してその分だけ求償しうる。しかしその無資力のときは事実上取り立てることができないから、結局、Bの損失高は五〇万円となり、このようにして、A、Bが公平に、損失を分担することとなる。

なお、右の例でAが八〇万円を債務者に弁済した場合においては、Aが、Bに対して求償しうる額は、半額の四〇万円でなく、Aが自己の負担部分である五〇万円を超えて支払った額、したがって三〇万円（それについての法定利息分なども含む）であると定められている（四六五条一項）。なお、負担部分の観念は連帯債務のところで問題になるが、連帯保証人相互間についても負担部分があり、それは平等な割合であるのが原則だが（前掲の事例も、AとBの負担部分が平等に五〇万円であることを前提にして説明した）、しかし当事者の特約によって、一方を大きく他方を小さくすることも可能である（もし、Aの負担部分が六〇万円、Bの負担部分が四〇万円だとすると、Aが全額支払ったとき、AはBに対して四〇万円の求償権を取得することになる。そしてその支払に応じたBは、主たる債務者に求償しうることはもちろんである)。

なお、分別の利益をもたない保証人が、他の保証人に対して連帯債務の規定に従って求償しうると定められているが(四六五条一項)、連帯債務の規定に従う求償の関係は、保証の場合の委託を受けた保証人の求償関係と基本的に同一である。したがって、分別の利益を有しない保証人は、弁済の前と後とに他の保証人に通知すべき義務を負い、それを怠ると他の保証人に対する求償権行使に際し、一定の不利益を受ける。

また、分別の利益のない保証人が弁済したときに、主たる債務者に対して行使しうる求償権と、他の保証人に対して行使しうる求償権の関係については、弁済者の代位の規定(五〇一条。後述)を準用すべきであり、A、Bが共に連帯保証人である前例の場合には、Aは、主たる債務者に対する一〇〇万円の求償権と、これを連帯保証するBに対する五〇万円の求償権を取得し、したがって、Aは、主たる債務者に予め請求せずに、あるいはAの財産に執行せずにBにいきなり請求しても、Bは支払を拒みえないと解すべきであろう。

(b) 第二に、分別の利益のある保証人の場合。たとえばC、D二人が共に普通の保証人として、主たる債務者の一〇〇万円の債務を保証しているとき、Cは債務者から一〇〇万円の弁済を請求されても、五〇万円だけ支払えば足りるのであるが、仮に請求に応じて一〇〇万円を支払ったとする。このときも、Cは主たる債務者に一〇〇万円(頼まれて保証人になったときは、それについての法定利息なども附加される)の求償権を取得するが、それが無資力のときは事実上取り立てられないために損失を蒙る。そこで、ここでもCは、Dにも損失を分担させ自己の損失を抑えることができるようにするために、Dに対して五〇万円(一般的にいえば、Cの弁済した額がその負担部分を超えた部分について)の求償権を取得する。したがって基本的には、第一の場合と同様な関係を生じる。

ただし、第一の場合と異なり、ここでの求償権については、委託を受けない保証人の求償権についての規定が準用される(四六五条二項。このことは求償しうる範囲(利息分の求償ができない)や通知義務について特に意味がある)。けだし、分別の利益によって、自己の負担部分だけを支払えば足りるにもかかわらず、あえて他の保証人の支払うべき分まで支払う関係は、義務なくして他人の債務を弁済するのと同様な関係であり、その点で、委託を受けない保証人の弁済と同一に扱ってよいからである。

なお、主たる債務者に対する求償権と、他の保証人に対する求償権の関係についても、弁済者の代位の規定（後述）を準用すべきであり、したがって前例で、Cは主たる債務者に対する一〇〇万円の求償権と、これを保証するためのDに対する五〇万円の求償権を有しており、Dはその償還義務について催告・検索の両抗弁権を行使しうると解すべきである。

〔補説〕　共同保証人の一人に対する債務免除の効力について

共に分別の利益をもたない連帯保証人の一人に対する保証債務の免除は、相互間に連帯の特約のないとき（すなわち、いわゆる保証連帯でないとき）には、他の連帯保証人に対して効果を及ぼさず、この者の債務額に変更を生じないとされている（最判昭四三・一一・一五民集二二巻一二号二六四九頁）。しかしいわゆる保証連帯の場合には、連帯債務に関する四三七条の類推適用によって、免除された者の内部的な負担部分（つまり保証人相互間での負担部分）の限度で、他の共同保証人も債務を免れる。したがってまた、保証連帯の関係を有する連帯保証人の一人に対してなされた債務の一部免除は、その保証人の負担部分につき、債務金額と免除額との比率に従って算出した金額の限度で、他の連帯保証人のためにもその効力を生じ、その限度でその者の債務額は減少する、とされている（大判昭一五・九・二一民集一九巻一七〇一頁）。なお、共に分別の利益を有する共同保証人の一人に対する保証債務の免除によって、他の共同保証人がすでに得ていた分別の利益を失わされることのないのはいうまでもない。

七　継続的保証

(1)　意　義

継続的な契約関係から将来発生すべき不特定債務（とりわけ金銭債務）を保証するものをいう。

たとえば(ア)雇傭契約から生じる被用者の債務(使用者に不都合なことをして負担するかも知れない損害賠償債務)の保証(身元保証という)。(イ)賃貸借契約から生じる借主の債務(賃料債務、目的物の破損などによる損害賠償債務の保証)。(ウ)銀行と取引先との間の継続的取引契約、あるいはメーカーと商社との間の継続的供給契約、から生じる取引先の、あるいは商社の債務の保証。以上のうち、(ア)(イ)は主たる債務の額の増加のみが考えられるが、(ウ)は、その時々の取引の状況によって、これが増減する(相手に対して反対債権を取得すると債務が相殺されて減少する)点に特色がある。以上のような継続的保証は、消費貸借上の貸金返還債務の保証や売買契約上の代金債務の保証のような、通常の保証(一時的保証ともいう)と異なって、その保証すべき主たる債務の額が、不確定のために予想外に多額なものとなり、保証人にとって酷な結果になりうるので、これから保証人をいかに保護するかが問題になる。特に右の(ア)については身元保証人を保護する必要が強く、その目的のために「身元保証ニ関スル法律」が昭和八年に制定された。(イ)(ウ)については、保証人の保護は判例に委ねられている。

なお(ウ)は、特に信用保証あるいは根保証(狭義)と呼ばれている。根保証の語は広義では、継続的保証と同義で用いられている。

(2) **身元保証**　「身元保証ニ関スル法律」は、第一に保証契約の存続期間を規定し、期間の定めのない保証契約は普通三年、商工業見習者について五年とする(同法一条)。期間を約定していても五年を超えることはできないから(同法二条一項)、たとえば、七年間とする約定があっても当然に五年に短縮される。更新は可能だが、やはり五年を超えることはできない(同法二条二項)。第二に、身元保証人に解約権が与えられる。すなわち、被用者に不適任、または不誠実な事跡があり、保証人の責任を惹起するおそれがあるとか、被用者の任務または任地の変更によって保証人の責任が加重するおそれのあるようなときは、使用者は身元保証人に通知すべき義務を負うが、このような事由を知った身元保証人は、一方的に保証契約を将来に向って解除することができる(同法三条・四条)。解除すると、その後に生じる被用者の損害賠償債務について保証債務は発生しない。第三に身元保証人の責任額が制限される。すなわち、裁判所は、身元保証人の保証責任の有無およびその額を定めるについて、使用者の監督上の過失の有無、身元保証人が保証人となるに至った事由、その他諸般の事情を考慮して決定する。したがって事情によっては、被用者の損害賠償債務の全額について保証する責任を免れる（同法五条）。第四に、これらの規定は強行規定であって保証人に不利な特約は無効とする（同法六条）。

なお、同法による明文の規定はないが、判例によって認められている法理として、身元保証人の地位は相続されず、相続開始後に生じた被用者の損害賠償義務については相続人は責任を負わない。保証人と被用者との間には強い個人的な信頼関係があることを考慮したものである（大判昭二・七・四民集六巻四三六頁）。

(3)　**信用保証**　前述のように、銀行とその取引先の間の取引契約における信用保証がその例であるが、（I）契約によって保証期間と保証金額が定められていることが多い。たとえば一年後の決算期における取引先の銀行に対する債務残高を最高限度一、〇〇〇万円まで保証するという約定のごとし（限定保証という）。このときは原則として約定通りの効果が発生し、したがって一年後の決算期における債務残高が七〇〇万円であれば、その七〇〇万円について保証債務が確定し、もしその時の債務残高が一、五〇〇万円であれば、一、〇〇〇万円の保証債務が確定する（このときはしたがって一部保証の関係を生じる）。（II）次に、保証期間について、また、保証額について約定のない場合もある。このときは、銀行と取引先の間の銀行取引契約が終了した時点における債務残高の全額を保証するのが原則である。

しかし以上の二つの原則、とりわけ（II）の原則は、そのまま適用すると保証人にとって酷にすぎるので、判例はこれを制限することによって保証人の保護をはかっている。第一に保証期間の定めのないとき、保証人は、相当な期間が経過すると一方的に債権者に対して解約を申し入れることができ、その後に主たる債務者が負担した債務については保証責任を免れる。第二に期間の定めのあると否とを問わず、保証人は、主たる債務者の資力が当初の予想と比して著しく悪化したとか、債権者と主たる債務者の間の取引金額が当初の予想より著しく増大したなどの事情があったとき、事情変更を理由に、一方的に将来に向って解除することができる（最判昭三九・一二・一八民集一八巻一〇号二一七九頁）。第三に、保証限度額の定めのない場合についても、常に無制限の保証責任を負うのではなく、取引通念上相当な部分についてのみ責任を負うとされる。したがって、債権者が取引上の常識に反して、過大な貸付けを行ったようなときは、相当な額まで保証人の責任は減額される（最判昭五〇・一一・八金融商事判例七七七号二七頁）。第四に、信用保証の相続性は、身元保証と同様に、否定される。

〔補説〕　これに関する判例として最判昭三七・一一・九民集一六巻一一号二二七〇頁がある。継続的取引によって将来生ずべき債務につき連帯保証契約が締結された場合に、これが責任の限度額および期間の定めのないものであるときは、特段の事情のない限り、その連帯保証人たる地位は相続人に承継されない。

(4)　**賃借人の債務の保証**　身元保証や信用保証と異なって、ここでは主たる債務の額が予想外に増大するおそれが少ないので、前二者ほどには保証人の保護の必要は大きくない。そこで判例によると、第一に、賃貸借契約の期間の定めのあるときは、更新後の保証責任は生じないが（大判大五・七・一五民録二二輯一五四九頁）、期間の定めのない賃貸借契約では、相当期間経過後の解約権は生じない（大判昭七・一〇・一一法律新聞三四八七号七頁）。第二に、事情変更を理由とする解除権は認められるがその要件は厳格である（大判昭一四・四・一二民集一八巻三五〇頁）。第三に、保証人たる地位は相続され、相続開始後に生じた賃料債務についても相続人は保証の責任を負う（大判昭九・一・三〇民集一三巻一〇三頁）。

第三節　連帯債務

一　序説

連帯債務は、数人の債務者が、同一内容の給付について、各自独立に全部の弁済をなすべき債務を負担し、その

第47図

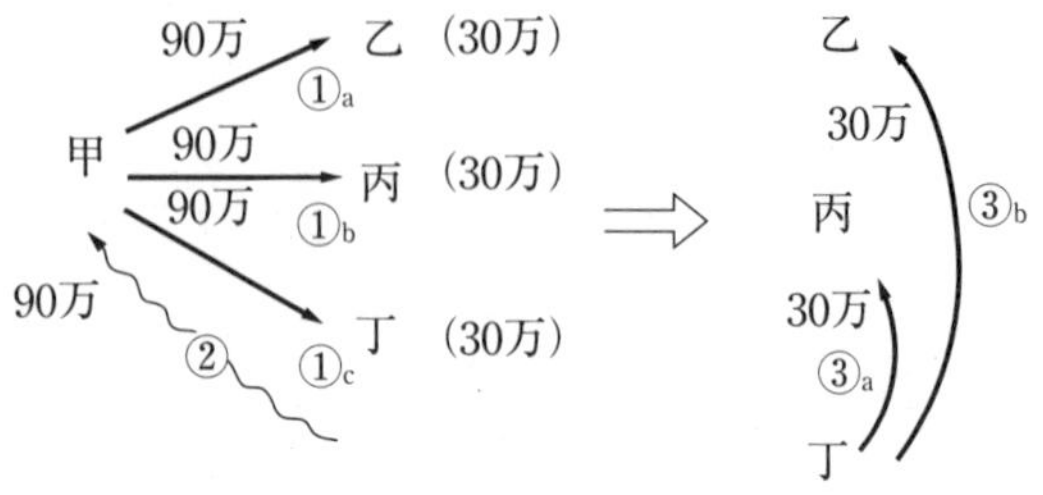

乙、丙、丁：連帯債務者
（各90万、負担部分各30万）
②　：弁　済
③a、③b ：求償権（各30万）

うちの一人が弁済をすれば、他の債務者もすべて債務を免れる関係をいう。たとえば乙、丙、丁の三人が九〇万円の連帯債務を負っているとき、債権者は三人のうちの誰からでも債権全額を取り立てることができるが、あるいはまた、乙から五〇万円、丙から四〇万円取り立ててもよく、三人から平等に三〇万円を取り立ててもよい（後述参照）。

連帯債務者乙、丙、丁の間にはその内部的な関係として、それぞれが負担すべき割合（負担部分）が予め定められている。それがいかなる基準によって定められるかは、後述するが、原則は平等とされている。全員の負担部分が平等に三〇万円である場合、債務全額九〇万円を弁済した乙は、丙および丁に対して、それぞれの負担部分に相当する三〇万円ずつの求償権を取得する（**第47図**参照）。乙の負担部分が五〇万円、丙および丁の負担部分がともに二〇万円、と定められているならば、全額支払った乙は、丙と丁とに、それぞれ二〇万円を求償しうることになる。

連帯債務にあっては各債務が独立性をもっており、保証債務のように主従の差がない点に特色がある。そしてそのために、より強力な担保制度となりうる、とされる。その具体的な意味については後に述べる。

二　発生原因

連帯債務は契約により、または法律の規定により発生する。

1　契約による発生と分割債務

(1)　たとえば乙、丙、丁が共同で甲からある物を買い入れるにあたり、当事者間で代金全額について連帯債務を負うという特約がなされると、連帯債務が発生する。また、三人で共同事業のために甲から借金するにあたり、連帯債務の特約をしたとき(後述第六節**二**2末尾参照)、あるいは、友人三人が甲飲食店で飲食するにあたり、同様な特約をしたときも、連帯債務が発生する。

(2)　右の各場合に、もし、当事者間で連帯債務を発生させる旨の特約がなされなかったときは、四二七条に定める分割債務の原則によって、乙、丙、丁は分割債務を負い、したがって債務総額が九〇万円とすると、乙、丙、丁は、それぞれ債権者甲に対して三〇万円ずつの債務を負うのが原則である(最判昭四五・一〇・一三判例時報六一四号四六頁。共同買入れの代金債務の事例)。すなわち分割の割合について当事者の契約があればそれにより、それのないときは各債務者が受ける利益の割合により、さらにそれの明らかでないときは平等となる。

なお、分割債務の場合には、債権者甲は、乙、丙、丁のうちの誰かが無資力者のとき、その者の負担する債務の額三〇万円を取り立てることができないために損失を蒙るが、しかし連帯債務が成立しているときは、乙、丙、丁のうちの一人だけでも資力を備えているならば、他の二人が無資力者であっても、資力あるその一人から、全額の九〇万円を取り立てることができるから、不利益を免れることができる。そしてこのような意味で、連帯債務は債権担保の機能を果たすのである。

以上述べた分割債務の原則について一言つけ加えると、この原則がそのまま適用されるのは、債務の内容たる給付が可分のとき(金銭債務がその典型)に限られ、不可分のとき、たとえば乙、丙、丁三人が甲に対して一台の自動車を給付すべき債務を負っているときは、分割債務は成立しない。このときは四二八条の定めるところによって「不可分債務」が発生する。その具体的な内容については後述する(第四節参照)が、ごく簡単にいうと、連帯債務にかなり近いものである。もっとも、右の場合に成立する不可分債務も、給付の目的物たる自動車が三人のうちの誰かの責めに帰すべき事由によって滅失し、履行不能になれば、三人は履行に代る損害賠償義務を負担するが、それは可分債務であるので、三人がこれを分割して負担することになる。このように、不可分債務が可分の債務に変じたときは、以後、各債務者は分割債務を負担することになるのである（四三一条）。

以上述べた分割債務の原則について、学説は一般に、立法論としては正当でなく、むしろドイツ民法が定めるように、数人が契約によって共同して債務を負担するときは、原則として連帯債務が成立すると推定すべきだと主張している（独民法四二七条）。それによって債権者の側の期待が正当に保護されるからである。わが商法でも、数人がその一人または全員のために、商行為たる行為によって債務を負担したときは、連帯債務が成立すると定め、同趣旨の規定をおいている（商法五一一条）。

(3)　契約によって連帯債務を生じた場合に、各連帯債務者が負担すべき負担部分の割合については、連帯債務者の間に特別の合意があればそれにより、それが欠けているときは、各連帯債務者が受ける利益の割合により、さらにそれが明らかでないときは、平等とされている。ある連帯債務者の負担部分がゼロということも可能である。他人の債務を保証する目的で連帯債務者となる者の負担部分はゼロとなる。もっとも、負担部分の割合がいくらであるかは、後述するように、債権者の利益にも影響するところがあるので、債権者の利益を保護する必要から、債権者が予めそれと異なる負担部分の割合を知らされてない限り、債権者は平等な割合だとして主張しうると解されている。またいったん定められていた負担部分を後に連帯債務者の間の合意で変更することは可能だが、これを債権者に通知しないと債権者に対抗しえないことになる（もっとも、大判昭七・四・一五民集一一巻六五六頁は、後述の時効の絶対効に関する四三九条の適用に関し、連帯債務者の間の合意によって負担部分が変更されたときも、当然に同条の適用があるとする。しかしこれでは債権者が思わぬ不利を受けることが起こりえ、不当である。後述**三2**（II）参照）。

(4)　契約によって連帯債務を生じる場合、その契約は必ずしも一個の契約であることを必要としないが、一個の契約による場合にも、一人の債務者について無効または取消しの原因があっても、他の債務者については完全に有効な債務が成立する（四三三条）。無効・取消原因のある債務者が債務の全額について負担部分を有する場合でも同様である。

したがって、たとえば、乙の甲に対する九〇万円の消費貸借上の債務を保証するために、丙が乙と共に九〇万円の連帯債務を負う場合に、乙が無能力を理由に甲に対する債務を取り消したり、また乙の債務が無権代理人により締結された消費貸借契約により生じたものであるために無効であったときでも、丙はそれと独立に有効に債務を負担する。

それでは、債権者甲が右のような無効・取消原因を知って丙との間の契約を締結したときはどうか。(ア)まず、丙が乙の無効・取消原因を知りつつあえて契約を締結したならば、丙が独立に有効な債務を負うことに問題はない。しかし、(イ)丙が乙の無効・取消原因を知らなかったときは丙を保護する必要がある。思うに、丙が連帯債務を負うについては、乙の債務の有効を信じたのがその動機と解すべきであり、したがって動機の錯誤に関する近時の理論をここに適用し、丙において重要な動機について錯誤があり、しかも相手方甲が、その錯誤を知っていたか、もしくは知りうべきであった場合であるから、丙は債権者甲に対して、自己の債務の無効を主張しうると解すべきだと考える。けだし相手方甲は、右のような乙の無効・取消原因を知っていた以上は、丙の動機の錯誤について、たとい善意であったとしても過失があったといえるからである。

なお、乙の甲に対する債務がすでに弁済によって消滅しているにかかわらず、善意の丙がその保証の目的のために連帯債務者となった場合についていうと、丙には、上述の場合と同様な重要な動機の錯誤があるのが普通であり、そして債権者甲は、――丙が連帯債務者になった当時に、乙の債務の消滅の事実を記憶していたときはもちろん、たとえそれを忘れていたときでも――丙の動機の錯誤につき、たとい善意であったとしても過失があるというべきだから、丙はやはり自己の債務の無効を主張しうると解すべきであろう。

〔補説〕 右のように保証目的で連帯債務者となった丙が、乙の債務の無効・取消と独立に有効に債務を負う場合について、丙が甲に弁済したあとの求償権を検討しよう。

まず、乙が無能力を理由に、甲に対する債務を取り消した場合を取り上げると、この場合、乙は丙との間の委任契約——丙は乙から頼まれて保証人になった場合と同様に、頼まれて連帯債務者になったときも、乙、丙間には委任契約が存在する——を無能力を理由に取り消しうるが、その結果、乙は現に受けている利益を丙に返還すべき義務を負う(一二一条)。ところで乙は、債権者甲に対して無能力を理由にその債務を取り消したあと、甲との間の消費貸借契約にもとづいて受け取っていた金銭について、現存利益の限度で返還義務を負うが(一二一条)、乙のこの義務は、丙が甲に弁済したことによって消滅し、そして乙がこの義務を免れたことが丙に対する関係で、現に受けている利益となる。したがって結局、乙は、甲から消費貸借契約にもとづいて受け取った金銭について、現存利益の限度で丙に返還すべきである(第37図　第二節二(3)を準用して参照せよ)。

次に、乙(本人)の債務が、無権代理人Pによる契約締結のために無効だった場合を考えよう。相手方たる債権者甲は、乙の代りにPに対して債権を取得する(相手方甲が善意無過失のときは一一七条一項による。そうでないときは貸金を受け取ったPの不当利得を理由とする不当利得返還請求権にもとづく)。丙が甲に弁済すると、Pは甲に対する右の債務を免れる。そしてそれが丙の出捐によってPの得た利得となる。したがって甲に弁済した丙は、Pに対して右のごときPの利得につき、その返還を請求しうる。

2　法律の規定による発生

連帯債務は法律の規定によって発生する場合が少なくない。日常家事債務について夫婦の連帯債務を定めた七六一条および共同不法行為者の連帯債務を定めた七一九条が典型的な事例である(ただし後者についでは後述のように不真正連帯債務として扱うべきかが問題となる)。分割債務とせずに連帯債務とするのは共同行為者の責任を加重し、債権者を保護することを目的とする(四四条・七六一条、商法八〇条・二六六条ノ三等)。連帯債務者の間の負担部分の割合は、それぞれの規定の趣旨から解釈によって定められる。日常家事債務については七六〇条によって定まる。また共同不法行為の場合は、各不法行為者の過失の割合によって定まると解されている(最判昭四一・一一・一八民集二〇巻

第48図

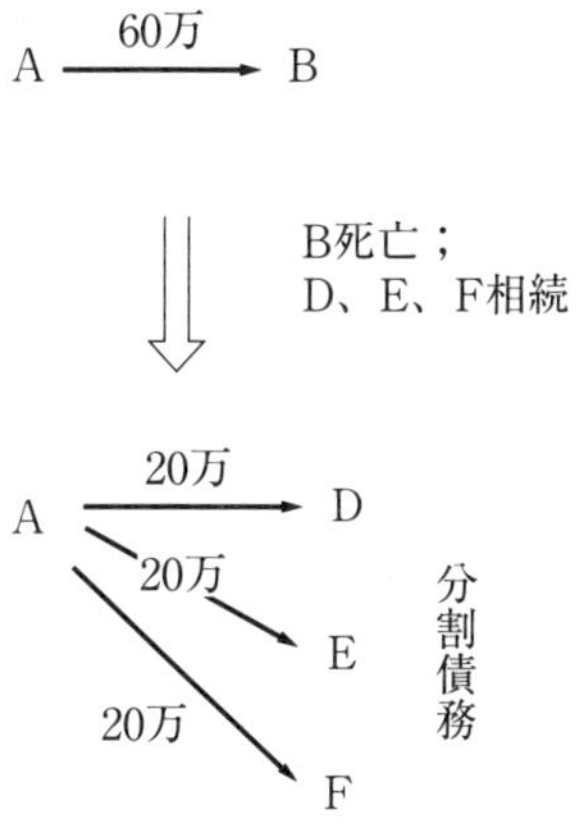

第49図

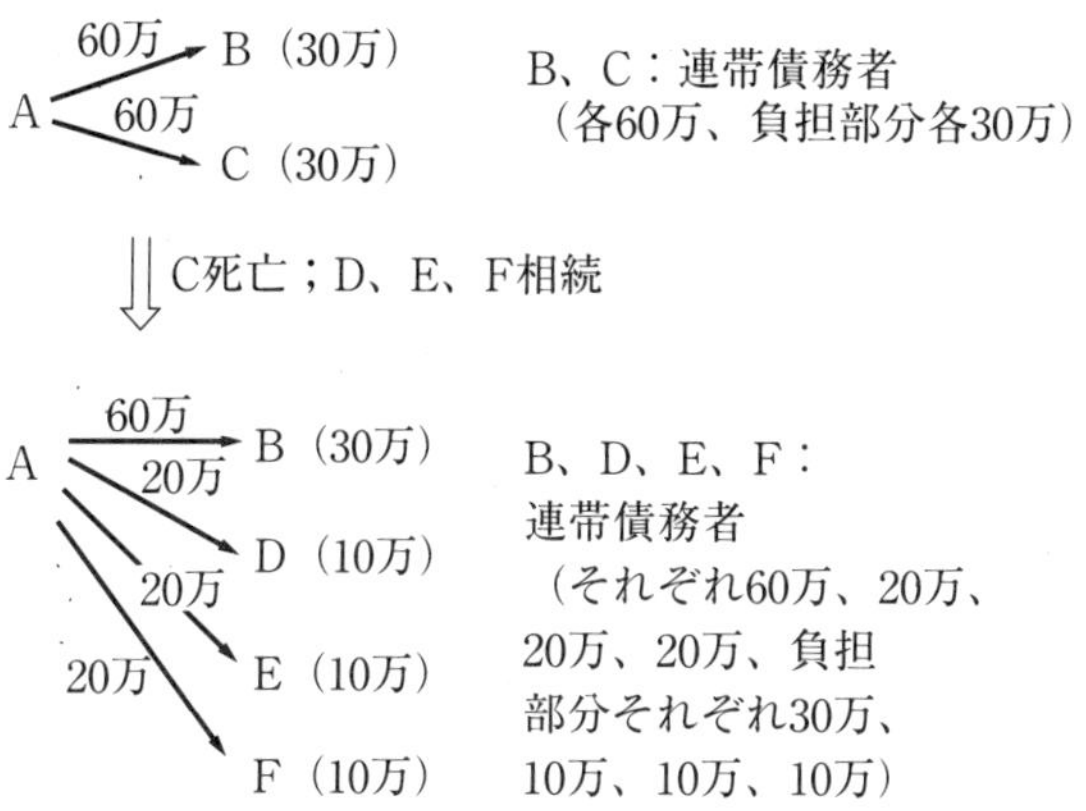

九号一八八六頁）。

〔補説〕　**共同相続と債務の承継**

相続人が数人ある場合のいわゆる共同相続において、共同相続人は遺産の分割までの間、遺産を共同所有する（遺産の分割によって、各相続人は自己に割り当てられた財産について単独所有するに至る）。この共同所有の関係を、合有とするか共有とするかは立法例によって異なる。わが民法は共有説の立場をとっている（八九九条。ドイツは合有説をとる。共有ないし合有の観念については後述参照）。このことに対応して、遺産に属する債権の承継について、判例は「その相続財産中に金銭その他の可分債権があるときは、その債権は法律上当然に分割され、各共同相続人がその相続分に応じてこれを承継する」とする（最判昭二九・四・八民集八巻四号八一九頁。なおドイツ民法では、共同相続人が共同でのみ取立てその他の処分をなしうる。同法二〇四〇条）。

遺産に属する債務についても、わが民法では各共同相続人の相続分に応じた分割債務となる（第48図参照。しかしドイツ民法では共同相続人の連帯債務となる（同法二〇五八条）。もっとも同法でも、遺産分割までは債権者は、共同相続人の固有財産に強制執行しえず、相続財産にしか、かかっていけないのを原則とする（同法二〇五九条）。このことを前提として、連帯債務者の一人が死亡し、相続人が数人ある場合について、「その相続人らは各自の相続分に応じて被相続人の債務を分割承継し、その範囲において本来の債務者とともに連帯債務者となる、と解されている（最判昭三四・六・一九民集一三巻六号七五七頁）（**第49図参照**）。

三　相互保証的関係および保証債務との比較

1

連帯債務の法律関係は相互保証的な関係として捉えることができる。すなわち、乙、丙、丁が、甲に九〇万円の連帯債務を負い、それぞれ三〇万円の負担部分を有する法律関係を、次のように捉えることができる。(ア)乙は甲に三〇万円の債務を負い、丙と丁がこれを担保するために、それぞれ三〇万円の連帯債務を負う。(イ)丙も甲に対し三〇万円の債務を負い、それを担保するために乙と丁が、それぞれ三〇万円の連帯債務を負う。(ウ)丁も甲に対して三〇万円の債務を負い、乙と丙は、それぞれそれを担保するために三〇万円の連帯債務を負う。

以上の(ア)(イ)(ウ)を結合して把握すると、乙は、九〇万円の連帯債務を負うが、そのうちの、三〇万円の部分は、いわば自分のための債務であるが、他の三〇万円の部分は丙の債務を担保するための連帯債務の部分であり、さらに残りの三〇万円の部分は、丁の債務を担保するための連帯債務の部分である。同じことは、丙および丁の九〇万円の連帯債務についてもあてはまる（**第50図参照**）（なお、念のため記しておくと、乙、丙が連帯して六〇万円の債務を負担し、それぞれの負担部分が平等に三〇万円である場合については、乙、丙はいずれも、その六〇万円の債務のうちの三〇万円の分については自分の固有の債務であるが、他の三〇万円の分は他の債務者の債務を担保するため、連帯債務を負担している関係として捉えることになる）。

このように連帯債務を相互保証的構造を有するものとして把握することにより、各連帯債務者がその内部関係において、負担部分をもち、ある債務者が弁済したときに他の債務者に対して、この負担部分につき求償権を取得する関係（前例でいうと、乙が九〇万円を甲に弁済すると、丙、丁に対してそれぞれ三〇万円の求償権を取得する関係）を容易に説明しうる（換言すると、このような連帯債務における求償権の関係は、その相互保証的な構造を論証する一つの根

第50図

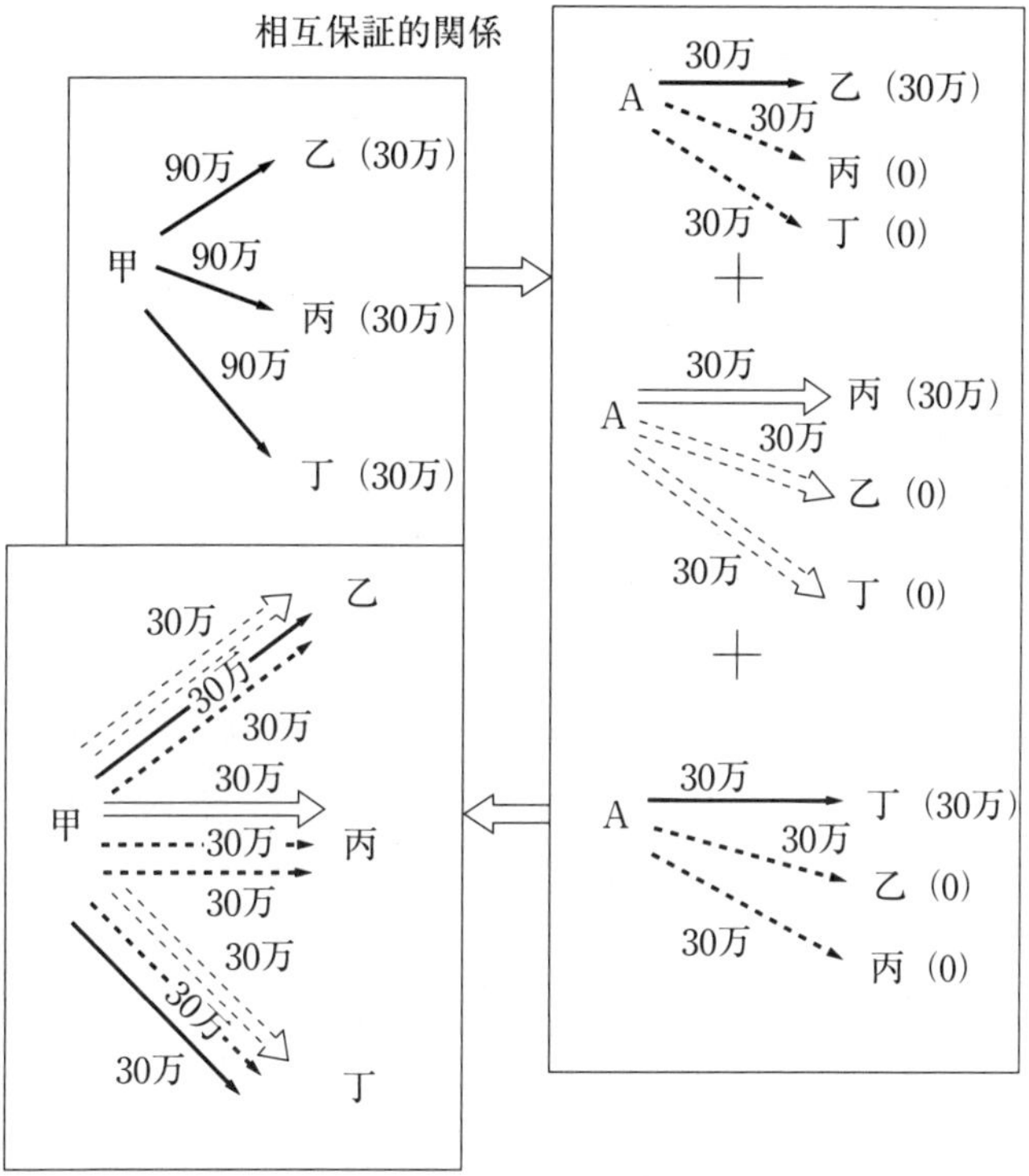

拠、あるいは手がかりとなる)。さらに、相互保証的な構造をもつものとして把握することは、連帯債務の法律関係を、保証債務、あるいは連帯保証債務と比較しながら理解することを可能ならしめる。

〔補説〕　その理由は次のとおりである。一方で保証債務や連帯保証債務にあっては、保証人や連帯保証人が弁済したときに主たる債務者に対して、その全額について求償権を取得するが、逆に主たる債務者が弁済しても保証人等に求償する関係は生じない。他方、連帯債務の通常の形（すなわち各連帯債務者が、平等な、あるいは少なくともプラスの負担部分を有する形）にあっては、連帯債務者の一人が弁済すると、他の連帯債務者に対してその一部分について求償権を取得する。したがって、このような連帯債務の形のままでは、直接的に両者を比較することはできない。両者を比較するためには、連帯債務の中から、一人の連帯債務者が全額の負担部分を負い、他の連帯債務者のそれがゼロであるような形を取り上げて、

――このときは、負担部分ゼロの連帯債務者の弁済により、全額について求償権が発生する――これと保証債務・連帯保証債務と比較することが必要である。比較は多かれ少なかれ類似したものの間でのみ可能だからである。そしてこのような連帯債務の形は、実際にも存在する。すなわちすでに述べたように、ある人の借金に際してそれを保証する目的で他の者が連帯債務者になるという場合がそれである。また日常家事債務の場合、無収入の妻の負担部分はゼロとなる。

連帯債務を相互保証的な構造を有するものとして把握することは、連帯債務の通常の形を、本文で述べたような、一人の連帯債務者が全部の負担部分を有する連帯債務の形にいわば分解し、それを再び結合させたものとして捉えることであるから、保証債務等との比較が可能となるのである。そして後に詳細に述べるように、右のようにして両者を比較していくと、両者の具体的な法律関係には、通常予想されている以上に多くの共通点があることがわかる。いずれにせよ、従来、難解とされていた連帯債務の法律関係を、保証債務と比較しながら理解することは、その理解を容易ならしめることに大いに役立つであろう。

2　右の趣旨にもとづいて、(a)保証債務、(b)連帯保証債務、(c)連帯債務者の一人だけが全額の負担部分を負う連帯債務、のそれぞれについて、その主要な法律関係を比較してみよう。(a)(b)の主たる債務者をともに乙とし、保証人および連帯保証人を共に丙とする。(c)については、全額の負担部分を負う債務者を乙、負担部分ゼロの債務者を丙とする。(a)(b)(c)とも債権者を甲とする（**第51図**参照）。

第51図

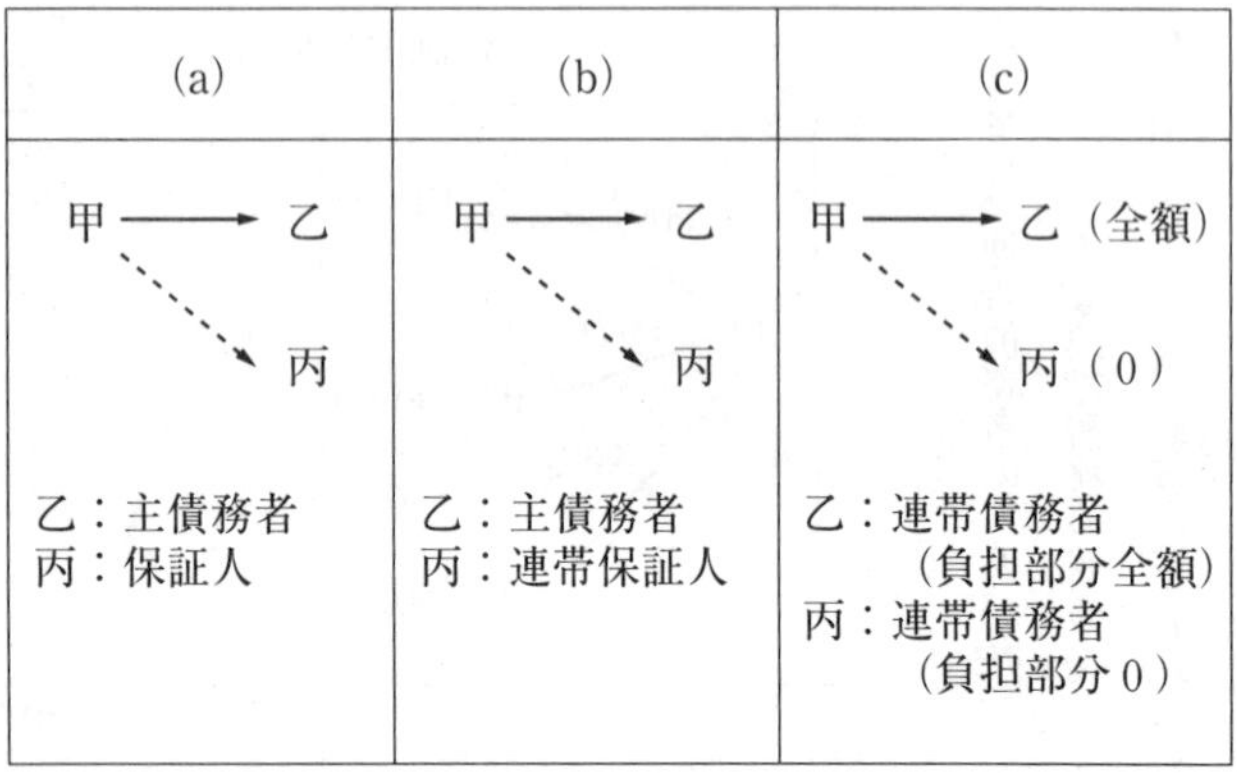

（Ⅰ）　乙の債務について無効・取消原因があるとき。(a)(b)では附従性によって丙の債務も影響をうけることは前述した。しかし(c)では、丙の債務はそれと独立に有効となりうる(前述)。逆に丙の債務について無効・取消原因があるときは、(a)(b)(c)いずれも乙の債務は影響をうけず、有効に成立しうる。

（Ⅱ）　乙の債務が消滅したとき。(a)(b)とも附従性によって丙の債務も消滅する。(c)については、債権者に満足を与える形での消滅すなわち、弁済・代物弁済、また弁済と同じ意味をもつ相殺や供託によって丙の債務が消滅するのは当然だが、わが民法では、更改（たとえば一〇万円の債務を、テレビ一台を給付する債務に変えること）、時効消滅、免除、混同のように、債権者に満足を与えない形での乙の債務の消滅についても、同様に丙の債務が消滅するとしている（四三四条・四三五条・四三七条・四三九条）。しかしこれは、連帯債務の独立性に制限を加えたものであり、これと異なる立法例もある。すなわち、更改、時効消滅、免除、混同について、丙の債務の存続を認め、連帯債務の独立性を維持しているドイツ民法のような例もある（独民法四二三条・四二五条）。

前述のようにわが民法が独立性を制限していることに関し、わが民法で、乙の債務の時効消滅が丙の債務に影響を生じるとした理由については、もしそうしないと、甲は丙から取り立てることができ、その結果丙は、乙に対して求償権を取得するから、乙にとっては折角甲に対する債務が時効消滅したのに、その利益を奪われることになって適当でないからだと説明されている。また、わが民法上、乙の債務についての免除が丙に効力を生じるとされている理由として、もしそうしないと、甲は丙から取り立てることができ、その結果丙は、乙から求償権にもとづいて取り立てると、今度は乙から甲に対して――甲は乙に免除した以上は、乙のすべての出捐を免れさせるべき義務があるにかかわらず、それと異なる結果が生じたのだからという根拠で――求償しうることになる。そこでこのようないわゆる求償の循環を生じるのを防ぐためである、と説明されている。またわが民法上、乙の債務の更改によって丙の債務が消滅するとされている理由は、当事者がそのよう効果を生じさせる意思で更改するのが普通だからと説明されている。乙の債務の混同（乙＝甲）についても、もし丙の債務が消滅せず、甲＝乙が丙から取り立てうるとすると、丙は乙＝甲に求償権を取得し、一種の求償の循環を生じるからであると説明されている（以上、梅謙次郎・民法要義）。

(Ⅲ)　丙の債務が消滅したとき。(a)(b)(c)ともその原因が、債権者に満足を与えるものであるならば、乙の債務も消滅し、丙が乙に対して求償権を取得することになる。

次に、甲に満足を与える消滅原因によらなかったときはどうか。第一に丙の債務の時効消滅のとき、(a)(b)では乙の債務に影響なく、存続する。(c)についても乙の債務に影響ない。第二に丙の債務の免除のとき、(a)(b)(c)とも乙の債務は存続する。第三に丙の債務について更改を生じたとき、(a)(b)では、保証債務が主たる債務と同じ内容の債務であり、また附従性を有することから考えて、給付の内容が乙の債務と異なる丙の債務を成立させうるか疑問である。当事者の意思の解釈からいっても、原則として、代物弁済と同様に乙の債務を消滅させ、その代りに丙の債務を成立させるべきであろう。(c)については、明文によって、乙の債務は消滅する（四三五条）。当事者の意思の推定にもとづくとされていることは前述したとおりである。丙は乙に求償権を取得するのはもちろんである。第四に丙の債務の混同のとき、(a)は乙の債務に影響しない。(c)については混同は弁済とみなされるから（四三八条）、乙は債務を免れるとともに、丙＝甲に対して償還義務を負う。(b)でも、前述したように、準用規定によって(c)と同じに扱われる（第二節五(2)(b)）。なお以上の第一から第四までドイツ民法では、(c)について連帯債務の独立性が維持され、丙の債務の消滅は乙の債務に効力を生じないことは（Ⅱ）の場合と同様である。

(Ⅳ)　甲が乙に請求すると、その効果——具体的には附遅滞と時効中断の効果であることは前述した——は(a)(b)ともに保証債務の附従性によって丙に及ぶ。(c)においては、連帯債務の独立性の原理を適用すると丙に及ばないはずであり、そしてドイツ民法でも、そのように扱っているが（ドイツ民法四二五条）、わが民法では、丙に及ぶと定められている（四三四条）。これは債権の効力を強大ならしめるための規定だとされている。次に、甲が丙に請求するとき、(a)では前述したように、その効果は乙には及ばないが、(c)では、前段におけると同じく、ドイツ民法とは異なって、乙に効果が及ぶ(四三四条)。なおこの点では、(b)についても、前述したように、準用規定によって(c)と同じに扱われる(第二節五(2)(a)参照)。

(Ⅴ)　債権者の受領遅滞は、債権者の受領の効果に対応する効果であるから、両者を同様に扱う必要がある。すなわち乙あるいは丙の弁済提供にかかわらず甲が受領遅滞に陥ると、その効果は、丙、乙に生じる。(a)(b)(c)に共通する(ドイツ民法も(c)についてこれを明文で定める(独民法四二四条))。

(Ⅵ)　丙が催告・検索の抗弁権を行使しうるか。(a)のとき行使しうる。(b)(c)のときは行使しえない。逆に(a)(b)(c)とも乙が行使しえないのはいうまでもない。

(Ⅶ)　丙が多数のとき。(a)の場合は各保証人は分別の利益を有する。しかし(b)(c)にあっては分別の利益を有しない。

3　以上(a)(b)(c)について主要な法律関係を比較したが、ここで総括して考察しよう。従来一般に保証債務の附従性に対する連帯債務の独立性が連帯債務の顕著な特色だといわれてきたが、それは確かに債務の成立に関しては妥当するが、債務の消滅に関しては、少なくとも日本民法の場合、ほとんど妥当しないことがわかる。もっともわが民法の連帯債務とドイツ民法のそれとを比べると、後者のほうが、独立性が強いことがわかる。特に請求の効力に関して、わが民法はいわゆる絶対効を認め、債務者の一人に対する請求の効力が他に及ぶことを認めるが、ドイツ民法では独立性を徹底させて、相対的効力を生じるとしており、請求の相手方にその効力が生じるのみである。

また、右の各項目の比較からの結論としては、丙の地位については、(a)(b)(c)の順に従って、その負担が次第に重くなっており、逆に債権者甲の地位は、右の順に従って次第に有利になっていることがわかる。またドイツ民法の連帯債務とわが民法のそれを比較するとき、独立性の強い前者のほうが、大体において(ただし、請求の効力の相対効の点は別である)債権者に有利だといえよう。

〔補説〕　連帯債務の独立性について若干附説しよう。保証債務の附従性と連帯債務の独立性を比喩的にいうならば、前者は宗主国と属国の間の関係であるのに対して、後者は互いに対等な独立性をもった複数の国が連邦を形成している関係になぞらえて捉えることができよう。後者の場合、連邦の形成に際して、各邦ないし各州の独立性が比較的強く保たれた形（たとえばECを考えよ）と、比較的弱くされている――連邦による統合の程度がそれだけ強い――形（たとえば、アメリカ合衆国もしくはドイツ連邦共和国）とありうるが、ドイツ民法の連帯債務において独立性が強いという場合には、前者の形（EC）になぞらえることができ、わが民法上のそれにおいては独立性が弱いという場合、後者（アメリカ合衆国・ドイツ連邦共和国）の形になぞらえることができよう。

わが民法上の連帯債務――それはフランス民法を継受した旧民法の影響を強くうけ、フランス民法の連帯債務に近い――において、右の意味において独立性が弱く定められていること（とりわけ請求の効力の絶対効）の理由は、それが予定している連帯債務の形は、数人が共同事業のための借金をするにあたって連帯債務を負担する場合のように、連帯債務者相互の間に共同目的のための主観的連結がある場合だからである。それに対して、ドイツ民法の連帯債務において、前述の意味において独立性が強く定められている理由は、それの予定している連帯債務の形が、共同不法行為の場合に生じる連帯債務のように、連帯債務者相互間に主観的連結のない場合だからである。けだし共同不法行為にあっては、数人が共謀して他人を傷つけたり、他人の物を毀損する場合のように、共同不法行為自体には主観的連結のある場合もあるが、しかし、たとえば自動車の衝突事故によって通行人が巻き添えをくって怪我をした場合のように、共同不法行為自体に主観的連結のない場合もある。そして前者の場合でも、共同不法行為の後に生じる損害賠償義務の支払についてまで、主観的連結の関係が存在しているわけではない。

右のような理由から、わが民法の場合、たとい一応連帯債務と認めるべき場合でも、債務者の間に主観的連結がない場合には、それがあることを前提にして設けられているわが民法の規定を、そのままに適用することは、妥当でない結果をもたらす。そこで、支配的な学説は、そのような場合には、民法の規定をそのままに適用しえない、特殊な連帯債務だという意味で、不真正連帯債務だとして、真正な連帯債務と別個の範疇に入れている。ここにおいては、各債務に強い独立性を認め、債権者に終局的な満足を与える行為のほかは、一方の債務の消滅原因は他の債務に影響を与えないとしている。判例も、このような不真正連帯債務の概念を承認するに至っている(最判昭四八・一・三〇判例時報六九五号六四頁。後述参照)。

四　各規定の説明

右に検討した連帯債務と保証債務等との比較をふまえて、連帯債務の各規定を説明しよう。連帯債務の規定が保証債務のそれと共通するところが、一般に考えられている以上に多いことが判明するであろう。

1　債権者の権利

一般に次のように説かれている。すなわち「連帯債務の債権者は、連帯債務者中の任意の一人もしくは数人、または全員に対して全部または一部の請求をなしうる。そして数人または全員に対して請求するときは、同時に請求することも順次に請求することも妨げない(四三二条)。このことは主として訴訟において意義がある。元来、債権者は、同一の債権について、一度訴えを提起すれば、その裁判中にも、また勝訴の判決をうけた後においても、二度訴えを提起することはできないのであるが、連帯債務は別個独立の債務だから右のようなことも妨げないのである」(我妻栄)と。

しかし右に述べられていることは、実は、連帯保証債務についてはそのままにあてはまる。すなわち、一方で乙の三〇万円の債務の担保のために、丙、丁が連帯して三〇万円の債務を負っている場合と、他方で乙の三〇万円の債務のために丙、丁が連帯保証人になっている場合の両者を比較するならば、連帯債務について妥当する右の命題が、連帯保証の場合にもあてはまるのである。それでは右の丙、丁が乙の債務のための普通の保証人のときはどうか。右の命題は二つの点で修正される。第一に、丙と丁は分別の利益を有するから、甲が丙と丁に請求するときはそれぞれ一五万円以下の請求しかなしえない。第二に、普通の保証人である丙と丁は催告・検索の両抗弁権を有すとになる。

るから、その限度で、乙に対する請求と丙、丁に対する請求は、同時になしえず、先後の順序が定められているこ

また連帯債務者の破産に関連して一般に次のように説かれていることは、そのまま連帯保証にもあてはまる。普通の保証についても、共同保証人が分別の利益を有する点でのみ修正をうけるにすぎない。すなわち「連帯債務者乙、丙、丁が順次に破産したとする。債権者甲は乙、丙、丁の各破産財団に対して、それぞれ債権全額、右の例でいえば三〇万円で配当に加入できる(四四一条)。だから各破産財団が二割の配当しかしない場合にも、合計一八万円の弁済をうける。ただし、丙の破産宣告以前に乙の破産手続ですでに六万円の弁済を受けていたときには、丙の破産財団には残額二四万円についてだけ加入できる(破産法二四条)」と説かれているが、丙、丁が乙の債務のための連帯保証人なら、右と全く同じに扱われるし、丙、丁が普通の保証人なら、甲が丙、丁の破産財団に配当加入しうる債権額が、分別の利益のためにそれぞれ半額に減ずるだけである(破産法二五条・二七条)。

2　連帯債務者の一人について生じた事由の他の債務者に及ぼす効果

ここでは連帯債務者乙、丙、丁が、九〇万円の連帯債務を負い、彼等の負担部分が平等に三〇万円の場合を例にとって説明しよう。前項(三2)で連帯債務者の一人だけが負担部分を負い、他の債務者のそれがゼロである連帯債務の形を取り上げて、その法律関係を検討したが、ここではその検討をふまえつつ、そのような形が組み合わされた、より複雑な形(前述三1参照)が取り上げられるわけである。

(1)　**絶対的効力を生じる事由**　第一に、連帯債務者の一人・乙について生じる弁済、代物弁済、相殺、供託、受領遅滞が絶対的効力を生じ、他の債務者に効力を及ぼすのは当然のことである。また連帯債務者の一人が弁済およびこれに準じる代物弁済、相殺、供託をして債務を消滅させたときは、連帯債務の相互保証的関係からいって、他の連帯債務者にその負担部分について求償しうることも当然である。

なお、相殺に関して民法は、連帯債務者の一人は、他の一人が債権者に対して有する反対債権を、その者の負担

部分だけ自ら相殺に供しうると規定している（四三六条二項）。したがって、たとえば九〇万円の連帯債務者乙、丙、丁のうち丙が九〇万円の反対債権を有する場合、丙が九〇万円について両債権を相殺しうる（そのあと乙と丁に三〇万円ずつ求償しうる）のは当然だが、乙が甲から弁済を請求されたとき、乙は丙の負担部分である三〇万円については丙に代って相殺して、残り六〇万円を支払えばよい。しかしこの法理は保証債務で適用されているのと同じ法理である（保証人は主たる債務者の有する反対債権と主たる債務とを相殺して保証債務を免れうる。四五七条二項。前述第二節三(3)参照）。

第二に、連帯債務者の一人乙になした請求の効果が、他の債務者丙、丁にも及ぶことは、前に述べたところ（三2(Ⅳ)）から明らかであろう。

第三に、債権者甲が乙の債務を免除すると、乙はすべて債務を免れるが、丙、丁も乙の負担部分三〇万円分だけ債務を免れて、それぞれ六〇万円の債務に減少する（四三七条）ことも、前述したところ（三2(Ⅱ)）を総合すれば明らかであり、普通の保証債務の場合と基本的に異ならないのも前述したとおりである（三2(Ⅱ)参照）。

第四に、乙の債務が時効消滅すると丙・丁も、乙の負担部分だけ債務を免れて、六〇万円ずつの債務に減少することについても右と同じである（四三九条）。

第五に、乙が九〇万円の連帯債務を特定の建物所有権移転の債務に更改する契約をすると、反対の特約のない限り丙、丁は債務を免れ、乙が丙、丁に対して、各自の負担部分である三〇万円ずつの求償権を取得する（四三五条）ことも、前に述べた法理（三2（Ⅱ））を総合して捉えれば明らかであろう。

第六に、甲と乙の地位が、たとえば相続によって混同すれば、乙は弁済したとみなされ、丙、丁は債務を免れるとともに、乙＝甲からの求償をうける（四三八条）ことも右と同様である。

以上の各事由は、いわゆる絶対的効力を生じる事由の場合に該当するが、わが民法では債権者に満足を与える消滅事由以外のものにも絶対的効力が与えられ、その限りで連帯債務の独立性が制限されている理由については、前項で述べた。

(2)　**相対的効力を生じる事由**　以上のほかの事由は、すべて相対的効力を有し、他の債務者に影響を与えない（四四〇条）。これが原則と定められているものの、前に見たように例外が多いから、原則に属する事例は少ない。重要なものとして、(ア)判決の効力、(イ)請求以外の原因すなわち承認または強制執行にもとづく時効の中断（一四七条二号）がある。

もっとも、右(ア)の相対効については普通の保証債務でもあてはまることである。また右(イ)の相対効については、その適用により、乙が承認して、乙の債務の時効が中断しても、丙、丁の債務は時効が完成する。しかし乙は丙、丁の負担部分の限度で債務を免れうる（四三九条）から、乙は三〇万円支払うだけで足りることを注意する必要がある。なお、乙の債務につき丙、丁が普通の保証人になっている場合には、乙が承認すると、保証債務の附従性により、丙、丁の時効も中断される。そして逆に、丙、丁が承認して、その債務が一応中断しても、その効力は乙に生じないから、乙の債務が先に時効完成する。しかし乙の債務の時効完成の効力が丙、丁に及ぶから（附従性）、結局丙・丁は債務を免れうることになる（前述第二節三(4)(b)参照）。

このほか相対的効力に該当する事例として、時効の停止、時効の利益の放棄、債務者の過失、請求以外の原因による遅滞などがあげられている。これらの事由についても、保証債務の場合と比較検討することによって、その実質的な意味がよりよく理解されるが、ここでは説明を省略する。

(3)　**免除についての補説**　連帯債務者の一人乙に対する免除の効果（四三七条）については前述したが、免除には様々な趣旨の免除がある。すなわち、①総債務の免除。九〇万円の連帯債務を負う乙、丙、丁が、三〇万円ずつの負担部分を負うとき、甲が総債務者乙、丙、丁の全債務を消滅させる趣旨で乙に対する意思表示によって免除したときには、このような免除が生じる（たとえば甲が乙に九〇万円を贈与する代りにこの趣旨の免除をすることがある。このとき、乙に丙、丁に対する三〇万円ずつの求償権を認めるべきである）。②乙の債務を消滅させ、その負担部分の限度で丙、丁にも効力を生じさせる免除(前述の四三七条の免除)。③乙の債務を免除し、丙、丁には何ら効力を生じない趣旨の免除(相対的免除という)。④乙の債務のうち負担部分のみを残し、他の部分は消滅させる趣旨の免除。このとき丙、丁は依然として九〇万円の連帯債務を負う。これを連帯の免除という。

実際になされる免除の意思表示が、以上の四つのうちのどれに属するかは意思表示解釈の問題だが、四三七条の規定の趣旨から、②を推定すべきである。なお右の③はドイツ民法上原則的な形として定められている免除に相当する(同法四二三条は、当事者が全債務関係を消滅させる意思をもって免除したときは他の債務者にも効力を生じるとする。したがって原則は③で、例外的に①も成立しうることを認めているわけである)。近時わが民法上も、このような趣旨の免除も可能であることが承認されるに至っている。④の免除を債務者がすべての債務者に対してなせば、連帯債務でなく分割債務になってしまう。また一人の債務者に対する意思表示によって、全債務者に連帯の免除の効果を生じさせるような免除をすることも可能だと解されている(これを絶対的連帯免除という)。

五　連帯債務者相互間の求償関係

1　総　説

連帯債務者相互間においては負担部分が定められていること、それを定める基準、また負担部分がゼロであることも可能であること、については前述した。そして連帯債務者の一人が弁済などの出捐によって債務を消滅させたとき、他の連帯債務者に対して、その負担部分について求償権を取得することも前に述べた。そして連帯債務を相互保証的な関係として捉えることによって、この求償関係は保証債務における求償関係と基本的に共通した性質をもつものとして、理解しうることも前述した。

2　求償権の成立とその範囲

(1)　求償権の成立の要件は、一人の債務者が弁済その他の出捐によって、総債務者の共同の免責を得たことである。その弁済が自己の負担部分を超える弁済であることを要するか否かが、かつて、争われた。前例でいうと、乙は三〇万円を超える額、たとえば四〇万円を甲に弁済したときにはじめて、丙と丁に対してその超過額一〇万円について、丙と丁の負担部分に応じてそれぞれ五万円を求償しうるのか、それとも自己の負担部分を超えない弁済であっても、たとえば前例で三〇万円弁済したときも、丙、丁に対し、その額についての丙、丁の負担部分の割合に応じて、したがってそれぞれ一〇万円ずつの求償権を取得するのかの問題である。現在では判例および多数説は、後説にかたまっている（大判大六・五・二民録二三輯八六三頁）。後説は、弁済した債務者の保護に役立ち（乙が甲に分割払いするケースにおいて、丙、丁が当初は資力があるが後に無資力に陥る場合を考えよ）、連帯債務者の負担を負担部分に応じて平等に扱う考えを徹底させる点ですぐれている、とされている。後説の立場からは、従来、数額であらわされている負担部分は、実際には（求償権の行使に関する限りは）額ではなくて割合だということになる。

(2)　求償の範囲は、共同の免責を得た出捐額、免責のあった日以降の法定利息、および避けることができなかった費用、その他の損害の賠償を包含する（四四二条二項）。この範囲は、委託を受けた保証人の求償の範囲と一致する。連帯債務者相互間に、主観的な意思の連結があり、委任契約を締結している関係に類した関係があることを予定しているためである。したがって一人の債務者乙の債務の担保のために、他の者丙、丁が、連帯債務者になっている場合において、丙、丁が乙の委託を受けずに連帯債務者になったときは、委託を受けない保証人の求償の範囲に関する規定（四六二条）を準用すべきである。求償の割合は各債務者の負担部分の割合であることは前述した。

3　求償権の制限　連帯債務者の一人が弁済するにあたっては、その前と後とに他の債務者に通知義務を負い、この義務を怠ると、求償権の行使にあたって一定の制限をうける。このことは基本的には、委託を受けた保証人および主たる債務者の通知義務と異ならない。連帯債務を相互保証的関係として捉えたうえで、前述した保証債務に関する通知義務の法理を適用すればよい。問題になるのは、一人が弁済して通知しない間に、他方がさらに通知せずに弁済することによって二重弁済を生じた場合の扱いである。前述したように、通説・判例は、この場合、原則にかえって早いほうの弁済を有効とする（最判昭五七・一二・一七民集三六巻一二号二三九九頁）。

しかし私は、求償関係の当事者の間の関係としては、いずれの通知義務の懈怠がより重大であるかを基準として、この問題を決すべであるとした（第二節**四1**(3)(d)）。前述したこの考えをそのまま、連帯債務にあてはめるならば（その際、負担部分がゼロの連帯債務者の支払は保証人の支払と同視しうる）、乙と丙が六〇万円の連帯債務を負い、その負担部分が三〇万円ずつだとすると、乙が六〇万円を弁済して丙に通知しない間に、丙が乙に事前の通知をすることなくして、重ねて六〇万円を弁済したとき、乙、丙の間の内部関係としては、乙、丙が弁済した六〇万円のうち、それぞれ自己の負担部分に相当する三〇万円については、有効な弁済となるが、それぞれ自己の負担部分を超えている三〇万円の部分については互いに、有効な弁済であることを主張しえないことになる。したがって乙と丙は、共に相手に対して三〇万円の求償権を行使しえない。乙と丙は、甲から、三〇万円ずつを取り返すことになる。その際、元来は、甲に対する関係では、先になされた乙の六〇万円の弁済が有効で、丙の六〇万円の弁済が無効となるはずであり、したがって丙が甲に対して、六〇万円の不当利得返還請求権を取得するはずであるが、そのうちの三〇万円については、右に述べた理由によって、乙が丙から譲り受けて取得することになるのである。

それでは、乙、丙、丁が九〇万円の連帯債務を負い、その負担部分がそれぞれ三〇万円のときは、どうか。三人がすべて通知義務を怠って三重に九〇万円ずつ支払ったときは、連帯債務者相互の間で、それぞれの自己の負担部分に相当する金額についてのみ有効な弁済となるから、結局、乙、丙、丁は相互に求償権を行使しえず、甲に対してそれぞれ六〇万円の返還を請求しうることになる（乙の弁済が最初になされていたとすると、甲に対する関係では丙と丁の弁済が無効となり、丙と丁はそれぞれ甲に対して九〇万円の不当利得返還請求権を取得するはずである。しかし乙はそのうちの三〇万円のぶんを丙および丁から譲り受けることによって、乙、丙、丁ともに甲から六〇万円の返還を請求しうることとなる）。また右の事例で、共に通知義務を怠った乙と丙とが、九〇万円を二重に弁済したときには、乙、丙間では、右と同じ理由で相互に求償権を取得せず、甲に対してそれぞれ四五万円の返還を請求しうる（甲に対する関係では、後の弁済である丙の弁済が無効となり、丙が甲に対して九〇万円の不当利得返還請求権を取得するはずだが、乙と丙の内部的な関係では平等な立場に立つから、乙が丙から右の半分を譲り受け、結局、乙と丙は四五万円ずつ甲に返還請求することになる)。丁に対する関係では、乙、丙は平等な立場に立つから丁に対してそれぞれ一五万円の求償権を取得する(丁に対する関係では先になされた乙の弁済が有効となり、したがって本来的には乙が丁に対して三〇万円の求償権を取得するはずだが、丙がその半分を譲り受けて取得するわけである)。なお、他人の債務を担保するために、委託によらずに連帯債務者になった場合は、通知義務に関しても委託によらない保証人の場合の規定を準用すべきである。

4　乙が九〇万円を弁済し、丙、丁から三〇万円を求償するにあたって丁が無資力だったとする。その負担部分三〇万円は、乙と丙で負担部分に応じて一五万円ずつ負担する。ただし丁から求償しえなかったのが乙の過失によるとき(たとえば、求償の時期が遅れたため求償できなかったとき)は丙に対して分担を請求できない。これは共同保証人間の求償権と基本的には同じ趣旨である(四六五条。前述第二節**六**(2)(a)参照)。

右に述べた、丁の無資力の場合に生じる乙の丙に対する分担請求権に関連して、民法は一個の規定を設ける。すなわち、債権者が予め丙に連帯の免除をしていたときは、丙が分担すべき右の一五万円は、債権者甲が負担すると定める(四四五条)。その趣旨は、甲が丙に対してなした連帯の免除の中には、丙からその負担部分の額だけしか取り立てないというだけでなく、いかなる場合にもそれ以上の負担を、丙に負わせないようにしてやるという意味が含まれれていると見て、丁の無資力によって生ずべき丙の負担を、乙が肩代りすべきものとしたのである。しかしこのように見ることは、普通の場合の甲の意思に適合しないことが多いので、通説はこの規定を制限的に解し、甲は反対の趣旨で免除がなされたとの証拠をあげて、右の負担を免れうると解している。

5　連帯債務者が求償権を有するときは、その確保のために法定代位を生じる(五〇〇条、後述する)。

六　不真正連帯債務

1　前述したように、わが民法の連帯債務の規定は、ドイツ民法と異なり、連帯債務者相互間に共同目的のための主観的連結の関係のある場合を予定して作られている。そこで、共同不法行為者のように、広義での連帯債務者であっても、債務者相互間に、主観的連結の関係のない場合には、連帯債務の規定をそのまま適用することは不適当な結果を生じる。そこで学者は一般に、このような主観的連結の欠けている場合を、本来の連帯債務と範疇的に区別して不真正連帯債務と名づけ、本来の連帯債務と異なった扱いをしている。判例も近時この概念を承認するに至った（最判昭四八・一・三〇判例時報六九五号六四頁）。

2　不真正連帯債務の成立する場合として、一般にあげられているのは、① 前述の共同不法行為者の債務のほか、② 他人の家屋を焼いた者の不法行為にもとづく賠償義務と、保険会社の契約にもとづく保険金支払義務、③ 受寄物を不注意で盗まれた受寄者の債務不履行にもとづく賠償義務と、盗人の不法行為にもとづく賠償義務、④ 法人の不法行為による賠償義務（四四条一項）と、代表機関個人の賠償義務、⑤ 被用者の加害行為についての被用者自身の賠償義務（七〇九条）と、使用者または監督者の賠償義務（七一五条。その他七一四条・七一八条の場合）などである。

3　不真正連帯債務の法律関係の特色としては、まず本来の連帯債務と同様に、債権者が債務者の任意の一人もしくは数人、または全員に対して一部または全部の請求をなしえ、そして数人または全員に対して請求するときは、同時に請求することも順次に請求することも妨げない。しかし本来の連帯債務と異なって、一人の債務者について生じた事由は、弁済その他債権者に満足を与える事由のほか、相対的効力を生じるのみであり、他の債務者に何ら影響を生じない。したがって、連帯債務について絶対的効力を生じる場合を定めている四三四条ないし四三九条の規定は適用されない。その結果、被用者に対する賠償請求権（七〇九条）が時効にかかっても、使用者の賠償義務の存続に影響しない（大判昭一二・六・三〇民集一六巻一二八五頁）。また、共同不法行為者の一人に対して免除がなされても他の共同不法行為者の損害賠償義務に影響を与えない（最判昭四八・二・一六民集二七巻一号九九頁）。共同不法行為者の一人に対する請求は他の者に効力を及ぼさない（最判昭五七・三・四判例時報一〇四二号八七頁）。このように不真正連帯債務においてはそれぞれの債務が強い独立性を保っていることは一般的には債権者に有利であり、債権の効力を

第52図

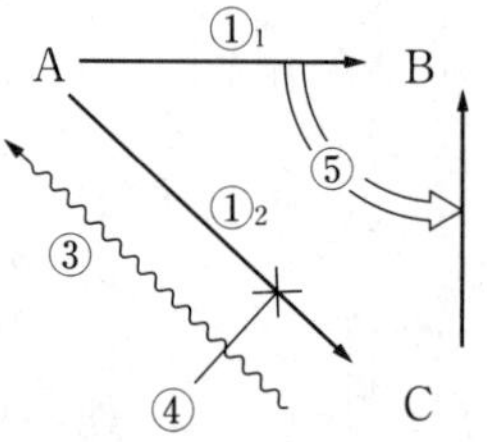

A　：保険契約者
B　：放火者
C　：保険会社
①$_1$：不法行為による賠償請求権
①$_2$：保険金請求権
③　：弁　済
④　：消　滅
⑤　：保険代位による権利移転

第53図

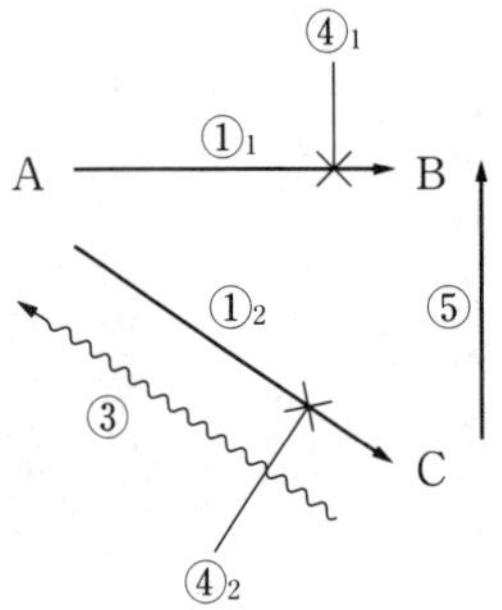

A：被害者
B：加害者（被用者）
C：使用者
①$_1$、①$_2$：不法行為による賠償請求権
③：弁　済
④$_1$、④$_2$：消　滅
⑤：求償権

強化するに役立っている（例外として、一人に対する請求の効力が絶対効を有しない点は、逆に債権者に不利になっている）。

4　かつて支配的な学説は、不真正連帯債務においては債務者相互間に主観的連結がないことから、これを前提とする負担部分なるものがなく、したがってまた、これにもとづく求償関係も成立しえない、単に、債務者相互間にたまたま存在する契約その他の法律関係にもとづいて求償関係類似の関係が生じるにすぎない、それが不真正連帯債務の特色の一つである、と説いた。そして求償類似の関係として次の法律関係が援用される。すなわち前述②の事例では、債権者（保険契約者）に保険金を支払った保険会社は、商法六六二条に定める保険代位の規定によって、放火者に対する損害賠償請求権を取得すること（**第52図**参照）、また前述③の事例では、四四二条に定める賠償者の代位の規定によって、債権者（寄託者）に全額の損害賠償を支払った受寄者は、盗人に対する損害賠償請求権を取得すること、④⑤の事例では七一五条三項もしくはその準用によって、債権者（被害者）に損害賠償を支払った使用者または監督者（もしくは法人）は、被用者（もしくは法人の機関）に求償しうること（第53図参照）、そして①の求償関係（前述二2参照）も、かつては連帯債務本来の求償関係と異なること、が強調された。

しかし最近では、不真正連帯債務にも負担部分や求償関係があることが主張され、支持を得つつある。

思うに負担部分という言葉をいかに解するかが問題であり、これを広く解し、債務者の一人が最終的に出捐を負担する部分を、負担部分と解すれば、不真正連帯債務にも負担部分があり、それにもとづく求償関係が存することになる。しかしこれを狭く解し、主観的な連結の関係を前提とする場合に限れば、そこには負担部分がなく、求償関係もないことになる。用語法としては、広義に解するのが無理がないように思われるが、しかし、主観的連結関係のない不真正連帯債務においては、その求償関係においても、おのずから本来の連帯債務と異なる扱いが必要となるであろう。たとえば、弁済の前後における通知義務の規定（四四三条）はここでは適用すべきではあるまい。

なお、ドイツ民法上も不真正連帯債務の概念が用いられているが、前述のように、ドイツ民法では、元来、債務者間に主観的連結のない場合を想定して連帯債務の規定が作られており、各債務の独立性が強くなっているから、わが国の場合と問題状況を異にする。ドイツではこの概念の要否は、連帯債務の求償権に関する一つの規定（ドイツ民法四二六条で定める、負担部分の平等割合の原則、償還義務者の一人が無資力のときに他の償還義務者に対して分担を請求しうること、および求償権確保のための法定代位を定める）の適用の可否をめぐって論じられているのに対し、わが民法では、主として、一人の債務者に生じた事由に絶対効を生じさせている規定（四三四条ないし四三九条）の適用の可否をめぐって論じられているのである（前述）。

そのため、わが国とドイツでは不真正連帯債務に該当する事例の範囲に広狭の差があり、共同不法行為者はドイツではその中に入らないが、わが民法上は入る。わが民法ではさらに、重畳的債務引受も入るとする説が近時有力である（後述参照）。

〔補説一〕　近時、不真正連帯債務の概念を認めること自体に反対する見解もある。その理由としては、①この概念のもとに捉えられる法律関係にはいろいろのものがあり、一様ではないから、それぞれの特殊性に応じた処理が必要である。②他方、わが民法の連帯債務の規定は、もともと契約書の「ひな型」のような性質を有するものであり――わが民法の起草者が連帯債務の規定を作るにあたり、現実の社会には、連帯債務の多様な形がありうることを認めつつ、その一つ一つについて規定するのは煩わしさに堪えないから、契約の雛型を作るような趣旨で、最も多くの場合にあてはまるような規定をおいた旨を述べている（富井政章、淡路剛久『連帯債務の研究』参照）。――したがって特殊な類型の連帯債務には、その実態に応じて弾力的に民法の規定を修正して適用すべきである。ところが不真正連帯債務といういわば固定的な概念を作ることによって、右の①につき、一律的な処理がなされ、また右の②について連帯債務の規定が本来有しているはずの弾力性が見失われるおそれがある、ということがあげられている。しかしこのような批判を受けとめつつ、この概念が大まかな形で法律関係の一類型を示すものにすぎないことを承認したうえで、この概念を用いることは可能であり、また連帯債務概念の体系的な整理のために有用であると思われる。

〔補説二〕　わが民法の連帯債務の性質を説明するために従来、債務者相互間における共同目的のための主観的連結関係の存在ということが唱えられた。その後、相互保証関係の存在ということが唱えられた。しかし現在では、この両説のいずれか一方だけで説明することは困難であるとして、両説を併用して説明する（たとえば請求の絶対的効力は前説で、一人の債務者が弁済したあとの求償関係は後説で説明するという具合に）ことが行われている。しかしその際、相互保証関係と主観的連結関係との論理的な関連が必ずしも十分に究明されず、両者が同一次元で捉えられていたように思われる。

私見においても両説をとり入れる点は共通しているが、しかし私見では、相互保証関係を縦軸に、また、担保される債務と担保する債務の間の結合関係を横軸にして、立体的に捉え、それによって相互の論理的関連を明確にしていること、それと同時に、連帯債務を保証債務や不真正連帯債務と共通した理論的枠組で捉えることによってその間の比較を可能にしていること、この二つの点で特色があるのではなかろうか（もっとも私見の立場からは相互保証的関係という、意味の限定された語の代りに、相互担保的関係という、より広い意味をもった語を用いるのが正しい。保証という語は、通常、被担保債務と、担保債務との間に附従性の関係がある場合のみを指すものと受けとられるからである）。

第四節　不可分債務

一　発生原因

数人が共同して債務を負担する場合に、給付の目的物が可分ならば、原則として分割債務が成立するが、不可分のとき（例えばテレビ一台を給付する債務）は不可分債務が成立する（前述）。不可分債務は、このほか給付の可分・不可分を問わず、当事者の契約によって成立させることもできる。前者が性質による不可分債務であり、後者が意思表示による不可分債務である。

前者の例として判例で認められたものに、①共有する一つの立木の引渡債務（大判大一二・二・二三民集二巻一二七頁）。②共同賃借人の負う賃料債務（大判大一一・一一・二四民集一巻六七〇頁）。これは、賃料そのものは金銭債務で可分だが、賃借物の全部を共同不可分に使用収益したことの対価であるという理由による。③数人の負う「なす債務」。たとえば登記義務（最判昭三六・一二・一五民集一五巻一一号二八六五頁）。④共同相続財産の中に属する給付の目的物が不可分な債務（前述第三節**二2**末尾補説参照）がある。しかし後者の例に属するものは判例上は見あたらない。

二　効果

債権者と不可分債務者との関係については、連帯債務者に関する規定が準用される（四三〇条）。ただし、不可分債務者の一人に生じた事由は、弁済およびそれに準じる事由のほかは、他の債務者に影響を及ぼさない（四三〇条による四二九条二項の準用）。したがって、債権の効力は連帯債務の場合より強力となる（ただし請求の相対的効力の点は別）。

不可分債務者相互の関係についても連帯債務の規定が準用される。債権者と債務者の間で更改または免除があっても、他の債務者は全部の弁済の義務を負うが、その際の求償関係に関連し特則がある(四三〇条による四二九条一項の準用)。以上からわかるように、不可分債務の効果は、不真正連帯債務に著しく類似している(このことに着目することによって、学者によっては、不可分債務を規定するわが民法では、不真性連帯債務の概念を認める実際上の必要性がない、と主張する者もある)。

第五節　不可分債権・連帯債権

1　総　則

債権法総則の中の「多数当事者ノ債権」と題する節は、債権者が複数の場合についても規定している。この場合の原則は、債務者の複数の場合と同様に、債権の内容が可分であれば分割債権となり(四二七条)、不可分であれば不可分債権となる。当事者の契約によって不可分債権を成立させることも可能である(四二八条)。また連帯債権を成立させることもできる。

2　不可分債権

不可分債権とは、複数の債権者の誰でもが自己に単独に給付することを請求でき、債務者は複数の債権者の任意の一人を選んで履行すれば、総債権者について債権消滅の効果を生じる債権である。たとえば共同相続人が承継した建物収去・土地明渡請求権がその例である(最判昭三六・三・二民集一五巻三号三三七頁)。その効力は不可分債務のそれに対応しており、請求と弁済以外は、他の債権者に影響を及ぼさない(四二九条二項)。したがって債権相互間の独立性が強い。一人の債権者と債務者の間に免除または更改があったときは四二九条一項が適用される。不可分債権について単独で履行を受けた債権者は、他のすべての債権者に対して、内部関係の割合に応じて受領した給付を分与すべきである。その割合は各場合の事情により決すべきものだが、特別の事情がなければ平等と推定される。

3 連帯債権　連帯債権とは、複数の債権者の誰でもが、単独で債務者に対し全部または一部の履行を請求でき、一人の債権者が受領すれば、総債権者について債権消滅の効力を生じる債権をいう。民法に規定はないが当事者の契約によって成立させうると解されている。実際には稀にしか生じない。その効力は連帯債務のそれに対応する。したがって一人の債権者に生じた事由のかなり多くのものが絶対的効力を有する。

第六節　共同所有の諸形態と多数当事者の債権

一　共同所有の諸形態

これには普通に共有、合有、総有、社団法人所有の四つがあげられる。以下、これらの所有形態と対応する、いわば債権債務の共同所有の関係を検討しよう。その前に共同所有の諸形態のそれぞれの特徴について、簡単に述べておこう（詳細は、物権法に譲る）。

① 共有は二四九条以下に「共有」の標題のもとに規定されている形態であり、その特徴は、共有者の間に何らの団体的統制がなく、各自独立の立場を有し、共有財産に対する持分を他人に自由に処分でき、またいつでも目的物を分割して共有関係を解消し、個人所有に移すこともできる。

② 合有は、数人が組合契約（六六七条以下）を結んで共同事業を営む際に、組合員が組合財産に対してもつ共同所有の形態がその典型的な事例である。ここでは、多数人は各自独立の立場を有するけれども、共同目的のためにある程度の統制をうけ、そのため組合財産に対する各組合員の持分を自由に処分することが制限され、また目的物の分割が制限される。

③ 総有は、入会権（二六四条・二九四条）の共同所有がその例である。ここでは多数人が団体（総合的実在人）を作

り、目的物（入会地）の管理処分などは、すべてその団体の権限に属し、団体員には一定の範囲で目的物を使用収益する権利が与えられている。

④　社団法人所有。多数人が社団法人を構成しているときは、目的物に対する権利の主体は法人であり、社員たる個人は法人に対して一定の権限を有することを通して、間接的な形でのみ法人所有財産に支配力を及ぼすにすぎない。その意味で社団法人所有形態は実質的には共同所有であっても形式上は個人所有と異ならない。

二　共同所有の諸形態と対応する債権債務関係

1　共有に対応する債権債務関係

(a)　共有する特定物を売るためには、共有者全員の同意を必要とするが、そのときに生じる代金債権は、原則として分割債権となる（四二七条の原則。第三節**二1**(1)参照）。しかし当事者の特約によって連帯債権としたり不可分債権とすることも可能である。数人が負担する目的物引渡債務は、特約のない限り、不可分債務となる。売主の側の責めに帰すべき債務不履行によって分割可能な損害賠償債務に変わると分割債務に変じる。

(b)　次に数人がその共有となすべき目的で特定物を買ったとき、代金債務については原則として分割債務となり、特約により連帯債務、不可分債務となりうる。目的物の引渡しを求める債権については不可分債権となる。可分な不特定物の売買（米一〇〇トン）であっても、単に数人が共同して買うのではなく、共有の目的で買う限りは同様に扱われるべきであろう。単に数人が共同して可分な不特定物を買うときは、売主の目的物引渡債務は原則として分割債務となる。なお、共有山林の監守料支払債務とか共有家屋の事務管理による費用償還義務については、数人が不可分的に得た利益の償還であるという理由で不可分債務とされている（大判昭七・六・八裁判例(六)民一七九頁）。

2　合有に対応するもの

合有の生じる典型的事例として、組合の場合を考察する（なお、ドイツでは共同相続人の共同所有関係は合有とされている。しかしわが民法では、それは共有関係として扱われている（八九九条）ことは前述した。第三節二**2**末尾補説参照）。

(a)　組合員の合有に属する物の売却、貸付け、保管、修繕あるいは組合員の合有にするための物の買入、借入は組合の業務執行方法（六七〇条）に従ってなされなければならないが、それによって生じる代金債権、賃料債権、目的物の引渡しを求める債権等の債権は組合員の合有に帰する。したがって各組合員は、その債権に対する潜在的な持分権をもってはいるが、分割債権を取得せず不可分債権も取得しない。したがって債権の一部もしくは全部を、単独で取り立てまたは処分することができない。それは組合業務執行の方法に従って、全員の意思にもとづいてされなければならなず、取り立てたものは組合員の合有に帰する。債権に対する持分権を他に譲渡することも制限される（六七六条）。

(b)　次に組合の業務執行によって生じる債務も、組合員に合有的に帰属する。すなわち各組合員にその持分に応じた債務が帰属するが、通常の分割債務を負担するのとは異なる。すなわち債権者は、第一に、組合員全員に対して共同で全額を請求していって、組合財産（組合員の合有に属する物や債権などの財産）に執行しうる。債権者は、第二に、個々の組合員に対しても請求し、その個人財産に対して執行することができる。その際、個々の組合員に請求しうる債権の額がいくらであるかは、わが民法上はその組合員の損益分配の割合に応じた額とされており（六七四条）、また、時間的順序についても、第一の方法を先に試みることを要求されてはいない（ドイツ民法では第一の方法で満足が得られなかったとき、不足分について第二の方法によることになっている。また、第二の方法に関して、個々の組合員の中に無資力者がいるときは、他の組合員の間で分担して代りに支払うことになっている（ドイツ民法七三五条））。

なお、前に、連帯債務の発生原因の一つの場合として、共同事業の資金を得るために数人が共同して借金するにあたって連帯債務の特約をする場合をあげたが、このときは数人の間に組合契約があると見るべきであろう。そしてここで問題になる連帯債務は、上述の第二の方法に関して問題になり、各組合員は上述のような損益分配の割合に応じた分割債務でなくて、連帯債務を特約にもとづいて負うわけである（ちなみに、合名会社は組合と類似した実態をもつと考えられているが、ここでも合名会社と取引した債権者は、第一に会社自身に対して請求して会社財産に執行しうるが、第二にそれを補充する形で個々の社員が連帯して債務を負うと定められている（商法八〇条）。

3　総有に対応するもの　物の総有に対応する債権の総有においては、その取立てや処分は実在的総合人たる団体自身が行い、取り立てたものも、その総有に属し、団体員の個人的財産にならない。各員はそれに対する個人的な使用収益権も有しない。債務の総有的帰属においては、それが総合的実在人自身に一個の債務として帰属し、総有財産が執行の対象となる。各員は原則として個人的な債務は負わない。

4　社団法人　社団法人の債権債務については、単独の個人（自然人）に帰属する場合に準じて扱われる。すなわち法人帰属の債権はその機関によって行使され、社員は直接の支配力を及ぼさない。法人帰属の債務も法人財産のみが執行の対象となり、社員は個人的な債務（連帯債務ないし保証債務）も責任も負わない。

第五章　債権譲渡と債務引受

第一節　債権譲渡

一　序　説

債権譲渡とは、債権の同一性を維持しつつ、旧債権者（譲渡人）と新債権者（譲受人）との契約によって債権を移転することである。

その経済目的は何か。譲渡人の側からいうと、たとえば一年後に弁済期に達する一〇〇万円の債権は、元来は一年後の弁済期を待ってはじめて取り立てて現金を手に入れることができるはずである。しかし今直ちに現金を手に入れたい場合、一年分の利息相当分（たとえば、一〇万円）を差し引いて譲渡することによって、九〇万円の現金を手に入れることができる。このように債権譲渡は、弁済期前の現金化を容易にし、その意味で投下した資本の、即時の回収を可能にする。他方、譲受人の側からすれば、譲受人は、九〇万円で債権を買い入れるという形で投資し、一年後の弁済期に一〇〇万円の支払を受けるという形で、投下資本の回収を得ることになる。この意味で債権譲受けは有利な投資の方法となる。

近代社会においては、このような経済目的をもつ債権の移転を容易にするため、債権に原則として後述の意味の譲渡性が認められるに至り、物の譲渡と並んで債権譲渡が広く行われるようになった。特に金銭債権や商品の引渡しを求める債権についてそうである。それとともに債権譲渡を容易かつ確実に行うことを可能ならしめるために、次第に債権を（特に金銭債権・商品の引渡しを求める債権を）証券に化現させた証券的債権という特殊な債権の形態が、考案されるようになった。商法で扱われている社債券（商法二九六条）、貨物引換証（同五七一条）、船荷証券（同七六七条）、手形（手形法）、小切手（小切手法）はその代表的なものである。なお商法では、このような個々的な証券的債権について規定を設けるほかに、金銭、商品等の給付を目的とする証券的債権についての一般的な規定を、商法五一七条以下に設けている。しかし民法でも債権譲渡の章において、証券的債権についての一般的な規定を定めている。

しかしこの民法の規定と商法で扱われる証券的債権についての規定を比べると、後者のほうが、一般的にいって、証券的債権の特殊性により適合した規定となっており、取引安全への配慮もより強くなっているといえる。このことは、とりわけ抗弁切断の法理、善意取得の法理の導入についてあてはまる。もっとも、実際に流通している重要な証券的債権のうち、商法の適用を受けないで民法の証券的債権の規定の適用を受けるものは極めて少ない。しかもこれらの、建前の上では民法の規定のみ適用されるべき証券的債権においても、実際の解釈にあたっては、商法の一般的規定によってそれを補充して適用し、それによって取引の安全をはかるべきことが主張されている。したがって、証券的債権についての民法の規定は実際上の重要性は乏しい。以下にまず指名債権（普通の債権）の譲渡を中心にして説明し、そのあとで証券的債権についても簡単にふれておく。

二　債権の譲渡性

債権の譲渡性とは、債権の譲渡を可能にする債権の性質、つまり旧債権者（譲渡人）と新債権者（譲受人）の契約によって、債権の同一性を保ちつつ、債権を移転させることのできる債権の性質をいう。近代法においては、債権は原則として譲渡性をもっている。その歴史的な背景を簡単に述べておこう。古くローマ法の時代においては、債権は債権者と債務者を結びつける人格的な鎖と考えられ、したがって債権者が交代すると、債権に同一性はなくなると考えられた。そのような考えのもとでは、債権に譲渡性が認められないのは当然である。債権の譲渡性とは、債権の同一性を保ちつつ、ただ債権者だけを代えるものだからである。

〔補説〕　この時代でも時には、債権者を交代させる必要が生じないわけではなかったが、これに応えるものとして「債権者交代のための更改」の制度が用いられた。これは後述するように、旧債権者、新債権者、債務者の合意によって従来の債権を消滅させ、これに代えて新たな債権を発生させるものであり、旧債権と新債権の間に同一性はないものと考えられた。

しかしその後、次第に債権が一つの財産として認められるようになるのと平行して、債権者が交代しても債権の同一性を維持することは可能だ、と考えられるようになった。しかし、その場合でも当初は、債権を移転するためには、譲渡人と譲受人の合意だけでは足りず、さらに債務者の同意が必要とされた。ヨーロッパの中世はこのような状態に留まっていた。しかし、近代に至ると、債権が一層強く財産としての価値をもつようになり、それに伴って、債権の譲渡には債務者の同意は必要でなく、したがって債務者の意思に反してでもなしうるようになった。このようにして近代になってはじめて、債権の譲渡性の原則が確立したわけである。

〔補説一〕　かつて、債務者の同意なしには、債権を譲渡できないとされた理由は、それによって債務者の利益を保障する必要があると考えられたからであった。すなわち債権譲渡によって債権者が代ると、たとえそれが金銭債権の場合でも、債務者は不利益を受けるおそれがある。というのは、旧債権者は取立ての寛大な債権者だが、新債権者はそうでないということが起こりうるからである。しかし、債務者の同意を必要とすることは、それだけ、債権譲渡を困難にする。債務者が同意しないと債権譲渡をなしえないからである。近代になって債権譲渡をなるべく容易にしたいという経済社会の要請が強くなり、その結果、債務者の右のような多少の不利益を犠牲にしてもやむをえないと考えられるに至り、債務者の同意を不要とするようになった。

なお、債権に譲渡性が認められると、同時に債権の質入れも認められるようになる。両者が基本的に共通した性質を有することは、物の譲渡と物の質入との間の関係と同じだからである。

〔補説二〕　将来の債権についても譲渡性が認められる。保険医が診療報酬支払機関に対して将来取得すべき診療報酬債権も、それほど遠いものでない限り、始期と終期を特定して権利の範囲を確定することによって有効に譲渡しうるとされる（最判昭五三・一二・一五判例時報九一六号二五頁）。

債権には譲渡性があるのが原則だが、例外的に譲渡性のない場合がいくつかある。

第一には、債権の性質が譲渡を許さないとき（四六六条一項但書）。たとえば、家庭教師に子供を教えさせる債権とか、画家に自分の肖像画を画かせる債権のように、債権者が代わると給付の内容が変るものは、譲渡性がない。債権者の交代によって同一性がなくなる場合だから、たとい債務者の同意があっても、債権譲渡にはならない。もっとも債務者、旧債権者、新債権者三人の合意によって、債権者交代の更改（五一三条以下）を成立させることはできる。

第54図

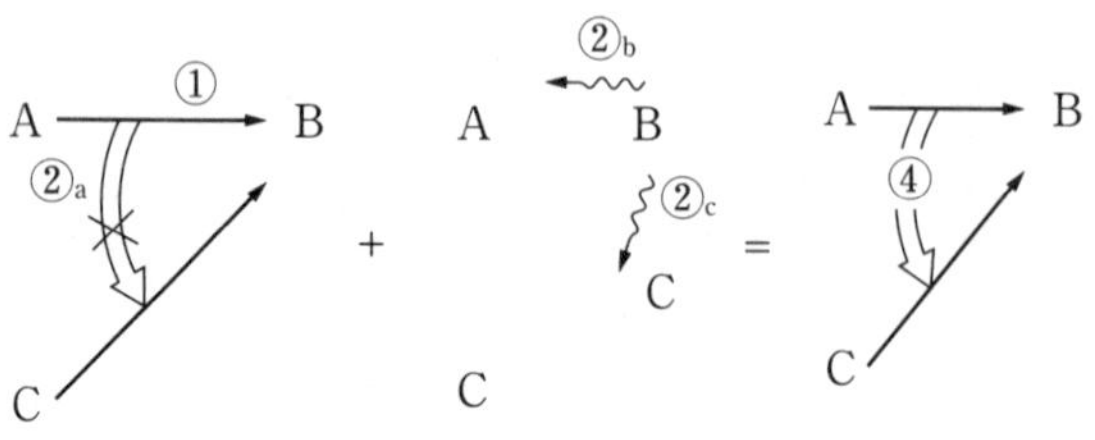

①：第二、第三の債権
②a：譲渡→無効
②b、②c：同意または追認
④：譲渡有効

第二に、債権者が代わることによって給付の内容が変るわけではないが、債権者の交代によって権利行使の仕方が著しく変り、そのために債務者が著しい不利益を受けるおそれのあるとき、たとえば、賃借人が貸主に対してもっている、目的物を使用収益しうる債権（賃借権）は、その賃借人が物を大切に扱う人であるか、乱暴に扱う人であるかによって、貸主の利益は著しく影響をうける。被用者に対して雇主がもっている、その指図に従って労務につかせることを求める債権は、雇主が人使いの荒い人であるか否かによって、被用者の利益は著しく影響をうける。このような場合には、債務者である貸主や被用者の同意によってはじめて債権の譲渡が可能である（**第54図**参照）。

この同意は、一方的な意思表示であり、譲渡人と譲受人の間の譲渡の合意の前もしくは後に、譲渡人もしくは譲受人のいずれかに対してなしうる（その性質は、いわゆる処分授権（ドイツ民法一八五条。後述**五2**参照）の一種であり、代理権の授権ないし無権代理の追認に類する）。

なお、金銭債権の譲渡の場合にも、それによって債務者が多少の不利益を受けるおそれはあるが、それは著しい不利益ではなく、債権譲渡の容易化のために犠牲にしうる程度のものであるが、右に述べた場合の債務者の不利益は、これと異なって無視しえない程度の、著しい不利益であることを注意する必要がある。

第三に、債権者と債務者とで譲渡禁止の特約をすれば、有効であり、第三者が債権を譲り受けても無効となり、第三者は債権を取得しえない。しかし善意の第三者にはその無効を対抗しえないから、その第三者は有効に債権を取得する（四六六条）。そして債務者が譲渡禁止の特約をもって第三者に対抗するためには、債務者の側で第三者の悪意を証明しなければならない。

銀行預金債権には、預金者が頻繁に代ることが、銀行にとって、銀行取引の安全性を保つうえで支障になるという理由から、約款に譲渡禁止を規定しているのが普通である。この特約も善意の第三者に対抗しえないが、しかし、このことに関しては、銀行取引に経験のある譲受人は、譲渡禁止の特約のあることを知っていたものと推定すべきだ（したがって、譲受人の側で自己の善意を主張しなくてはならない）とされている。第三者が善意であれば過失のあるときも保護されるか。学説は否定説と肯定説にわかれる。判例は肯定説をとるようである。もっとも、判例も重過失あるときは悪意と同視すべきだとしている（最判昭和四八・七・一九民集二七巻七号八二三頁。銀行預金債権の場合、銀行取引に経験ある譲受人は善意でも重過失ありとされる）。

譲渡禁止の特約のある債権でも債務者が譲渡に同意すれば、たとい、譲受人が悪意のときでも譲受人は有効に債権を取得しうる（第54図参照）。その方法およびその法律的性質については、前掲第二に述べた債務者の同意（処分授権）と同じである。

〔補説〕　このような債務者の同意に関連して次の判例がある。最判昭五二・三・一七民集三一巻二号三〇八頁は、指名債権の譲受人が譲渡禁止特約のあることを知っていた場合でも、その後、債務者が右債権譲渡について同意（追認）を与えたときは、その債権譲渡は遡及的に有効となる。したがって譲渡に際し債権者から債務者に対して、確定日付のある譲渡通知がなされている限り、債務者は、この同意後に債権を差押え、転付命令を得た第三者に対して譲渡の効力を対抗しえ、したがってその履行請求を拒否しうる、と判示する。もし右同意前に第三者が債権の差押えをなしていたならば、無権代理の追認の遡及効に関する一一六条但書の類推適用によって、第三者の差押えが優先的効力を有するから、その履行請求を拒みえないことになろう。

譲渡禁止の特約ある債権については差押え・転付もなしえないか。いい換えると、四六六条二項は債権譲渡以外の債権の移転にも準用されるか。かつて判例は肯定説をとり、差押債権者が転付命令（前述第三章三節二1(b)(ウ)参照）を取得した時に、善意すなわち譲渡禁止の特約あることを知らなかったときのみ、転付命令は有効であるとした（大判大一四・四・三〇民集四巻二〇九頁）。しかし現在では、差押債権者の善意・悪意を問わずにこれを差し押え、転付命令によって移転することができるとされている（最判昭四五・四・一〇民集二四巻四号二四〇頁）。その理由としては、もし同条の準用を認めて差押え・転付をなしえないとすると、私人がその意思表示によって、債権から強制執行の客体となる性質を奪うことを自由に承認することとなり、これを差し押えて転付命令を得ようとする一般の債権者の利益を、不当に害することになることがあげられている。

第四に、法律によって譲渡を禁止された債権は譲渡性がない。扶養請求権（八八一条）、労働者の災害補償を受ける権利（労働基準法八三条二項）、労災保険給付を受ける権利（労働者災害補償保険法一二条の五第二項）、簡易生命保険の保険金・還付金を受ける権利（簡易生命保険法四九条・五〇条）などがその例である。これらの債権は譲渡を禁止されるほか、差押えも禁じられている。なお、恩給請求権（恩給法一一条一項・三項）、共済組合給付請求権（国家公務員等共済組合法四九条）のように譲渡が禁止され、同時に差押えも担保に提供することも許されないが、国税滞納処分による差押えだけは許されているものもある。

以上のような、法律による譲渡の禁止の主な目的は、上述の第二、第三の場合と異なり、いわば社会政策的な配慮にもとづいて、債権者自身を保護することにある。すなわちこれらの債権にもとづく給付が、債権者の日常生活の維持のために確実に充てられるように確保するためである。けだしこれらの債権にもとづく給付は、元来債権者の日常の生活の資に充てるために、将来の長い期間にわたり、年々あるいは月々支給される形をとるものが多いが、もしその自由な譲渡を認めると、債権者はこれらの将来の債権を軽率に他に譲渡して現金を得て、これを浪費してしまうということが起こりうる。そのために将来、生活の困窮に陥ることが起こりうるからである。

以上の例外を除いて債権には譲渡性があり、債権を自由に譲渡することができる。しかしこのような譲渡の自由が濫用されて弊害を生じる場合がある。たとえば、暴力団関係者などがしばしば行っていることであるが、債務者の資力の不足などの理由によって取立ての困難な債権を安く買い入れ、暴行、脅迫あるいはそれに類した悪辣な手段を用いて、債務者から無理矢理に取り立てて債務者を苦しめ、自らは不当な利益を得ることがある。これを放置することはできないので、これを抑えるために、弁護士法七三条は「何人も、他人の権利を譲り受けて、訴訟、調停、和解その他の手段によって、その権利の実行をすることを業とすることができない」と規定している。「業とする」とは営利の目的で反復的または継続的に行うことをいうが、この禁止に違反して債権を譲り受けても、譲渡は無効だから債権を取得することはできない。また、命令に違反した場合には、二年以下の懲役または一〇〇万円以下の罰金に処せられる（同法七七条）。

〔補説〕「特定債権等に係る事業の規制に関する法律」（平成四年法律七七号）について。この法律は、リース契約（近時、融資を目的とする契約の一方式として屢々用いられている特殊な賃貸借契約）及び割賦販売契約等に係る金銭債権その他の特定債権等に関する譲渡及び譲受けの事業並びに特定債権等に関する小口債権の販売の事業が増加している現状にかんがみ、特定債権等に関するこれらの事業を公正かつ円滑にするとともに、投資者の保護に資するために制定された。同法により、右のような特定債権の譲渡及び譲受を業として行う者は、予め主務大臣の許可を受けなければならず、許可を受けるためには一定の厳格な要件が必要である（同法三十条以下）。特定債権等の譲受業者にその特定債権を譲渡しようとする特定事業者は、その譲渡及び譲受け計画を通産大臣に届け出、その確認を得なければならない（同法三条）。そして通産大臣が右届出を受理してから原則として六十日を経過するまでは、当該特定債権等を譲渡し、及び譲り受けてはならない（同法四条）。このほか同法には様々な営業上の取締りを目的とする規定を定めている。なお、これらの取締規定に違反した場合には罰則の適用があるが（同法七五条以下）、それに違反してなされた行為が直ちに私法上無効であるとはいえず、前掲四条に違反してなされた債権譲渡も、無効とはいえないであろう。（なお後述四〔補説〕参照）

三　指名債権譲渡の成立

指名債権とは、後に述べる証券的債権以外の普通の債権をいう。指名債権の譲渡は、譲渡人（旧債権者）と譲受人の間の契約によってなされる。更改のように債務者乙が契約の当事者として関与する必要はなく、また、その同意も必要としない。譲渡契約は無方式の諾成契約であり、債権証書（債権の成立を証明するための証書で、借用証文がその典型）の交付も必要としない。もっとも債権証書は、債権者が権利を行使するにあたって、債権の成立を立証するための手段として有用な書類であり、当該債権に従たる性質を有するから、債権の譲受人は譲渡人に対して、反対の合意のない限り、当然にその交付を請求しうる。

債権譲渡契約は、債権の売買契約や贈与契約のようないわゆる債権契約にもとづいてなされる。それはあたかも動産や不動産の譲渡契約（物権契約）が、売買契約や贈与契約（債権契約）にもとづいてなされるのと同様である。

そこで債権譲渡契約を準物権契約という。

もっともわが民法の物権変動の理論においては、フランス民法にならって(ドイツ民法などと異なり)、物権契約が債権契約から独立せず、未分化のまま包含されており、売買契約や贈与契約の直接の効果として所有権移転のような物権変動が生じると解されている。

〔補説〕　ドイツ民法では、まず売買契約のような債権契約の効果として、売主は買主に所有権を移転すべき債務を負い、この債務を履行するために売主は買主との間に物権契約としての譲渡契約を結び、この契約の効果として所有権が移転すると構成している。そして、たとい、債権契約が無効であっても、そのために直ちに物権契約が無効になることはなく、債権契約と独立して有効でありうるとする物権行為の無因性の理論がとられている。ちなみに債権契約が無効にもかかわらず物権契約が有効であって、買主が所有権を取得するという事態を生じた場合、買主は所有権を不当利得したことになり、したがって売主に所有権を返還すべき債務を負うことになる。

同じ理論を債権譲渡にあてはめるならば、債権の売買契約などの直接の効果として、債権が売主から買主に移転することになる。そして売買契約などが無効あるいは取り消されると、債権の移転の効果は生ぜず、譲渡人にそのまま債権が帰属することになる。

なお、売買あるいは贈与された債権がたまたま第三者に帰属していたとき、売主や贈与者は、他人に帰属している物の売主や贈与者と同じ追奪担保責任を負う(五六〇条以下)。それに反し、すでに消滅している債権の売買・贈与のときは、通説によると、滅失している物の売主、贈与者と同じ責任が生じる(その売買・贈与は原始的に不能な給付を目的とする契約として無効とされ、売主、贈与者は契約締結上の過失にもとづく賠償義務を負う)とされている。

〔補説〕　もっともドイツ、フランス、スイスなどの外国の主要な立法例は、この場合、他人の権利の売買に準じて扱い、売主に追奪担保責任を負わせている。したがって買主は、いわゆる信頼利益の賠償にとどまらず、履行利益の賠償をも請求しうる(**第55図**参照。CはBから請求しえない。その代りに、Aから請求しうる)。わが民法の解釈として、このよ

第55図

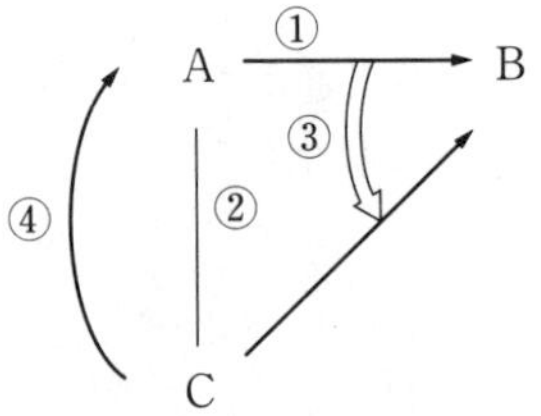

A：債権譲渡人
C：債権譲受人
②：売買契約
③：債権移転（②の効果）
④：Aの追奪担保責任
（①の不存在・無効のとき）

うな立法例と同じ解釈を認めるべきであると考える。けだしすでに消滅した債権、あるいは実際には発生していない債権を譲渡したときも、後述するように、債務者がその譲渡に対して「異議を留めぬ承諾」（四六八条一項）をすることによって、譲受人は期待した通りの債権を取得しうるのであり、したがって、無権利者から他人の権利を買い受けた者の地位に類似する——他人の権利を譲り受けた場合にも権利者の追認（独民法一八五条に定める処分授権）によって有効に権利を取得する——からであり、すでに滅失している物の買主の地位とは全く異なっているからである（なお、信頼利益と履行利益の違いについては前述第二章**二**(2)(b)参照）。

また、債権を買い受けたが、債務者が無資力のために、事実上取り立てることができなかった場合、買主は売主に責任を追及できるか——できるとすれば、売主は、保証人に類似した地位におかれる——については、原則的には、否定されるが、ただし債務者の資力を担保する旨の特約があれば別である。これについて民法の売買の節に特別の規定がある（五六九条）。

四　指名債権譲渡の対抗要件

①　債権譲渡は譲渡人甲と譲受人丙との間の合意によってなされ、債務者乙は譲渡の直接の当事者ではないから第三者に該当する。丙が債権を譲り受けたからといって、そのままで、直ちに乙が譲渡の事実を知っているわけではなく、したがって、丙はそのままでは乙に対して債権の譲受人として権利行使をすることができない。乙に対す

る対抗要件が備わってはじめて権利行使をなしうる（乙がたとい譲渡の事実を知っていたとしても必ずしも確実に知っていたとはいえない。また画一的な処理のほうが公平に合致するという理由から乙の善意・悪意を問題としない。大判明四五・二・九民録一八輯八八頁）。これが乙に対する対抗要件の問題である。② 次に甲が債権を丙と丁とに二重に譲渡するとか、あるいは、一方で甲は丙に債権を譲渡するが、他方で甲に対する債権者である丁が右の債権を甲の財産として差し押える、という場合に、丙と丁のいずれが優先的に債権を取得するか、あるいは丙の譲受と丁の差押えのいずれが優先するかの問題が生じる。これは、あたかも所有権の二重譲渡の場合ないし所有権の譲渡と差押えの競合するとき、そのいずれが優先するかの問題と同じであり、つまり、物権変動の第三者に対する対抗要件の問題と同じである。②のほうの対抗要件の問題は、債務者乙以外の第三者に対する対抗要件の問題と称する（物権変動の対第三者対抗要件の場合と同じく、ここでも第三者の善意・悪意を問題としない）。なお、①の乙に対する対抗要件の問題は、物権変動にはなくて債権譲渡独特の対抗問題ということができる。

〔補説〕　もっとも物権変動の対抗要件の問題の中で、賃貸中の不動産の所有権が、甲から丙に譲渡されたとき、譲受人丙が賃借人乙に所有権の譲渡を対抗し、地代請求をしたり契約解除権を行使するためには、不動産物権変動の対抗要件としての登記を必要とするか、の問題が論じられている。これは、債権譲渡における、債務者に対する対抗要件の問題と類似したところがある。なお、右の問題について判例は、登記必要説をとる（たとえば、最判昭四九・三・一九民集二八巻二号三二五頁）が、学説の中には登記不要説をとり、債権譲渡における乙に対する対抗の問題に準じて、処理すべきだ、とする有力説もあることが注目される（私もこれを主張している）。

1　債務者に対する対抗要件とその効果

(1)　対抗要件　その方法は譲渡人から債務者に対してなされる譲渡の通知、または債務者によってなされる譲渡の承諾である。まず右の通知は、債務者に対して譲渡の事実を確実に知らしめる手段である。このように債務者に、確実に譲渡の事実を知らせた後にはじめて、譲受人は譲受をもって債務者に対抗しうることになるのである。

つぎに右の承諾は、債務者が譲渡の事実を知った旨を表示するものであり、いわゆる観念の表示である。これは譲渡人・譲受人のいずれに対してなしてもよいと解されている。このような承諾が通知と並んで債務者に対する対抗要件とされている理由は何か。起草者の説明によると、債務者は事情によっては譲渡人からの通知以外の方法によってでも譲渡の事実を知ることがある。そして債務者が右のような承諾をなす以上は、確実に譲渡の事実を知ったものとして扱ってよく、したがってこれを債務者に対する対抗要件としてよいからだとされている（梅謙次郎）。

なお対抗要件としての通知は譲渡人が自らなすべきである。したがって譲渡人が自ら通知をしない場合、譲受人が債権者代位権にもとづいて、譲渡人に代位してなすことはできない（大判昭五・一〇・一〇民集九巻九四八頁）。これでは譲渡の事実があったことを確実に知らせたことにならないからである。譲受人が譲渡人を相手どって、訴えを起こし「債務者に対して譲渡の通知をせよ」との判決をもらい、この判決の謄本を譲受人から債務者に送付することによって、譲渡の通知の効力を生じる（前述第三章第三節二(5)、法律行為を目的とする債権の強制執行参照）。

通知をなすべき時期は、譲渡と同時である必要はない。譲渡後でもよいが、通知の時から対抗力を生じる。譲渡の時期を不確定にしたままで、譲渡の前に予めなされた通知は効力を生じない。しかし、一定の条件のもとに将来発生すべき債権の譲渡についての譲渡通知は有効であり、条件成就のときに再度通知する必要はない（大判昭九・一二・二八民集一三巻二二六一頁）。承諾の時期についても、通知と同じに扱ってよいはずであるが、判例は、債権譲渡の目的たる債権および譲受人が特定している場合には、予めなした承諾も、債務者にとって不利益になることはない、という理由で有効と認めている（最判昭二八・五・二九民集七巻五号六〇八頁。もっともこの事案での承諾はもともと譲渡禁止を解く趣旨の承諾であり、承諾後直ちに譲渡がなされる予定であることが当事者の間で了承されていた）。

(2)　対抗要件の効果　対抗要件が備わってはじめて譲受人は、債務者に対して譲受人たる地位を主張することができ、したがって権利行使をすることができる。それまでは譲受人は譲受人たる地位を債務者に主張しえず、債務者も債権譲渡の事実を否認して、譲渡人を正当な債権者として扱うことができる。したがって債務者がそれまでに譲渡人に対してなした弁済は、債務者の善意・悪意を問わず有効となる。したがって債務者は譲受人に重ねて弁済しなくてよい(このとき譲受人は折角譲り受けたにもかかわらず、債務者に対して請求することはできないから、譲渡人に対して債務不履行にもとづいて損害賠償を請求しうる)。なお、債務者は、対抗要件が備わっていなくても、自ら債権譲渡を承諾して譲受人に弁済することは可能であり、その弁済は有効な弁済となる(ここでいう承諾も対抗要件としての承諾と理論上は同じ性質のもので、単に時期に関し、弁済と同時に、また通常、黙示的になされる点で異なるにすぎない)。

2 債務者以外の第三者に対する対抗要件とその効果

(1) 債務者以外の第三者に対する対抗要件

その方法は「確定日附アル証書」によってなされる通知または承諾である(四六七条二項)。不動産物権変動の対抗要件を登記と定めているのと基本的には同様な考え方にもとづいてこの規定が作られている。すなわち不動産物権変動において登記はまず公示方法である。次に公示方法である登記を法は対抗要件と定め、そして二重譲渡などのように互いに両立しえない物権変動の優劣を決するにあたっては、いずれの物権変動が対抗要件としての登記を、より早く具備したかによって決している。

債権譲渡の場合にも、債務者に対する対抗要件となるべき通知または承諾は、債務者以外の第三者に対する公示方法となりうる。けだし、債権者甲から債権を譲り受けようとする者は、予め債務者乙に問い合わせると、すでに譲渡通知をうけ、または自ら承諾している債務者乙は、譲渡の事実を確知しているから、その債権がすでに他に譲渡されていることを教えてくれるはずであり、したがってこれを知った譲受予定者は、譲受をとりやめることができるからである(それはあたかも、甲からその所有する不動産を譲り受けようとする者は、予め登記簿を調べることによって、すでにその不動産が他に譲渡されてしまっていることを知り、譲受をとりやめるのと同様である)。そうだとすると、このように公示方法となる通知もしくは承諾を同時に対抗要件と定め、債権の二重譲渡のような両立しえない債権の処分の優劣を決するについては、その前後関係を基準とし、より早く通知・承諾のなされたほうの譲渡に、優先的

第56図

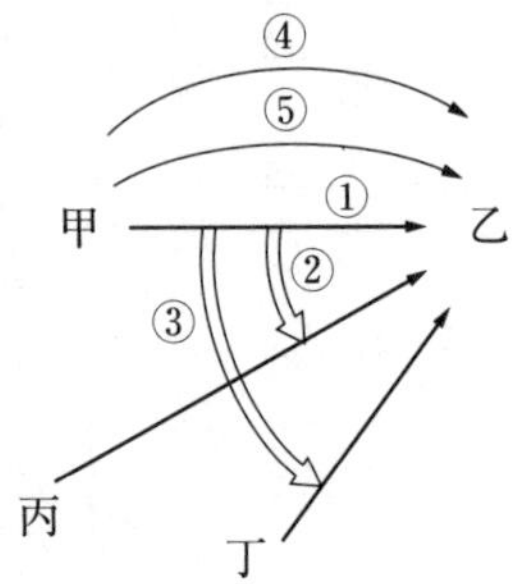

①：債　権
②：甲から丙への譲渡
③：甲から丁への二重譲渡
④：③の通知
⑤：②の通知
③が②に優先する→丁が丙に優先する

---

①から③までは上述に同じ
④：通常手紙での③の通知
⑤：確定日付証書での②の通知
②が③に優先する→丙が丁に優先する

な効力を与えることにすればよいはずである（四六七条一項）。

たとえば、一方で、甲から丙への譲渡が三月五日になされ、同日に甲から乙にその旨の通知がなされ、他方で甲から丁への譲渡が三月一〇日になされ、同日にその旨の通知が乙になされたとすると、甲から丙への譲渡が優先的な効力を有することにすればよいはずである（もし仮に右の事例で甲から丙への三月五日の譲渡についての乙への通知が、三月一五日になされたなら、通知のより早いほうの甲から丁への譲渡が、優先的効力をもつことになるはずである）（第56図参照）。

ところが、このような処理の目的を実際に正しく実現するためには、実務の上で重要な証拠法上の観点からの考慮を入れることによって、この処理の仕方自体に若干の変更を加えることが必要とされた。すなわち、右のような処理の仕方だと、もし右の第一の事例の場合、甲と乙と丁とが通謀して、あたかも甲から丁への譲渡が三月一日になされ、かつ甲から乙への通知も同日になされたかのごとくに虚偽の書類を作るならば、本来からいえば丙に負けるはずの丁が勝つことになる。つまりこのような不公正な手段によって、本来劣後的な地位におかれるはずの者が、優先的な地位を得ることが事実上、可能となる。そこでこのような事態が生じることを不可能ならしめ、公平をはかる目的から、債権譲渡の通知ないし承諾は、確定日付ある証書によってなされることが要求されるに至った（四六七条二項。これは同条一項を部分的に修正した形の規定である）。確定日付ある証書による通知・承諾においては、当事者の通謀によってその日付を不正に遡らせることができないからである。なお、確定日付ある証書とはどんなものかは、民法施行法五条に列記されているが、通常は内容証明郵便もしくは、公証人役場で作成される公正証書が用いられる。

〔補説〕 なお、市を債務者とする債権の譲渡につき、市役所文書課係員が受け付けた事実を記入し、受付日付を記載した債権譲渡通知書は、確定日付のある証書にあたる、とする判例がある（最判昭四三・一〇・二四民集二二巻一〇号二二四五頁）。

(2) **具体的事例**　したがってたとえば、

① 一方で三月五日に甲から丙に譲渡がなされ、同日、内容証明郵便で乙への通知がなされたが、他方、三月一〇日に甲から丁への譲渡がなされ、同日、内容証明郵便等でその旨の乙への通知がされたとすると、丙への譲渡が優先的効力をもつ。その結果、乙も丙に弁済すべきであり、丁に弁済しても無効となる。

② しかし右の事例で、甲から丙への譲渡に関する三月五日の通知が、普通の手紙でなされていたときは、甲から丁への譲渡が優先する。この結果、乙は丁に弁済すべきであり、丙に弁済しても無効となる（**第56図**下段参照）。

③ もっとも、右の②の場合について、乙が内容証明郵便等による、甲から丁への譲渡の通知を受け取る前に、乙が丙にすでに、普通の手紙による通知にもとづいて、弁済していたときは、その弁済は有効となり、したがって乙は、丁に二重に弁済する必要はない（大判大三・一二・二二民録二〇輯一一四六頁）。また、丁から丙に対して、丙が乙から受け取ったものの返還を請求することもできない（**第57図**参照）。

もし丙と丁の優劣は、もっぱら確定日付ある証書による通知の先後関係で決

第57図

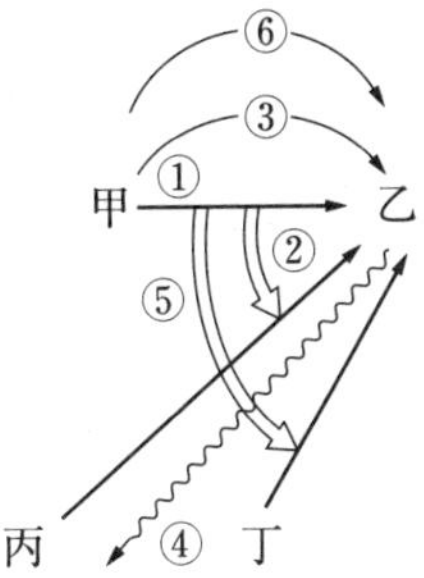

①：債　権
②：丙への譲渡
③：②の通常手紙での通知
④：弁　済
⑤：丁への二重譲渡
⑥：確定日付証書での⑤の通知
④の弁済有効→丁は弁済済み債権の譲受人となる

するとの考えを貫くならば、右の③についても、(ア)乙の丙に対する弁済を無効にするか、(イ)もしくは、乙の保護のためにそれを有効とするにしても、丙、丁間の内部的な関係では、確定日付ある証書による通知の早いほうの丁への譲渡を優先させて、――丙が受領した金額につき――丁の丙に対する返還請求権を認めるべきだという議論も成り立ちうる。しかし、もし(ア)の扱いをすると、乙は自己の不利を避けるためには、単なる手紙による通知が来ても支払うわけにいかない(譲受人の側からすると、内容証明郵便等による通知のあるときのみ乙から請求しうる)。また(イ)の扱いをするときも、内容証明郵便等による通知等がなされない譲渡、すなわち、単なる手紙での通知のなされた譲渡は、譲受人にとって無意味となる。これでは、四六七条一項で、債務者に対する対抗要件として、確定日付ある証書によらない通知・承諾を定めたことが無意味となる(同項のうちで、債務者以外の第三者に対する対抗要件の規定の部分は二項により修正されているが、債務者に対する対抗要件の部分は修正されていない)。また実質的に見ても、債権譲渡の際に常に、手続的に若干煩雑な内容証明郵便等による通知を――通常は必ずしも多くない二重譲渡に備えて――要求することは譲渡をそれだけ難しくすることになり、必ずしも適当といえない。以上の理由から、③の事例についての判例の態度を是認しうる。

もっとも、このような処理の仕方をすると、他面で次のような弊害を生じる。すなわち、実際には前述の②の事例のときである(つまり内容証明郵便等による、甲から丁への譲渡の通知を乙が受け取ったとき、乙はまだ丙に弁済していなかった)にもかかわらず、甲、乙、丙が通謀して、③のように見せかける偽りの証拠を作ると、本来優先的に乙に対する債権を取得すべき丁が、取得できない不公平な結果になる。これを防ぐためには乙の丙への弁済についても確定日付ある証書を要求すればよいはずである。しかし、通常多く起こることのない二重譲渡に備えて、これを要求することは煩雑であって適当でない。結局債権譲渡における取引の安全性は物権取引の場合などと比べて十分確保しえない限界があるものとわりきって処理せざるをえない。

〔補説〕　判例・学説によって是認されている右の法理をより一般的な形で捉えるならば、次のように言うことができよう。

普通の手紙により第一譲渡の通知がなされた後、確定日付ある証書により第二譲渡の通知がなされた場合について、債務者は、普通の手紙による第一譲渡についての通知の後に第一譲受人と債務者との間に生じた事由(債務者から第一譲受人への弁済のほか、第一譲受人の債務者に対する債務免除や弁済期の猶余など)をもって、その後確定日付ある証書によって第二譲渡の通知がなされた場合の第二譲受人に対して対抗しうる。換言せば、債権の帰属に関しては、第二譲受人は第一譲受人に優先して債権を取得するが、しかし取得したその債権の内容に関しては、債務者が、確定日付ある証書による第二譲渡の通知前に第一譲受人に対抗しえた抗弁がその債権に付着することになる、と。

④　次に前述①の事例の場合に関連して、確定日付ある証書による通知の先後によって、丙と丁との優劣を決するという場合、本来の趣旨からいうと、通知の到達した日時を確定日付ある証書によって証明する(それは内容証明郵便による通知書を到達証明郵便にすることによってなしうる)ことが必要なはずであり、その到達時の先後によって優劣を決すべきである。そして古くは判例もそのように解した(大判明四〇・一一・二六民録一六輯五三七頁)。

しかし、到達時の公証を要求することは(a)手続を煩雑にすること、(b)また、確定日付ある証書による通知の日付(内容証明郵便による場合のその日付は、通知書の作成を郵便局が公証した日付、したがって郵便局に内容証明郵便を差し出した日付である)が、より早い通知は、通常は、通知の到達時もまたより早いのが普通であることを理由として、確定日付ある証書における日付の先後によって決すべきものと解されるようになった(大判大三・一二・二二民録二〇輯一一四六頁)。しかしその後さらに、確定日付ある証書による通知の日付が先であるにもかかわらず、その乙への到達が実際には後であるというケースにおいて、優劣の基準を通知の日付の先後とすべきか、実際の到達の先後とすべきかが争われたとき、判例は後者の立場をとった(最判昭四九・三・七民集二八巻二号一七四頁)。学説には前者の立場を主張するものもある。

両説とも一長一短があり、困難な問題だが、どちらかを選ぶとなると、元来公示方法である通知をもって対抗要件と定めた制度の出発点に立ち返って考えるべきであり、判例の立場を支持すべきであろう（もし後説をとるならば、確定日付のより早い通知書が、何らかの事情で大幅に遅延して到達したとき、その到達前に第二の譲受人があらわれ、この者はあらかじめ債務者に問い合わせ、誰もまだ譲受けていないことを確かめたうえで安心して譲り受け、これについて直ちに確定日付ある証書による通知がされた場合でも、後者の通知書の日付が前者の通知書の日付より後であるために、第二の譲受人は第一の譲受人に劣後することになり、著しく取引の安全を害する）。

⑤　右の判例の立場を前提としたうえで起きてくる問題（A）として、第一の譲渡の確定日付ある通知の乙への到達と、第二の譲渡についてのそれの到達が同時であったときはどうなるかが問題となる。判例は、一方の譲受人の請求に対して、債務者乙は、他に同順位の譲受人がいることを理由にして弁済を免れえない、とする（最判昭五五・一・一一民集三四巻一号四二頁）。さらにこの判例を前提して起きる問題（B）として、乙が一方の譲受人に全額支払ったとき、他の譲受人はその譲受人に対し、半額の支払を求めうるかが問題になる。下級審でこれを認めた判決がある。

以上の二つの問題について学説上多くの見解が主張されているが、わたくしは、（A）の問題について、確定日付ある証書によらない通常の手紙による通知を含めて、いかなる通知でもそれがより早く到達したほうの譲渡が優先すべきであると解する。けだし四六七条二項による優劣の基準を採用しえないときは、同条一項による基準を採用するのが妥当だからである。それではこの基準も採用しえないとき、すなわち上記の通知が同時に到達したときはどうか。私は二つの譲渡のうち、事実上早くなされたほうの譲渡が優先すると解する。この見解をとれば（B）の問題は起きてこない。けだし二つの譲渡が同時刻になされることは、実際上、起こりえないからである。

なお、二人の譲受人の間で優劣が争われている間は乙は支払を拒みうるし、供託（後述）によって債務を免れることもできる。また後述の準占有者への弁済保護の規定（四七八条）が適用されることによって、劣後する譲受人に誤ってなした弁済が有効とされることもありうる。

〔補説一〕判　例

債権の二重譲渡に関して四七八条（後述第六章第二節**五**(2)(a)(イ)を適用するための要件に関して、最近の判例は次のように説く（直接的にはむしろ同条に関連する判例だが、便宜上ここで取り上げる）。

最判昭六一・四・一一民集四〇巻三号五五八頁。二重に譲渡された指名債権の債務者が、民法四六七条二項所定の対抗要件を具備した他の譲受人（優先譲受人）より後にこれを具備した譲受人（劣後譲受人）に対してした弁済についても、四七八条の規定の適用があるが、債務者において劣後譲受人が真正の債権者であると信じてした弁済につき過失がなかった――その結果、弁済が有効であった――というためには、優先譲受人の債権譲受行為または対抗要件に瑕疵があるため、その効力を生じないと誤信してもやむをえない事情があるなど、劣後譲受人を真の債権者であると信ずるにつき相当な理由があることを要する。

〔補説二〕　物権変動理論との関係

私見は、このような四六七条二項の基準によれないときは同条一項の基準により、これによれないときは、さらに事実上の、譲渡の先後を基準とすべしとする考えである。この最後の点の根拠について一言しておくと、不動産の二重譲渡で、ともに登記のなされていない譲渡の場合について、――登記をもって、互いに両立しえない不動産物権変動の前後関係を決めるための法定証拠と解する立場（前掲第三章第六節**四1**(ク)参照）から、従来の通説とは異なるが、――登記によっては物権変動の前後関係を、したがってその優劣を決めることができない場合であるから、事実上、譲渡が先になされた譲渡が優先的効力を有すべきだと考えている。私見はこのような物権変動の理解と同じ考えを債権譲渡にもあてはめようとするわけである。なお、ドイツ民法では債権の二重譲渡の際の優劣は、もっぱら譲渡の先後によって決められていることも付言しておこう。

(3)　**その効果**　以上の説明の中で効果についてもふれるところがあったが補足すると、確定日付ある証書による通知・承諾がなければ対抗できない債務者以外の第三者の範囲は、物権変動の対抗要件がなければ対抗できない第三者のそれと基本的に同様であり、当該債権譲渡と両立しえない地位を取得した第三者である（これを第三者の範囲に関する制限説という）。したがって債権の二重譲受人、譲渡人に対する差押債権者、同じく破産債権者、債権の質権者がこれに該当する。これに対して不法行為者、たとえば譲渡された預金債権の通帳を盗んで預金の払戻しを受けた者に対して不法行為にもとづいて損害賠償を請求するためには、譲受人は、右の対抗要件なくして権利を行使しうる。

〔補説〕「特定債権等に係る事業の規制に関する法律」（前述二末尾参照）は、七条に次のような趣旨の規定を設けている。すなわち特定事業者が特定債権等譲受業者に特定債権を譲渡したときは、その旨を公告することができ、この公告がなされたときは、当該特定債権の債務者に対して民法四六七条の規定による確定日付のある証書による通知があったものとみなされる。そしてこの場合には当該公告の日付が確定日付とされる。

五　譲渡の効果――とりわけ抗弁の承継と切断

1　抗弁の承継の原則

前述のように、債権の譲受人は、債務者に対する対抗要件としての通知・承諾が備わった時から、債務者に対して債権譲渡の効果を主張しえ、したがって権利行使もなしうる。二重譲渡のような場合は、先に確定日付ある証書による通知・承諾を得た者が債務者に対して優先的に譲渡の効果を主張しうる。ところで、譲渡の効果は、債権が同一性を維持しながら、譲渡人から譲受人に移転することである。このことの具体的なあらわれとして、債務者は対抗要件が備わる時までに、譲渡人に対抗しえたすべての事由（たとえば、債務不成立、無効、取消、解除、弁済、免除、時効消滅、同時履行の抗弁権など）をもって、譲受人に対抗することができる（四六八条）。また、債権に附随している物的担保（質権・抵当権など）および人的担保（保証債権など）は当然に譲受人に移転する。

抗弁の承継すなわち債務者がすべての抗弁を譲受人に対抗しうることに関して、特に問題になるのが、相殺の抗弁の承継の問題である。債務者が譲渡人に対して反対債権を有しており、そして対抗要件の備わった時までに、すでに両債権が相殺適状にあったならば、債務者が譲受人に相殺をもって対抗しうることはもちろんだが、対抗要件具備の時点では、まだ相殺適状になかったとき、いかなる要件のもとに、相殺が許されるかについて従来、判例の変遷があった。問題の性質は債権の差押えの場合に生じる問題と同じであるので、相殺のところで詳説する（後述第六章第五節二(2)(3)(g)〔補説三〕参照）。

債権譲渡における抗弁承継の原則（およびその基礎にある同一性維持の法理）の実質的な根拠は、債権譲渡が債務者の同意を要することなしになしうることにかんがみて、債務者は債権譲渡によって不利な立場に立たされるべきでなく、譲渡のなかった場合と実質的に同じ地位を譲受人に対して主張しうべきであるという考慮である。このように考えると、二重譲渡の場合に優先的に権利を取得する譲受人、すなわち先に確定日付ある証書による通知・承諾を得た譲受人が、その前にすでに普通の手紙で通知・承諾を得ていたときは、債務者は右の通知・承諾の時を基準にして、それまでに譲渡人に対抗しえた事由をもってその優先的な譲受人に対抗しうると解すべきであろう。なお、抗弁承継の原則の適用のため、譲受人は期待した通りの権利を取得しえない事態を生じるが、その際は譲渡人に対して責任を追及しうる。この点については前に述べた（三末尾参照）。

2　異議を留めぬ承諾　債権譲渡の効果に関する抗弁の承継の原則に対して大きな例外となるのが、債務者が異議を留めずに譲渡の承諾をなした場合である（四六八条一項）。すなわちこの場合は抗弁は切断される。条文の文言によれば、債務者が異議を留めずに前条の承諾（すなわち対抗要件としての承諾）をしたときは、債務者は譲渡人に対抗することのできた事由をもって、譲受人に対抗しえないとなっている。この規定をそのまま適用すると、甲が丙に譲渡した一〇〇万円の債権が実は、譲渡の前にすでに債務者乙によって弁済されていても、乙が異議を留めることなしに、その債権の譲渡を知った旨表示すると、乙は丙に対して一〇〇万円の債務を負う。もっとも乙は甲からすでに弁済していた一〇〇万円を取り返すことができる（同条一項但書）（第58図参照）。また乙が甲に対抗しえた同時履行の抗弁権、取消権、解除権なども丙に対抗しえない。しかし理論的に考えて、抗弁の切断という重大な効果を単なる対抗要件としての承諾、つまり観念の表示にすぎない承諾に与えることが果たして可能であるのか、むしろ異議なき承諾は観念の表示としての承諾と異なった一種の意思表示として扱うべきではないのか、との疑問がもたれ、また特に、この規定はわが民法独特の規定で、他に立法例のないこともあって、この規定をいかに解釈すべきかについて従来、学者は苦労してきた。

かつて、異議を留めぬ承諾は「前条ノ承諾」と異なり、意思表示であり、それはドイツ民法七八〇条以下に定める、典型契約の一種としての無因の債務承認であるとする説（債務承認説）および同じく抗弁放棄の意思表示だとする説（抗弁放棄説）が主張された。これらの説では承諾をなすべき相手方は譲受人に限るとされ、また抗弁事由の存在を知ってなされることが必要だとされた。しかし現在の判例・通説は、それを「前条ノ承諾」と同じもの、した

第58図

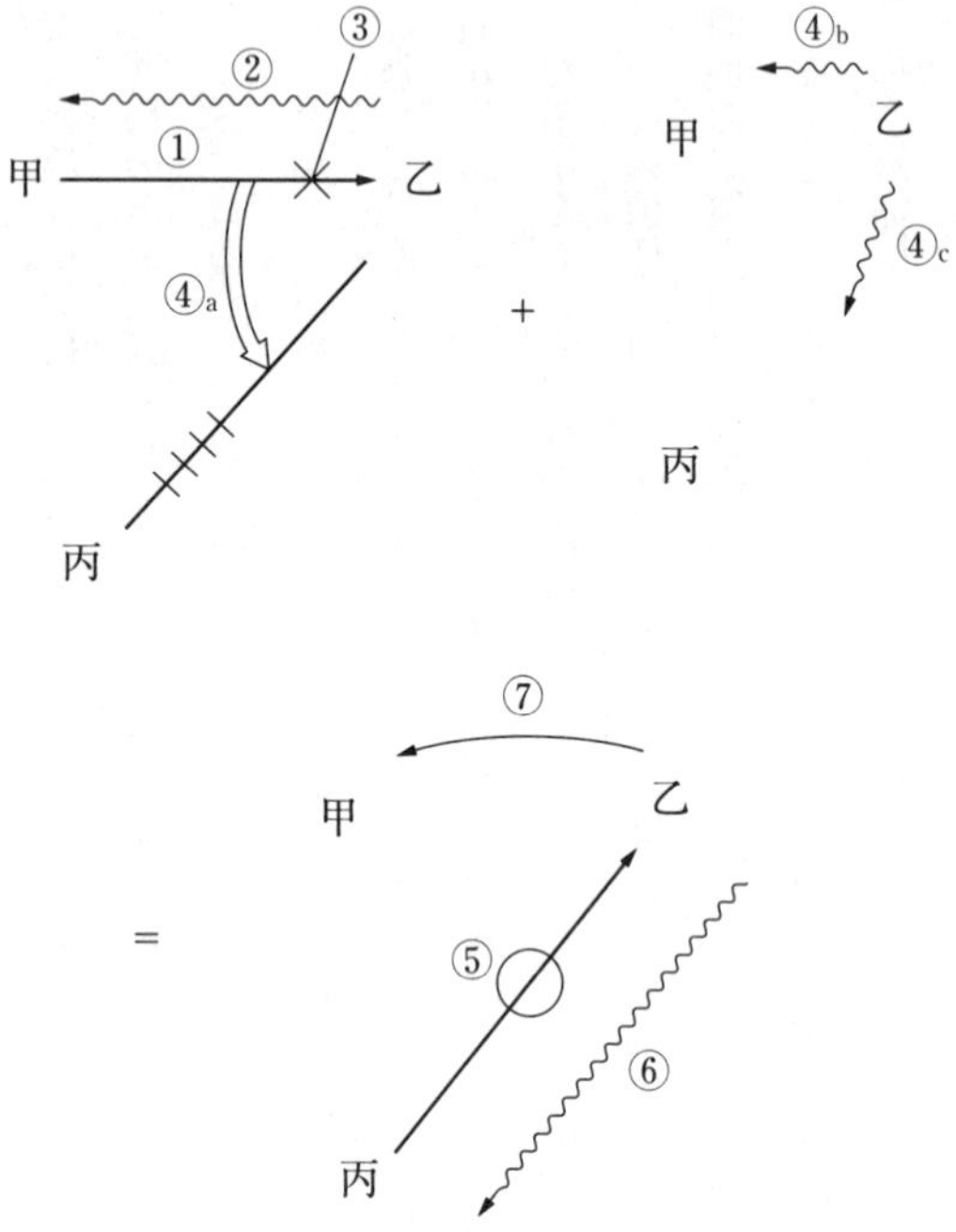

①：債　権
①：弁　済
③：消　滅
④a：債権譲渡
④b、④c：異議なき承諾
⑤：丙の債権取得
⑥：弁　済
⑦：求償権

がって観念の表示であると解し、そして抗弁切断の効果については、法が「前条ノ承諾」に債権の内容についての一種の公信力を与え、譲受人を保護したものであると解する（公信説。大判昭九・七・一一民集一三巻一五一六頁、最判昭四二・一〇・二七民集二一巻八号二一六一頁）。したがってまた、その承諾は譲渡人、譲受人のいずれかに対してもなしうるが、抗弁事由を知りつつなすことは必要でないとされている。しかし譲受人が抗弁事由の存在について善意無過失であることが必要だとされている（前掲・両判例）。

わたくしは、異議を留めぬ承諾を「前条ノ承諾」と同じものと見るべきでなく、意思表示の一種と解すべきものと考え、その性質を「債務者の処分授権」として捉うべきであると考えている。

〔補説〕　債務承認説に対する批判。ドイツ民法上の債務承認は抗弁切断の効力を有するものでなく、その実際の意義は、単に債務承認の原因となっている原因債務の存在の推定力を与えることによって、その権利行使を容易にしているにすぎない。また抗弁放棄説は、債務者が抗弁事由を知ってなすことを要件とするために、その適用範囲が著しく狭められる。また債権が弁済などによって消滅している場合、抗弁放棄という一方的意思表示により、債権を復活させうるとすることには無理がある。

公信説についていえば、第一に、単に譲渡の事実を知った旨の観念の表示である前条の承諾に、債権の内容についての公信力を与えることは理論上不可能である。というのは前条の承諾をなすにあたっては、譲渡される債権の同一性を示すのに必要な限りで債権の特徴を示せばよいのであって、債権の内容にまでふれる必要は必ずしもないからである（たとえば、債権の発生原因を示し、何時に締結された売買の代金債権であることを示せばよく、それが何万円の債権であることまでも示さなくてよい）。したがって、前条の承諾を通じて譲受人が、債権の内容に関する信頼をもつということは、その限りで起こりえなく、したがってまた、その信頼が公信力によって保護されることもありえない（実際には五万円の代金債権なのに一〇万円の代金債権だとして譲渡がなされた場合を想定せよ）。もし「前条ノ承諾」をなすにあたって債務者が債権の内容に言及し、それを譲受人が信じて譲り受けた場合にのみ、その信頼を保護する、というのなら理論的に辻褄が合うのであるが、公信説はそのようにはいっていない。いずれにせよ、「前条ノ承諾」そのものに債権の内容に関する公信力を与えることはできないのである。また第二に、債務者が単に譲渡の事実を知った旨の観念の表示としての「異議なき承諾」をなすにあたり、たまたま債務の内容に言及していたときでも、それが債務者の過失によって生じた間違った内容であった場合を考えると、その間違った表示を通して債務の内容を誤信した譲受人を債務者の犠牲において保護してよいか、疑問である。けだし異議なき承諾が、譲渡の事実を知った旨の観念の表示である以上は、その際たまたまなされた債務の内容についての言及が慎重であることを期待しえないはずであり、かような言及に付いて、重い責任を債務者に負わせるのは酷に過ぎるからである。また、一般的にいって債権証書の作成・交付は慎重になされるものであるが、たまたま債務者が過失により間違った債務の内容を表示した債権証書を作成・交付したとき、その証書を通して、そこに表示された内容の債権があると信頼して譲り受けた者であっても、債務者の犠牲において保護されることはない。このこととの釣り合いからいっても、単なる観念の表示としての異議なき承諾に、債権の内容に関する公信力を与えるのは無理ではなかろうか。それにまた第三に、もし債務者が抗弁事由の存在を知りつつあえて承諾をしたならば、譲受人が善意無過失でなくても、承諾の効力として抗弁切断の効果を生じさせてよいはずであろう。

私見でいう「(仮定的) 債務者の処分授権」とは、ドイツ民法一八五条以下で定める本来の処分授権に類する処分授権である。同条によると、A所有の物をBが自己の所有物としてCに譲渡 (一般的には処分) したとき、Cは原則として所有権を取得しないが(その例外となるのが即時取得ないし善意取得である。一九二条参照)、ここでAが、BC間の譲渡の前にもしくは後に、BC間の譲渡 (処分) を同意 (事前の場合) もしくは追認 (事後の場合) すれば——BC間の譲渡とAの同意ないし追認の結合した効果として——Cはあたかも Bが権利者だった場合と同様に権利を取得する (そして権利を失ったAはBに対して委任、不当利得その他にもとづいて求償権を取得する)。その同意ないし追認が処分授権である(**第59**図参照)。これは代理権の授権ないし無権代理の追認に類似したものであり、その意思表示の相

第59図

〔本来の処分授権〕

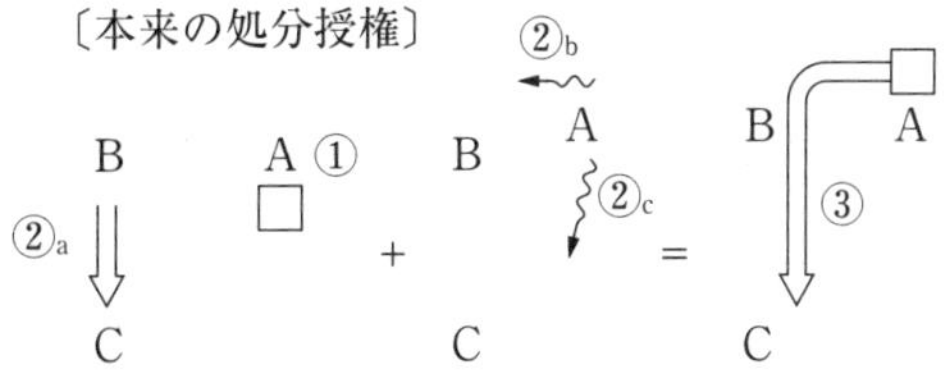

①：A所有権者；②a：無権利者の譲渡；②b、②c：処分授権（事前の同意、追認）；③：Cの権利取得

〔仮定的債務者の処分授権〕

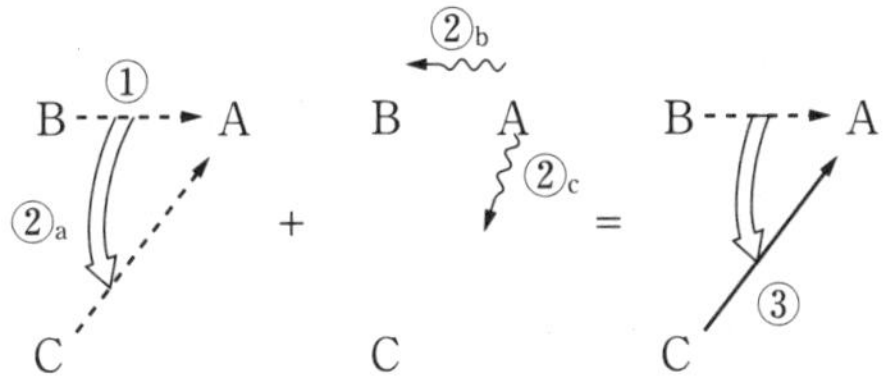

①：仮定的債権；②a：仮定的債権の譲渡；②b、②c：仮定的債務者の処分授権（事前の同意、追認）；③：現実的債権の取得

手方も代理のそれと同じく、譲渡人と譲受人のいずれに対してもなしうる。

〔補説〕　代理の法律関係においても、一方で代理人と相手方との間の代理行為と、他方で本人の代理権の授権（事前）もしくは追認（事後）とが結合した効果として、本人と相手方との間に代理行為の効果が発生する。本人の代理権の授権もしくは追認は、代理人あるいは相手方のいずれに対してもなしうる（**第60図**参照）。もっとも事前の代理権の授権の場合には、授権行為のなされるべき相手方につき、わが民法はドイツ民法（一六七条）と異なって、代理行為の相手方をその中に含める規定を設けていない。しかし事後の授権（無権代理の追認）をなすべき相手方の場合（一一三条二項）と同様に扱い、代理人あるいは代理行為の相手方のいずれに対してもなしうると解釈すべきであろう）。

なお、代理制度は近代に至ってはじめて認められたものであるが、処分授権の制度はすでにローマ法の時代に認められており、そして前者が近代に至って承認されるについては、後者がそのためのひとつの手がかりとなったとされて

第60図

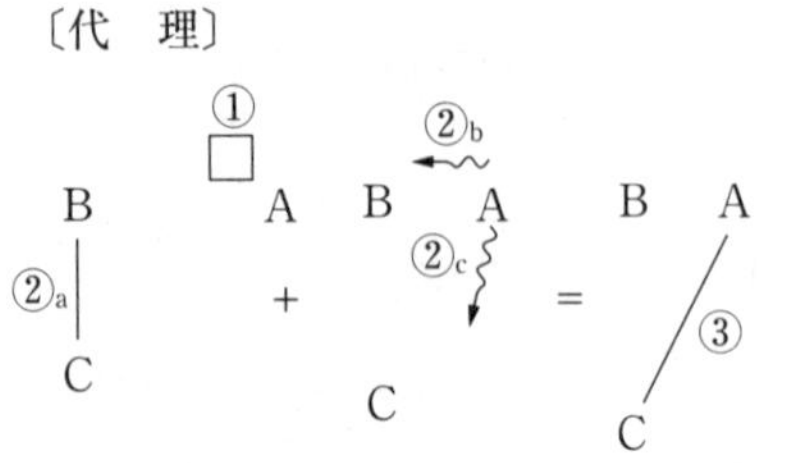

①：Aの財産権；②a：Aのための代理行為；②b、②c：代理権授権、無権代理の追認；③：A（本人）とC（相手方）との間に②aの効果成立

いる。

両者の間には類似するところが多く、そのためドイツでは、前者に関する法規定は後者に類推適用されるべきものと解されている。

ところで私見にいう「(仮定的) 債務者の処分授権」とは何か（第59図下段参照）。Bは実際にはAに対して債権を有していないが、これが存在するものとしてCに譲渡する（仮定的債権の譲渡という）。それだけではCはAに対する債権を取得しえないが、この譲渡をAが同意もしくは追認することによって、――BC間の譲渡とAの同意もしくは追認の結合した効果として――あたかもBがAに対して債権を有していて、それをCが譲り受けたのと同様に、CはAに対して現実的債権を取得することになる（そしてCに弁済したAはBに対して委任、不当利得などを理由に求償しうる）。右の同意もしくは追認が私見でいう「(仮定的) 債務者の処分授権」である。これは前述した本来の処分授権と基本的に同じ性質のものであり、後者と同様に、代理権の授権ないし無権代理の追認に準じた扱いを受け、とりわけ代理に関する表見代理の法理はここにも準用される。

3　具体的事例の説明　右のような理論構成により、異議を留めぬ承諾を捉えることによって、具体的事例は次のように説明される。

(1)　甲が乙に対して有する、実際には、六〇万円の債権であるものを一〇〇万円の債権だと称して、丙に譲渡するにあたり、乙はそのような債権譲渡を予め、もしくは事後的に承諾する（実際の取引の際には、その承諾は、甲、丙間の債権譲渡証書と同じ書面でなされるのが普通である）場合を考えよう。

第61図

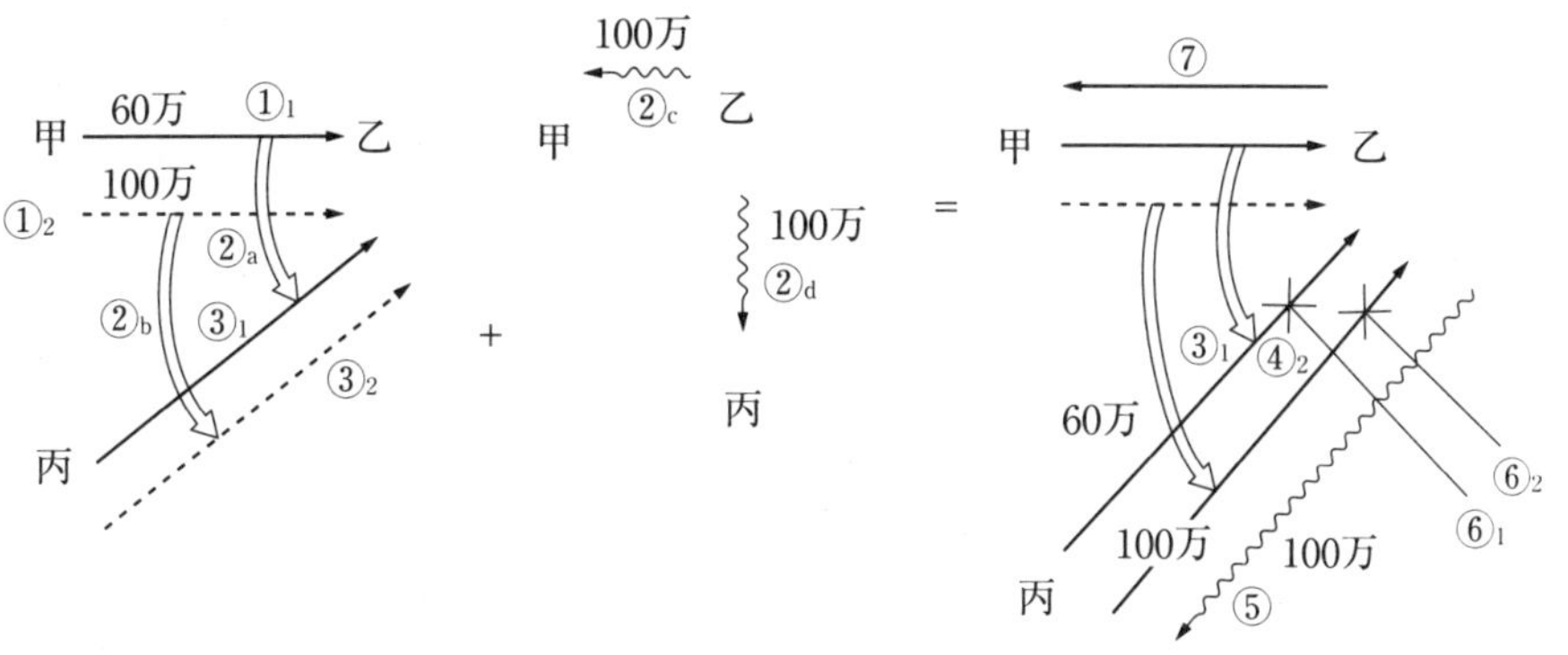

②$_a$：60万の現実的債権の譲渡
②$_b$：100万の仮定的債権の譲渡
③$_1$：60万の現実的債権
③$_2$：100万の仮定的債権
②$_c$、②$_d$：100万の債権譲渡に対する異議なき承諾＝授権
④$_2$：100万の現実的債権の取得（③$_2$の転化したもの）
⑤：乙の弁済
⑥$_1$、⑥$_2$：消　滅（⑤の効果）
⑦：求償権（40万）

右の承諾は、甲、丙間の一〇〇万円の仮定的債権の譲渡に対してなされる、仮定的債務者の処分授権であり、その効果として、丙は乙に対して一〇〇万円の現実的債権を取得する。丙が乙に対して取得したこの一〇〇万円の現実の債権は、いわば丙の所で新たに発生した債権であり、甲の乙に対する六〇万円の債権と同一の債権ではないから、それに付着していた抗弁を承継しない。もっとも甲の乙に対する六〇万円の債権の譲渡も、右の一〇〇万円の仮定的債権の譲渡と並んで行われ、したがって、乙の承諾＝処分授権あるときは、丙は乙に対していわば二個の債権（一〇〇万円および六〇万円の債権）を取得するが、同じ経済目的を有する債権であるから、前者の一〇〇万円の債権が弁済によって消滅すれば後者の六〇万円の債権も同じ額において消滅することになる。そして乙が丙に一〇〇万円の弁済をすれば、甲に対して四〇万円の求償権を取得する（四六八条一項但書）（**第61図**参照）。もし乙の承諾＝処分授権がなされないと、丙は乙に対して六〇万円の債権を同一性を保ちつつ取得するにすぎない。

乙の承諾＝処分授権は譲渡の前もしくは後に、甲もしくは丙に対してなされる。乙の承諾＝授権は、甲、丙間で譲渡される債権の内容（とりわけ給付の目的物の種類、額、履行期）を確認したうえでなされることが必要である。その限りで乙の承諾の要件は厳格となる。この要件を欠いた承諾は、対抗要件としての「前条ノ承諾」になりえても、抗弁切断の効力をもった、異議を留めぬ承諾になりえない（逆に事後の承諾＝処分授権は、一般にその中に前条の承諾すなわち譲渡の事実を認識した旨の表示が含まれるといえよう）。

乙が抗弁事由の存在するにかかわらず、存在しないと信じて承諾＝授権をしたとき（前例だと、乙は甲に対して一〇〇万円の債務を負うと信じて承諾したとき）、その承諾＝授権は動機の錯誤にもとづく意思表示であるが、動機の錯誤も、それが客観的に重要な意味をもち、かつ相手方が悪意もしくは有過失ならば、無効原因となりうるという近時の有力な法理論を適用すると、丙が抗弁事由の存在につき悪意であれば、丙はたとえ乙の錯誤自体について善意だったとしても――一般的にいって、債務不成立や債務消滅の抗弁のように重大な抗弁事由のあるにかかわらず、あえて乙が異議なき承諾＝授権をすることは稀であることにかんがみると――過失があったといえるから、乙は承諾＝授権の無効を対抗しうる。したがって抗弁切断の効力を生じない。

(2)　甲の乙に対する一〇〇万円の債権の担保のために、乙所有地上に抵当権が設定されていたが、実際にはすでに債権は消滅していた（抵当権もそれに伴って消滅していた）とする。この債権が甲から丙に譲渡されるにあたり乙が異議を留めずに承諾すると、その効果として丙は乙に対して一〇〇万円の債権を取得しうるだけでなく、乙の所有地の上に抵当権をも取得するか。やや古い判例であるが、判例は丙の抵当権取得を否定した（大判昭一一・三・一三民集一五巻四二四頁）。しかし多くの学説はこれに反対している。

私見によれば、右の乙の異議を留めぬ承諾は、通常、仮定的な一〇〇万円の債権の譲渡に対する授権だけでなく、「仮定的な抵当権（＝実際には存在しない抵当権）の甲から丙への譲渡に対する、設定者たる乙の承諾＝授権」をも含む。したがって丙は、右の承諾＝授権と、甲、丙間の仮定的抵当権の譲渡の結合した効果として、現実の抵当権をも取得する（したがって結局、丙は、現実の抵当権によって担保された一〇〇万円の現実の債権を乙に対して取得する）。ま

第62図

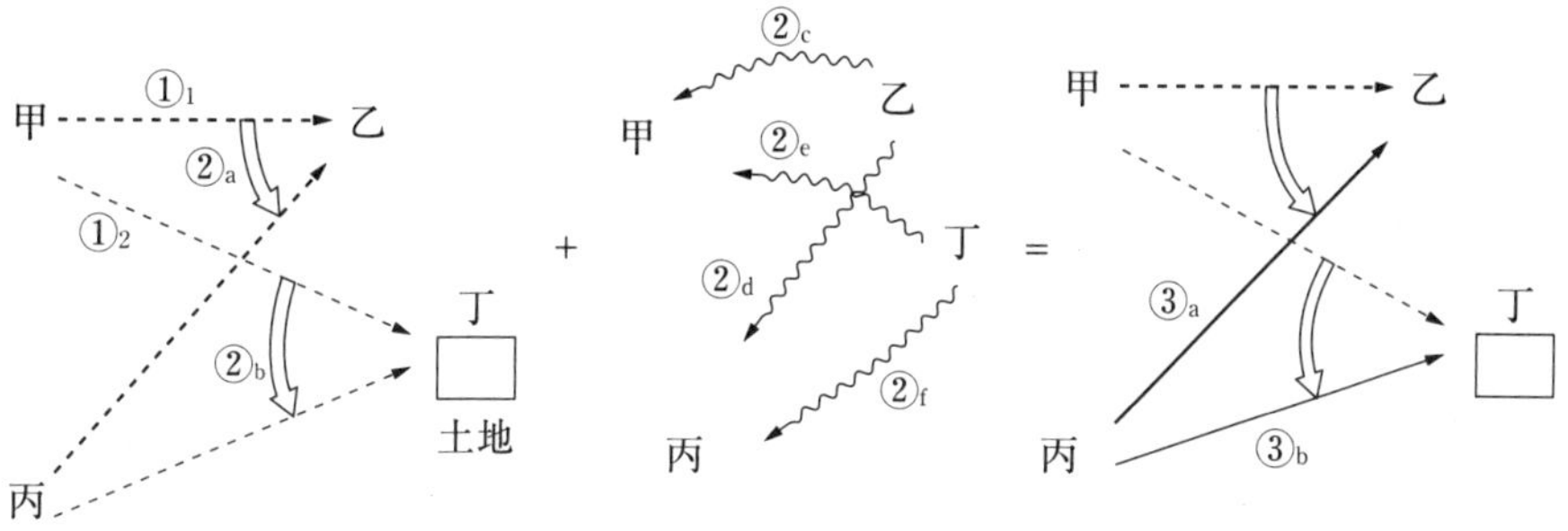

①1：仮定的債権
①2：仮定的抵当権
②a：仮定的債権の譲渡
②b：仮定的抵当権の譲渡
②c、②d：仮定的債務者の処分授権（同意・追認）
②e、②f：仮定的抵当権設定者の処分授権
③a：現実的債権
③b：現実的抵当権

た右の抵当権が、もともと物上保証人丁もしくは抵当不動産の第三取得者丁の所有地に設定されていたときは、乙が債権譲渡に対する承諾＝授権、をなすだけでなく、丁が仮定的な抵当権の譲渡に対する承諾＝授権をなしてはじめて、丙は、丁の土地の上の抵当権によって担保された、乙に対する債権を取得しうることになる（**第62図**参照）。

〔補説〕乙の所有する土地に抵当権の設定された、甲の乙に対する抵当権付債権が、一旦、乙の弁済によって消滅したあと、甲が抵当権付債権を有すると称して丙に譲渡したのに対して、乙が異議を留めないで譲渡の承諾をしたとする。この事例において、① 乙の弁済の後、乙の承諾より先に、丁が乙からその土地を譲り受けていた――したがって丁が土地を譲り受けた当時は抵当権の負担のない土地であった――とすると、丁はその後の乙の承諾に拘らず、抵当権の負担のない土地所有権を取得するか。それとも抵当権の負担のある所有権を取得するか（換言せば丙は抵当権取得を土地の譲受人たる丁に対抗しうるか）。② 乙の弁済後、承諾より前に、戊が右土地に抵当権を取得した――その当時甲の抵当権は消滅していたから、戊は一番抵当権を取得することになる――とすると、戊は、その後に乙の承諾がなされても、なお一番抵当権を取得し、丙の抵当権は二番抵当権になるのか、それとも丙が一番抵当権を取得し、戊は二番抵当権を取得するにとどまるのか。③ 冒頭の事例において甲の抵当権が一番抵当権で、己が二番抵当権を有していたとする。したがって乙の弁済によって、己の抵当権は、順位上昇の原則により当然に一番抵当権となる。そのあとで、甲から丙に抵当権付債権の譲渡がなされ、さらに乙がこれを異議を留めず承諾したとする。このとき、己は依然として一番抵当権を取得し、丙の取得する抵当権は二番抵当権であるのか、それとも丙が一番抵当権を取得し、己は二番抵当権を取得するのか。

右の諸問題は、従来、判例・学説において様々に論じられ、説の分かれている問題である。異議を留めぬ承諾を処分授権として捉える私見の立場からは、処分授権とりわけ事後的な授権としての追認や無権代理の追認に適用されるドイツ民法一八四条（追認の遡及効を定めつつ、但書で「追認者ガ追認前ニ於テ法律行為ノ目的ニ付キ為シタル処分……ハ追認ノ遡及効ニヨリソノ効力ヲ失ワズ」と定める）およびこれと同趣旨の無権代理の追認の遡及効に関するわが民法一一六条の規定を準用して解釈すべきであると考える。その結果、前述の丁、戊、己は、それぞれ乙の承諾前に既に得ていた地位を、乙の承諾によって失わされることなく、したがって①の丙は、丁に対して抵当権の取得を対抗しえない。②の丙および③の丙は、それぞれ戊および己に対して、一番抵当権を対抗しえず、二番抵当権者の地位に甘んじなければならないことになる。なお、以上と異って、冒頭の事例において、①丁が、乙の承諾の後に、乙から土地の所有権を譲り受けたときは、丙は丁に抵当権を対抗しうる。また②戊が、乙の承諾の後にこの土地に抵当権を取得したときは、丙は戊に対して一番抵当権を対抗しうる。これは追認の遡及効の原則を定めた前述の独民法一八四条やわが民法一一六条本文の準用の結果としても当然のことである。

以上述べたところは、近時の支配的な学説とも、その結論において一致している（もっとも多くの学者は、具体的な利益の比較衡量論によってかような結論を導いているが、その推論は簡明とはいいがたい）。

(3)　債権がすでに丙に譲渡され、確定日付ある証書で、債務者乙に通知がなされた後に、丁に二重譲渡され、この譲渡に乙が異議なき承諾をしたとき、丁は乙に対して債権を取得するか。通説の立場からは否定される。その根拠としては「譲受人保護の理想からいえば肯定すべきであるように見えるが、民法は債権の帰属についての優劣は、もっぱら確定日付ある証書によって決定しようとしているのである。だから異議なき承諾によって切断されるべき抗弁事由の中には、譲渡（債権の帰属）は含まれないのだ」と説明される（我妻栄）。

しかし授権説をとるわたくしは、この説に疑問をもつ。確定日付ある証書によって優劣が決せられるのは、まさしく両立しえない債権譲渡についてであって、右の譲渡のように両立しうる二重譲渡についてまでさようにいうことはできないと思う。右の譲渡が両立しうるのは、甲から丁への譲渡には、乙の異義なき承諾＝授権があるからであり、丙への譲渡を知りつつあえて丁への譲渡を承諾＝授権した乙にとっては、たとい丙と丁とに二重に債務を負っても酷とはならず、むしろ乙の意思に合致するといってもよいのではなかろうか（もちろん二重に支払った乙は甲に対する求償権を取得する。また、乙が過って丁への二重譲渡について承諾＝授権したときは、丁が善意の場合に限って丁は乙に対して債権を取得しうることはいうまでもない。）。

このような授権説の立場からは、甲から丙への第一譲渡の通知が普通の手紙で乙になされたあとで、乙が、甲から丁への第二譲渡についてあえて異議なき承諾＝授権をなしたときも、右と同じように、乙は丙と丁とに二重に債務を負うと解すべきである（第63図参照）。

以上のいずれの場合についても、甲から丙への譲渡について乙に通知があったにも拘らず、乙がこれを忘れたために、誤まって甲から丁への譲渡について承諾＝授権をしたときは、乙の承諾＝授権には動機の錯誤があったと認めうる。したがって丁がかような乙の錯誤について悪意もしくは有過失であった場合、乙は丁に対して動機の錯誤を理由にその無効を主張しうる。そして丁が、既に甲から丙への債権譲渡がなされたことを知って乙の承諾＝授権の意思表示を受けたときは、右の錯誤について善意であったとしても過失があったと認めるべきであり、したがって乙は丁に承諾の無効を主張しうると解すべきであろう。

第63図

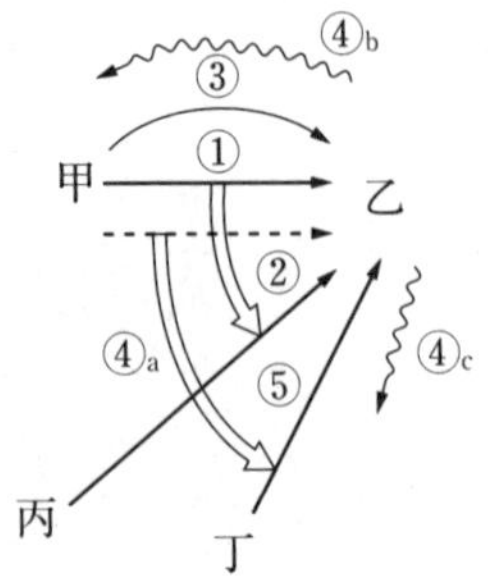

② ：丙への債権譲渡
③ ：②の通知
④a：二重譲渡（仮定的債権譲渡）
④b、④c：④aについての異議なき承諾
⑤ ：現実的債権の取得

さらに、右のように第一譲渡の通知が乙に到達した後に、乙が第二譲渡について承諾する場合だけでなく、乙が第一譲渡を承諾した後に第二譲渡にも承諾（＝授権）する場合にも同様に、乙は丙と丁とに二重に債務を負う余地があると解すべきであろう（そう解しても乙にとって酷とはならない）。

しかし、第一譲渡について普通の手紙で乙が承諾（＝授権）をなしたあと、第二譲渡について確定日付ある証書によって乙への通知がなされた場合は、いかに解するべきか。ここでは乙をして丙と丁とに重ねて債務を負わせることはできない。いずれか一方だけに債務を負わせるのでないと乙にとって酷である。それではいずれに対して債務を負わせるべきであるか。困難な問題だが、私は授権説の立場から次のように解したい（以下**第64図**参照）。

甲から丙への第一譲渡について乙が異議を留めない承諾（＝授権）をすると、丙は乙に対して（I）抗弁の切断された新たな債権と（II）甲が乙に対して有していた債権と同一の、抗弁の付着したままの債権、の両者を取得する。そして乙が（I）の債務を弁済すると（II）の債務も消滅する（前述(1)前段参照）。したがって（II）の債務は、乙が（I）の債務を弁済すれば消滅すべき債務である。

ところで甲が丁に二重に譲渡して確定日付ある証書による通知を先にしてしまうと、丁は右の（II）の債権を丙よりも優先的に取得することになる。しかし（II）の債権は右に述べたとおり、乙が（I）の債務を丙に弁済することによって消滅すべき債権である。だから乙は丁が（II）の債権を行使してきても、右の事情を理由に支払を拒みうべき筋合いである（丙が（I）の債権を行使するのは確実であり、そしてその行使の結果、（II）の債権が消滅するこ

第64図

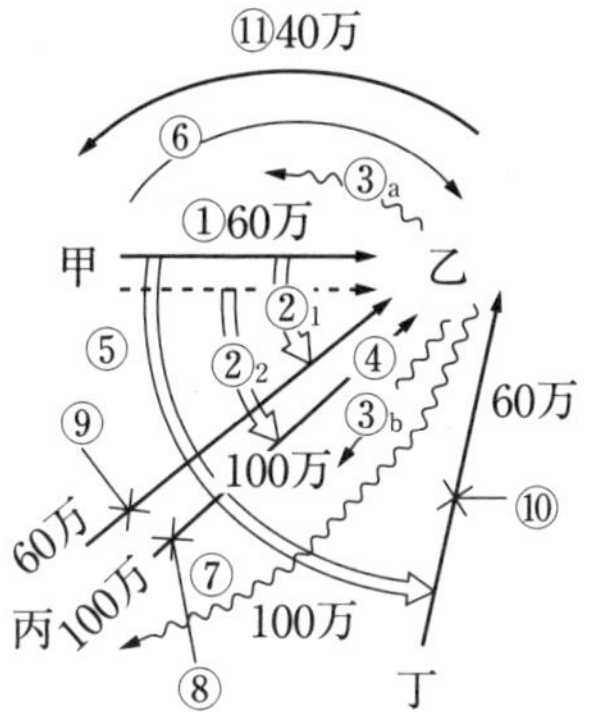

〔60万円の債権を100万円の債権と称して譲渡した場合について図示するが、60万円の債権を60万円の債権と称して譲渡するときも、原理的には同じである。〕

②　：債権（60万）
②1：丙への債権譲渡（60万）
②2：丙への仮定的債権（100万）の譲渡
　（②1と同時になされる）
③a、③b：乙の異議なき承諾
④　：現実的債権の取得（100万）
⑤　：丁への債権譲渡（二重譲渡）
⑥　：⑤の通知（確定日付）
⑦　：④の債務の弁済
⑧　：消滅；⑨：消滅；⑩：消滅；
⑪　：求償権（40万）

とが確実なのに、これを弁済させるのは酷である）。このように考えると、結局、丙だけが――丁に優先して――乙に対して（I）の債権を行使しうることとなる。

右の命題の根拠づけとして、右の命題は、あたかも前に**四2**(2)③で述べた問題の処理と基本的に異ならないことを指摘しておこう。すなわち前述のように、甲が丙に第一の譲渡をなして乙に確定日付ある証書によらずに通知し、乙が丙に弁済する。そのあとで甲が丁に第二譲渡して確定日付ある証書による通知をすると、丁は債権自体は丙に優先して甲から譲り受ける。しかし債権の内容に関しては、乙は、丙への弁済によって消滅したことを主張して、丁への弁済を免れうるのである。ところが右の関係における、乙の、第一譲受人丙への弁済（そしてその結果としての、丁が優先的に取得したはずの債権の消滅）に対応するものが、前述の命題における、乙の第一譲渡に関してなされた異議なき承諾＝授権（そしてその結果としての、丁が優先的に取得したはずの前述（II）の債権が消滅することについての強い確実性）である。したがって前者の関係が是認しうるものならば（その根拠については四2(2)③で詳論した）後者の命題も是認しうるはずである。

以上述べたところの結論として次のようにいうことができる。「債権譲渡の譲受人が債務者から異議なき承諾＝授権をうけると、その譲受人は、承諾＝授権した債務者に対して、期待していたとおりの内容の債権を取得しうる。たといこの譲受人のほかに、その譲渡前に、もしくはそのあとに二重に譲り受けた者があっても、そしてこの者の譲受について、確定日付ある証書による通知・承諾（対抗要件）があったときでも、このことに変りはない」と。そしてこのような解釈は、指名債権譲渡における、債務者の異議なき承諾＝授権の果たすべき機能（取引安全の機能）を十全にまで高める意義を有することはいうまでもない。

(4)　債務者の異議なき承諾の結果、既に消滅した債権あるいは無効・不成立の債権の譲受人に支払を余儀なくされた債務者は、譲渡人に対する求償権を取得する。その根拠は、債務者が異議なき承諾を譲渡人の委託によってなしたか、委託なくしてなしたかによって異り、求償の範囲もそれによって異なる（五六〇条、七〇二条）。もっとも四六八条一項但書は、求償権の根拠を基本的に不当利得返還請求権と解したうえで若干の修正を加えている（起草者の見解）。しかしこれをそのままの形であらゆる場合に適用するのは妥当ではない。前述したような解釈により、場合をわけ、規定の欠陥を是正すべきだと考える。

〔補説〕　ちなみに、「仮定的債務者の処分授権」の概念を考えつくについては、かつて田中耕太郎博士が、為替手形の振出の性質を「支払人に対する仮定的債権の振出人から受取人への譲渡として説明され、そして「支払人の引受によって仮定的債権が現実的債権となる」と説明されたところから多くの示唆をえている。

六　取立てのため、もしくは債権担保のための債権譲渡

甲の乙に対する債権の取立てを、甲が丙に委任し、その目的のために甲が丙にその債権を譲渡する場合がある。

これは本来ならば(すなわち右の目的に適合した法的手段をとるならば)、甲が丙に対して取立ての代理権を与えるか(このときには丙は甲を代理して甲の名において乙から取り立てる)、もしくは甲が丙に対して、丙の名において取り立てる資格を授与するか（このとき丙は自己の名において取り立てる）いずれかの方法をとり、そして甲から乙に対して、甲が丙に右のように代理権もしくは取立資格を授与した旨を通知することになる(ここでいう取立資格の授与(取立授権ともいう）は、前述したドイツ民法一八五条の処分授権に類したものとして、ドイツでもわが国でも一般に承認されている)。そしてかかる場合の法律関係として、丙は右債権を他に譲渡できないし、乙に対して免除することもできない。譲渡や免除は無効となる。ただし表見代理の法理の適用ないし準用によって譲渡や免除が有効となることはありうる。また取立代理人もしくは、取立資格の被授与者たる丙が乙に支払を請求するのに対して、乙は甲に対して取得した債権をもって相殺しうる。逆に乙は丙に対して取得した債権を反対債権として相殺することはできない。

第65図

〔取立てのための譲渡〕

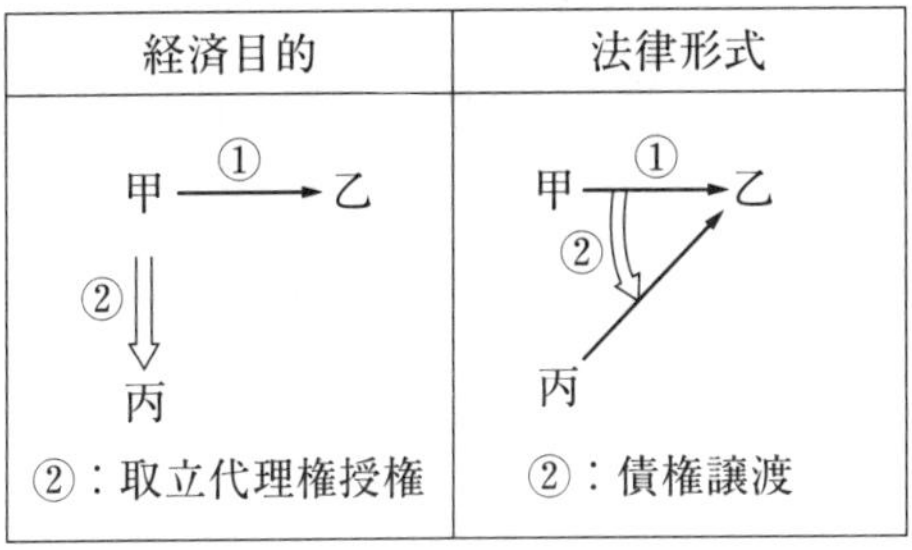

第66図

〔担保のための譲渡（譲渡担保）〕

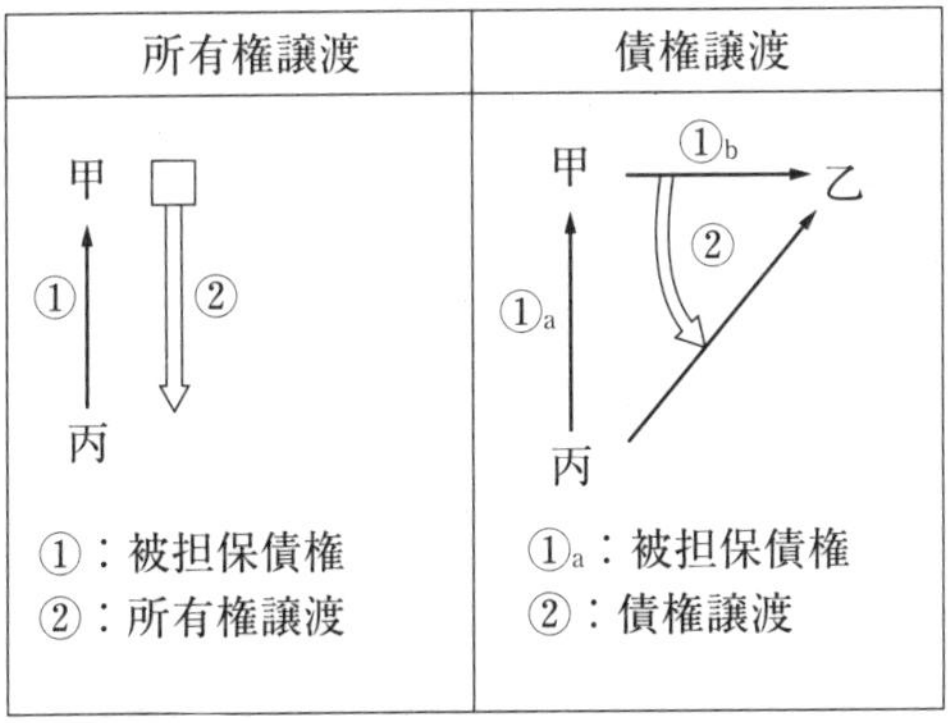

しかし冒頭に述べた債権譲渡の方法をとる場合は、経済目的を実現するに必要な程度を超えた法的手段を用い、

したがってそれを超えた権限を甲が丙に与えた場合である。したがってこの場合には、まさしくいわゆる信託的行為が存在する（**第65図**参照）。

〔補説〕　同じことは、債権担保の目的でなされる債権譲渡の場合、たとえば甲が丙に対して負っている一〇〇万円の債務の担保のために、甲が乙に対して有する一二〇万円の債権を譲渡する場合、についてもいえる。すなわち債権担保という経済目的に適合した法的手段としては、甲が丙に対する債務の担保のために、甲の乙に対する債権に質権を設定するのが普通である。しかしこの経済目的を実現するに必要な程度を超えて甲が丙に債権を譲渡し、したがってそれを超えた権限を、甲が丙に与えるのが債権担保のための債権譲渡であり、したがって信託的行為がここでも見られるのである（**第66図**参照）。

債権担保のための債権譲渡については担保物権法にゆずり、ここでは取立てのための債権譲渡を取り上げるが、信託的行為だという点では両者には共通したところがある。

信託的行為をいかに法的に処理するかは困難な問題であるが、一般的な傾向としては、四宮和夫教授が指摘されたように（同『信託行為と信託』（同『信託の研究』所収））、古くは、経済目的よりもそこに採用されている法的手段ないし法的形式が重視されるが、次第に、むしろ経済目的が重視され、経済目的に適合するように、法的手段ないし法的形式を解釈上修正し、制限するようになる（そして最後に、経済目的を過不足なく実現するに適合した法的形式が、立法により新たに作り出されることになる）。譲渡担保（債権担保のための債権譲渡はその中に包含される）に関する判例・学説および取立てのための債権譲渡の性質を有する、手形の隠れたる取立委任裏書に関するそれの現実の歴史をふり返るならば、右の傾向がそこに妥当していることが明らかに読みとれる。

〔補説〕　譲渡担保は元来、所有権移転形式を担保目的のために利用するものであり、最も古い担保の形式であった。その発展の最後の段階として、担保目的を直接に実現する制度として、質権や抵当権のような担保物権の設定という形式が新たに作り出された。同じように、財産管理のために管理者に所有権を譲渡するという古い形式から、その発展の最後に、処分権限の授与ないし代理権授与という新しい制度が（また信託法（大一一法六二号）による「信託」の制度が）生まれた。その後さらに新たな経済社会の要求のために、右の新らしい形式と並行する形で、所有権譲渡の形式が再び用いられるようになった場合でも、その後の発展の中に、やはり信託的行為における形式重視から、経済目的重視への変遷が見られるのである。

以下に取立てのための債権譲渡の法律関係を述べよう（一般的にいうと法的形式よりも経済目的を重視する立場が妥当であるが、従来の判例は必ずしもそうなっていない）。

譲受人丙は債務者乙に対して、自己の名で請求しうるが、丙は取り立てた金銭その他を譲渡人甲に返還すべき債務を負う。丙は譲り受けた債権を第三者丁に譲渡したり、乙に対して免除することは、甲に対する関係で委任契約違反となり、債務不履行にもとづく損害賠償義務を負う。この場合、甲は一歩進めて転得者丁に対して、丙、丁間の譲渡の無効を主張し丁からその債権を取り返すことができないか、また甲は乙に対して免除の無効を主張し、債権を復活させることができないか、が問題となる。従来の判例はこれを否定する（免除について大判昭九・八・七民集一三巻一五八八頁）。

しかし実質を重視し、転得者丁もしくは被免除者乙が悪意もしくは重過失あるときは、甲の無効主張を承認すべきであろう（信託法三一条を準用する）。同様なことは、丙の乙に対する支払請求に対して、乙が譲受人丙に対して取得した反対債権をもって相殺するときにもあてはまるべきであり、乙の相殺は原則として有効だが、しかし乙が悪意もしくは重過失あるときは甲はその無効を主張しうると解すべきであろう。なお、丙の乙に対する請求に対し、乙が譲渡後に甲に対して取得した反対債権をもって相殺しうるかについては、第三者たる乙が自ら形式でなく実質（取立委任たる実質）を主張しうるかの問題であるが、乙が実質たる取立委任を主張して相殺しようとするのに対し、取立受任者に過ぎない丙が乙の相殺を否認すべき正当な理由はないから、——手形の隠れた取立委任裏書の場合の扱いと同様に——乙の相殺を有効とすべきであろう。

〔補説〕　単に取立資格を授与したのか、それとも取立てのための信託的債権譲渡があったのかが不明確な場合に、いずれを推定すべきか。後者を推定すべしとするのが判例の傾向のようである（前掲大判昭九・八・七）。信託的債権譲渡に関する前述の判例理論を前提とする限り、委任者＝譲渡人の保護よりも第三者（債務者・第三取得者）の保護を重視し取引の安全をはかる趣旨から正当である。もっとも私見のように、信託的債権譲渡を資格授与に近づけて扱うべしとする立場をとると、右の両者の区別は、あまり重要な意味をもたない。

なお、前述したように、手形法の中で論じられる「隠れた取立委任裏書」は取立てのための債権譲渡と同じ性質の問題であることを注意する必要がある。

七　証券的債権

1　概　説

証券的債権とは、前述したように、証券と結合し、証券に化体された債権をいい、指名債権と対立する観念である。民法では証券的債権のうち指図債権と無記名債権および記名式持参人払債権の三つについて一般的な規定をおいている。

しかし前述したように、手形、小切手、貨物引換証などの特に重要な証券的債権については、商法や特別法で詳細に規定されているから、民法および商法上の証券的債権に関する一般的規定が適用される余地はない。また右のような特殊な証券的債権以外の証券的債権で、金銭、その他の物、または有価証券の給付を目的とするものについては、商法の証券的債権に関する一般的規定（商法五一七条以下）が適用される（もっともそこには手形法・小切手法の規定を準用する旨の規定が少なくない。商法五一九条）。それ以外の証券的債権、たとえば一定の役務の給付を目的とする証券的債権について、はじめて民法の証券的債権に関する一般的規定が適用されるわけである。

2　指図債権

(1)　定義と種類

指図債権とは、証券上に記載されている特定の者、またはそれが指定する者が債権者とな

第67図

2　指図債権

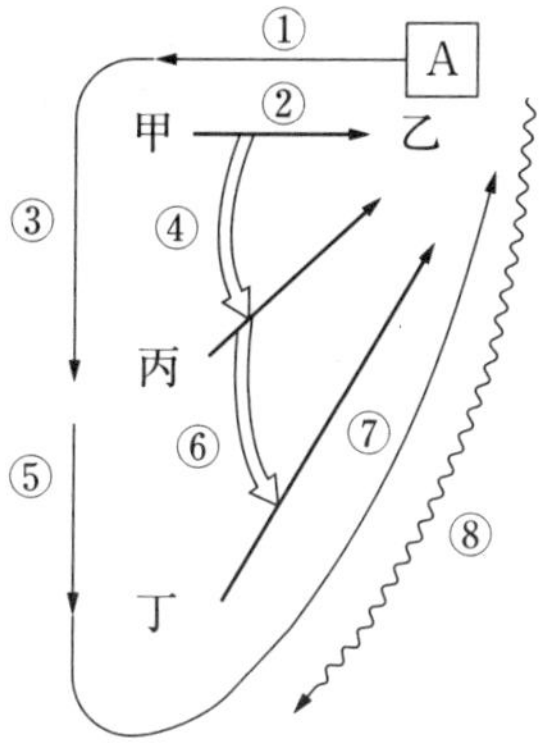

A：指図証券
①：発　行
②：指図債権
③：裏書交付
④：権利移転（③の効果）
⑤：裏書交付
⑥：権利移転（⑤の効果）
⑦：証券呈示
⑧：証券と引換えに弁済

る証券的債権である。証券自体は指図（債権）証券である。乙から甲に対してこの証券が発行されるにあたって、証券上に次のように記載される。「金一〇〇万円を甲殿またはその指図人に某年某月某日にお支払いします。甲殿　○年○月○日　乙印」。また、甲が丙に譲渡するにあたっては甲は、証券の裏面に「表記の金額を丙殿または指図人にお支払い下さい。乙殿　○年○月○日　甲印」と記載（これを裏書という）したうえで証券を丙に交付する。同様な裏書譲渡によって、丙は証券を丁に、丁はまた戊に譲渡することもできるが、もし丙あるいは丁が、自ら乙に対して権利行使しようと思えば、証券を乙に呈示して、証券と引換えに支払を受けることができる（第67図参照）。

約束手形、船荷証券、倉庫証券などはこのような指図債権であり、その際、約束手形は一定額の金銭の支払を目的とし、船荷証券、倉庫証券は、一定の商品の給付を目的とするものであるが、これらについては前述したように民法の規定が適用される余地はない。もし一定の役務（たとえば、衣類の洗濯とか演劇の観覧とかタクシーによる運送）の給付を目的とする指図（債権）証券や、また物の給付を目的とする場合でも——一定数量の物の給付を目的とするのでなくて——ある百貨店にある商品のうちの一定金額分の商品の給付を目的とする指図（債権）証券（指図式の商品券）が発行されるならば、これらには——商法の有価証券に関する一般的規定は適用されないから——民法の規定が適用されるはずである。しかし実際には、これらの給付を目的とするものは、無記名債権の形で発行されることはあっても、指図債権の形で発行されるものは皆無のようである。

(2)　**指図債権の譲渡の方式**　商法上の指図債権については、上述した証券の裏書交付が譲渡契約の効力発生要件である。しかし、民法上のそれについては、その効力発生は無方式の契約により、したがって裏書交付は効力発生要件でなく、単に債務者およびその他の第三者に対する対抗要件にすぎない（四六九条）。これについて、支配的な学説は、証券的債権の取引の実情に即しない規定だとして批判する。

(3)　**裏書の連続と善意の弁済の保護**　債務者は証券を呈示した証券の所持人戊に支払うにあたって、裏書の連続（甲から丙、丙から丁、丁から戊というように、現在の権利者たる所持人戊に至るまで、裏書が間断なく連続していること）を確かめたうえで支払うべきであり、裏書の連続が欠けているとき（たとえば、前例で、甲から丙への裏書に続いて丁から戊への裏書がなされているとき）は、所持人に支払ってはならない。というのは裏書の連続が欠けているときは、証券の外形的な記載のうえで権利の移転が中断されており、したがって現在の所持人たる戊が、権利者として推定されない（むしろ丙が権利者と推定される）からである。もちろん外観から生じるこのような推定力に反して、戊が真実に権利者であるとき（したがって丙から丁への裏書は存在しないが、実際にはその間に相続などによる権利移転があったとき）には、乙の戊に対する支払は有効となるが、外観より生じる推定力のとおりに戊が無権利者なら、真実の権利者（前例では通常丙がこれに該当する）にあらためて弁済しなくてはならない。

債務者がこのようにして連続した裏書のある証券の所持人に、換言すれば、外形上権利者らしく見える者に、支払った場合の弁済を有効とし、債務者を保護するために、「指図債権の債務者は、その証書の所持人およびその署名、捺印の真偽を調査する権利を有するもその義務を負うことなし。ただし、債務者に悪意または重大なる過失あるときは、その弁済は無効とする」旨の規定をおいた（四七〇条）。したがって甲から現在の所持人戊に至るまで裏書の連続があり、丁、戊間の裏書はなされているけれども、実際には戊が丁の所持する証券を盗んできて、丁から戊への裏書を戊が偽造した場合、したがって戊が、真実には無権利である場合でも、乙が善意無重過失であれば乙の戊への弁済は有効となる。同じことは、真実の権利者である戊からAが証券を盗んで、自らを戊であると名乗って、乙から支払を受けた場合にもあてはまる。手形法四〇条三項と同様な規定であり(ただし後者では、裏書人の署名を調査する義務がないのみならず、その権利もない――したがって調査のために、正当な手形所持人への支払が遅れると、債務者は遅延損害金を払わなければならない――とされている点で、要件は一層緩和されている)、また、四七八条の準占有者の弁済に関する規定〔後述〕とも同様な趣旨の規定である。

(4)　抗弁の切断　「指図債権の債務者は、その証書に記載したる事項およびその性質より当然生ずる結果を除くほか、原債権者に対抗することをうべかりし事由をもって善意の譲受人に対抗することをえず」と定められている(四七二条)。右にいう証書に記載したる事項とは、たとえば乙が甲に一部弁済し、もしくは期限を猶予され、その旨を証券に記載したときの一部弁済ないし期限の猶予を指す。これを善意の譲受人にも対抗することができるのは、譲受人がたとい善意(すなわち一部弁済ないし期限の猶予を知らずに譲り受けた)としても、重過失のある場合だからである。また、右にいう証書の性質より当然生ずる結果とは、債務者は証券と引換えでのみ債権者に支払うべき義務を負うことであり、当然のことを定めたにすぎない。なお、手形に関する手形法一七条、貨物引換証・船荷証券に関する商法五七二条・七七六条の規定は、抗弁切断の法理を定めたものとして同様な趣旨の規定である。

〔補説〕　私見によれば、証券的債権における抗弁切断の法理には二つの類型がある。第一は、指名債権譲渡における異議を留めぬ承諾＝授権と同じ性質の、債務者の処分授権にもとづくものであり、第二は権利外観法理によるものである。すなわち当事者の通謀虚偽表示によって作成された虚偽の債権証書を信じて、実際には存在しない債権を善意で譲り受けた者が保護され、債権証書に記載されたとおりの債権を取得する、という九四条二項と基本的に同様な法理を基礎としつつ、しかしその際その要件を緩和して、証書の作成者たる債務者が債権の内容について、単なる過失で誤った記載をしたときにも、善意の譲受人は、記載された内容に従って債権を取得しうるというものである。

これを所有権譲渡の場合の、譲受人保護のための制度と対比すれば、右の第一は、あたかも他人の権利を譲り受けた者が、真実の権利者の処分授権の効果として権利を取得する関係に対応し、右の第二は、あたかも、他人の権利を譲り

第68図

	権利の外形信頼の保護	処分授権
他人の権利（所有権）の譲渡	動産の善意取得（§192）	本来の処分授権（独民法§185）
存在しない債権の譲渡	仮装債権証書による債権譲受人の保護（§94-②）	仮定的債務者の処分授権
	船荷証券　倉庫証券 **etc.**	手形，小切手　無記名債券 **etc.**

受けた者が登記や占有の公信力にもとづいて権利を善意取得する関係に対応する（**第68図参照**）。

そして私見によれば、手形・小切手における抗弁切断の法理は、右の第一にもとづき（その際、約束手形の振出は裏書（＝仮定的債権の譲渡）前の仮定的債務者（＝振出人）の処分授権であり、為替手形の引受は振出（＝仮定的債権の譲渡）後の仮定的債務者（＝支払人）の処分授権（＝追認）として捉えられる）、貨物引換証・船荷証券などのいわゆる引渡証券についてのそれは、右の第二にもとづく（**第68図**下段参照）。わが民法上の指図債権における抗弁切断も、右の第二類型にもとづくものとして捉えられるであろう（なお、ドイツ商法で定める商人指図証券および商人債務証券（同法三六三条以下）は、ともに第一の類型であり、それぞれ為替手形および約束手形の原型として捉えられる）。

(5)　**裏書の連続と善意取得**

たとえば甲から指図債権証券を裏書譲渡された丙が、それを丁に預けていたところ、丁が勝手にその証券に、丙から丁への裏書を偽造したうえで、戊に裏書譲渡したような場合を考えよう。真実の権利者は本来は預けた丙であるが、丁が丙丁間の裏書を偽造して占有することによって外観上は丁が権利者らしく見える。そこでこれを信じて譲り受けた戊が善意取得するかが問題となる。これはあたかも動産を預かった者が、勝手に他人に譲渡したとき、譲受人が善意取得によって保護されるか、の問題と類似した問題である。動産については一九二条により、占有に公信力が認められ、善意取得が成立するが、民法上の指図債権については何ら規定がない。したがって否定されると解せざるをえない。

ちなみに、商法上の特別の規定のある手形（手形法一六条二項）や貨物引換証などはもちろん、一般に金銭、物の給付を目的とする証券的債権については右のような場合、証券に公信力があり、戊の善意取得が認められている（商法五一九条）。しかもこれらの証券では、動産の場合の善意取得と比べてその要件が緩和されている。すなわち動産の場合は、盗品遺失物について、善意取得が制限されるが（一九三条）、ここではその制限がない。また動産の場合は譲受人の善意無過失を要件にするが（一九二条）、ここでは善意無重過失がその要件となっている。

3　無記名債権（所持人払債権あるいは持参人払債権）

(1)　定義と種類　無記名債権とは、証券上に特定の債権者を記載することなく、その正当な所持人に弁済すべき証券的債権である。証券自体は無記名債権証券である。乙が、甲にこれを発行するにあたっては証券上に、たとえば「金一〇〇万円を某年某月某日にこの証券の持参人にお支払いいたします。〇年〇月〇日　乙印」と記載して甲に交付する。甲が丙に譲渡するときは証券を丙に交付する。丙から丁へ、丁から戊へ譲渡するときも同様である。丙もしくは丁が自ら権利を行使しようと思えば、乙に証券を呈示し、それと引換えに支払をうけることができる。商法上の無記名小切手、無記名社債は無記名債権であるが、特別な詳細な規定が定められ、民法の規定が適用される余地はない。商品券、劇場・遊園地の観覧券、タクシー回数券などは民法の適用をうける無記名債権である。

(2)　**善意の弁済者の保護・抗弁切断・善意取得**

(a)　無記名債権については、八六条三項によって動産とみなされるから、譲渡契約の効力として権利が移転し、証券の交付は、第三者に対する対抗要件である。(b)また、証券の所持人がたまたま無権利者であった場合でも、所持人は四七八条の準占有者に該当するから、債務者が所持人に善意無過失で弁済すれば、同条の適用によって債務者は保護され、弁済は有効となる。(c)抗弁切断については、指図債権に関する四七二条が無記名債権に準用される（四七三条）。(d)その他、善意取得については、無記名債権が動産とみなされる結果、一九二条以下の動産の善意取得の規定が適用され、善意無過失の譲受人は保護されるが、証券が盗品遺失物の場合にはその適用が制限される。

しかし支配的な学説は、以上のような(a)(b)(c)(d)の解釈について批判的であり、右の(a)については証券的債権の性質上、証券の交付は、単なる対抗要件でなく、譲渡の効力発生要件として扱うべきだとする。(b)についても四七八条でなく、指図債権（四七〇条）と同じに扱うべきだとし（後者のほうが弁済を有効ならしめる要件が緩和され、善意無重過失で足りる）、また(d)についても商法上の「金銭其他ノ物又ハ有価証券」の給付を目的とする無記名債権に関する一般的規定（商法五一九条）を準用し、取引安全を確保すべきだと主張する（後者のほうが善意取得の要件を緩和していることは前述したとおりである）。

4　記名式所持人払債権（記名式持参人払債権）

これは証券の上に特定の債権者が記載されているが、その者のほか、その証券を正当に所持する者に対して支払うべき証券的債権である。乙が甲にこれを発行するにあたっては、証券上に、たとえば「金一〇〇万円を甲殿またはその持参人に某年某月某日にお支払いいたします。〇年〇月〇日　乙印」と記載して甲に交付する。甲自身がこの証券と引換えに権利行使しうることはいうまでもないが、甲は丙に、丙は丁に転々譲渡することができ、その際は無記名債権と同じく証券を譲受人に交付する。丙あるいは丁が権利行使するときは、無記名債権の権利行使と同じく、証券を呈示し、これと引換えに支払を受ける。

小切手は記名式所持人払の形で振り出すことが認められているから（小切手法五条二項）、ここに記名式所持人払債権の例が見られる。商法の適用をうける記名式所持人払債権のほか、民法の適用をうけるそれを発行することも可能であるが、実際上の例は乏しい。

記名式所持人払債権は無記名債権の変種と考えればよく、商法は無記名債権と全く同じに取り扱うことにしている(商五一九条)。民法は、指図債権についての、善意で弁済した債務者の保護の規定(四七〇条)を記名式持参人払債権に準用しているが(四七一条)、その他の点では無記名債権と同様に取り扱うべきであろう。

もっとも四七一条については、「これはいわゆる免責証券を想定して作られた規定で、記名式所持人払債権に適用されることはなく、したがって債務者の善意の弁済の保護についても記名式所持人払債権は無記名債権と同じに扱うべきだ」とする見解がかつて有力であった。わたくしも両債権の実質的な同一性にかんがみて、この説を正当と考える(前述したように善意の弁済者の保護について、指図債権と無記名債権とでは、規定のうえで多少の違いがある。もっとも、解釈上、両者を同一に扱うべしとする前述の立場(3(2)末尾参照)をとれば、以上の議論は、実際には重要でなくなる)。

5 免責証券

以上述べた指図債権等の証券的債権は、債権が転々譲渡されることを予想し、債権譲渡における取引の安全を確保するために債権を証券と結合させたもの、あるいは債権を証券に化体させたものである。これに対して、免責証券と呼ばれているものは、ある限度で債権を証券と結合させたものであり、証券的債権と類似した点は若干あるが、しかし債権譲渡の取引安全をはかるためでなく、もっぱら債務者が多数の債権者との間の大量的な債務弁済行為を円滑に処理するために、利用されているものであり、その発行の目的の点で大きな差異がある。

免責証券の例としては、鉄道旅客の手荷物引換証、劇場の携帯品預り証、公衆浴場の下足札、銀行の預金通帳などがある。

免責証券には、その証券上に債権者の氏名が明記されている場合と、いない場合とあるが、いずれにせよ特定人が債権者であり、証券は債権(金銭や物の返還を求める債権)成立の証拠である(その点で借用証書と共通した性質を有する)。しかし免責証券においては、その証券を持参した者に弁済すれば、その者が証券の拾得者などのように無権利であっても、債務者が善意、無重過失である限りその弁済は有効とされ、真実の権利者に重ねて弁済する必要がない。このような免責力を有する点で、単なる債権成立の証拠と異なり、記名式所持人払証券と類似した効力を有する。

しかしそれは記名式所持人払債権やその他の証券的債権と異なって、本質的に指名債権である。免責証券の交付は債権譲渡の対抗要件とならない。たまたま免責証券を所持する者が、物品の返還等を求める債権を、免責証券とともに他に譲渡しても、抗弁の切断は認められず、善意取得も認められない。また免責証券を喪失した債権者は、自ら債権者であることを他の証拠手段によって立証して（たとえば手荷物引換証の場合、預けた旅行鞄の形、内容物が何かを保管係員に述べることによって）権利行使しうる。民法・商法の適用を受ける証券的債権においては、証券の喪失の場合は、公示催告手続を経由し、除権判決を得てはじめて権利行使しうるのが原則である（商法五一八条、民法施行法五七条）ことと対照される。

債権譲渡に関して、今まで多くの論文を発表しているが、主要なものをあげておく。

安達三季生「指名債権譲渡における債務者の異議なき承諾(1)(2)(3)」法学志林五九巻三＝四合併号、六〇巻一号、六一巻二号。同「債権譲渡」谷口知平＝加藤一郎編・新民法演習3　債権総論。同「債権の売買」契約法大系II巻（松坂佐一・西村信雄等還暦記念）。同「指名債権の二重譲渡と優劣の基準」加藤一郎＝平井宜雄編・民法の判例（第三版）（ジュリスト増刊）。同「指名債権譲渡における異議を留めない承諾、再論」法学志林八九巻三・四合併号。同「法解釈学（実定法学）方法論と債権譲渡の異議を留めない承諾」志林九一巻四号。同「再論・法解釈学（実定法学）方法論と債権譲渡（四六七条・四六八条）に関する幾つかの問題」志林九二巻三号、同巻四号。同「存在しない債権の譲受人への弁済と所謂る三者不当利得論」内山・黒木・石川先生古稀記念・続現代民法学の基本問題。物権変動論に関しては、安達「一七七条の第三者」柚木馨＝谷口知平＝加藤一郎編・判例演習（物権法）（昭和三八年版）。同「取得時効と登記」法学志林九五巻三号。同「登記請求権に関する試論」加藤一郎編・民法学の歴史と課題（来栖三郎先生古稀記念）

なお仮定的債務者の処分授権の概念を用いて、新たに手形・小切手法を再構成する試みを行っている。主要なものとして、ドイツの出版社から発表した「手形・小切手法の一般理論」(一九七六年)、「新白地手形法論」法学志林七三巻二号「手形行為独立の原則と証券上の権利の分属に関する試論」法学志林八一巻三=四号、「手形法上の利得償還請求権の構造」法学志林八六巻一号がある。ちなみにドイツで発表した前掲・拙稿を邦訳し、その際、若干の訂正と補説を加えたものを(さらに仮定的債務者の処分授権の概念の確立を試みている前掲・拙稿「指名債権譲渡における債務者の異議なき承諾(3)」を追録の形で付け加えて)『手形・小切手法の民法的基礎』と題する一冊の本にまとめて信山社から出版した(このほか指名債権譲渡ならびに手形・小切手に関する既発表の論文をそれぞれ『債権譲渡と法解釈学方法論』『手形・小切手法の特殊問題』と題する二冊の本にまとめて発表する予定)。

第二節　債務引受

一　序説

1　意義

債務引受とは、債権の同一性を保ちつつ、当事者の契約によって債務者を交代させることをいう。たとえば乙の甲に対する債務について、甲、乙、丙三者の契約もしくは、甲、丙の契約、もしくは乙、丙の契約によって、その同一性を保ちつつ、債務者を乙から丙に交代させることをいう。

前述のように、近代に至って、債権に同一性を維持しつつ契約によって債権者を交代させる制度として、債権譲渡が認められるようになると、これに対応するものとして、債権の同一性を維持しつつ契約によって債務者を交代させる制度として、債務引受が次第に認められるようになった。すなわち古くは、債務者の交代によって債務の同一性がなくなると考えられ、したがって債務者の交代のためには、従来の債務を消滅させて、それと同一性のない新債務を成立させるものとしての、債務者交代の更改のみが認められていたのであるが、近代においてはこれと並行して、債務引受が認められるに至ったのである。もっともわが民法では、古い考え方の影響のもとに、債務者交代の更改のみを規定し、債務引受については規定を設けていなかったが、わが民法より後に制定されたドイツ民法、スイス民法などは債務引受を規定している。そこでわが国の学説・判例もこれに倣って、債務引受を承認するようになった。

先に、債務引受は、債権譲渡に対応するものだといったが、債権者の交代が債務者の利害に重大な影響を与えないのに対して、債務者の交代は、債権者に重大な影響を及ぼす。なぜならば、債権の実質的な価値は、債務者の資力によって左右されることが大であり、債務者が資力のある者からない者へ交代することによって、債権者は著しい不利益を受けるからである。そこで、債権譲渡にあっては旧債権者たる譲渡人と新債権者たる譲受人の契約だけでなしうるのに対して、債務引受にあっては旧債務者と新債務者〔引受人〕との間の契約だけで有効に債務引受を成立させることはできず、後述のように、債権者甲の承認を必要とするのである。

〔補説〕　前述のように、債務引受では、甲、乙、丙の契約あるいは甲、丙の契約によるものも、債務引受の中に含まれると考えられているのに対し、債権譲渡では、甲、丙間の契約によるもののみを債権譲渡として扱っているのだから、その限りで後者のほうが前者よりも狭く捉えられているといえる。また、債権の同一性維持ということは、両者に共通するとされているが、その具体的内容を見ると両者において若干の差があることに注意する必要がある。後述する。

2　機　能　債務は経済的にはマイナス財産であるから、それだけでは経済的価値がない。したがって、他の経済的利益の移転と結びつく形で債務引受がなされる場合が多く、それと切りはなされた形で債務引受が単独になされることは少ない。

後者の例としては、丙が乙に対して一〇万円を贈与するのと同じ目的で、乙の甲に対する一〇万円の債務を引き受けるとか、乙の甲に対する債務の担保力を増大させるために、資力のある丙がその債務を引き受ける場合がある。

前者の例としては、乙の甲に対する五〇万円の代金債務を丙が引き受け、その代りに丙の乙に対する五〇万円の

第69図

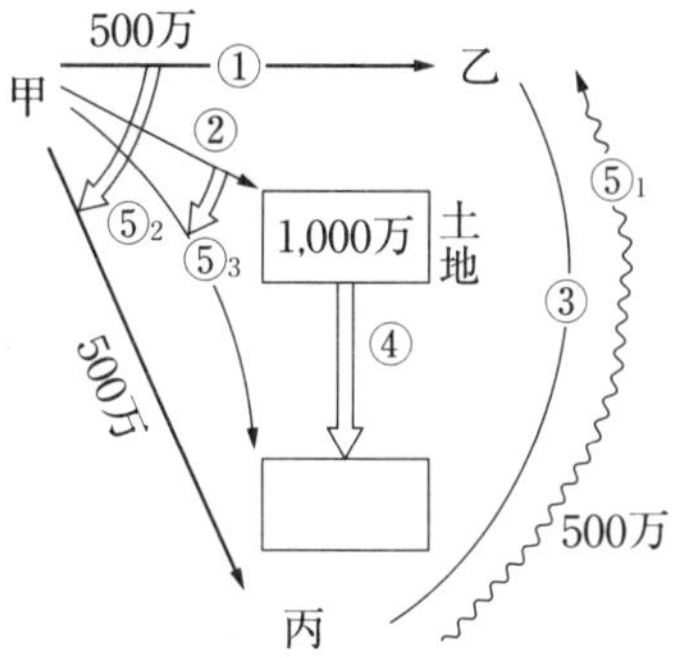

①　：債権（500万）
②　：抵当権
③　：抵当不動産の売買契約（1,000万）
④　：所有権移転
⑤1：代金の一部（500万）弁済
⑤2：債務引受（代金500万の支払に代る）
⑤3：抵当権の承諾

消費賃借上の債務を消滅させる場合、あるいは乙が甲に五〇〇万円の債務を負担して、時価一、〇〇〇万円の不動産に抵当権を設定しているときに、この不動産を一、〇〇〇万円の代金で丙に譲渡するにあたって、そのうちの五〇〇万円については丙が乙に直接支払い、残りの五〇〇万円については、支払う代りに乙の五〇〇万円の債務を引き受けることとする場合がある（第69図参照）。

また、契約上の地位の譲渡に伴い、その一環として債務を引き受ける場合（たとえば、売主たる地位の譲渡の中には、代金債権の譲渡とともに目的物引渡債務の引受、売主の担保責任の引受、そのほか契約解除権の譲渡も含まれる）があり、またその特殊な形態として、賃貸中の不動産が譲渡されたときで、借主が貸主に賃借権を対抗しうる場合には、当然に賃貸人たる地位が譲受人に承継されるが、その中には、貸主としての債務（目的物を使用させる債務、修繕義務、敷金返還義務など）の引受も含まれる。もっとも、契約上の地位の引受けについては特殊な問題を生じるので、後にあらためて取り上げる。

さらに営業譲渡においては、営業を構成する積極・消極のすべての財産が一括して譲渡され、その中には、土地・建物の所有権や賃借権、機械・器具・家具の所有権、商号権、商標権、特許権などの譲渡のほか、その取引先に対する債権の譲渡や債務の引受も含まれるから、営業譲渡の一環として債務引受が生じる。もっとも営業譲渡に伴う債務引受については、商法で特別に規定を設けており（商法二六条—二九条）、特殊な扱いをうけるので、後に取り上げる。

二　債務引受契約

1　債務の移転性

債務引受のなされるためには、債務が同一性を保ちつつ、旧債務者から新債務者に移転しうるものでなければならない。金銭や種類物の引渡しを目的とする債務は、債務者が代っても給付の内容が変らず、債務は同一性を保つから債務引受は可能である。しかし画家が依頼者の肖像画を描く債務のように、債務者が代ると給付の内容の変るものは、不可能である。このような債務についての債務者の交代は、債務者交代のための更改によってのみなしうる（これは債権に譲渡性のない例外の第一の場合に対応する。第一節二参照）。

2　引受契約の当事者

前述したように、(ア) 甲、乙、丙の契約のほか、(イ) 甲、丙の契約でもなしうるが、この場合は乙の意思に反してはなしえない、とされている。というのは、民法は後述のように、利害の関係のない第三者の弁済、および債務者の交代による更改は、いずれも債務者の意思に反してはなしえないと定めている（四七四条二項および五一四条）から、債務の引受もこれに準じて扱うべきだとされるからである（大判大一〇・五・五民録二七輯八九九頁）。(ウ) 乙、丙の契約でもなしうるが、前述のように甲の利益を保護するために、甲の承認を必要とし、甲の承認により引受契約の効力が生じる。これは、乙、丙間の引受契約の前になされることを必要とせず、事後的な承認（＝追認）でもよいが、しかしこの場合には、引受契約の効力は契約時に遡及する。したがってこの承認は、無権代理の追認に類似した性質を有すると解されている。

さらに近時の有力説は、ドイツの通説にならって、甲の承認の性質を、ドイツ民法一八五条に定める処分授権の一種として捉えようとしている。この説によると、「旧債務者と引受人の間の免責的債務引受契約は、他人（債権者）の有する債権に対する処分、あるいは処分類似の干渉を含んでいる。というのは、債権は、その後は旧債務者に向けられる代りに新債務者に向けられることになる、つまり変更されることになるはずだからである。だから、これ

第70図

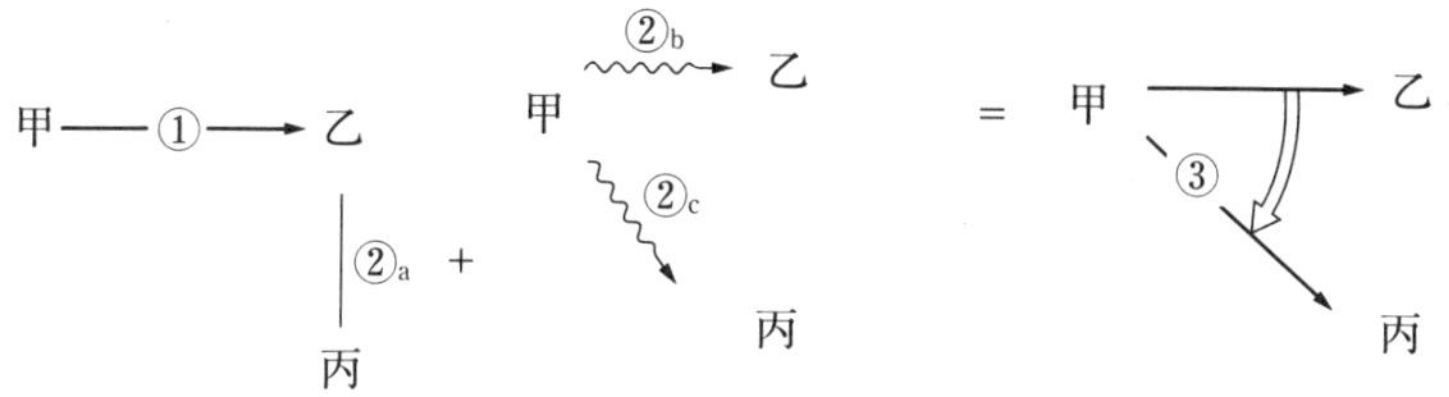

①：債　務　　②b、②c：同意・追認（処分授権）
②a：引受契約　③：乙から丙に債務移転

はすべての処分行為と同様に一八五条による権利者の承認を必要とする」（エンネクツェルス＝レーマン）（**第70図**参照）。

ドイツ民法一八五条の処分授権については前に簡単に説明したが（前述第一節**五2**参照）、そこで述べた処分授権の法律関係を乙、丙間の債務引受契約における甲の承認にあてはめるならば、その承認は処分授権におけると同様に（したがってまた代理権の授権と同様に）一方的な意思表示であり、引受契約（＝処分行為）の前でも後でもなしてよく、後者（すなわち追認）の場合には、引受契約の効力は引受契約時に遡る。また承認をなすべき相手は、乙でも丙でもよい。以上の処分授権説は、従前の学説の主張するところと矛盾しておらず、むしろこれを理論的・体系的に基礎づけるものであって、正当である。

なおドイツ民法では、右の甲の承認に関して次のような規定をおいている。すなわち、旧債務者または引受人から、債権者に対して、期間を定めて追認の意思表示を催告したときは、その期間内に追認の意思表示がないと、拒絶したとみなされる（同法四一五条）。わが民法でも一一四条の類推によって同様に理解されている。しかし、ドイツ民法では抵当不動産の譲渡に伴って譲渡人と譲受人との間に被担保債権についての債務引受契約が結ばれていた場合には、これと異なった扱いがなされている。すなわち譲渡人が債権者に引受契約の通知をした後六ヵ月を経過すると、債権者がその期間内に追認拒絶の意思表示をしていなかった以上は、追認したとみなされてしまう（同法四一六条）。これは、引き受けられた債務が、抵当不動産によって担保されているために、債務引受が債権者の利益を害するおそれが少ないことを考慮した特則である。

3　引受の効果

(ア)　乙の債務は同一性を維持しつつ丙に移転し、乙は債務を免れる。契約当事者間に特約がない限り、丙は乙の有していたすべての抗弁権（債務の一部もしくは全部の消滅、債務の不成立、無効・取消原因の存在、同時履行の抗弁権など）を甲に対抗しうる。ただし、丙は、乙が甲に対して有していた反対債権をもって引き受けた債務と相殺することはできない。けだしこれを認めると、――相殺の効果として――あたかも丙が乙に代って甲から反対債権を取り立て、これを丙の甲に対する債務の弁済に充てたのと同様な関係を生じ（後述参照）、したがって丙は他人（乙）の財産を自己の利益のために処分することになるからである。

(イ)　乙の債務のために丁が保証人になっていたとき、丁は、乙に代って債務者となった丙のために、当然には保証する義務を負わない。けだし、資力のない主たる債務者のための保証人は、主たる債務者に代って弁済したとき、求償権の行使が困難であるから、誰のために保証するかは保証人にとって重大な利害関係を有するからである。丁が自ら乙から丙への債務引受を承認してはじめて丙のためにも保証する。丁が承認を拒むときは、丁は保証人たる地位をすべて免れる。けだし乙は債務者でなくなっている以上、もはや乙のために保証することはありえないからである。同じことは、乙の債務を担保するために、担保物権を設定していた物上保証人戊の地位についてもあてはまる。すなわち戊が債務引受を承認すれば、甲はその担保物権を取得するが、戊が承認を拒むと、担保物権はすべて消滅する（最判昭三七・七・二〇民集一六巻八号一六〇五頁）。

三　併存的（重畳的）債務引受と履行引受

債務引受と類似するがこれと異なるものが二つある。

第71図

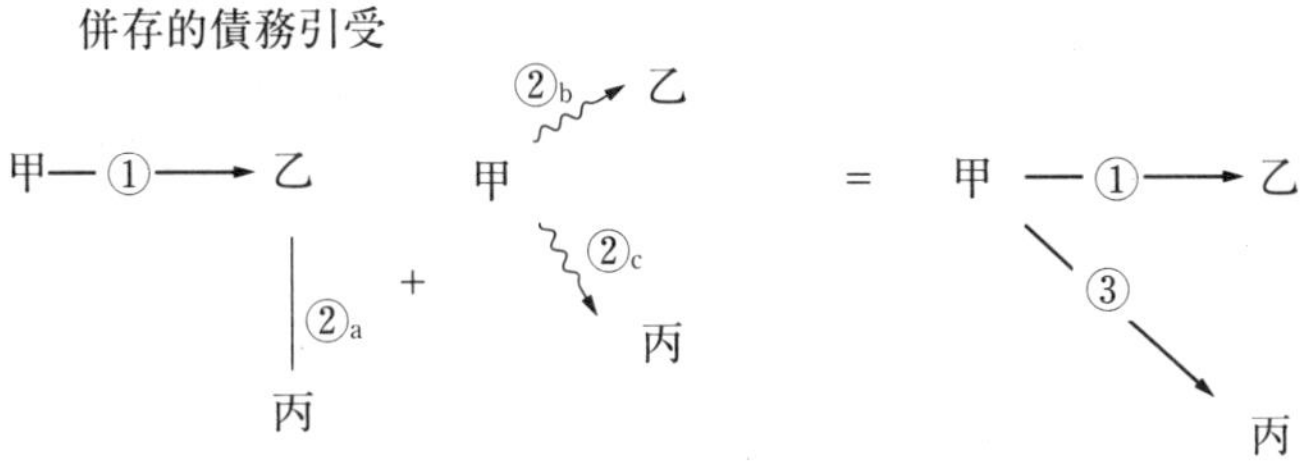

①　：債　務
②a：併存的債務引受契約
　　（第三者のための契約）
②b、②c：同意・追認
　　（受益の意思表示）
③　：丙の併存的債務負担

1　併存的（重畳的）債務引受または添加的債務引受

旧債務者乙が依然債務を負担し、引受人丙がこれと併存して、同一内容の債務を負担するものを併存的債務引受という（本来の債務引受にあっては、旧債務者は債務を免れるから、これを免責的債務引受けともいう。広義の債務引受は、免責的と併存的の両債務引受を含み、狭義のそれは免責的債務引受のみを指す）。

併存的債務引受は、債権者甲、従来の債務者乙、引受人丙の三者間の契約によってなしうる。また、乙、丙間の契約によってもなしうる。この契約は第三者（甲）のための契約（五三七条）の性質を有し、したがって、第三者（甲）が丙に対して受益の意思表示をなすことによって、甲は丙に対して債権を取得する（第71図参照）。もっともここでいう受益の意思表示は、甲が丙に請求する行為の中にその前提として黙示的に含まれており、請求と別個になす必要はない。次に甲、丙間の契約によってもなしうる。そして、この場合には、免責的債務引受と異なり、旧債務者乙の意思に反しても有効になしうると解されている（大判昭一一・四・一五民集一五巻七八一頁）。というのは、乙と丙とは併存的な債務引受の結果、連帯債務者となるが（最判昭四一・一二・二〇民集二〇巻一〇号二一三九頁）、これは、あたかも丙が乙の保証人ないし連帯保証人になるのと類似した関係である。ところが、丙が保証人や連帯保証人になるについては、乙の意思に反してもなしうるのだから（四六二条二項）、併存的な債務引受けにおいてもこれに準じて扱うのが正当だからである。

併存的債務引受の効果としては、前述のように、丙は乙と同一の債務を乙と共に負う。そして判例はこれを連帯債務と解している（前掲最判昭四一・一二・二〇）。しかし、連帯債務と解すると、絶対的効力を生じる事由の範囲が広くなるため、債権の効力を弱くして不都合であるという理由から（前述第四章第三節**六3**参照）、不真正連帯債務と解すべきだと主張する有力説がある。思うに甲、乙、丙三者の契約もしくは乙、丙間の契約によって生じた併存的債務引受においては、乙、丙間に主観的な意思の連絡があるのだから、反対の特約なき限り連帯債務と解し、他方、甲と丙の契約によって生じる場合、とりわけそれが乙の意思によらずしてなされた場合には、乙、丙間に主観的意思の連結が欠けているのだから不真正連帯債務と解すべきではなかろうか。

併存的債務引受の乙または丙のいずれかが甲に弁済したとき、他方に対して求償しうるかは乙、丙間の内部関係の問題であり、乙、丙間の契約その他の事情により異なる。乙の債務を担保する目的で丙が併存的に債務を引受けるときは、丙が支払うと乙に求償しうる。また乙丙間で免責的債務引受契約が結ばれたが甲の承諾が得られないために併存的債務引受を生じる場合（後述**3**(3)参照）には、乙が支払うと丙に求償しうることになる。

第72図

履行引受

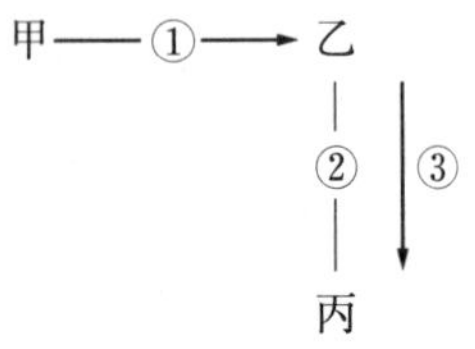

①：債　権
②：履行引受契約
③：乙に代って①を弁済すべき丙の債務

2　履行引受　債務者乙と引受人甲との間で、丙が乙の債務を弁済すべきことを約束する契約である。この契約によって丙は、債権者甲に対して直接に債務を負担することはない。この点で免責的債務引受とも併存的債務引受とも異なる。乙に対して、その債務を履行すべき義務を負うのみである（併存的債務引受の場合にも、引受人丙と債務者乙との内部的関係として同様な義務が生じる場合がある。後述する）。乙が従来通り債務を負担することはいうまでもない（この点は、併存的債務引受と同じであり、免責的債務引受とは異なる。第72図参照)。

履行引受契約の当事者は、債務者乙と引受人丙であるが、この契約には、債権者甲をして丙に対する直接の債権を取得させる旨の合意は含まれていない。もし含まれれば、前述した併存的債務引受を生じるからである。履行引受の結果、丙が甲に対してなす弁済は、後述する第三者の弁済となるから、履行引受契約の有効要件としては、第三者の弁済が許される場合(後述)でなければならない。

履行引受契約の効果として、引受人丙は乙に対して、丙が乙に代って甲に弁済すべき義務、したがって第三者の弁済をなすべき義務を負う。もし丙がこの義務を履行しないときは、乙は履行を請求し、強制執行もできる。その方法として、乙は丙から取り立てて、これを甲に対する弁済に充てることができる。したがって一種の代替執行となる(大判昭一一・二・二八法律新聞三九五六号一一頁)。また、丙の右の義務の不履行のために、乙が甲に対する弁済を余儀なくされると、乙は丙に対して債務不履行を理由として損害賠償を請求しうる。

丙が甲に弁済した場合、通常の第三者の弁済と異なって丙は乙に求償権を取得しないのが原則である。その点は免責的債務引受と同じである(併存的債務引受においては、乙、丙間の内部関係によって異なる)。

最後に、履行引受の概念規定に関し、これをもっぱら債務者乙と引受人丙との内部関係に限定して捉える説もあるが、支持したい。この説をとると、併存的債務引受において、引受人丙が、債務者乙に対する内部関係として、債権者甲に弁済すべき義務を負っているときは、併存的債務引受と履行引受とが結合した形態となる。

3 免責的債務引受け、併存的債務引受、履行引受の間の相互関連

(1) 甲、丙間および甲、乙、丙間でなされる引受契約　免責的債務引受と併存的債務引受は、ともに債権者甲と引受人丙との間の契約によって(また、甲、丙および旧債務者乙三者の契約によって)成立しうるので、甲、丙間になされた契約が(また、甲、丙、乙三者によってなされた契約が)、そのいずれに該当するかをいかにして認定するかが問題となる。契約解釈の一般的原則に従って認定することになるが、いずれとも認定しがたい場合の基準として

併存的債務引受を認定すべきである。けだし、免責的債務引受は通常、債権者甲にとって負担が大きいので、甲の通常の意思としては併存的債務引受を欲したものと推定するのが妥当だからである。

(2)　乙、丙間でなされる引受契約　免責的債務引受け、併存的債務引受および履行引受は、いずれも債務者乙と引受人丙との間の契約によって成立しうるので、乙、丙間になされた契約が、そのうちのどれにあたるかをいかなる基準によって認定するかも問題になる。契約解釈の一般原則を適用しても認定困難なときの一般的な基準としては、――免責的債務引受から併存的債務引受への転換の問題とも関係するが、結論的にいうと――乙、丙間の内部関係を考慮することが重要である。

すなわち乙、丙の内部関係において、もし(ア)引受人丙が甲に弁済すると、丙が乙に対して求償権を取得することなく、逆に乙が甲に弁済したときは、乙が丙に求償権を取得する関係にあるとき(したがって、前述**一2**にあげた事例のうち次の(イ)に掲げる一つを除いてすべてこれに該当する)は、免責的債務引受契約を認定すべきであり、(イ)然らざる場合、すなわち丙が甲に弁済したとき、丙が乙に求償権を取得し、逆に乙が甲に弁済したとき、乙が丙に求償権を取得しないとき――前述**一2**の事例のうち、債務の担保力を増大させるための引受がこれに該当する――は、併存的債務引受契約を認定すべきであろう。

けだし右の(ア)のごとき内部関係があるときは、免責的債務引受を有効に成立させ、債務者乙が債務を免れて丙のみが債務を負担することが、乙、丙間の内部関係の簡易な清算に役立ち、乙、丙の意思に最もよく合致すると思われるからである(乙、丙間に免責的債務引受契約の成立が認定されても、甲が承認しないときは、それが有効とならないことはいうまでもない。その際の法律関係については後述する)。

もっとも従来、通説は右と異なった見解をとっており、免責的債務引受は、債権者にとって不利益を負わせるものであるから、その認定は慎重であるべきだとする。しかしこのような理由で認定を慎重にすべきは、債権者のなすべき承認の有無に関してであり、乙、丙間の引受契約自体が、免責的債務引受契約に該当するか否かの認定にあたっては、これとは別に乙、丙間の内部的な関係に重点をおいて考慮すべきである。

(3)　**免責的債務引受から併存的債務引受、履行引受への転換**

乙、丙間の免責的債務引受契約がなされたが、債権者甲が追認を拒んだときは、免責的債務引受契約は無効となる。しかし近時の有力説によると、この場合、無効行為の転換の法理によって（すなわち、無効になった契約に代って、当事者の合理的な意思の推定により）、乙、丙間に併存的債務引受契約が（したがって「第三者甲のための契約」が）成立すると解されている（四宮和夫・椿寿夫）。したがってこれに対する甲の受益の意思表示によって、甲は丙に対して、甲の乙に対する債権と同一内容の債権を取得し、乙、丙は連帯債務者となる。甲が受益を拒絶する意思表示をしたときには、右の効果は生じないから、甲は確定的に従来通り乙に対してのみ債権を有する。わたしもこの説を支持したい。

他方、ドイツ民法によると、甲が承認を拒む場合には、丙は乙に対して、乙の甲に対する債務を弁済すべき義務を負うと推定する旨定められている（同法四一五条）。したがって乙、丙間の内部関係における履行引受契約の成立が推定されるわけである。わが民法でもこの規定と同じ解釈が通説によって採用されている。したがって前述した無効行為の転換についての有力説を、これと結びつけると、債権者甲が、免責的債務引受の承認を拒絶したときには、併存的債務引受契約とともに、履行引受契約が同時に成立して、そして甲がかような併存的債務引受契約（＝第三者のための契約）に対して受益の意思表示をするときは、併存的債務引受が有効となるが、これをも拒絶すると、履行引受契約のみが成立しうることになる。

右に関連して、乙、丙の間の免責的債務引受契約に対して、甲がなす承認の意思表示が果たして免責的債務引受の承認であるか、それともその拒絶を前提とした併存的債務引受（＝第三者のための契約）に対する受益の意思表示であるのかが不明確な場合に関して、これをいかに認定するかの問題を生じる。前者だと認定すれば甲は不利益を蒙ることにかんがみ、丙に弁済しうる十分な資力があることの明らかな場合を除けば、むしろ後者の受益の意思表示と解するのが正当であろう。

〔補説〕　乙、丙間の免責的債務引受契約と、履行引受契約を含んだ併存的債務引受契約との関係について考察すると、わたくしは、前者が、他人の債権について、その債務者を乙から丙に変更するという内容をもった、他人の権利の処分行為であるのと同様に、後者も、それに類した、しかしながら従前の債務者乙を担保の目的で連帯債務者として残すという趣旨を含んでいる点で特殊性をもった、処分行為である、そして前者の処分行為が他人の権利の無制限な処分行為であるのに対して、後者は、右に述べたような意味で一定の制限を付した処分行為として捉えることができるのではないかと考えている。したがって、後者の処分行為である併存的債務引受契約に対してなされる債権者甲の受益の意思表示も、私見によれば、一種の処分授権としての性質を有しており、したがってそれは、乙、丙間の契約の前、もしくは後に、乙または丙のいずれかに対してもなしうることになる。

四　契約上の地位の譲渡（契約引受）と営業譲渡

第73図

契約上の地位の譲渡

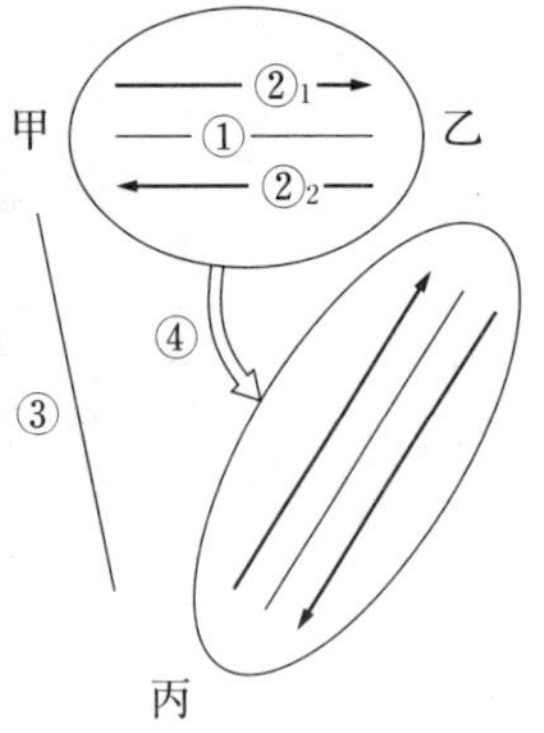

①：売買契約
②1、②2：債権・債務
③：契約上の地位の譲渡契約
④：契約上の地位の移転

1　契約上の地位の譲渡

判例理論によると、契約上の地位、たとえば買主の地位を甲が丙に譲渡する場合、その中には通常、買主甲の売主乙に対する債権のみでなく、乙に対する債務の移転も含まれている。そして債務の移転については、旧債務者と新債務者の契約のほかに債権者の同意あるいは承認が必要であるから、結局、契約上の地位の譲渡は、その中に債務引受が含まれている限り、契約の相手方乙の同意あるいは承認があってはじめて有効になしうる。（最判昭三〇・九・二九民集九巻一〇号一四七二頁)。そして契約の解除権や取消権は契約上の地位に伴うものだから、単に契約より生じる個々の債権を譲り受けたり、個々の債務を引き受けたにすぎない者は、これらの権利を行使しえない(大判大一四・一二・一五民集四巻七一〇頁)(第73図参照)。

これに対し、学説の中には、契約上の地位の譲受人でなくて個々の債権を譲り受けたにすぎない者(たとえば、代金を完済している買主から、売買の目的物引渡債権を譲り受けた者)でも利益の比較考量によって、解除権を認めてよい(譲受人は売主の不履行を理由に解除権を行使し、その効果として代金の返還を請求し、また損害賠償を請求しうる)とし、解除権や取消権の帰属は、契約上の地位の帰属と区別して考察すべきであると主張し、ひいては契約上の地位の移転という観念自体の有用性に疑問をはさむものもある(加藤一郎)。

確かに契約上の地位は、契約より生じる個々の債権債務を離れた抽象的なものでありえず、契約より生じる個々の債権をすべて有しない者に、契約上の地位を保持させて、この者に解除権の行使を認めるわけにはいかない。しかし契約上の地位の譲渡という概念は、取引上も用いられており、契約より生じる個々の権利義務の総体の譲渡として、これを理解したうえで用いるならば、有効な概念といえよう。そしてこのような意味での契約上の地位が譲渡されれば、譲受人に解除権が帰属するのはいうまでもない(他方で、個々の債権を譲り受けた者にも、利益の比較考慮により解除権が帰属する場合のあることを認めるべきであろう)。

ところで契約上の地位の譲渡には、判例のいうように相手方乙の同意ないし承認を必要とするであろうか。ここで、前述した、免責的債務引受契約から併存的債務引受契約への転換の理論を応用するならば、――契約の相手方乙に対する甲の債権が、乙の承認なしに丙に譲渡しうる場合、すなわち譲渡性のある場合においては――甲、丙間の契約上の地位の譲渡に包含される免責的債務引受に関して、相手方(債権者)たる乙がその承認をしないときは、併存的債務引受を生じ、乙の受益の意思表示によって丙は甲と連帯して乙に対して債務を負担すると解することができる(したがって、契約上の地位の譲渡は、相手方乙の利益を害するおそれがないのであるから、乙の承認がなくてもなしうると解すべきことになる)。右のような結果は、ドイツ民法でも解釈上認められており、戦後制定されたイタリア民法(一四〇八条二項)も同様の趣旨を明文で定めている。

契約上の地位の譲渡の特殊なものとして、不動産の賃貸借契約における貸主の地位の譲渡がある。貸主の地位の譲渡は、目的物の所有権の譲渡に伴ってなされる。判例(最判昭四六・四・二三民集二五巻三号三八八頁)および通説によると、賃借人の承認がなくても貸主の地位の譲渡は有効であり、旧主は賃貸借契約上の債務免れうる。その理由としては、貸主が借主に負担する債務には、目的物の使用収益を許与すべき債務、修繕義務、有益費用の償還義務、敷金返還義務があるが、いずれも債務者(賃貸人)の交替によって債権者(賃借人)は著しい不利益を受けるおそれがないことがあげられる(有益費用償還義務や敷金返還義務の不履行に対しては、借主は目的物の留置権によって対抗できることが指摘されている)。

しかし少数の学説として、賃借人の承諾がないときは――それによって貸主の地位の譲渡が無効にはならないが――譲渡人(旧貸主)は譲受人が引き受ける債務について連帯して債務を負う、しかし相当な期間の経過によってこの債務は消滅する、と解するものがある(鳩山・石田(穣))。これはドイツ民法五七一条に定めるところと同様な趣旨を、わが民法の解釈にとり入れようとするものである。わたくしは前述したような契約上の地位の譲渡に関する一般的理論を、貸主の地位の譲渡に適用することによって、この少数説の見解を支持したい。

〔補説一〕　本文引用の最判昭和四六年四月二三日判決の事案は次の通りである。XはYより土地を建物所有の目的で賃借したが、空地のまま放置していた。その後、Yは右土地所有権をAに譲渡し移転登記も済ませたが、YA間には本件売買が借地権付きであるとの十分な諒承がなされていた。その後Bは、Aから右土地を譲り受け、Xが建物を建築しようとしたのに対し、立ち入り禁止、工事禁止の仮処分をした。そこでXは、Yに対し賃貸人の義務の履行不能に基づく損害賠償を請求した。最高裁は、「新所有者が旧所有者の賃貸人としての権利義務を承継するには、賃借人の同意を必要とせず、旧所有者と新所有者間の契約をもってなすことができると解するのが相当である」としたうえで、「XとY

間の賃借借契約はAとX間に有効に移行し、賃貸借契約に基づいてYがXに対して負担した本件土地の使用収益をなしさめる義務につき、Yに債務不履行はない」と判示した。

判示の立場は《――AとXの間に移行した借地契約において、Xの借地権は対第三者対抗要件を備えていないから、「売買は賃貸借を破る」の法理が適用され、その結果――XはBに対して借地権を対抗できなくなる。しかしそれと同時に、Aに対して、賃貸借契約に基づく債務の履行不能を理由に、損害賠償を請求することはできる。しかしながらYは賃貸借契約から完全に離脱しているから、XはYに対しては損害賠償を請求しえない》とするものであろう。これに対して、本文に述べた、少数説（私も支持する）の立場からは、Xは、Aに対して損害賠償を請求しうるだけでなく、相当の期間内においては、Yに対しても連帯して請求できる（負担部分は全額Aが負担するのはいうまでもない）、と解することになる。Xが被る損害額が恐らく多額であること、AはYから借地権付きの土地だとして買い受けた後間もなく（本件では一年経つ少し前に）Bに借地権の負担のないものとして譲渡したこと、また、Aの無資力の場合がありうること、などを考慮すると、Aに対してしか損害賠償を請求しえないとするのは、Xにとって酷に過ぎるのではなかろうか。

〔補説二〕　なお、不動産賃借権が物権化され、第三者に対する対抗力が与えられているとき（六〇五条、建物保護法一条、借家法一条一項など）は、所有〔補説二〕　なお、不動産賃借権が物権化され、第三者に対する対抗力が与えられているとき（六〇五条、建物保護法一条、借家法一条一項など）は、所有権の譲渡契約に貸主の地位の譲渡契約が伴っていないときでも、借主は新所有者に対して賃借権を対抗しうる。したがって新所有者は、貸主の地位の譲渡契約が伴っていたと同様の地位におかれることになる。しかし第三者に対抗しえない賃借権の場合のとき、所有権の譲渡にあたり貸主の地位の譲渡が伴っていなければ、新所有者は借主に対して、所有権にもとづく返還請求権によって不動産の明渡しを請求しうることとなる（ちなみに借主の地位すなわち賃借権の譲渡には、目的物の使用収益の許容を求める債権の譲渡が含まれており、そしてこの債権は譲渡性がないために、賃借権の譲渡には貸主の承諾を要する（六一二条）。したがって貸主の承諾のない賃借権の譲渡は無効となる。このように借主の地位の譲渡と貸主の地位の譲渡は非常に異なった扱いをうけるわけである)。

2　営業譲渡　前述したように、営業譲渡契約の中には、通常、免責的債務引受契約が含まれている。商法の規定によると、営業譲受人が譲渡人の商号を続用する場合、および続用しない場合でも、譲渡人の営業により生じた債務を引き受ける旨を公告したときは、当然に併存的債務引受の関係を生じ、譲受人と譲渡人が連帯して右の債務の弁済の責めに任ずると定める（商法二六条一項・二八条）。もっとも、債権者が（免責的）債務引受を承認したときは、譲受人のみが債務を負い、譲渡人は債務を免れると解釈されている。また、前述した併存的債務引受の関係は一定の期間（二年）を経過すると終了し、その後は譲受人が単独で債務を負担し、譲渡人は債務を免れる（商法二九条）。したがって、あたかも第三者(債権者)が免責的債務引受の承認をしたと同様な関係を生じることとなる。第三者(債権者)の通常の意思にも適合し、当事者の公平をはかった規定といえよう。以上述べたところから明らかなように、営業譲渡の法律関係は、前述したような、民法上の債務引受および契約上の地位の譲渡に関する近時の理論を、そのまま適用した結果と近似している。

債務引受に関する詳細については、安達三季生「債務引受」谷口知平＝加藤一郎編・新版民法演習3債権総論および、同「賃貸人の地位の譲渡」現代契約法大系第三巻を参照されたい。

第六章　債権の消滅

第一節　総　説

民法は、四七四条以下に「債権ノ消滅」の節のもとに、弁済、代物弁済、供託、相殺、更改、免除、混同について規定している。

弁済は、債務の内容を債務者が任意に実現することによって、債権を消滅させるものであり、強制的な実現の方法である強制執行、担保権の行使、破産手続による債権の消滅と対立する。

代物弁済は、当事者の契約によって、本来の内容たる給付と異なる給付をなすことによって債権を消滅させるものであり、債権者に満足を与えて債務を消滅させる点で弁済に準じたものである。

相殺は、AとBとが相互に同種の債権債務を有する場合に、AもしくはBの一方的な意思表示によって、その債権債務を対当額において消滅させるものであり、その結果、相殺の意思表示をしたAもしくはBにとっては、債権の強制的取立てと自己の負担する債務の任意の弁済とが、同時になされたのと同様な効果を生じ、その限りで、強制執行および弁済と共通する。

供託は、一定の事由あるときに、債務者が債務の内容たる給付の目的物を供託所に供託して債務を消滅させるものである。債権者は供託によって直ちに満足を得るわけではなく、供託所から供託物の引渡しをうけることによってはじめて満足を得る。この点で弁済と異なる。なお、供託はそれによって従来の債務者の債務は消滅するが、その代りに供託所が債権者に対して供託物引渡債務を負うのであり、その意味で債務者が交代するのであるから、債務引受と類似する。

更改は、当事者の契約によって従来の債務を消滅させ、代りに新しい債務を発生させるものである。更改には、後述するように、三種類の更改があるが、債権の内容を変更する更改は、代物弁済と類似するが、これと異なって、債権者に最終的な満足を与えるものでなく、従来の債権に代え新しい債権を取得させるにすぎない。債権者の交替による更改および債務者交替による更改は、それぞれ、債権譲渡および債務引受と類似するが、これと異なる重要な点は、新債権ないし新債務と、旧債権ないし旧債務との間に同一性が維持されない点である。

免除は、債権者の一方的意思表示によって債権を消滅させるものであるが、債権者はそれによって債権の満足を受けるわけでない点で弁済などと異なる。

混同は、債権者たる地位と債務者たる地位が同一人格に帰属することをいい、それによって債務を存続させる必要がなくなるから、これを債務の消滅原因としている。これは債権の消滅原因として特殊なものであるが、債務者の責めに帰すべからざる事由による履行不能も、当事者の意思によらない債務の消滅原因として、いくらかこれに近い。なお、債務者の責めに帰すべき履行不能においては、本来の債務に代って損害賠償債務が発生するから、更改と類似したところがある。

債務の消滅原因としては、以上のほか、消滅時効(一六六条以下)があり、またその債権の発生原因たる法律行為の取消し、契約の解除などがある。これらについては民法総則および債権各論で扱われる。

第二節　弁　　済

一　弁済の意義と性質

1　弁済は債務の内容たる給付を実現する債務者、その他の者の行為である。債権はこれによって目的を達して消滅する。弁済のことを履行ともいう。もっとも、履行という表現は、債務者の行為そのものに重点をおいたものであるのに対して、弁済という表現は、債務者の行為の結果として、債務が消滅する点に重点をおいている点で差異がある。給付実現の行為としての弁済ないし履行は、肖像画を画くとか樹木を伐採するような事実行為であることもあれば(その特殊な場合として一定の行為をしないという不作為のこともある)、所有権を移転するとか、同意を与えるというような法律行為であることもある。

右の意味での弁済は、債務者自身でなすのが普通だが、後述するように、債務者以外の第三者も原則としてこれをなしうる。そのために、弁済に関連する民法の規定では「弁済者」という語を多く用いているが、これは債務者自身が弁済する場合と、第三者が弁済する場合の両者を包含した語である。以下の説明では便宜上、債務者が自ら弁済する場合を想定して説明するが、それは第三者の弁済の場合にも原則としてあてはまることに留意されたい。

〔補説〕　従来、債務を消滅させる行為としての弁済それ自体を、弁済のための給付と区別し、前者の法律的性質を論ずることが行われ、後者は事実行為もしくは法律行為であるが、前者は準法律行為である、というのは、弁済にあたって必ずしも特定の債務を弁済する意思を有し、かつ表示してそれをなすを要しないからだ、という説が有力に主張されていた。しかし最近では、前者を後者から切りはなし、それ自体の要件や効果を後者と別個に論じることは、無意味だとする考えが抬頭するに至っている。これによれば、給付を離れた弁済は考えられず、債務者が、債務の本旨に従った給付をなすならば、その当然の効果として債務は目的を達して消滅する。したがって給付行為が事実行為であれば、弁済者には弁済の意思も、その行為能力も要しないが、それが法律行為であるときは、弁済意思は必要でないけれども、それが有効に成立するための効果意思や行為能力を必要とし、それが欠けていればその行為、したがってその弁済が無効あるいは取り消しうることとなる。わたくしも右の学説を支持したい。ただし、従来この問題を論じるにあたって引合いに出されることの多かった、物や金銭の引渡債務における給付は、単純に法律行為と見るべきでなく、事実的行為と法律行為の合体したものとして捉えるべきであろう（来栖三郎）。

もっとも第三者の弁済（後述）については、弁済者が弁済の意思を表示して、弁済のための給付行為をなすことが弁済の要件となると解すべき余地があると思われる（たとえば、債権者の所有する特定の樹木を伐採すべき債務のとき、第三者が自己の所有樹木と誤信したために伐採すると〈ただし搬出はできなかったと仮定する〉、これを果たして第三者の弁済と解しうるか疑問である。たまたまその樹木が台風で根元から折れたとすると、債務者が伐採するという行為は不可能になり、したがって債務者は債務を免れるとともに反対給付の請求権を失う〈五三六条参照〉はずである。前例の樹木伐採の事例でもこれと基本的に同じに扱い、その際、対価の支払義務を免れて利得を得た債権者は第三者に対

第74図

〔履行不能と見るとき〕

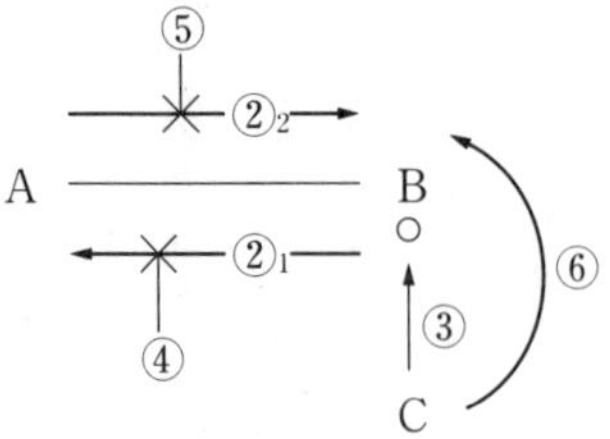

②1：伐採すべき債務
②2：報酬債務
③　：第三者Cによる伐採
④　：履行不能により消滅
⑤　：危険負担債務者主義により消滅
⑥　：不当利得返還請求権

第75図

〔第三者の弁済と見るとき〕

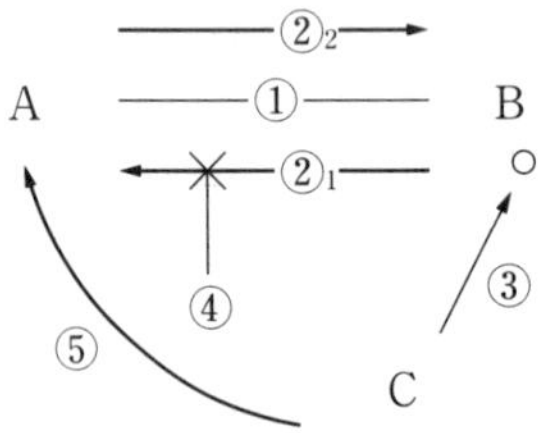

A　：請負人
B　：注文者
①　：請負契約
②1：伐採すべき債務
②2：報酬債務
③　：第三者Cが伐採
④　：弁済により消滅
⑤　：不当利得返還請求権

し、その支出した費用について不当利得を理由とした償還義務を負うと解すべきでなかろうか（**第74図**参照）。もし第三者の弁済としての効力が生じるならば、債務者は反対給付の請求権を失わず、その代り第三者に不当利得の返還義務を負うことになるはずである（**第75図**参照）。

2　債務者が債務の内容たる給付を実現し、債務を消滅させるためには、債権者の協力を必要とすることが多い。不作為債務では、債権者の協力を必要としないが、画家の肖像画を画くという債務では債権者たる依頼者がアトリエに来訪してくれないと肖像画を画くことができないし、金銭を支払う債務にあっても、債権者が受領することによってはじめて債務の弁済は完成する。このような事情を前提にして、弁済提供の法理や債権者の受領遅滞の法理が生まれることは前に述べたとおりである。

3　弁済のために債務者がなすべき行為の具体的な内容は、債務の種類によって多様であり、債務の発生原因である契約の趣旨により、また信義則（一条二項）を適用して、決せられる。簡単にいえば債務の本旨に従ってその内容が定まる（四九三条）。

この点に関して、民法は、「弁済」の款の中で若干の補充規定を設けているが、それは、主に与える債務に関するものであり、引き渡すべき物、引き渡すべき場所、弁済の費用についての極めて一般的な規定である。このほか、「債権ノ目的」に関する節の中でも、弁済すべき物の品質についての規定があり（四〇一条）、また「債権ノ効力」に関する節の中にも、弁済の時期に関係する一般的な規定がおかれている（四一二条）（さらに「契約」の章の中には債権の発生原因たる契約の類型に応じて、給付の内容を決定するための補充規定が多数存在する）。

弁済に必要な行為が実行されて債務が消滅するためには、債務者が履行の準備をなし、履行に着手し、履行を完成させ、債務が消滅するという一連の過程を経過する。この意味で弁済は履行の過程として捉えることができる。そうしてこの過程の中の然るべき段階において債権者の協力が加わることとなる。したがって弁済の提供の問題は、右の過程を前提として、債務者として、どの程度までの履行を行えば弁済の提供ありといえるか（そしてその結果債務不履行の責めを免れることができるか）という形の問題となる。

二　給付の内容に関する若干の補充規定

1　給付の目的物に関する規定

(1)　特定物の引渡しを目的とする債務においては、引渡しをなすべき時（履行期）におけるその物の状態で引き渡すことを要する（四八三条）。債務成立の後、履行期までに毀損したときは、その状態で引き渡せばよい。もっとも、債務者は引渡しをなすまで、善良な管理者の注意をもって保存することを要するから（四〇〇条、前述第二章三(2)参照）、その毀損が債務者の責めに帰すべき事由によるときは、損害賠償義務を負う。債務者が責めに帰すべき事由によって履行期に履行をせず、履行遅滞に陥ったときは、毀損自体が不可抗力によって生じたときも、債務者の側で、たとい履行期に履行していても毀損が生じたはずだということを立証しない限り、賠償義務を免れない。履行期までに生じた果実は、債務者が取得してよいが、履行期後に生じた果実は債権者に引き渡さなければならない。ただし、売買による売主の引渡債務については特則が定められている（五七五条）。

(2)　次に不特定物引渡債務にのみ適用される規定であるが、他人の物を引き渡したときは、有効な弁済とならないから、債務は消滅しない。したがって債権者はあらためて債務者に対して、その所有する物の引渡しを請求しうるとともに、受け取った他人の物を返還すべき義務を負う。この引渡請求権と返還義務の関係について、法は一種の留置権の成立を認め、債権者は前者の履行をうけるまでは後者の履行を拒み、返還すべき物を留置しうることを定めている（四七五条）。この規定は――留置権の一般原則を若干修正し――債権者が他人の物なることを知って受け取った時（二九五条二項）にも、留置権を認めた点に意味があるといえよう。またこの規定は前述のように、他人の物で弁済した弁済者が債権者に対してその物の返還請求権を取得することを前提にしているが、この法理は、他人の物（特定物）の売買の場合に、善意の売主が売買契約を解除して、買主から目的物を取り返しうることを定めた民

第76図

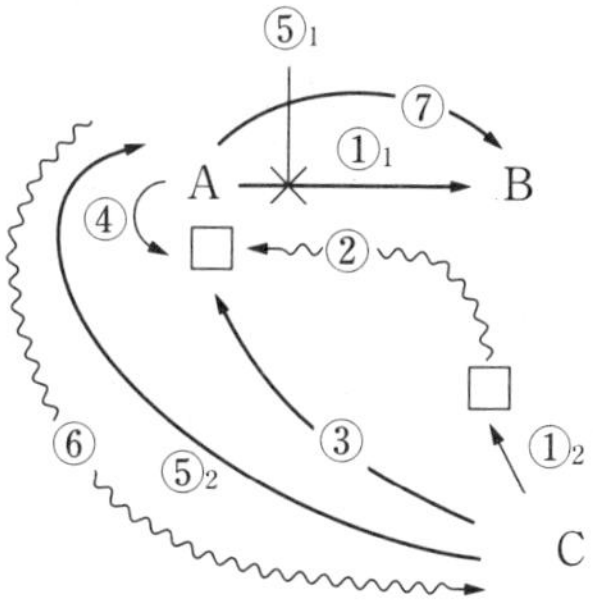

①$_1$：不特定物債権
①$_2$：C所有権
②　：Bによる弁済
③　：所有権にもとづく返還請求権
④　：Aによる消費
⑤$_1$：④により消滅
⑤$_2$：損害賠償請求権（求償権）
⑥　：上の弁済
⑦　：求償権

法の規定（五六二条）と類似した趣旨と見ることができる（所有者が、受領した債権者に対して、所有権にもとづきその物の返還を請求しうることはいうまでもない）。もっとも特定物売買においては、売主が、他人の物の代りに自分の物を引き渡す義務を負うということはない。当該特定物それ自体が売買の目的物だからである。

ところで、債権者が引渡しをうけた他人の物を善意で消費したり、または第三者に譲渡したときには、その弁済は有効とみなされることになる（四七七条本文）。したがって債権者は、債務者に対する履行請求権を失う。ただし、この場合にも、その目的物の本来の所有者の権利は影響をうけないから、本来の所有者は債権者に対して不法行為にもとづく損害賠償請求（あるいは不当利得の返還請求）をなしえ、原則として目的物の時価に相当する額の賠償請求をなしうる。そうしてこの請求に応じて支払った債権者は債務者に対して、その額について求償することができる（四七七条但書）。つまり債権者は債務者に対して、その所有する物の引渡しをあらためて請求しうるのでなくて、それに代って右の求償権を取得するわけである（**第76図**参照）。これは当事者とりわけ債権者の側の便宜をはかった規定である。（なお、**第76図**の所有者Cは、債権者Aに対する損害賠償請求権の取立のために、Bに対するAの求償権を直接に行使することもできると解してよいと考える。第三章第六節**二4**〔補説〕参照）

もっとも、目的物の本来の所有者が、弁済者から債権者への弁済行為の中に含まれる「他人の物の処分行為」を追認（ドイツ民法一八五条の処分授権）すると、その処分行為は所有者との関係においても有効となるから、所有者は処分行為の相手方たる債権者に対して、不法行為にもとづく賠償請求権などを行使することはできない。むしろ処

第77図

〔即時取得の成立するとき〕

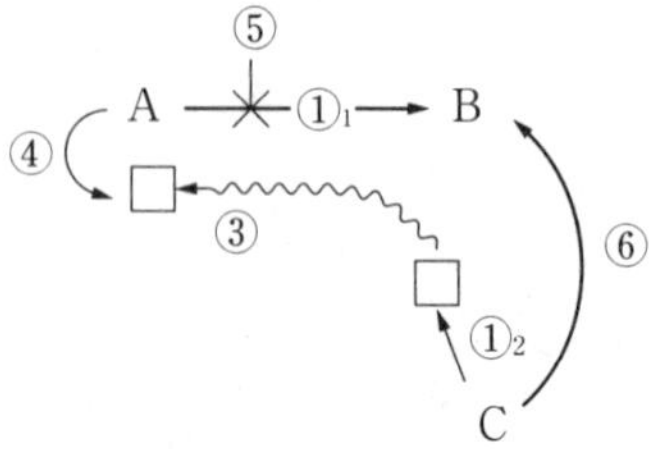

①1：不特定物債権
①2：C所有権
③：Bによる弁済
④：A所有権取得
⑤：弁済により消滅
⑥：損害賠償請求権（求償権）

分者たる弁済者に対して不法行為にもとづく賠償請求権などを行使して、目的物の時価相当額の賠償を得ることができる。

また債権者が弁済として受領するにあたり、その物を弁済者の所有物であると信じ、かつ、信ずるについて過失がなければ、即時取得の法理（一九二条以下）によって、所有権を取得し、その反面、本来の所有者は所有権を失う。その場合においては、本来の所有者との関係においてもその弁済は有効となり、したがって、本来の所有者は、即時取得した債権者から目的物を取り返すことも、それに代る賠償を請求することもできず、弁済者から、不法行為にもとづく賠償請求権などによって時価相当額の賠償を求めうるにすぎない（第77図参照。ちなみに同図は、前段に述べた所有者Cの追認のある場合にも、ほぼ当てはまる）。

(3)　同じく不特定物引渡債務にのみ適用される規定であるが、譲渡の能力のない者、たとえば未成年者が、親権者や後見人の同意を得ないで、弁済のために物を引き渡したときは、引渡行為は一つの法律行為であるから、これを取り消すことができる。しかしこの場合にも、親権者や後見人の同意を得たうえでなされる有効な弁済をしなければ、前に引き渡した物の返還を請求できないし、また、債権者が善意で消費したり譲渡したりしたときは、弁済は有効となる。つまり、右に述べた他人の物を引き渡した場合と同じに取り扱われる（四七六条・四七七条）。

この規定は、親権者などの同意を得て締結した契約にもとづいて種類債務を負った無能力者が、本来その履行に際して、中等の品質の物を履行すれば足りる（四〇一条）のに、上等の品質の物を引き渡してしまったような場合、これを債権者から取り返して、代りに中等品質の物を引き渡そうとする場合に役立つ（なお、債務の発生原因たる法律行為が法定代理人の同意のないために取り消された場合ならば、給付した物の返還請求だけが問題になり、代りの物の履行ということは問題になりえない）。

債権者が受け取った上等の品質の物を消費してしまったとき、無能力者たる債務者は、債権者から自己の引き渡した上等の品質の物の時価相当額の償還を求めることができ、その代りに、中等の品質の物の時価相当額の償還義務を負い、結局、相殺によってその差額についての支払請求権を取得することになる。四七七条では、債権者が受け取った物を消費したとき、弁済は「有効」と規定されているが、それは債権者があらためて中等品質の物の引渡しを請求しえないことを意味するだけであり、右のように債務者が、それに代る償還義務を負うことを否定するものではないと解すべきであろう。

2　弁済の場所に関する規定　弁済すべき場所がどこであるかは、契約または取引慣行によって定まる場合が多いが、民法はそれらが明らかでない場合に備えて次の規定をおいている。

(a)　特定物の引渡しを目的とする債務は、債権発生の当時にその物が存在していた場所である（四八四条前段）。

(b)　その他の債務（金銭債務、不特定物引渡債務のほか、すべての「なす債務」を含む）は、弁済をなす時の債権者の住所である（すなわち、持参債務が原則である）（同条後段）。ただし、売買代金の支払については特則がある（五七四条）。

弁済をなすべき場所以外で弁済の提供をしても、提供としての効果を生じないから、債権者は正当に受領を拒みうる。なお、弁済の場所は、裁判管轄を定める際の標準となる（民事訴訟法五条）。

3　弁済の費用に関する規定　弁済の費用の負担は、契約や取引慣行で定まる場合が多いが、それが明らかでないときは、債務者が負担する（四八五条本文）。その趣旨は、弁済が債務者の行為だから債務者の負担とするほうが、当事者の意思に合致するからだとされている。ただし、債権者が住所の移転その他の行為によって弁済の費用を増加したときは、その増加額については債権者が負担する（同条但書）。

ちなみに弁済の費用とは、運送費や荷造費などをいい、契約に関する費用と異なる。後者については、当事者が平分して負担する旨の規定がある（五五八条）から、弁済の費用か、契約の費用かによって大きな差異を生じる。不動産売買の登記に関する費用を契約に関する費用と解する古い判決（大判大七・一一・一民録二四輯二一〇三頁）があるが、学説は概ね弁済の費用と解する。もっとも、弁済の費用と解しても、債権者（買主）がそれを負担するという特約が多く、少なくとも東京ではそれが取引慣行だと解されている。

4　弁済の時　弁済の時に関しては直接の規定はないが、確定期限のある債務はその期限に弁済すべきであり、不確定期限のある債務は、期限が到来し、かつ債務者がこれを知った時に弁済すべきであり、期限の定めのない債務は、債権者が請求した時に弁済すべきである（四一二条）。ただし、債務者が期限の利益を放棄できる場合には、右の履行期以前の弁済の提供も、債務の本旨に従った有効な弁済の提供となる（一三六条）。

三　弁済の提供（現実の提供と口頭の提供）

1　意　義　弁済の提供とは、前述したように、弁済の実現のためには、多かれ少なかれ債権者の協力を必要とする場合を前提として、債務者が弁済の実現のために、自らなしうるだけのことをなすことをいう。その効果としては、債権者の協力がないために弁済が実現しないときでも、債務者は債務不履行の責めを負わされないことである（後に詳述）。この制度は衡平の原則から導かれるものであり、どの国の民法もこの趣旨の規定を設けている。

弁済の提供ありといえるためには、履行の準備から履行の完成に至るまでの過程の中でどの程度のことをなすべきか。一般的な基準としては、原則として、現実に提供することが必要だと定められている（四九三条本文）。すなわち金銭や物の引渡債務のように、債権者が受領しさえすれば弁済が完成するような場合であれば、債務者はその金銭や物を約束の引渡場所へ持参あるいは送付して受領を促すことが必要である。しかし例外として、(ア)債権者が予め受領を拒み、または、(イ)債務の履行に着手するのに債権者の行為を要するとき（たとえば、債権者の指定した場所に商品を送り届ける債務にあっては、債権者が指定してこないと履行に着手できない。また、債権者の供給する材料に加工する債務のときも、債権者がまず材料を供給しないと履行に着手できない）には、弁済のためになしうるだけの準備をなし、これを債権者に通知して受領を促し、または協力を求めるだけでよい（同条但書）。これを口頭の提供という（言語上の提供ともいう）。

2　判例理論　以上のように原則として現実の提供を要し、例外的に口頭の提供で足りるといっても、これは大体の基準を定めたにすぎず、具体的にいかなる行為をなしたときに現実の提供ありといえるか、また、口頭の提供の際には、履行の準備としていかなる行為を必要とするかは、債務の種類や、債務の発生原因たる契約の趣旨によって異なるが、取引慣行を顧慮し信義誠実の原則に従って決定しなければならない。すなわち、債務の本旨に従って決定することが必要である。これに関し従来、次のような判例理論が形成されている。

(1)　**現実の提供**

(a)　金銭債務において、現実の提供ありといえるためには、(I)債務全額の提供であることを要する。したがって履行期を経過した後に支払う際には、遅延利息（遅延損害金）を併せて提供しなければならない（大判大八・一一・二七民録二五輯二一三三頁）。ただし、(II)提供された額が、債務額にごくわずかだけ不足しているときは有効な提供となる（最判昭三五・一二・一五民集一四巻一四号三〇六〇頁。一五万四五〇〇円を提供すべきところ一、三六〇円不足した場合の、提供およびそれにもとづく供託を有効とした事例）。(III)金銭債務を負う者が、金銭以外のもので提供したときでも、それが弁済の確実性の点で金銭と異ならないときは有効な提供となる。たとえば、郵便為替・振替貯金の払込・振替貯金払出証書の送付は有効な提供である（大判大八・七・一五民録二五輯一三三一頁、大判昭一九・三・六民集二三巻一二二頁、大判大九・二・二八民録二六輯一五八頁）。銀行振出の小切手によるときは有効な提供となる（最判昭三七・九・二一民集一六巻九号二〇四一頁）が、個人振出の小切手は支払の確実性の度合いが低いため提供とならない（最判昭三五・一一・二二民集一四巻一三号二八二七頁）。

(b)　物の引渡債務について判例上問題になったのは、債務の内容たる商品の送付に代えて証券を送付するのが提供となるか否かである。貨物引換証の送付は有効な提供となるが（大判大一三・七・一八民集三巻三九九頁）、荷為替付きの物品の送付は、買主に代金たる手形金の先履行を強制することになるから、提供とならないとされている（大判大九・三・二九民録二六輯四一一頁）。不動産の登記移転債務については、期日に登記移転の準備をして登記所に出頭すれば、現実の提供があったとされる（大判大七・八・一四民録二四輯一六五〇頁）。

(c)　債務者が債務の目的物を債権者方に持参したが、債権者の不在のために弁済が完了しなかったときも弁済の提供はあったといえる。債務者が賃料を債権者の代理人たる弁護士事務所に持参したが、弁護士不在であったとき、事務員に受領の催告をせずに持ち帰ったときも弁済の提供はあったとする最高裁判例がある（最判昭三九・一〇・二三民集一八巻八号一七七三頁）。

(2)　**口頭の提供**

いかなる場合に口頭の提供で足りるかは前述した。

(a)　口頭の提供の際にも、前述のように、債務者の側で弁済の準備をしなければならないが、その準備の程度が問題となる。債権者が予め受領を拒んでいる場合には、債権者が翻意して受領するといえば、遅滞なく履行に着手できる程度であればよく、即座に弁済できる程度でなくてもよい、と解するのが信義則に適合している（受領拒絶の意思が強固なときは、準備の程度はそれに応じて少くてよいと解すべきである）。また、債務の弁済に先立って、まず債権者の協力行為が必要なときは、その協力行為がなされると直ちに履行に着手し、または履行を続行できる程度に準備がなされていることが必要である。ここでも即時に弁済しうる程度であることは要求されないが、債権者が受領を拒んでいる場合と比べれば、概して、準備の程度はより一層進んでいることを要する（大判大一〇・一一・八民録二七輯一九四八頁）。

(b)　口頭の提供においては、前述したように、準備したことを債権者に通知することが必要であるが、しかし、まず受領拒絶の意思が強固で、たとい通知しても無意味であることが明らかなときは、通知も必要でないと解されている（最判昭二三・一二・一四民集二巻一三号四三八頁、最判昭三二・六・五民集一一巻六号九一五頁。事案は賃貸借契約において、賃料不払いのときは直ちに契約が解除される旨の特約があった場合において、賃貸人の受領拒絶の意思が強固であると認められたために、賃借人から通知をしなかったときも、賃借人は賃料不払いによる不利益を受けず、解除の効力は生じないとされた）。もっとも、弁済の準備ができない経済状態にあるため、口頭の提供もできない債務者は、債権者が弁済を受領しない意思が明確と認められるときでも、債務不履行の責めを免れることはできないとされている（最判昭四四・五・一民集二三巻六号九三五頁）。

3　提供の効果　債務者は弁済の提供の時から、不履行によって生ずべき一切の責任を免れる（四九二条）。

(a)　したがって、債務者は損害賠償債務を免れ、また契約を解除されない。また抵当権などの担保権がある場合、担保権を実行されることはない（もっとも債務自体は存続するから、担保を取り返すことはできない）。遅延利息や違約金の請求もされない。これに関連して、約定利息も発生しない。けだし、債務者が期限の利益を放棄しうる場合には、弁済期前でも弁済の提供をなしうるが、提供をなしたにもかかわらず約定利息を払わせることは、遅延利息を払わせることと同じ意味をもつからである（第三章第四節**二2**(3)(b)参照）。

(b)　弁済の提供をした債務者は、債務不履行の責任を免れるだけで、債務を免れるわけではない。債務を免れるためには、供託をしなければならない。

(c)　弁済提供の効果と受領遅滞の関係については前述した（第三章第五節）。

四　第三者の弁済と弁済者の代位

1　第三者の弁済　債務者のほか、第三者も弁済をなしうる（四七四条一項本文）。

(1)　ここでいう第三者の弁済とは、第三者が他人（債務者）の債務として弁済することをいう。したがって履行補助者や履行代行者（前者は債務者の手足として使用する者、たとえば家屋建築の請負契約のときの、工務店で雇い入れた大工。後者は債務者に代って履行の全部を引き受けてする者、たとえば請負契約における下請負人をいう。第三章第四節二2(3)(a)参照）を用いて履行するときは、第三者の弁済でなく、債務者による弁済である。給付が法律行為であるときは、代理人によってなしうることはいうまでもない。

(2)　例外的に第三者の弁済が許されない場合（この場合は第三者の弁済は無効な弁済となり、したがって債務は消滅しない）として次の場合がある。

(a)　債務の性質がこれを許さないとき（同条一項但書前段）。債務者自身がなすことが予定されている債務、たとえば、名優の演技をなすべき債務や、学者の講演をなすべき債務（この債務にあっては、債務者自身が履行するにあたり、履行補助者を用いることはできるが、履行代行者を用いることはできない）。

(b)　当事者が反対の意思を表示したとき。すなわち債務者自身が弁済する旨の特約のあったとき（同条一項但書後段）。このときも履行補助者を用いて債務者が行うことは、原則として許される。

(c)　弁済をなすことに利害関係のない第三者は、債務者の意思に反して弁済をなしえない（同条二項）。利害関係のある第三者とは、物上保証人や抵当不動産の第三取得者などのように、弁済することに法律上の利害関係を有する者をいい、単に親族関係があるだけではこれに含まれない。利害関係のない者は、不利益はもちろん、利益であっても、本人の意思に反してそれを押しつけてはならないという趣旨であり、武士気質を尊重したものだと起草者は説明している（梅謙次郎）。そして判例は、債務者の意思は表示されない内心の意思であってもよいとする（大判昭九・九・二九法律新聞三七五六号七頁）。

しかし学説では、そもそも右の規定は近代民法では稀な規定であり、立法論として不適当な規定であるとする立場から、「債務者ノ意思」をなるべく制限的に解すべきだとして、それは、外部的に表示され、かつ第三者が確定的に認識しうるものであることを要する、と解する者が多い。

立法論として、不適当な規定であるとされる理由として、第一に、第三者の弁済と保証人の弁済とは、実質的に同様な意味をもっている。ところが、保証人は債務者の意思に反してもなしうる（四六一条二項）のであるから、債務者の意思に反して第三者の弁済をなしえないとすることは、これと調和がとれないこと。第二に、右の規定の根拠として債務者の意思に反して利益を押しつけることはできないといわれるが、しかし、債務の免除（五一九条）が、債権者の単独行為とされ、債務者の意思に反してなしうることにかんがみて、十分な根拠とならないこと。のみならず、第三に、第三者の弁済によって、債務者は第三者に対して、後述のように原則として償還義務を負うのだから、直ちにそれによって利益を受けるわけではないこと、以上の諸点があげられる。

結局、右の規定は、第三者の弁済の可能性を必要以上に狭くし、債権者が弁済によって得る利益を不当に制限するものであるから、これを制限的に解釈しようとする学説に賛成すべきである。

2　弁済者の代位（代位弁済）の意義と目的　この二つの語は従来、全く同じ意味で用いられることが多いが、しかし、代位弁済の語は、弁済者の代位を生じる要件の備わっている弁済を指す語として用い、両者を区別して用いるのが正しい。

(1)　第三者の弁済によって、第三者は債務者に対して求償権を取得する。もっとも、第三者と債務者の間で贈与契約が成立し、贈与の方法として第三者の弁済がなされるとか、第三者が債務者に負っている既存の債務の支払の方法として、第三者の弁済をなす旨の合意が、第三者と債務者の間に成立しているときは別である。第三者の弁済の結果、第三者が債務者に対して取得する求償権の性質は、保証人が主たる債務者に対して取得する求償権と同様であり、第三者が債務者に頼まれて弁済したときは、委任事務処理の費用償還請求権（六五〇条）の性質を有し、また、頼まれないのに債務者のためを思って弁済したときは、事務管理者の費用償還請求権の性質を有する。求償しうる金額も、右の二つの場合に応じて異なるのは、保証人の求償権（四五九条・四六二条）におけると同様である。

(2)　第三者の弁済の結果生じる求償権を確保するために、弁済者は弁済を受けた債権者の有する権利を代位して行使しうる（四九九条・五〇〇条）。これを弁済者の代位という。保証人が弁済その他の出捐によって主たる債務者に対して求償権を取得し、また連帯債務者が同様に他の連帯債務者に対して求償権を取得した場合にも、これを確保するために、同様に債権者の権利を代位行使しうる（四四二条・四五九条・四六二条）。保証人の弁済や連帯債務者が自己の負担部分を超えてなす弁済は、形式的には自己の債務の弁済であるが、実質的には他人の債務の弁済と同じ意味をもち、その結果として求償権を発生せしめる点も、第三者の弁済と同じだからである。なお、弁済者の代位が最も大きな効果を発揮するのは、代位行使される債権が人的・物的担保権によって担保されている場合である。弁済者は求償権の行使にあたって、いわばその担保権を利用することによって、その取立てを確実にしうることとなる。この制度が弁済者の求償権の確保のためであることはすでに述べたが、それが認められる実質的根拠については後述する（**4**(2)参照）。

3　弁済者の代位の要件

弁済者が弁済その他の出捐行為によって、求償権を取得することが必要であることはいうまでもないが、そのほかに、債権者の承諾を必要とするか否かの点で、法定代位と任意代位とが区別される。

(1)　法定代位　弁済をするについて正当な利益を有する者、たとえば物上保証人、担保不動産の第三取得者、保証人、連帯債務者などは、債権者の承諾がなくても当然に代位を生じる。そこでこれを法定代位という（五〇〇条）。

(2)　その他の弁済者は、債権者の承諾を得ることによって代位を生じる。これを任意代位という（四九九条一項）。承諾は弁済と同時になさるべきであって、それより後になしたのでは代位を生じない。

任意代位について、特にこのように定められている理由について、起草者は次のように説明する。第一に、弁済によっていったん消滅してしまった債権を、その後の承諾によって再生させて、それを弁済者によって行使させることは事理に合わない。したがって、消滅しようとする瞬間において弁済者に移転させることが必要であり、そのために弁済と同時に承諾をすべきこととした。第二に、第三者が弁済して、その結果、債務も、それに附属する担保権も消滅し、そして他の一般債権者がこのように信じた後になって、たまたま債務者の資力の悪化を生じたときに、債権者の承諾によって弁済者の代位を生じるというのでは、他の一般債権者の期待をそこない不当である、という。

第一の理由は必ずしも正当といえない。というのはいったん消滅した債権を、債権者の承諾によって消滅しなかったものとみなしたからといって、それが背理とはいえないからである。しかし第二の理由は正当である。

〔補説〕　なお、民法は、任意代位の場合には、債務者およびその他の第三者に対する対抗要件として、指名債権譲渡の場合と同じ通知、承諾を要すると定めている（四九九条二項）。債務者が代位を生じたことを知らずに、債権者に弁済することがありうること、また、代位を生じたことを知らずに、債権者から重ねて譲り受ける者がありうることは、債権譲渡の場合と異ならない。そこで対抗要件の問題をこれに準じて処理すべきものとしたのである。もっとも法定代位の場合は、債権譲渡の場合と異なって、債務者およびその他の第三者に対する対抗要件として通知、承諾を要しない。その理由は、法定代位にあっては、代位を生じる弁済者の範囲が元来狭く制限されており、右述のごとき問題は、稀にしか生じないことを考慮したためである。

(3)　以上の二つのうち、法定代位のほうが実際上重要である。そこで、以下は法定代位を中心に説明する。その際、典型的な事例として乙が甲に対する債務につき抵当権を設定しており、丙が保証人になっている場合を想定して理解されたい。

4. 弁済者の代位の効果　債権者に代位した弁済者は、(1)　求償権の範囲内において「債権ノ効力及ヒ担保トシテ其債権者カ有セシ一切ノ権利ヲ行フコトヲ得」る（五〇一条）。ここにいう債権の効力としての一切の権利とは、履行請求権、損害賠償請求権、債権者代位権、詐害行為取消権などのように、債権についてのすべての権能を指し、担保としての一切の権利とは、債権に附属するすべての人的・物的担保権を指す。したがって債権者の有していた債権そのものおよびそれに附属する権利は、あたかもそれが弁済者の弁済によって消滅していなかったかのごとくにみなされて、これを弁済者が譲り受け、求償権の取立ての確保のために行使しうることになる（第78図参照）。

第78図

〔弁済者の代位〕

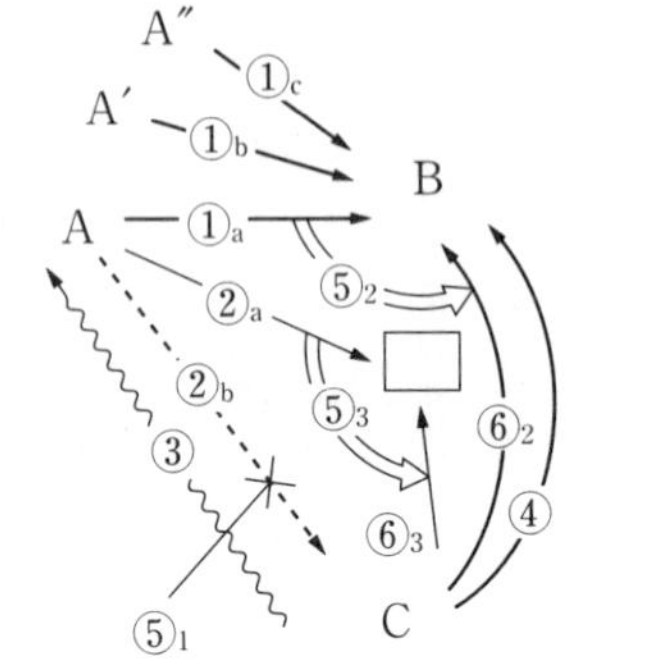

①$_{a}$：被担保債権
A′、A″：他の一般債権者
②$_{a}$：抵当権
②$_{b}$：Cの保証債務
③：Cの弁済
④：求償権
⑤$_{2}$、⑤$_{3}$：④の担保のために移転
（⑥$_{3}$は⑥$_{2}$を担保する）

〔補説〕　ここで弁済者にとって実際上重要なのは、債権に附属する担保権を求償権確保のために行使しうることである。その結果、とりわけ物的担保のときは、弁済者は他の一般債権者の犠牲において求償権について優先弁済を受けうることとなる。もっとも担保権を被担保債権と切りはなして弁済者が（求償権確保のために）が代位行使しうるとすると、担保権の附従性の理論に反することになる。他面、実質的にも担保権の代位行使は被担保債権の範囲内でのみ許容すべきであって、その範囲を超えた行使は、他の一般債権者などの第三者の利益を不当に害することとなるから許容しえない（後述参照）。このような点を考慮すると、弁済者は、担保権のみを代位行使しうるとするよりも、担保権のついた債権自体を、消滅しなかったとみなしつつ、その代位行使をなしうるとする構成のほうがより適切である。

右述のように、弁済者は求償権の範囲内でのみ債権者の権利を行使しうるから、もし求償権の額が代位行使される債権の額よりも少ないとき、たとえば前者が一一〇万円で後者が一二〇万円だとすると（弁済者は、通常、弁済した額に、弁済したときからの法定利息をつけて求償しうる（四五九条二項）。したがって代位行使される債権に、法定利率よりも高率の約定利息が定められていたときは、このような事態を生じる）、弁済者は、代位行使される抵当権付き債権を実行して、そこから、一一〇万円について、債務者に対する他の一般債権者に優先して弁済を受ける。

もし逆に、求償権の額が、代位行使される債権の額よりも多く、前者が一二〇万円で後者が一一〇万円のとき、

（弁済した保証人と主たる債務者の間に、予め、保証人が弁済した際の求償権について高率の利息の約定がなされているときはこのような事態を生じる）、弁済者は、抵当権づき債権を代位して実行し、そこから代位行使される債権の額（一一〇万円）の限度でのみ、優先弁済を受けることができ、残りの求償権の部分（一〇万円）については、他の一般債権者と平等の割合でしか弁済を受けられない。

〔補説〕 最判昭五九・五・二九民集三八巻七号八八五頁は、「保証人と債務者との間に求償権について、法定利息と異なる約定利率による遅延損害金を支払う旨の特約がある場合には、代位弁済をした保証人は、物上保証人および当該物件の後順位担保権者等の利害関係人に対する関係においても、右特約にもとづく遅延損害金を含む求償権の総額を上限として、債権者の有していた債権および担保権を行使することができる」旨を判示する。この判旨は右の前段の部分の説明に対応する。

(2) ここで、弁済者の代位の認められる実質的根拠について一言しよう。法定代位と任意代位に分けて考察する必要がある。

(Ⅰ) **法定代位** 前述した典型的な事例について考えよう。債務者が自らその担保のため抵当権を設定している債務について、これを保証している保証人が弁済したときは法定代位を生じ、その結果、保証人は債務者に求償権を行使するについて、弁済者の代位の効果として他の一般債権者に優先して弁済を受けうる。このような有利な地位が与えられる根拠は何か。

もしも弁済者の代位が認められないとすると、他の一般債権者は、抵当権を設定した目的物から、弁済者の求償権と平等な割合で弁済を受けえたはずであるから、弁済者の代位によって不利をうける。したがって法定代位において何故に弁済者が有利に扱われるかを問うことは、何故に一般債権者が不利な地位を与えられるかを問うことと同じである。ところで、一般債権者の右の不利益は、一般債権者として最初から予期した不利益であり、特別に不都合な結果とはいえない。というのは、もし抵当権付き債権の債権者が保証人から弁済を受けずにいて、自ら抵当権を実行していたなら、他の一般債権者は、抵当権の目的物からは、平等な弁済でなく、劣後的な弁済を受けたに留まっていたはずだからである。以上が第一の根拠である。第二には、保証人は多くの場合、保証人となることを引き受けるにあたっては、その債務が抵当権付きの債務であるから、保証人に負担がかかることが少ないことを期待して引き受けたと見ることができる。この期待を保護することも附随的な根拠といえよう。

(II) **任意代位**　これは債権者の承諾によって生じる代位であるから、債権者の意思による債権およびそれに附属する担保権の移転という点で、債権譲渡と類似した性質を有している（もちろん、求償権のための移転という、目的の制限がある点は異なっているが）。したがって、債権譲渡が是認される以上は、任意代位も是認されるのは当然だといえよう。

5　一部代位

(1)　弁済者が一部の弁済をすると、一部の代位を生じる。たとえば、甲の乙に対する一、〇〇〇万円の債権を保証人丙が六〇〇万円だけ弁済すると、甲は残額四〇〇万円の債権を有し、丙は六〇〇万円だけについて代位する。その際、丙は「其弁済シタル価格ニ応シテ債権者（甲）ト共ニ其権利ヲ行フ」ことになる（五〇二条一項）。したがって、乙が設定している抵当権が実行されると、五〇〇万円の競売代金のうち、甲が二〇〇万円、丙が三〇〇万円の優先弁済を受ける。さらに、判例によると、弁済者丙は、抵当権の実行につき、甲と共同でなくても申し立てることができるとされている（大決昭六・四・七民集一〇巻五三五頁）。そのため、甲は、弁済者丙がその欲する時に抵当権を実行しようとするのを阻止することができない。

以上のような解釈は、抵当権の効力を弱め、かつ担保物権の不可分性の理論に反するとして、多くの学説は反対している。学説の多数説によると、(I) 弁済者丙は債権者甲と共同してのみ抵当権の実行を申し立てることができ、(II) 担保物権の不可分性により、債権者甲が優先的に弁済を受け、したがって、前述の例では、甲が五〇〇万円のうち四〇〇万円の弁済を受け、丙は残りの一〇〇万円の弁済を受けることになる。

(I)の点は、学説が妥当であるが、(II)の点は明文の規定(「弁済シタル価格ニ応シテ」)に反しており、採用することは難しい。ちなみに、この規定は、もともといわゆる旧民法の規定で、一部代位について「代位ハ原債権者ヲ害セサルコトヲ要ス」(旧民法財産編四八五条一項)とあったのを、改めたものであり、そしてその理由として起草者の説明するところによると、一部弁済は元来、債務の本旨に従った弁済でないのだから、債権者はその受領を拒みえたのであり、これを拒まなかった以上は、弁済者が弁済した価格に応じて、共に権利を行使することになってもやむをえないとされた。

なお、右に述べた一部代位についての判例の理論は、債権者にとって不利であるため、とりわけ銀行取引においては、債権者はこれを避けるために、そもそも一部弁済者の代位を認めない旨を取引約定書の中に定めていることが多かった(法定代位の民法の規定も任意規定であるから、特約によって排除しうることは当然である)。

〔補説〕　ところが、近時、判例は学説の批判を受け入れ従来の態度を改めるに至った。最判昭六〇・五・二三民集三九巻四号九四〇頁は、「債権者が物上保証人の設定にかかる抵当権の実行によって債権の満足を得た場合、物上保証人は五〇二条一項の規定により、債権者と共に債権者の有する抵当権(債務者がその所有地に設定した抵当権)を実行することができるが、この抵当権が実行されたときは、その代金の配当については、債権者に劣後する」旨を判示している。

(2)　右に述べた一部代位の場合について、民法は、その債権(甲の乙に対する一、〇〇〇万円の債権)の発生原因である甲、乙間の契約を解除する権利は甲だけが有するものと規定し、もし甲が解除したときは、甲は保証人丙に対して、すでに丙から受け取っていた六〇〇万円を償還すべきものと規定した(五〇二条二項)。通説によると、元来、解除権は契約上の地位に伴うものであり、債権の効力でないから、代位の目的とならぬのは当然である。また、甲が解除したとき、甲の債権は最初からなかったことになるから、保証人丙から受けた弁済は、債務なき弁済(非債弁済)として不当利得となる。だからこれを丙に返還するのは当然のことである、と説明する。

確かに前述した五〇二条一項にいう「債権者ト共ニ其権利ヲ行フ」の意味について、多数の学説のように、債権者甲の利益を弁済者丙のそれに優先させる立場からは、同条二項を、右のように当然の規定と解することになる。しかし、もし従前の判例のように、甲の利益と丙のそれを平等に扱う立場に立つならば、本来契約解除権の行使は、甲と丙とが共同に行使するのが当然であり（なお五四四条参照）、したがって同条二項は、これと異なる趣旨を定めた例外的な規定ということになろう（平井宜雄）。

6　代位弁済者の債権証書交付請求権

(a)　代位弁済により全部の弁済を受けた債権者は、債権証書および占有中の担保物を代位者に交付することを要する（五〇三条一項）。これらの物は、弁済者が代位権行使のために必要であるから、それの不要となった債権者に交付義務を負わせているのである。

(b)　一部の代位弁済があった場合には、債権者は権利行使のためにこれらの物を必要とするので、保持できるが、一部弁済者の利益との調整をはかるために、債権者は債権証書に代位を記入し、また代位者をして占有中の担保物の保存を監督させることを要すると定められている（同条二項）。

(c)　なお、いずれの場合にも、担保財産が不動産であるときは、その代位の附記登記に協力すべき義務がある（後述参照）。

7　債権者の担保保存義務　民法は債権者に対して、法定代位をなすべき者のために、担保の保存をなすべき義務を負わせている。たとえば、しばしば引合いに出している、債権担保のために債務者が抵当権を設定し、また保証人が付せられているという事例の場合、債権者は、保証人から債権全額一、〇〇〇万円の支払を受けられると考え、そこで抵当権は必要がないとしてこれを放棄し消滅させてしまうことがありうる。このような事態が生じた場合、保証人は全額一、〇〇〇万円を支払ったあと、債務者に求償権を行使するにあたって法定代位によって抵当権（その目的物の価格を六〇〇万円とする）を実行して、六〇〇万円の優先弁済を得ようとする。しかし、債権者が抵当権を

第79図

〔担保保存義務の不履行〕

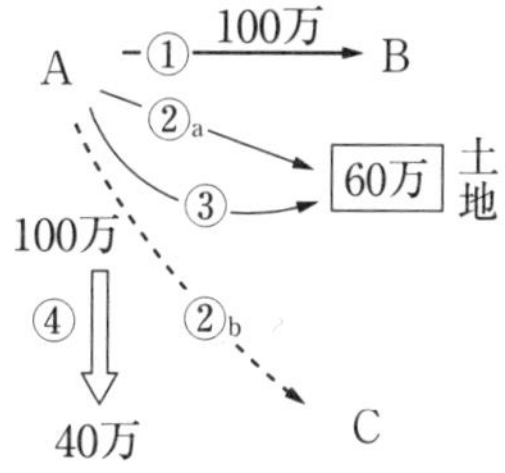

①：被担保債権
②a：抵当権
②b：Cの保証債務
③：抵当権放棄
④：保証債務の減額

放棄していたために、これを実行することができず、したがって一、〇〇〇万円全額について償還を得られるかわからない不確実な状態におかれる(もし抵当権が存続していたなら、保証人は六〇〇万円については確実に弁済を受けることができ、残り四〇〇万円分についてだけ取立ての不確実な状態におかれたはずである)。

そこで民法は、保証人(一般的にいうと法定代位をなしうる立場にある者)に、このような不利益を負わせることのないようにするために、債権者に担保保存義務を負わせ、そうして、債権者がこの義務に違反したとき、すなわち、故意または懈怠(過失)によってその担保を喪失または減少したときは、それによって蒙るべき保証人の不利益を債権者が自ら引き受けなければならず、保証人はその不利益を免れうるものとしている(五〇四条後段)。前例では、抵当権を放棄した債権者は、保証人に対して一、〇〇〇万円の請求をなしえず、抵当権の目的物の価格を差し引いた四〇〇万円についてしか請求できない(第79図参照)。四〇〇万円を弁済した保証人は、債務者無資力のときは、事実上その償還を得ることはできないが、それは債権者が抵当権を放棄しなかった場合に、保証人がおかれたであろう状態と同じ状態である。他方、債権者は、残りの六〇〇万円については直接債務者に請求するよりほかないが、債務者無資力のときは、事実上、その取立ては不可能となり、このようにして、抵当権の放棄によって元来保証人が蒙るべき不利益を、債権者が自ら負担することとなるのである。

もっとも五〇四条は任意規定であるから、たとえば「保証人に対する関係における債権者の担保保存義務を免除し、保証人が本条により享受すべき利益をあらかじめ放棄する旨を定めた特約は有効」だとされる(最判昭四八・三・一金融法務事情六七九号三四頁)。

〔補説〕　担保の喪失または減少の例としては、抵当権の放棄のほか、質権設定の特約があったのに、債権者が機を失して質権の設定を受けることができなくなった場合（大判昭八・七・五民集一二巻二二九一頁）とか、債権者が担保権の実行を取引界の常識に反して著しく遅らせているうちに担保物の価格が下落してしまった場合（大判昭八・九・二九民集一二巻二四四三頁）がある。

8　代位弁済者相互間　弁済によって法定代位の利益を取得することになる者が数人いるときには、その相互間の優先順位が問題になる。たとえば、甲の乙に対する債権について丙が保証人となり、丁が物上保証人となっているとする。丙が先に弁済すると、たとい乙が無資力でも、丙は弁済者の代位によって甲の一切の権利を行使しえ、したがって丁所有の不動産の上の抵当権を行使して支払を受け、他方丁は、このようにして自己の財産を用いて、乙に代って丙に支払ったあと、乙に求償しようとしても、乙の無資力のために事実上取り立てられないため損失を蒙る、という不公平を生じる。逆に丁が先に甲に弁済したときは、弁済者の代位の権利を行使することによって丙から支払を受けることができるが、他方、乙のために丁に支払った丙は、乙から償還を得ることが事実上できず、不公平な結果となる。そこでこれを未然に防ぐために、予め各自の求償権について、その保護すべき必要の強弱に応じて、代位の順位と割合が定められている。

もっとも、この問題は、別の視点から見ると、あたかも共同保証人のときに、主たる債務者に弁済した一人の保証人は、主たる債務者が無資力の場合に、事実上償還を得ることができないという損失を、他の保証人にも分担させることができ、そのために他の保証人にその負担部分の限度で求償しうるとされている（四六五条）ことと、同趣旨の問題である。

〔補説〕　一般には前段の説明が用いられているが、それは代位弁済者が、債権者の「一切ノ権利」を行使しうることを議論の出発点とする説明であるのに対し、後段の説明は、担保義務者の主たる債務者に対する求償権行使の際の損失を、複数の担保義務者の間でいかに分担するかを出発点とする説明である。両者をともに考慮に入れることが必要だが、後段がより一層基本にふれる説明であろう。

第80図

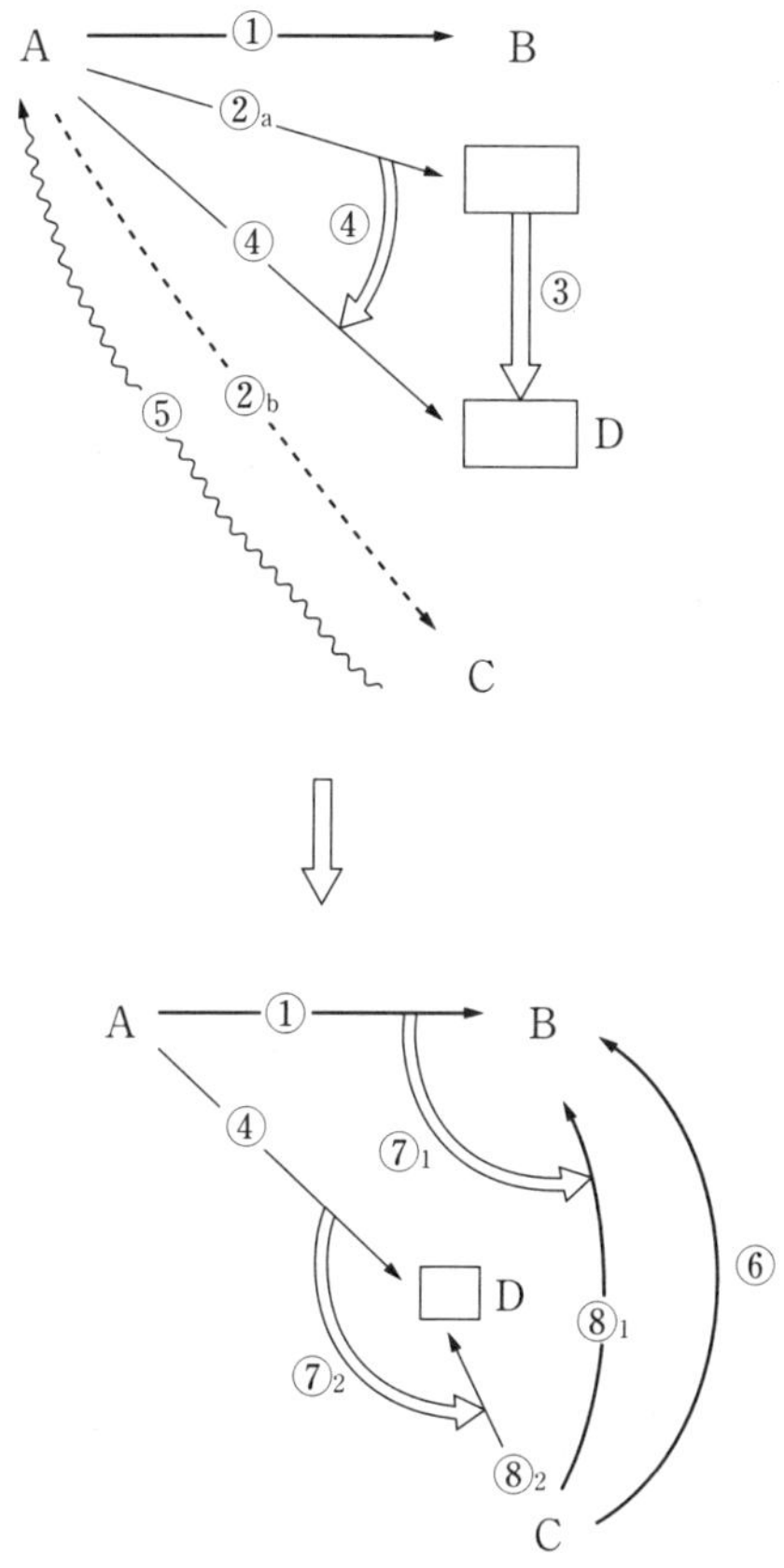

①　：被担保債権
②$_{a}$：抵当権
②$_{b}$：Cの保証債務
③　：土地の譲渡
④　：抵当権承継
⑤　：Cの弁済
⑥　：求償権
⑦$_{1}$、⑦$_{2}$：⑥の担保のための移転（⑧$_{2}$は⑧$_{1}$を担保する）

(1)　保証人と担保不動産の第三取得者の間においては、第三取得者は保証人に対して代位しない（五〇一条二号）。保証人は第三取得者に対して代位する（第80図参照）。しかし「予メ」担保物権の登記に代位の附記登記をしなければ第三取得者に対抗することができない（五〇一条一号）。

保証人は、債務者の設定した担保物権をあてにし、たとい自ら弁済を余儀なくされても担保物権を代位行使して、求償権の取立てを確実にしうると期待していたはずである。したがって、たまたま第三取得者があらわれても、この期待を保護すべきであり、抵当権を代位行使しうる地位を認めるべきである（逆に、第三取得者が債権者に弁済しても、その求償権確保のために保証人に請求することを認めるべきでない。もしこれを認めると、その請求に応じて支払った保証人は、無資力の乙から償還を得ることが事実上できなくなり、保証人の期待を裏切ることになる）。この理由から、保証人は第三取得者に対して代位しうると定められている（第80図参照）。しかし、第三取得者に対して、予め、保証人が代位することを公示しないと、第三取得者は、保証人が弁済したことによって抵当権も消滅したと信じて譲り受け、そのため思わぬ不利益を受けるおそれがある。そこで、予め代位の附記登記をなすことをもって対抗要件としたのである。

以上の趣旨から考えると、ここでいう「予メ」とは、第三取得者があらわれる前に保証人が弁済したときに限られる。したがって保証人が弁済したにかかわらず、代位の附記登記をしないでいるうちに第三取得者があらわれたときは、この者に対して代位しえないことになるが、その反面、第三取得者があらわれた後に、保証人が弁済する場合（換言すれば、保証人が弁済する前に第三取得者があらわれる場合）には、その第三取得者のあらわれる前に「予メ」代位の登記をしておく必要はない（最判昭四一・一一・一八民集二〇巻九号一八六一頁）。というのは、もしこれを要求するならば、それは保証人をして、将来自分が支払うべき事態を生じるか否かわからない間に、しかも、第三取得者が将来あらわれるか否かわからないにもかかわらず、将来起こるかも知れない代位弁済に備えて、代位登記をさせることとなり、極めて煩雑となる。他方、第三取得者も、将来、保証人が弁済して自己に対して代位する事態が生じるかも知れないことを覚悟すべきだからである（第三取得者はもともと、債権者自身によって将来担保物権が実行さるべきことを予め覚悟しなければならないのであり、そして債権者自身が実行するのと、代位弁済した保証人が実行するのとで、第三取得者にとっては何ら違いは生じない）。

(2)　第三取得者相互間または物上保証人相互間においては、各不動産の価格に応じて代位することができる（五〇一条三号四号）。債務者無資力の場合に、弁済者が事実上償還を得ることができないために蒙る損失を、各自が不動産の価格の割合に応じて負担するという趣旨である。次の(3)に準じて具体的な内容を理解されたい。

(3)　保証人と物上保証人の間では、いずれもその頭数に応じて代位する。そして物上保証人が数人いるときは、その間では各財産の価格に応じて代位する(五〇一条五号)。この規定の趣旨は、右の(2)と基本的に異ならない。債務者の無資力の場合に、弁済者が蒙るべき不利益を他の者にも分担させる趣旨である。

たとえば、一、〇〇〇万円の債務に連帯保証人三名、物上保証人二名いれば、まず、連帯保証人三名が一つのグループとなって、一、〇〇〇万円の五分の三に相当する六〇〇万円を負担し、物上保証人二名が、他のグループとなって一、〇〇〇万円の五分の二に相当する四〇〇万円を負担する。ついでそれぞれのグループの中で負担を配分するが、前者のグループでは、それぞれの連帯保証人の負担部分に従って(原則として平等の割合)、六〇〇万円を分け、したがって原則として一名の連帯保証人が二〇〇万円を負担する。後者のグループでは各物上保証人は不動産の価格に応じて四〇〇万円を分担する。したがって一人が六〇〇万円の土地に抵当権を設定し、他が二〇〇万円の土地に抵当権を設定しているときは、それぞれ、三〇〇万円、一〇〇万円を負担する。そして、各人が負担すべき負担額について、代位弁済者から代位されることになる。したがって、連帯保証人の一人が全額一、〇〇〇万円を弁済したとき、債務者に対する求償権の確保のために他の二人の連帯保証人に対して、それぞれ二〇〇万円と法定利息を請求できる(その際、二人の連帯保証人は、債権者が直接に連帯保証人に請求する場合と同様に、催告・検索の抗弁権を行使しえない)。また各物上保証人に対し、抵当権を実行し、それぞれ三〇〇万円、一〇〇万円について、それぞれの競売代金から支払を受けることができる(**第81図**参照)。

〔補説〕　右の事例で、仮に、抵当権の目的不動産が一五〇万円と五〇万円だったとしよう。このとき全額の代位弁済した連帯保証人は、二人の物上保証人に対して、抵当権を実行して一五〇万円と五〇万円の弁済を受けことになる。しかし、これでは、二人のそれぞれの負担額である三〇〇万円と一〇〇万円には足りない。その不足分を二人の物上保証人の一般財産から取り立てることはできない。というのは、もし取り立てうるとすると、債権者自身が物上保証人に対して抵当権を実行する場合と比べて、物上保証人の負担を不当に重くするからである。この場合には、その不足額の合計

第81図

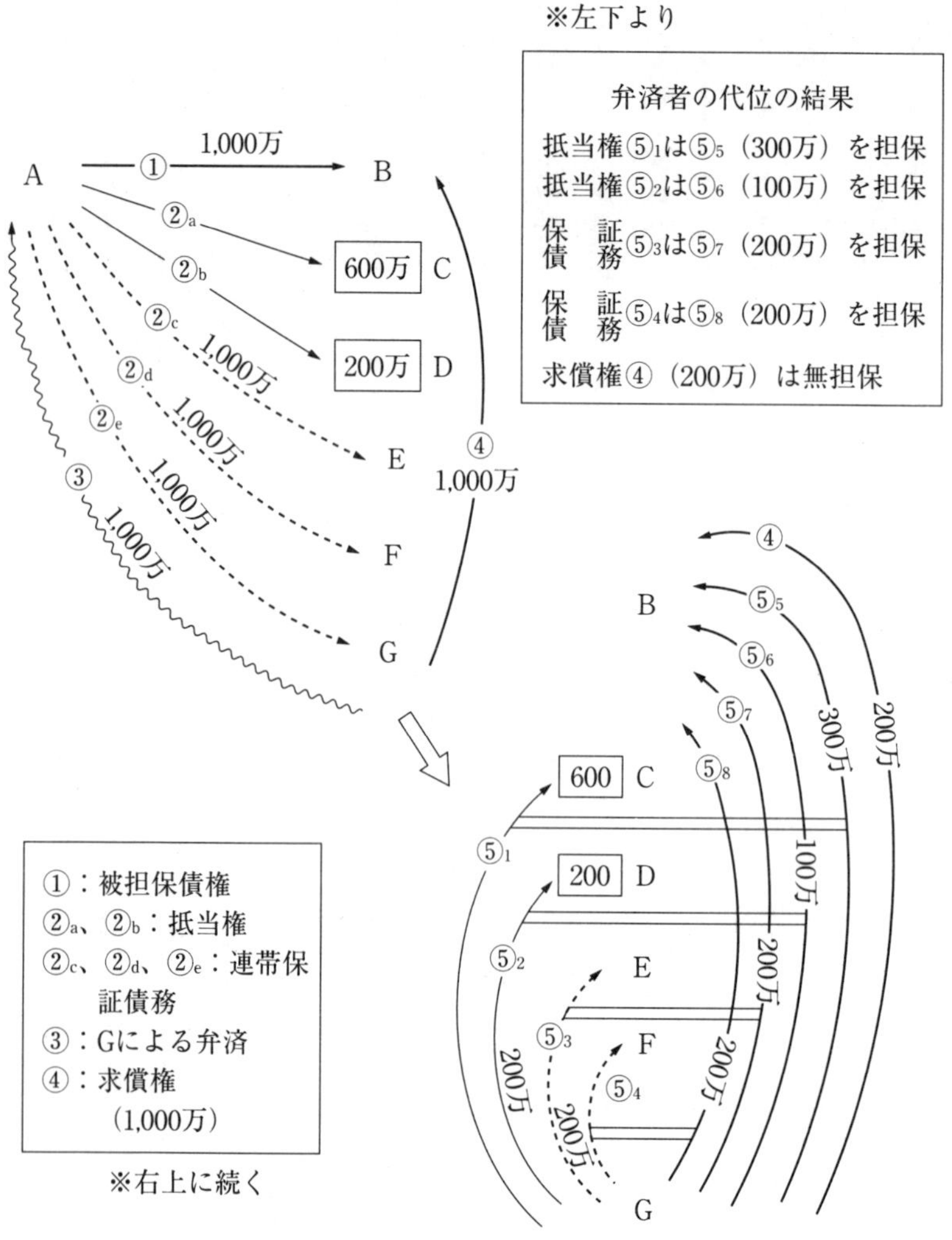
※左下より
弁済者の代位の結果
抵当権⑤1は⑤5（300万）を担保
抵当権⑤2は⑤6（100万）を担保
保証債務⑤3は⑤7（200万）を担保
保証債務⑤4は⑤8（200万）を担保
求償権④（200万）は無担保
A
B
C
D
E
F
G
①
1,000万
②a
②b
②c
②d
②e
600万
200万
1,000万
③
④
1,000万
⑤1
⑤2
⑤3
⑤4
⑤5
⑤6
⑤7
⑤8
600
200
300万
100万
200万
①：被担保債権
②a、②b：抵当権
②c、②d、②e：連帯保証債務
③：Gによる弁済
④：求償権（1,000万）
※右上に続く

二〇〇万円は、三人の連帯保証人が分担すべきであろう。その結果、代位弁済者たる連帯保証人は他の二人の連帯保証人に対して、六六万円余ずつの追加請求をなしうると解すべきである。

なお、物上保証人が担保権を設定している目的物が不動産のとき、保証人が担保不動産の第三取得者に代位するためには、(1)の場合と同様に予め代位の附記登記をすることが必要である（五〇一条五号二文）。

〔補説一〕　五〇一条五号に関する最近の判例として、保証人または物上保証人とその両資格を兼ねる者との間の弁済による代位の割合は、両資格を兼ねる者も一人として、全員の頭数に応じた平等の割合と解すべきである、とするものがある（最判昭六一・一一・二七民集四〇巻七号一二〇五頁）。

〔補説二〕　以上述べた(2)(3)で問題になる代位の割合に関する民法の規定は、任意規定であり、特約が優先する。従って例えば、一人の保証人と一人の物上保証人（抵当権設定者）によって担保されている場合、両当事者間に「保証人が代位弁済すると、抵当権の全部について物上保証人に代位する」旨の特約があるとき、その特約は有効である。しかもこの特約の効力は後順位抵当権者にも及ぶとされている（最判昭五九・五・二九民集三八巻七号八八五頁）。そのため、弁済した保証人は、債務者に対する求償権の全額について（半額についてでなく）、担保不動産から優先弁済を受けることができる、そして、後順位抵当権者はその残りから弁済を受けうるにすぎないから不利となる（もし特約の効力が後順位抵当権者に及ばないとすると、弁済した保証人は求償権の半額についてだけ担保不動産から優先弁済をうけうるに留まり、後順位抵当権者はその残りかから弁済を受けることになるから相対的に有利である）。以上の判例理論を検討しよう。

まず、代位の割合の特約が民法の規定に優先することについては、あたかも共同保証の場合に、保証人の間の負担部分の割合が当事者の特約によって決定しえ、特約の存しないときに平等となるのと同様な関係であり（前述8の前書き参照）、当然の事理といえよう。つぎに後順位抵当権者に特約の効力が及ぶという点については、仮りに債権者が保証人から取り立てることをせずに、物上保証人に対して一番抵当権を実行し、債権の全額について優先弁済を受けたと仮定すると、元来、後順位抵当権者は、その残りからしか弁済を受けられないのだから不利な立場におかれていたはずである。したがって偶々、債権者が保証人から取り立てた場合にも、後順位抵当権者が不利な立場におかれることになっても、不当にその利益が害されたとはいえない。このような利益の比較衡量にかんがみると、代位の割合についての特約の効力が後順位抵当権者にも及ぶとする判例の処理は正当といわざるをえない。（なお後順位抵当権者の地位の一般的な説明については、前掲第一七図の説明を参照せよ）

(4)　保証人相互間の関係については、共同保証の問題として、特別の規定が設けられている（四六五条）。連帯債務者相互の関係についても同様な規定がある（四四二条・四四四条）。これについてはすでに述べた（第四章第二節**六**(2)、第四章第三節**五** **4**参照）。

(5)　なお、任意代位の場合については、代位弁済者は保証人、物上保証人、担保不動産の第三取得者に対しても代位しうる（これは、第三者が債権譲渡によって債権を譲り受けるのと類似した関係である）。もっとも担保不動産の第三取得者に対しては、(1)の場合と同様に予め代位の附記登記を必要とすると解すべきであろう。

(6)　保証人、物上保証人、抵当不動産の第三取得者が、債権譲渡によって債権者たる地位を取得すると、その結果、混同（後述）によって自らの保証債務、あるいは担保権設定者としての責任を免れるが、この場合、他にも保証人や物上保証人などが付せられているとき、譲受人はこれらの者に対し、全額について権利行使をなしうるであろうか。もしこれを認めると――弁済による法定代位と、債権の譲受による権利取得は、実質的には類似した機能をもつのに――法定代位の場合と比して、債権を譲り受けた保証人等は他の保証人等の不利益という犠牲において有利な立場に立つことになり、不当である。したがって、このように弁済によって法定代位を生ずべき者が債権を譲り受けた場合は、五〇一条を準用し、他の保証人、物上保証人等に対するその権利行使は制限をうけると解すべきであろう。

五　弁済受領者

(1)　弁済受領権者

弁済によって債務が消滅するためには、受領権者が受領することが必要である（もっとも不作為債務のように、もともと弁済のために債権者の受領を必要としない債務にあっては、このことが問題にならないのは当然である）。債権者のほか、債権者から弁済受領の権限を与えられた代理人や履行補助者が弁済受領の権限を有することはいうまでもない。しかし債権者でありながら例外的に、弁済受領の権限を有しない場合がある（弁済受領権限のない者に対してなされた弁済は原則として無効であり、債務は消滅しない。後述する）。

(a)　**債権が差し押えられた場合**　甲の乙に対する債権が、甲の債権者丙によって差し押えられ、裁判所の差押命令が、乙に送達されると、甲はその弁済を受領する権能を失う（民執法一四五条）。この場合受領権限を有するのは差押債権者丙である。差し押えられた債権が、金銭債権のときは、丙は乙から取り立てて、直接に丙の甲に対する債権の弁済に充てることができる（民執法一五五条）。（差し押えられた債権が動産の引渡債権ならば、差押債権者丙は、その申立てを受けた執行官に引き渡すように、乙に請求しうる。引渡しをうけた執行官は競売などによってそれを売却し、その売得金が丙の甲に対する債権の弁済に充てられる（民執法一六三条））。

〔補説〕　なお、差し押えられた債権が金銭債権のときは、差押債権者丙は、裁判所に転付命令を申し立てることができるが、転付命令が発せられると、その効力として甲の乙に対する債権は丙に移転し、それとともに、丙の甲に対する債権は、甲から丙に転付（移転）されたところの甲の乙に対する債権の額面高（券面額）の限度で、弁済されたものとみなされて消滅する（民執法一六〇条）。したがって代物弁済類似の関係を生じる。丙は自ら債権の取得者として乙に対して権利行使することになる（なお転付命令を申し立てることによって生じる差押債権者の利害得失については前述第三章第三節**二**(1)(b)(ウ)参照）。

第三債務者乙が、丙による債権の差押えにもかかわらず甲に弁済すると、その弁済は無効となり、したがってあらためて差押債権者丙に弁済しなければならなくなる（もっとも四八一条一項は「差押債権者ハ其受ケルタル損害ノ限度

第82図

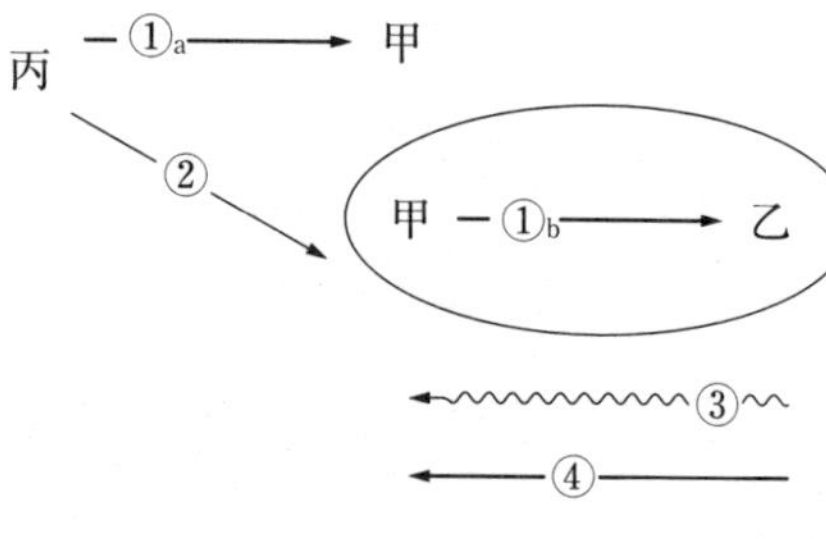

①a：差押債権
①b：被差押債権
②：差押え
③：乙から甲への弁済→無効
④：不当利得返還請求権

ニ於テ更ニ弁済ヲ為スヘキ旨ヲ第三債務者ニ請求スルコトヲ得」と規定しており、必ずしも乙の甲に対する弁済を無効としていない。しかし、解釈上学説は右のように解している)。もっとも乙の弁済を受領した甲が、その受領した金銭の一部を差押債権者丙に引き渡して、丙の甲に対する債権の弁済に充てた場合のように、差押債権者が、それによって利益を得たときは、利益を受けた限度で乙の甲に対する弁済を有効と認めてよく、差押債権者丙は、乙に対して残額についてのみ請求しうると解してよい。このように解すると、四八一条一項の規定は、後に言及する四七九条と同趣旨の規定と見ることができる（(e)(イ)参照）。

右のようにして第三債務者乙が、あらためて丙に支払った場合、乙は、無効な弁済を受けた甲に対して、求償権を行使しうる（四八一条二項）。その理論的性質は、不当利得にもとづく返還請求権である（第82図参照）。

〔補説〕　なお、最判昭四九・一〇・二四民集二八巻七号一五〇四頁は、第三債務者乙が仮差押命令の送達を受ける前に仮差押債務者甲に対して、債務支払のため小切手を振り出していた場合には、その小切手の支払が仮差押命令の送達の後になされたときでも、第三債務者乙は右債務が消滅したことをもって仮差押債権者丙に対抗することができる、と判示する。四八一条の適用においては仮差押えを差押えと同視してよいことはいうまでもない。右判例の正しい理解のためには小切手法の理解を要するので、ここでは要点のみをコメントすると、仮に判旨と逆に、乙が丙の支払請求に応じなければならぬとすると、乙はそれと重ねて小切手の所持人（たとえば、甲からの小切手の譲受人）への支払を余儀なくされ、このことを通して、乙の甲に対する債務の二重弁済を余儀なくされる結果となり、不当に不利な立場に立たされることを注意する必要がある。

(b)　**甲が乙に対する債権を丙のために質入れしたとき**　このとき甲は弁済受領権限を失い、質権者たる丙がこれを取得する。丙は直接に乙から取り立てて、甲に対する債権の弁済に充てることができる（三六七条）。その際、質権者は、前述の差押債権者の場合と違って、乙から取り立てたものを他の債権者に優先して自己の債権の弁済に充てることができる。

(c)　**債権者甲が破産したとき**　このときも債権が差し押えられた場合と同様に、債権者は弁済受領権限を失い、自らその債権を取り立てることができなくなる（破産法七条）。この場合、総債権者の代表者たる地位を有する破産管財人が債務者から取り立てて、それを総債権者の平等な弁済に充てることになる。

(2)　**受領権限のない者に対する弁済**　弁済受領の権限のない者への弁済は原則として無効である。しかし外形上受領権限を有するように見える者に対して、弁済者が善意でなした弁済を取引安全の目的から、有効として弁済者を保護している。

このような趣旨で次の規定が設けられている。

(a)　**債権者の準占有者への弁済**　債権の準占有者に対する弁済は「弁済者ノ善意ナリシトキニ限リ」有効な弁済となる（四七八条）（第83図参照）。

(ア)　債権の準占有者とは何か。起草者は次のように説明する。二〇五条によると「自己ノ為メニスル意思ヲ以テ財産権ノ行使ヲ為ス」者は準占有者であるから、債権の準占有者も、自己のためにする意思をもって債権を行使する者である。したがってその例として考えられたのは、債権者が死亡して相続人

第83図

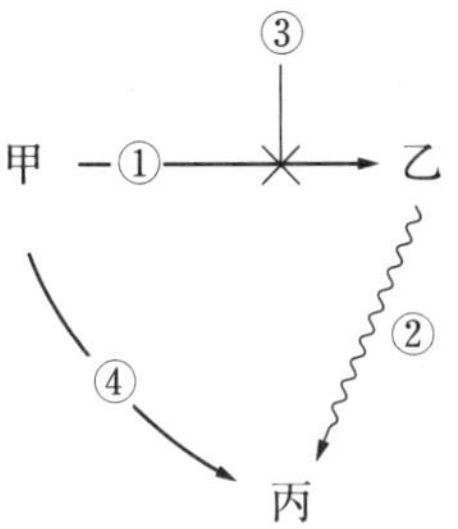

①：債　権
②：債権の準占有者への弁済→有効
③：債務消滅
④：不当利得返還請求権（賠償請求権）

となった者が実は相続権を有していなかったとか、債権譲渡がなされ、譲渡通知も行われたが、この譲渡は無効あるいは不成立だったときの譲受人とか、また実際には不在者の財産を横領した者が、世人に対して所有者らしく、また債権者らしく振舞っている場合などである。

しかし、その後の判例・学説は債権の準占有者の観念を拡張した。第一に甲の預金通帳と届出印を盗んだ丙が、甲になりすまし、自ら債権者甲であると称して、銀行に出頭して支払を求めた場合も準占有者に含める(最判昭四一・一〇・四民集二〇巻八号一五六五頁その他多数の判例)。その際、債権者の準占有者の意味を、外見上債権者らしく見える者として捉えることによって、二〇五条との関連を無視することになった。

〔補説〕　債権者が真実には甲であるときに、丙が債権者は丙であると主張する場合と、丙が、債権者が甲であることを認めつつ、支払を受けようとしている自分が甲である、と主張する場合とは互いに異なる。前者の問題は、債権者は何人かの問題であるのに対して、後者の問題は、債権者たる甲と同一の人は何人かの問題であり、いわゆる同一性の問題である。起草者は、前者の場合だけを考えたのに対して、その後の判例・学説は後者も含まれるとしたのである。

第二に、債権者本人として債権を行使するのでなく、債権者の代理人ないし使者と称して債権を行使する場合も、債権の準占有者に含める(最判昭三七・八・二一民集一六巻九号一八〇九頁)。弁済を受けるにあたって本人と称し、本人らしい外観を呈するか、それとも代理人と称し代理人らしい外観を呈するかという偶然的事情によって、結論を異にするのは妥当でないという理由によって、学説もこれを支持する。

以上のような、債権の準占有者という言葉の拡張解釈の結果(とりわけ右の第二)、四七八条は、民法で定める表見代理の規定(一〇九条・一一〇条・一一二条)を補充し、ある点で緩和する意味をもつことになる。表見代理の適用のためには、一定の厳格な要件を必要とする。しかし債務の弁済行為のように、その行為をなすことが強制されている場合には、それを行うことが強制されていない一般の取引行為よりも、善意の行為者の保護を厚くすることが、取引安全の見地から妥当である。以上の理由から判例・通説の立場は是認すべきであろう。

(イ)　条文では、弁済者の善意のみを要求しているが、通説は無過失をも要求している。判例上、弁済者の善意・無過失が問題になるのは、郵便貯金、銀行預金の払戻しの場合が多い。この場合には、四七八条の特則として、郵便貯金法や銀行取引約款の中に払戻しの手続が定められており、その手続に従って払い戻したときは責任を負わない旨を規定している。しかしこの場合にも、弁済が有効となるためには、債務者の無過失が必要であると解釈されている。したがってたとえば、預金通帳と届出印を盗まれたことに夜間に気付いた預金者が、直ちに郵便局に警戒電報を打ったが、それを受け取った宿直員が、翌日に係員に連絡することを忘れていたために、係員が支払を求めた窃取者に善意で支払った場合、その支払は善意でも――郵便局全体としてみれば――有過失となるから、弁済は無効とされる（大判昭三・三・一〇法律新聞二八四九号一一頁。同旨前掲最判昭三七・八・二一）。

〔補説〕　過失の有無の認定の基準に関する近時の判例として、債権の二重譲渡の事案につき前掲の最判昭六一・四・一一がある（第五章第一節**四2**(2)末尾参照）。

(ウ)　条文では無権限者に対する弁済のみが有効とされるが、判例はこの規定の類推適用によって弁済以外にもその適用範囲を拡げている。すなわち銀行の定期預金の期限前解約による払戻しについても免責を認める（前掲最判昭四一・一〇・四。事案は、期限前の払戻しを要求した者が預金者の詐称代理人だった場合）。また、銀行が――定期預金の期限前解約と同じ機能を果たすものとして――定期預金を担保に預金者に貸し付け、その後貸付金と定期預金債務とを相殺したところ、預金者と思われていた者が実は預金者でなく、準占有者であった場合にも、その相殺を有効と認め、したがって真実の預金者に再度弁済する義務なしとした（最判昭四八・三・二七民集二七巻二号三七六頁、最判昭五二・八・九民集三一巻四号七四二頁）。学説も、その根拠づけについては意見がわかれているものの、結論においては支持している（もっとも、定期預金の満期前解約やこれを担保とする貸付けが必ずしも強制されたものでない限りにおいて、債務者＝銀行の善意無過失の要件の認定は厳格であることを要するはずである）。

〔補説一〕　右と同様な趣旨の最近の判例に次のものがある。

〔最判昭五九・二・二三民集三八巻三号四四五頁〕　金融機関が、自行の記名式定期預金の預金名義人であると称する第三者から、預金証書および届出印と同一の印影の呈示を受けたため、同人を預金者本人と誤信して、その定期預金を担保とする金銭の貸付けを行った場合には、右第三者を本人と認定するにつき、金融機関として負担すべき相当の注意義務を尽くしたと認められる限り、本条の類推適用により、右金融機関は同人に対する貸金債権と右定期預金債権との相殺をもって、真実の預金者に対抗することができ、相殺の意思表示をした時点で、右第三者が真実の預金者と同一人でないことを知っていても、これによって右結論が左右されるものではない。

〔補説二〕　右に掲げた、定期預金を担保とする銀行貸付に関する諸判例は、四七八条適用の前提として、預金者認定の問題についていわゆる客観説をとる。すなわちAの出捐によってBが無記名預金あるいはBの名による記名預金の預入行為をなしたとき、Aが預金債権者であり、Bは非債権者と解する（したがって銀行がBに支払うとき四七八条の適用が問題になる）。しかし学説には預入行為者Bを預金者と認定すべしとする説（主観説）をとる者も少なくない（この立場からは、銀行のBへの支払はもとより有効な弁済となる）。

私は預入行為者Bを受託者、出捐者Aを受益者＝委託者とする、信託法による信託の成立を認むべきだと考える。すると信託法三一条の適用が問題になる（したがって、四七八条の問題ではない）。銀行が受託者Bに払い渡す際に、受託者Bが受け取ったものを着服し、Aに引き渡さないであろうということを知り、または重過失によって知らなかったときは、受益者Aは、払渡しを取り消して――さらに信託を解除（同法五七条）して――あらためて自己への払渡しを請求しうる。また預金債権を担保にBに貸し付けたときも、その当時、銀行がBが受託者なることを知りまたは重過失により知らなかったときは、銀行は相殺による預金債権の消滅を受益者Aに対抗しえない（Aは同法三一条により相殺を取り消し、預金債権の存続と自己への払渡しを主張しうる。同法同条に関しては、五章一節六後段参照。）。

なお、この問題を扱うに際して考慮すべきこととして、（1）銀行が担保にとったB名義の定期預金とBに対する貸付金を銀行が相殺することは、あたかも銀行が定期預金をBに（Aにではなく）支払い（もっともBが直接受けとるのでなく担保権者としての銀行がBに代わって受けとる）、そして銀行はそれをBに対する貸付債権の支払いに当てる、というのと同じ意味をもつ。したがって、Bは信託目的に反して信託財産たる定期預金を自らの債務の支払いのために処分したことになる。（2）信託目的に反する処分なることを処分の相手方たる銀行が知り、もしくは重大過失により知らなかったことが問題になる時点は、銀行により相殺がなされた時点ではなく、銀行が定期預金を担保にとってBに貸し付けた時点である。それはあたかも、信託財産たる動産を受託者が自己の債務の担保のために質に入れて借金をした場合において、相手方たる貸主に、信託目的に反する処分についての悪意もしくは重過失があったか否かを判定すべき時点は、貸主が質物を受けとって貸付を行った時点を基準にすべきであり、質物を処分して債務の弁済に当てた時点ではない、のと同様である。なお相殺と預金担保の貸付の関係については、後述五節**二2**（g）末尾の〔補説二〕をも参照せよ。

〔補説三〕　キャッシュ・カードによる預金の払戻しにも四七八条が適用される。これに関連して「銀行の設置した現金自動支払機を利用して預金者以外の者が預金の払戻しを受けても、真正なキャッシュ・カードが使用され、正しい暗証番号が入力されていた場合には、銀行による暗証番号の管理が不十分であったなど特段の事情がない限り、銀行は、現金自動支払機によりキャッシュ・カードと暗証番号を確認して預金の払戻しをした場合には責任を負わない旨の免責特約により免責される」とする判例がある（最判平五・七・一九判時一四八九号一一一頁）。この判例は、直接には銀行取引約定書における免責約款の効力を問題にしているが、仮りに免責約款が定められていないとしても、キャッシュ・カードの利用が広く普及している現時においては、四七八条の適用により、右と同様な要件のもとで銀行の免責が認められるべきである。

もっとも、銀行の提供する自動支払システム自体に不備な点があったために、無権限者への支払が生じたと認め得るときは、銀行は免責されないことを注意する必要がある。この点について詳細に論じたすぐれた文献として、岩原紳作教授による判例評釈がある（最判平五・七・一九の原審判決に対するもの、判例評論三七七号三三頁所収）。

(b)　**受取証書持参人への弁済**　受取証書の持参人に対する弁済も、債務者が善意無過失であれば、有効な弁済となる（四八〇条）。受取証書とは弁済受領の証拠であり、弁済と引換えに債権者が弁済者に交付するものである（後述参照）。新聞販売店の集金人が集金の途中で受取証書の入った鞄を遺失もしくは窃取され、拾得者もしくは窃取者が集金人（取立代理人）と称して、定期購読者の家へ来て料金の支払を求めたような場合を考えよ。善意無過失で弁済した債務者（購読者）は保護される。この規定も民法の表見代理の規定の補充ないし緩和の意味をもつ。もし解雇された集金人が、たまたま所持していた受取証書を用いて、集金人と称して支払を求めたならば、善意無過失で支払った債務者は、一一二条の定める代理権消滅後の表見代理の規定によっても保護される。しかし前述のような、受取証書の遺失ないし窃取の場合には、表見代理の規定は適用できないから、債務者はもっぱら本条によって保護されることとなる。

本条の適用をうけるためには受取証書が真正であるか、そうでなくても表見法理から、直正なものと主張できるものでなければならないとされている。したがって債務者から、受取証書用紙と印の保管を任されている者が、それを用いて受取証書を偽造したときは――表見法理から真正なものと主張しうる場合として――本条は適用される（大判昭七・八・一七法律新聞三四五六号一五頁）が、たまたま新聞購読者が、前月分の料金について交付された受取証書を真似て、本月分の料金の受取証書を偽造し、それを用いて他の購読者から集金したときは本条は適用されえない。

このように受取証書が真正であること、もしくはそれに準じたものであることが要求される理由を考えると、元来、本条の適用によって債務者を保護することは、その反面において真実の債権者を犠牲にすることである。したがって本条の適用されるためには、一方で保護をうけるべき弁済者の側に責められるべき落ち度がないこと、つまり善意無過失が要求されるとともに、他方、犠牲を負わされる立場にある債権者の側に、何らかの責められるべき落ち度があることが、――少なくとも弁済者が善意で弁済するについて原因を与えていたことが――要求されるからである（真正に作成された受取証を集金人が遺失し、窃取されたことは、集金人に多少の落ち度があったためであり、ひいてはそのような集金人を雇った債権者にも原因があったといえる。しかし受取証が全くの無権限者によって偽造されたものであれば、債権者の側には何ら落ち度はなく、原因も与えていないのが、普通である）。

〔補説〕　ちなみに、弁済者保護のためには、弁済者の善意無過失を要件とするだけでなく、債権者の側の何らかの帰責事由もしくは原因を与える行為の存在をも要件とすべし、とする以上の理は、債権の準占有者に対する弁済を有効とする四七八条についても原則的に——弁済者を保護すべき特別の事情がない限り——妥当するはずである。

古い判例で、これとやや異なる見解をとったものがあるが疑問である。すなわち何人かが、印鑑証明書を添えて株主の改印届を会社になし、次いでその印鑑と符合する印章を押捺した株主名義の配当金受領証を、会社の配当金取扱銀行に提出して配当金を受け取ったのが、債権の準占有者に対する弁済にあたるか、が問題になった事案について、大審院は「苟《イヤシ》クモ自己ノ為ニスル意思ヲ以テ債権ヲ行使スル者タル以上、仮令《タトイ》其ノ者ガ偽造証書ヲ用ヒ債権者本人ナリト冒称セシ事実アリタリトテ、之ガ為直ニ債権ノ準占有者ニ非ズト解スベカラズ」と判示した（大判昭二・六・二二民集六巻四〇八頁）。しかし、会社が、改印届の真正なることを確認する手続に落ち度がなかったかどうか、を問題にすべきであると同時に、債権者を冒称する者が登場するについて、債権者が何らかの原因を与えていなかったかどうかも問題にすべきであろう。

債権者の側に何らの帰責事由もしくは原因を与える行為がないのに、債権者の犠牲において弁済者を保護すべき例外的な場合として、たとえば相続欠格事由（八九一条）のある僭称相続人が戸籍簿の謄本を呈示して、相続による債権の取得を主張し、債務者が善意無過失で支払った場合が考えられる。真正相続人は何ら原因を与えていないが債務者の保護を優先すべきだからである。これは戸籍簿の記載に対する信頼の保護の必要性のほか、相続が無償の財産承継原因であること、加うるに真正相続人が僥倖な承継人であることから根拠づけられよう。

(c)　**指図債権の証券所持人等への弁済**

指図債権または記名式所持人払債権の証券所持人が正当な債権者でない場合にも、これに対する債務者の弁済は、悪意または重過失によらないときは、有効とされることは前述した（四七〇条・四七一条、第五章第一節七2(3)）。無記名債権の証券所持人は、債権の準占有者（四七八条）に該当すると一般に解されているが、指図債権以上に流通性に富む証券的債権の所持人だという点を考慮すると、その者に対する弁済については四七八条の適用でなく、指図債権の証券所持人に対する弁済者保護の規定（四七〇条）を準用すべきであろう（第五章第一節七3）。

なお、以上のように証券的債権の証券所持人に対する弁済者保護の要件として、弁済者の善意無過失ではなく善意無重過失で足るとされているのは（なお、手形法四〇条三項、小切手法三五条にも同趣旨の規定がある）、証券的債権が流通性に富み、迅速な弁済が取引上要求されること、他方、証券の所持人が正当な受領権者であるという蓋然性が極めて高いことにもとづいている。

(d)　**弁済受領者の地位**

以上のように、弁済者が外形上受領権者らしく見える者に対して、善意でなした弁済が例外的に有効とされ、債務が消滅する場合には、債権者はその結果債権を失うという損失を蒙る。この損失について債権者は、弁済受領者に対して不法行為にもとづく損害賠償を請求しえ、あるいは、弁済受領者の不当利得を理由に、その返還を請求しうる。

なお、弁済者は、その弁済が有効であることを主張せずに、あえてそれが無効であるとして、弁済受領者から弁済したものの返還を請求しうるかが問題となる。古い判例で否定したものがある（大判大七・一二・七民録二四輯二三一〇頁）。しかし近時の学説は、概ね肯定に解している。無権限で弁済を受領したもののうち、債権者の代理人と詐称して受領した場合（受取証書持参人、あるいは預金証書と届出印を持参して、本人の代理人を名乗った者）は無権代理の規定（一一五条）を適用し、そうでない場合はその類推適用によって、弁済受領者の無権限を知らなかった善意の弁済者は——真実の債権者が無権限者の受領を追認するまでは（後述参照）——弁済を取り消し、弁済したものの返還を求めうる、と解すべきである。

(e) **無効な弁済の効果**

(ア) 以上のように弁済受領権限のない者に対する弁済が、例外的に有効とされる場合を除いて、その弁済は無効であり、したがって債務は消滅しない。債権者の請求に対して債務者はあらためて弁済しなければならない。しかし、債権者(本人)が無権限者の受領を追認することにより――無権限の弁済受領者が、無権代理人であったとき(受取証書持参人のときや預金証書と届け出印の持参人が本人の代理人を詐称したとき)は、無権代理の追認の規定(一一三条)により、また、それ以外のときは、その類推適用によって――弁済者の弁済は遡って有効となる。その結果、この場合には、一方で、債務者は債権者に二重に弁済する義務を免れるとともに、他方で、債権者は弁済受領者に対して不当利得や不法行為を理由に、償還請求ないし損害賠償請求をなしうる。

なお、右のような債権者の追認がなされると、その後は債務者が弁済の無効を理由として、受領者から弁済したものの返還を、請求しえなくなるのはいうまでもない。このことは、四七八条(あるいは四八一条)の適用によって弁済が有効とみなされる場合の追認についてもあてはまる。したがって――前述(d)末尾に述べたように――その場合に債権者が追認した後には、債務者が、四七八条等による保護を自ら放棄して弁済の無効をあえて主張し、受領者から弁済したものの返還を請求することはできなくなる。

〔補説〕 **債権者の追認について**

債権者はAであるのに、その債権を取得したと称するCに、債務者Bが弁済した場合には、Aの債権をBとCが無権限で処分したことにより、その処分行為たる弁済は無効となるが、権利者たるAがその処分行為を追認することによって、遡ってその処分(弁済)は有効となる。かかる追認はドイツ民法一八五条に定める処分授権の性質を有する。したがって事後的な追認でなくて、事前の同意によってもその弁済は有効となる。また授権(同意・追認)をなす相手方も、BまたはCのいずれでもよい。このような追認によって、債務者Bは債務を免れるとともに、真実の債権者たるAは弁済受領者たるCに、不当利得などを理由に求償しうる(**第84図**参照)。なおドイツ民法一八五条で定める処分授権と代理権の授権は類似した性格を有しており、代理権をめぐる法律関係は、処分授権に関するそれに類推適用さるべきであることは前述した（第五章第一節**五2**）。

(イ)　ところで民法は、弁済受領権限なき者への弁済の効果に関して「債権者カ之ニ因リテ利益ヲ受ケタル限度ニ於テノミ其効力ヲ有ス」と規定しており（四七九条）、弁済の全部について常に無効としているわけではない。「債権者カ之ニ依リテ利益ヲ受ケ」る場合の例として通常あげられるのは、無権限の弁済受領者丙が、受領したものを債権者甲に交付した場合（受領者の無権限を弁済者が知って弁済したときでもよい。大判昭一八・一一・一三民集二二巻一一二七頁）とか、同じく、受領したもので、債権者甲の他人丁に対して負う債務を、債権者甲に代り、第三者の弁済として弁済したごとき場合があげられる。そうして通説は、この規定がないと、弁済した債務者は真実の債権者に全額弁済しなければならないし、他方、受領した者に対して、受領したものの返還を請求することとなり法律関係が煩雑になるから、これを避けるためこの規定を設けたという。

しかし私見によれば、右にあげた二つの事例の場合は債権者が無権限者の受領を追認する意思を有していたと認

第84図

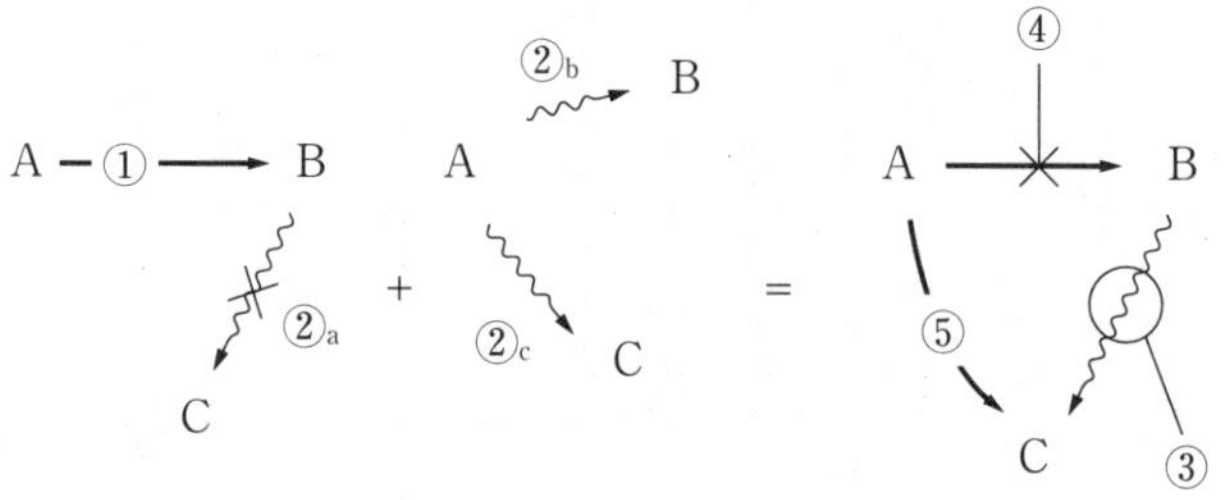

①：債 権
C　：無権限者
②a：弁済（無効）
②b、②c：処分授権（同意・追認）
③：弁済有効となる
④：債務消滅
⑤：不当利得返還請求権（賠償請求権）

第85図

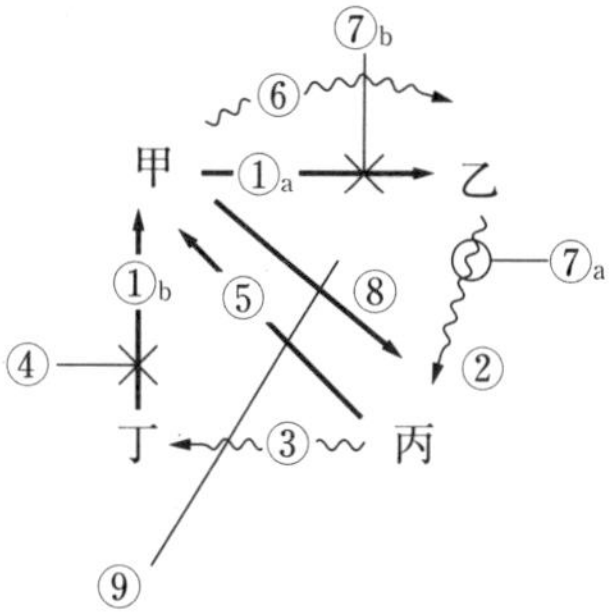

①$_a$、①$_b$：債　務
②　：無権限者・丙への弁済（無効）
③　：①$_b$についての第三者・丙の弁済
④　：消　滅
⑤　：求償権
⑥　：②についての法定追認
⑦$_a$：②が有効となる
⑦$_b$：消　滅
⑧　：不当利得返還請求権
⑨　：⑤と⑧との相殺による消滅

定してよい場合であるか、もしくは少なくとも、債権者が追認を拒絶する正当な理由がなく、したがって信義則上追認があったとみなすべき場合といえよう。このようにして追認があったとみなすことにより、その効果として弁済は、有効となると解すべきであろう（その結果、右事例の第一の場合には、債務者乙は債務を免れ、債権者甲は無権限者丙を通して受領したものを正当に保有しうる。第二の場合には、一方で債務者乙は債務を免れ、そしてその結果無権限者丙は受領したものを債権者甲に交付すべき債務を負担するはずである。他方で丙は甲のために第三者の弁済をなした効果として、甲に対して求償権を取得する。右の二つの甲・丙間の債権債務は相殺によって消滅するから結局、甲、乙、丙、丁の間の債務はすべて清算される結果になる）（**第85図**参照）。

〔補説〕　最判昭三四・六・一一民集一三巻六号七〇四頁は、甲乙二名が共同して受注した工事の請負代金債権につき、注文主丙との間で、甲に弁済受領の権限を認めない旨の特約をしても、丙が甲に対して弁済をしたときは、四七九条の趣旨により、右請負代金債務の弁済としての効力を生ずる、と判示する。この判旨は、元来乙は、丙から受け取った代金の一部を甲に引き渡すべき義務を負担している、という甲、乙間の内部的な関係を考慮するとき、たまたまなされた丙の甲への弁済のうち、当該代金部分に相当する部分については、追認を拒絶すべき正当な理由を乙は有しないのであるから、追認があったと同様に扱い、その弁済を有効とする、という趣旨と解しうるであろう。

六　弁済の充当

1　弁済の充当の意義

債務者が、同一の債権者に対して、同種の目的を有する数個の債務を負担しているとき、たとえば、数口の貸金債務を負っているとき、弁済のために提供した金額が全債務を消滅させるのに足りないときは、これをどの債務の弁済に充てるかは、当事者にとって重要な問題である。というのは、それぞれの債務の間には、元本債務と利息債務、同じ元本債務でも利息の高低、担保の有無などの点で、債務の態様に差異があり、そのうちのどれを先に消滅させるかによって、一方の利益ないし不利益を生ぜしめるからである。この問題を弁済の充当という。

これについて民法は四ヵ条の条文を設けているが、いずれも任意規定であるから、当事者のこれと異なる約定は、それらに優先して効力を生じる。したがって当事者の間に特約のない場合にのみ、以下に説明する任意規定が適用される。これらの任意規定は、費用債務、利息債務、元本債務の間の優先順位を定める規定と、数口の元本債務相互間の優先順位（同じく数口の費用債務相互間、数口の利息債務相互間）を定める規定との二つにわかれる。

2　充当の順位

(1)　債務者が、一個または数個の債務について、元本のほかに利息（遅延利息を含む）および費用を支払うべき場合において、弁済者がその債務の全部を消滅せしめるのに足りない額を弁済したときは、その額でもって順次に、費用、利息および元本に充当する（四九一条）。

ここでは元本相互間などにおけるような、一方の当事者の単独の意思表示による充当は認められない。だから一方の当事者が、相手方に対して右の順序と異なる充当の意思表示をしても無効となる。しかし両当事者の合意があれば、その効力として、右に異なる充当を有効になしうるのはもちろんである。

(2)　右のように、弁済額は特約のない限り、費用・利息・元本の順序で充当されるが、しかし（I）費用債務が数個あって、弁済額が費用債務の総額に不足するとき、（II）弁済額が費用債務総額を弁済して余りがあるが、しかしその余りの額で、数個の利息債務の総額を弁済するのには不足するとき、(Ⅲ)弁済額が、費用債務総額と利息債務総額を弁済して余りがあり、しかしその余りの額が、数口の元本債務の総額を弁済するのには不足するとき、以上の各場合において、それぞれ弁済額がどの口の費用債務、利息債務、元本債務にいかなる順序で充当されるか、の問題を生じるが、これについては、以下に述べる費用債務相互間、利息債務相互間、元本債務相互間の各優先順位に関する規定によって処理される。民法は元本債務相互間に関して具体的に規定し、他についてはこれを準用するという形式をとっている。そこで以下に元本債務に関して説明する。

(a) 元本債務相互間においては、当事者の一方に充当を指定する権利が与えられる。そして第一に弁済者がこのような指定権を有する。指定権の行使は、給付をするときに相手方に対して指定の意思表示をすることによってなされる(四八八条一項三項)。もし弁済者が指定権を行使しなかったときは、指定権は弁済受領者に移る。しかし弁済受領者は受領の後、遅滞なくこれを行使しなければ指定権を失うのみならず、遅滞なく行使したときでも、弁済者が直ちにこれに異議を述べると受領者の指定は効力を失う(同条二項。したがって弁済受領者の指定権は権利として極めて弱いものである)。右にいう弁済受領者の指定権の行使も弁済者の異議も、相手方に対する意思表示によってなされることはいうまでもない(同条三項)。ところでこのようにして弁済受領者の指定が効力を失ったとき、弁済者の側で再び指定権を取得するのでなくて、次に述べる法定充当によって充当される。

(b) 当事者が指定権を行使しなかったとき、また、前述のように行使はしたが、それが効力を失ったときは、法律の定める順序によって充当される。これを法定充当という。その順序は次のとおりである。

第一に弁済期のすでに到来したものと、まだ到来していないものとがあるときは、到来したものを先にする(四八九条一号)

第二に、弁済期の到来したものの相互間、またはその到来していないものの相互間では、債務者にとって弁済の利益の多いものを先にする(同条二号)。

債務者にとって弁済の利益が多いとは、たとえば、利率の低い債務より高い債務のほうが、また、物的担保のついていないものよりもついている債務のほうが、弁済の利益が多い。また、判例によると、保証人のついている債務とついていない債務では、弁済の利益に差はないとされる（大判大七・三・四民録二四輯三二六頁）。もっとも実際には、いずれが弁済の利益がより大であるかを判断しにくいことが少なくない。たとえば、物的担保がついて利率の低い債務と、物的担保がつかなくて利率の高い債務と、いずれがそうであるかは困難な問題である。諸般の事情を総合的に判断して、判断すべしとするのが判例の態度である（最判昭二九・七・一六民集八巻七号一三五〇頁）。それでもなお判断できなければ、次の基準によらざるをえない。

第三に、債務者のために弁済の利益が等しいときは――弁済期のすでに到来している数口の債務の間では――弁済期の先に到来しているもの、また――弁済期のまだ到来していない数口の債務の間では――弁済期の先に到来すべきものを先にする（同条三号）。

第四に、右の基準を適用した結果、同じ順位となる数口の債務の相互の間では、各債務の額に応じてすべての債務の一部に充当することとなる（同条四号）。

なお、たとえば売買代金債務を一〇ヵ月の月賦払いで弁済すべき場合に、六ヵ月分だけの入金をした場合のように、一個の債務の弁済として、数個の給付をなすべき場合において、弁済者がその債務の全部を弁済するに足りない額を弁済したときも、どの給付に充当するかの問題を生じる。しかしこれについては右に述べたような、数個の債務の元本相互間の規定が準用される（四九〇条）。

七　弁済の証拠

1　受取証書

弁済をする者は、その受領者に対して受取証書の交付を請求できる（四八六条）。受取証書は弁済を受領した旨を表示するものである。受取証書には形式上の制限はなく、取引観念上適当なものであればよい。その作成の費用は債権者が負担すべきであると解されている。

受取証書は弁済を証明するために、実際上欠くことのできない証拠である。債務の消滅についての挙証責任は債務者の側にあるので、債務を弁済しても、それを証明できなければ、裁判上は弁済がなかったものとして扱われ、その結果、二重に弁済させられる危険にさらされるからである。したがって弁済者にとって、弁済の証拠としての受取証書の交付をうけ、それを保存することはその利益を守るために極めて重要である（弁済者は、少なくとも債権の消滅時効期間が経過し、時効が完成するまではそれを保持する必要がある。時効が完成すれば、たとい弁済を立証できなくても、時効を援用することによって、支払を免れることができるからである）。

受取証書は、弁済者にとってこのように重要な意味をもつために、その交付請求権には強い保護が与えられており、弁済と引換えに請求できるものと解されている。したがって弁済者が弁済しようとするにあたって、弁済受領者が受取証書の交付を拒絶する以上、弁済者は提供した物を交付しなくても、遅滞の責めを負わないとされる（大判昭一六・三・一民集二〇巻一六三頁）。なお、代物弁済や一部弁済のときも、本来の給付の全額についての弁済の場合と同様に受取証書の交付請求権が認められる（四八二条）。

2　債権証書

債権証書がある場合においては、弁済者は全部の弁済をすると、その証書の返還を請求できる（四八七条）。債権証書とは、債権の成立を証明するための証拠書類である。消費貸借契約の成立に際して、借主から貸主に交付される借用証書がその代表的な例である。債権の成立についての挙証責任は債権者の側にある。したがって債権の成立に際して債務者からその交付をうけ、かつこれを保存することは、債権者にとって重要な意味をもつ。この理由により、たとえば金銭消費貸借の成立に際し、借主が借用証書を貸主に交付するのを拒絶するならば、貸主は約束の金員の交付を遅らせても、消費貸借予約上の義務（五八九条参照）を怠ったことにはならない。

全額の弁済をなしたときに生じる債権証書の返還請求権の根拠は何か。通説は、債権が消滅したにもかかわらず、債権者がこれを保有するのは不当利得になるから、これを弁済者に返還すべきは当然だという。しかし債権証書は、それ自体として何ら価値のある物ではないのだから、このように不当利得の法理をもって説明するのは不当であろう。

債権証書を債権者から返還させることは、弁済の証拠としての受取証書の保存に代る効用を弁済者に与えるということから説明すべきである。すなわち弁済者が受取証書の交付をうけ、かつそれを保持している限りは、債権者に債権証書が残されていても、債務者は債務の消滅を証明できるから、二重に弁済させられる危険は生じない。しかし受取証書を喪失するという事態が将来生じるかも知れない。このような場合であっても、もし弁済の際に、債務者が債権者から債権証書の返還をうけていたならば、債権者の側で債権証書を保有していない以上は、債権者が債権の成立自体を立証することが極めて困難となるから、結局、債務者の側で弁済を立証できなくても債務者が二重に弁済させられるという事態を防ぐことができる。

債権証書の返還請求権の根拠は、このように、受取証書の喪失の事態に備えるものであるから、その返還請求権は、受取証書の交付請求権ほどに強く保護する必要はない。そもそも、債権者が債権証書を喪失して保有していない場合には、返還請求権は認められない（もっともこの場合には、弁済者はその代りに債権証書喪失の旨の記載ある文書の交付を請求しうる——債権者が後に何等かの理由で、一旦喪失した債権証書を入手することが、ありうるのに備えて——と解されている）。このような理由から、弁済と引換えに債権証書を返還すべきことを請求できない。だから債権証書を返さなければ弁済しないとはいえない。なお、弁済以外の理由である相殺や免除などによって債務が消滅したときも、債権証書の返還請求は認められる（ちなみに——前述**1**の問題に関係するが——これらの事由による消滅のときも、債務者はその消滅の事実を証明する証書の作成交付を債権者に対して請求しうると解すべきである）。

〔補説〕　大判昭九・二・二六民集一三巻三六六頁は、債権者が弁済を受けた金額に僅少の不足あることに藉口して、債権証書の返還および抵当権設定登記の抹消手続を拒絶することは、信義誠実の原則に反し許されない、と判示する。しかし無条件で債権証書を返還させ、登記抹消手続をなさしめるのは債権者に酷であろう。残額についての債務を承認する旨の債権証書と引換えでのみ債権証書の返還の義務を負い、また債務者が残額に相当する担保を提供するのと引換えでのみ抵当権設定登記の抹消義務を負う、とすべきではなかろうか。

第三節　弁済供託

一　意義と性質

弁済供託とは、弁済者が弁済の目的物を債権者のために、国家機関である（もしくはこれに準じる）供託所に寄託して、債務を一方的に消滅させる行為、またはそれを定めた制度をいう。債務者は債権者が受領しないときも、弁済の提供をすることによって不履行の責任を免れるが、債務は消滅しない。債務を免れたいと思えば、供託することが必要になる。供託は債権者の受領がなくても債務者が一方的に債務を消滅させうる制度であるところにその特色がある（**第86図**参照）。

〔補説〕　供託の法律的性質としては、古くから第三者のためにする寄託契約説が有力である。この説は、弁済者と供託所との間で、債務の目的物を寄託する契約を結ぶにあたり、債権者（第三者）に寄託物の引渡しを求めうる債権を取得させることを内容とする第三者のためにする契約が結ばれる、と解する。もっとも、後に説明するように、債権者（第三者）は通常の第三者のためにする契約（五三七条以下）の場合と異なって、受益の意思表示なくして供託所（諾約者）に対して

第86図

弁済供託の簡単な説明

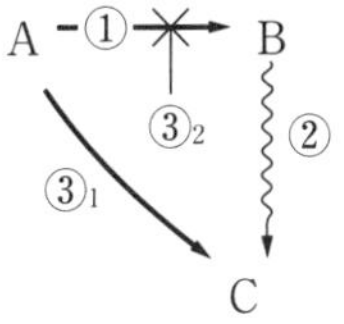

①　：債　務
C　：供託所
②　：弁済供託
③1　：供託物交付請求権
③2　：消　滅

直ちに供託物の交付請求権を取得する。さらに重要な差異として、供託の効果として債権者（第三者）の債務者（要約者）に対する債権が消滅する。この関係は、第三者のためにする契約では説明しきれない。このように第三者のためにする契約の理論だけでは、供託をめぐる重要な法律関係を説明することはできないのであるから、そもそも供託の性質が、第三者のためにする契約だという命題が、どれだけ有意義であるかは、かなり疑問である（私見の積極的な内容については後述する）。

なお、「供託法」（明治三二年施行）で定める供託には、右に述べたような供託、すなわち弁済供託のほかに、他の目的でなされる供託（執行法上の供託や担保目的の供託など）を含んでいる。しかし弁済供託が、沿革的にも実際的にも最も重要である。本節ではもっぱら弁済供託について述べることにする。

二　供託の要件

1　与える債務　供託によって債務を消滅させうるのは、与える債務に限られる。（動産・不動産の引渡債務でもよいが、金銭債務が実際上、最も重要である。）したがって、供託の目的は、物に限られる。ただし、供託に適しない物、滅失・毀損のおそれある物、または保存につき過分の費用を要する物の場合は、弁済者は裁判所の許可を得て、その物を競売して、その代価を供託することができる（四九七条）。

2　供託原因　次の原因があるときにのみ供託による債務消滅の効力を生じる（四九四条）。

(1)　債権者が弁済の受領を拒むとき。もっとも、判例は、債権者が予め受領を拒んだだけで供託しても債務消滅の効果を生ぜず、債務者が進んで口頭の提供をしてもなお債権者の受領がなされないときにはじめて供託による債務消滅の効果を生じるとする（大判明四〇・五・二〇民録一三輯五七六頁）。しかしこの点につき、支配的学説は判例に反対し、口頭の提供を不要とする。もっとも、判例も、口頭の提供をしても受領のなされないことが明らかなときは、直ちに供託してもその効果を生じる（大判大正一〇・四・三〇民録二七輯八三二頁等）としている。

(2)　債権者が受領することのできないとき。たとえば債権者が無能力者のために受領権限がなく、法定代理人も欠けているとき、あるいは、債権者が不在で行方不明のとき。

なお、判例によると、債権者が弁済の場所である自己の住所を不在にしているため、債務者において弁済することができないときは、その不在が一時的のものであると否とを問わず、四九四条にいう受領不能にあたると解されている（大判昭九・七・一七民集一三巻一二一七頁）。

(3)　弁済者の過失なくして債権者が何人であるかを確知できないとき。たとえば、誰が債権者の相続人であるか、債権譲渡が有効かどうか、が争われているようなとき。

3　供託の当事者　供託する者（供託者）は、弁済者であり、債務者のほか、第三者もなしうる。供託を受ける者（供託所）は場合により異なる。金銭および有価証券は、債務の履行地にある供託所（四九五条一項、供託法一条）、他の物品については、法務大臣の指定した倉庫業者または銀行である（供託法五条）。以上の基準によっても決まらないとき（不動産の供託を含む）については、弁済者は、裁判所に請求して供託所の指定および供託物保管者を選任してもらうことができる（四九五条二項、非訟事件手続法八一条・八二条）。

4　供託の通知　供託者は遅滞なく債権者に供託した旨の通知をしなければならない（四九五条三項）。もっともこれは供託の有効要件ではないから、これを怠っても供託が無効となるわけではないが、債権者がそのために損害を蒙ったときは、怠った弁済者は債権者に対して損害賠償義務を負う。

5　供託すべき額　弁済供託は債務の全部についてなさなければならない。債務の一部につきなされた弁済供託は全部について無効であり、供託部分に相当する債務を免れさせるものではない。しかし数回にわたる一部の供託の合計額が全債務に達した場合には、全債務額について有効な弁済供託としての効力を生じる（最判昭四六・九・二一民集二五巻六号八五七頁）。

三　供託の効果

1　基本的効果　供託の基本的効果としては、債務が消滅し、その代りに債権者は、供託所に対して供託物の交付請求権を取得する。

(1)　供託によって債務が消滅する結果として、供託者は、強制執行の手続の廃止を請求することができるし、その債務についていた担保権の消滅を理由として、担保物の返還、抵当権の登記の抹消を請求しうる。また、供託による債務消滅の結果、債務者はこの後の利息を払う必要はない。

(2)　債権者は供託所または供託物保管者に対して、供託物の交付を請求しうる。この関係を説明するために、前述したように、第三者のためにする契約が供託に含まれると通説はいうが、第三者のためにする契約と異なり、ここでは、受益の意思表示（五三七条二項）を要せず、供託により直ちに供託物交付請求権（還付請求権ともいう）が発生することに注意しなければならない。なお供託物交付請求権に関して四九八条は、債務者が債権者の給付に対して弁済をなすべき場合においては、債権者はその給付をなさなければ供託物を受け取ることができない――たとえば、売主が品物を給付するのと引換えに買主が代金を支払うべき場合に、買主がこの代金債務について供託したときは、債権者たる売主は債務者に品物を給付し、その証拠を呈示しなければ供託物を受け取ることはできない――と定めている（なお、供託法一〇条参照）。

2　供託者の取戻請求権　右に述べた供託の効果は、確定的なものではない。というのは、供託者は供託物取戻権を有し、これを行使すると供託をしなかったものとみなされることになるからである（四九六条一項）。供託物取戻権の行使によって債権は復活し、また、債権者の供託物交付請求権も成立しなかったことになる（第87図参照）。このような供託物取戻権を認めた根拠は何か。元来、供託は債務者の便宜をはかるためのものだから、債務者が考えなおして供託を取り消そうとするときは、他に累を及ぼさない限り、これを認めても一向に差し支えないからだと説明されている。

第87図

取戻権行使のとき

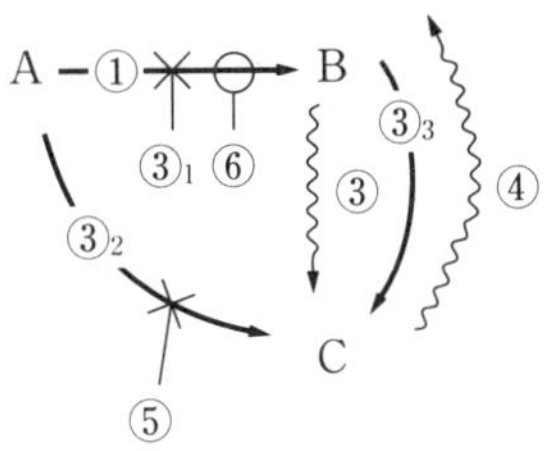

①：債務；C：供託所
②：供　託
③1：債務消滅
③2：交付請求権
③3：取戻権
④：取戻権行使
⑤：消　滅
⑥：復　活

第88図

〔供託受託のとき〕

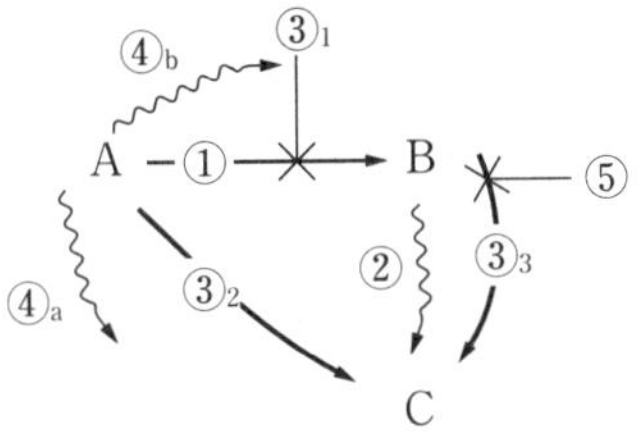

①：債　務
②：供　託
③1：消　滅
③2：交付請求権
③3：取戻権
④a、④b：供託受諾
⑤：取戻権消滅

債務者は原則としてこのような取戻権を有するが、次の場合には取戻権を失う。第一は、債権者がすでに債務者または供託所に対して供託を受諾する意思を表示したとき（第88図参照）、第二に供託を有効と宣言した判決が確定したとき、第三に供託によって債務が消滅したために質権または抵当権も消滅したとき（四九六条）。右の第一の趣旨は、債権者の意思を尊重するものと説明されている。右の第二の趣旨は、もし判決確定後の取戻権の行使を認めると確定判決による公権的な解決を無意味ならしめる結果となり、ひいては債権者の期待にも反することを考慮したためと説明されている。なおここでいう判決は、供託の有効なことを確認することだけを目的とする判決である必要はなく、債権者から弁済を請求する訴えにおいて、債務者が供託した旨の抗弁をなし、それにもとづいて訴えが棄却された場合も含むと解されている。右の第三の趣旨は、供託により物的担保が消滅したとの信頼を一般債権者がもつに至り、また次順位の担保権者も順位が上昇したとの信頼をもつに至るから、その信頼を保護するためだと起草者は説明している。

供託物取戻権の消滅時効については、供託をする必要が生じた紛争が解決するなど、供託者が免責の効果をうける必要が消滅した時から、一〇年で時効が完成すると解されている（最大判昭四五・七・一五民集二四巻七号七七一頁）。

3　右の供託物取戻権が存在することを考慮して、供託の効果に関して、通説は、取戻権の行使を解除条件として供託時に債務が消滅する（遡及効ある解除条件付消滅）と説明する。これに対立する少数説として、供託者が供託物の取戻権を失うことを停止条件として、供託時に遡って債務消滅の効果を生じる――それまでは債務者は履行拒絶権を有するにとどまる――と解する（遡及効ある停止条件付消滅）。わが民法の規定には前説がよりよく適合していることは明らかである（ドイツ民法は後説の立場から規定を作っている）。そこでわが国の多くの学者は――両説の間には実質的な差異はないことをも考慮して――わが民法上は前説をとるべきだと主張する。

四　供託の性質に関する私見

1　概　要　前述したように、弁済供託を、債務者と供託所の間になされる第三者（債権者）のための契約の付された寄託契約として捉える通説の立場からは、供託をめぐる重要な法律関係を説明しきれない。わたくしは、弁済供託をもって、一定の事由（四九四条の定める供託原因）のある場合は、法によって弁済受領権の与えられている供託所に対する弁済であると解する。この受領権は債務者の利益のために与えられたものであるから、供託はあたかも債権の準占有者への弁済に類似する。後者の弁済も、債務者の利益のために、一定の要件のもとに債権の準占有者に弁済受領権が与えられていたのと同様に有効な弁済となり、債務消滅の効果を生じるからである。なお弁済受領権の授権（事前の同意ないし事後の追認）がドイツ民法一八五条に定める処分授権の意義を有し、そしてこれは代理権の授権（事後的な授権としての追認を含めて）と類似した性質を有することは前に述べた（第二節**五**(2)(e)(ア)補説参照）（以下**第89図**を参照）。

2　個別的問題の説明　弁済供託について右のような理論構成をとると、その具体的な法律関係は次のように説明される。

(1)　債務者は供託原因（四九四条）のある場合、供託所に供託（＝弁済）の申込みをすることができ、供託所はこ

第89図

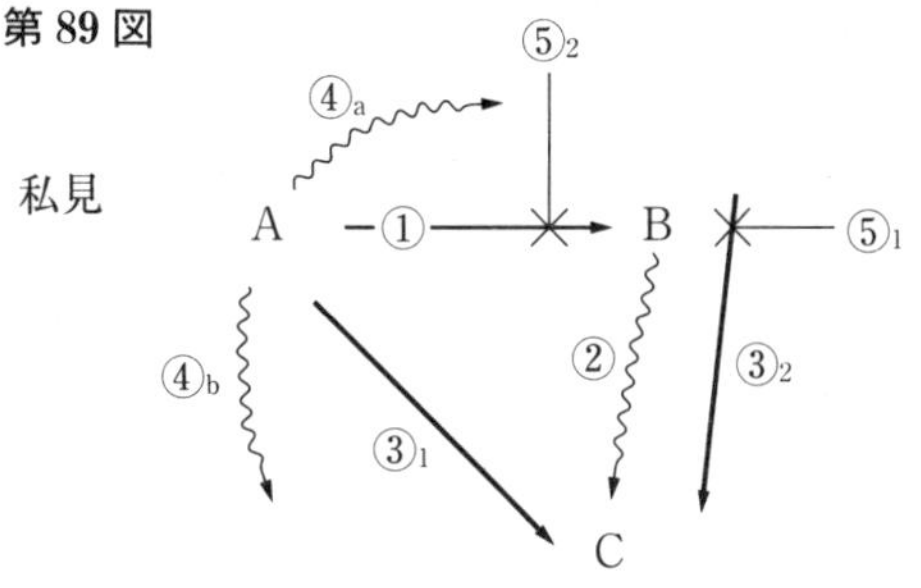

① ：債 務
② ：供託（債権の準占有者への弁済－以下準占弁と略称－に類する）
③$_1$：交付請求権（準占弁における不当利得返還請求権に類する）
③$_2$：取戻権（準占弁における弁済無効主張を前提とする不当利得返還請求権に類する）
④$_a$、④$_b$：供託受諾（準占弁における債権者の追認に類する）
⑤$_1$：取戻権消滅（準占弁における返還請求権の消滅に類する）
⑤$_2$：債務消滅（準占弁における債務の確定的消滅に類する）

れを受領すべき法律上の義務を負う。もっとも供託原因の有無は、債務者が供託の際に供託所に提出する供託書（すなわち供託の申込書）によって供託所が審査するから、その意味で実質審査でなく形式審査である。したがって供託原因が、実際には存しないのに供託所が受領することが起こりうる。この場合には、供託所は法定の弁済受領権なしに受領したことになるから、その供託（＝弁済）は無効となり、債務者は債務を免れえない。

(2)　供託原因の存するときの供託（＝弁済）は、あたかも準占有者への弁済と同じく、有効であるから債務者は債務を免れ、この代りに債権者は供託所（＝弁済受領者）に対して目的物の返還請求権を取得する。これが供託物の交付請求権（還付請求権）であることはいうまでもない。

(3)　あたかも債権の準占有者への弁済が有効となる場合に、債務者は弁済の無効を主張して、受領者から目的物を取り返しうる（前述第二節五(2)(d)参照）のと同様に、供託の場合の債務者は、供託（＝弁済）の有効を主張しうる場合でも、あえて無効を主張して、供託物の取戻しを請求しうる。これが供託物取戻権である（この関係は弁済受領の代理権のない者への弁済が表見代理の法理の適用によって有効になるときでも、相手方に相当する債務者が無効を主張して弁済したものの返還を請求しうる（一一五条）のと類似する）。

(4)　しかしこの取戻権は、債権者が供託（＝弁済）を追認すると、消滅する。追認は、債権者の意思によって、供託所へなした弁済を確定的に有効ならしめる行為だからである。それはあたかも準占有者への弁済が法定の効果として有効となるときに、債権者が追認することによって、それ以後は債務者が弁済の無効を主張して目的物の返還を請求しえなくなるのと同様である（前述第二節**五**(2)(e)参照。ちなみに弁済受領の代理権なき者への弁済で表見代理の法理によって有効となる場合についても同様な関係を生じる（一一五条））。なお、右にいう供託（＝弁済）の追認が四九六条のいう供託の受諾に相当することはいうまでもあるまい。そしてそれはドイツ民法一八五条の処分授権（追認）の性質を有するものであって、その意思表示をなす相手方は処分行為（弁済）の当事者である債務者と供託所のいずれでもよい。なお、四九六条は、前述のように供託受諾と並んで取戻権の消滅事由として「供託ヲ有効ト宣告シタル判決ノ確定」と「質権又ハ抵当権ノ消滅」を定めている。これらの事由は、当事者の利益の調整のために法によって供託受諾に準じた効力が与えられたものと解してよい。

(5)　右に述べたように、債権者の供託受諾もしくはそれに準じる事実の生じるまでは、弁済者は取戻権を有し、そして取戻権の行使によって債務は復活する。しかし供託受諾等によって債務は確定的に消滅し、それが復活することは起こりえない。したがって供託受諾等までは債務の消滅は浮動的な状態である。これを説明するための理論として、前述のように、解除条件付消滅説と停止条件付消滅説とがある。

しかし債務者は、供託の後――債権者に対して債務の消滅を主張しうるけれども――その存続を前提にして有効に債権者に対して債務を弁済することもでき（そのときは供託所になされた供託＝弁済は確定的に無効な弁済となるから債務者は供託物を取り戻しうる）、それが非債弁済になるわけではない。この関係に適合する理論としては、供託後、債務者は履行拒絶権を有するとともに、債権者の供託受諾等を停止条件として、債務は消滅すると解する停止条件付債務消滅説が正当であり、いわゆる解除条件付債務消滅説（取戻権の行使を解除条件として供託により債務は消滅するとする説）は正当ではあるまい。なお類似した問題は、債権の準占有者への弁済による債務の消滅の効力をいかに見るか（債権者の追認を停止条件とすると見るべきか、それとも取戻権行使を解除条件とすると見るべきか）についても生じる（さらには表見代理の法理によって、無権代理人への債務の弁済が有効となる場合の債務消滅の効力についても生じる）。

(6)　供託原因が実際には存在しなかった場合の供託（＝弁済）は、法定の受領権を有しない供託所への弁済として無効な供託（＝弁済）になるから、債務者は債権者に対して履行拒絶権を有しない。しかしこのときも、債権者が敢えて供託受諾をなせば、これは無権限者への弁済に対する債権者の追認としての意義を有するから、供託（＝弁済）は確定的に有効となり、債務は確定的に消滅する。同じことは債務の全額に相当するとして供託された金額が、債務の一部の額にすぎなかったときにも妥当する（同旨、最判昭三三・一二・一八民集一二巻一六号三三二三頁）。すなわち供託受諾によって、その一部について弁済は確定的に有効となり、その一部について確定的に債務は消滅する（但し受諾の意思表示の際に、残債務を免除する旨が表示されていれば全債務が消滅する）。

(7)　供託物取戻権（それは債権の準占有者への弁済のときの取戻権に類する）の特殊性を考えると、債務者に対する一般債権者が債務者の一般財産と同じようにこれを差し押えうると解してよいか——わが国の判例・通説はこれを認めるが（大判昭一二・六・一六法律新聞四一四五号二頁）——甚だ疑問である。供託物取戻権の時効の起算点についての、判例による特殊な扱い（前述）もこの権利の特殊性から説明しうる。これと同様な問題は債権の準占有者に有効な弁済がなされたときの取戻権についても——その差押可能性・時効起算点の問題に関して——生じるはずである。

〔補説〕　右に、供託をもって、法定の受領権を有する供託所への弁済と捉える構成によって、それをめぐる具体的問題を説明したが、この構成では十分に説明しえない問題がないわけではない。前に引用した四九八条の規定がそれである。この規定（三**1**(2)末尾参照）をも説明するためには、供託をもって、債務者と供託所の間の一種の免責的債務引受契約として捉え、同時に法が債務者の利益のために、さような債務引受契約に対する債権者の承認があったものとみなしていると捉える構成が適当ではないかと考えている。

このような債務引受構成は、前述したごとき供託所を法定受領権者と見る構成と異質な構成ではない。けだし前述したように、債務引受に対する債権者の承認はドイツ民法一八五条に定める処分授権の性質を有しており、したがって債権者に非ざる者への債務の弁済に対する債権者の承認と基本的に共通しているからである。

債務引受構成をとると、供託の法律関係は次のように説明される。すなわち供託原因の存する場合には供託所は債務者の申し出た免責的債務引受契約を承諾すべき義務を負っており、そして債務者が債務の目的物を供託所に給付することによって債務引受契約が成立する。それに対する債権者の承認があったものと法によってみなされうる結果、債務者は債務を免れることができ、代りに供託所が債務を（すなわち債権者への還付義務）を負担する。しかし債務者は、法により債権者の承認を擬制されうるという利益を自ら放棄することも可能であり、あたかも債務引受けにおいて、債権者が承認をなすまでは、旧債務者は新債務者との合意によって債務引受契約を撤回しうる（ドイツ民法四一五条）のと同様に、供託の場合にも債権者が供託受諾（これが免責的債務引受契約に対する債権者の承認に対応する）をなすまでは、供託を撤回して供託物を取り戻すことができることになる。その際は、供託した債務者に債務が復帰する。債権者の供託受諾（＝債権者の意思表示による、債務引受の承認）があれば、供託（＝債務引受）は確定的に有効となり、債務者は確定的に債務を免れる。

わたくしは、以上に述べたような債務引受の構成によって、前述した供託所への弁済という構成で足りない点を補充すべきであり、前述した四九八条の規定も債務引受構成によって解明されると考えている。

弁済供託に関する私見の詳細については、安達三季生「弁済供託の理論構成」法学志林八六巻四号を参照されたい。

第四節　代物弁済と更改

一　代物弁済と更改との関係

1　たとえば、一〇〇万円の債務を負う場合に、一〇〇万円を支払う代りに、自動車一台を給付して債務を消滅させるのが代物弁済であり、一〇〇万円の債務を自動車一台を給付すべき債務に改めるのが更改である。いずれも債権者と債務者の契約によって、本来の給付の実現によらず、他の給付によって債務を消滅させるものである（四八二条・五一三条）。その際、代物弁済にあっては、他の給付が現実になされることによって、債務関係がすべて消滅するのに対し、更改にあっては、他の給付を将来なすべき新債務が、旧債務に代って成立する点に、両者の間の差異がある。

2　手形・小切手が既存債務のために交付（振出・裏書譲渡）されるとき、たとえば売主に対して、一〇万円の代金債務を負う買主が、一〇万円の約束手形を振り出したとき、更改あるいは代物弁済のいずれが成立するかが問題とされる。基本的には当事者の意思によって決すべきである。ところで、当事者の通常の意思は、一〇万円の代金債務を存続させる意思であったと見るべきである。したがって約束手形の受取人は振出人に対して手形債権と代金債権とを取得することになる。この場合の振出を、既存債務の支払のための振出という（もっとも手形金額が手形の正当な所持人に支払われると、右の代金債務も同時に消滅するし、また、売主が右の代金債権を取り立てるためには、原則として手形を所持し、それと引換えでのみなしうる）。したがって、通常の場合は、代物弁済も更改も成立しない。

例外的に、当事者が、右の代金債務を消滅させてその代りに約束手形を振り出し、手形債権を発生させる場合がある。この場合には、手形の受取人は振出人に対して手形債権のみを取得する。この場合の振出を、既存債務の履行に代る振出という。この場合には、既存の旧債務を消滅させて、その代りに新たな手形債務を発生させるのであるから更改と解すべきであるように見える。しかし、通説は、更改でなく代物弁済が成立すると説く。その理由としては、後述のように、《更改にあっては旧債務が存在しないと新債務は成立しえないのであるが、手形の振出にあっては、手形債務の無因性の理論によって、既存債務がたとい不存在であっても、手形債務はそれと独立して有効に成立すべきものである。したがって、既存債務の履行に代る手形の振出を更改と解することは手形債務の無因性の理論に反し、是認できない、したがって、これを代物弁済と解すべきだ》と説明される。そして以上のことは、約束手形の振出だけでなく、手形の授受一般にあてはまるから、民法が、債務の履行に代えて為替手形を振り出す場合を更改にあたると定めている規定（五一三条二項）は、無視せざるをえない、と述べている。

思うに、本来の給付以外の給付が、現実になされることによって債務が消滅し、そのあと当事者間に債務を生ぜしめない場合を代物弁済というのであるから、このような概念の定義のうえからいって、既存債務を消滅させて、代りに手形債務を発生させる場合を代物弁済というのは無理なように思われる。結局、この場合については、代物弁済でなくて更改だが、手形債務の無因性の理論によって、更改に関する前述の民法の法理が修正をうける、というのが穏当であると思われる。

〔補説〕　この問題は、手形理論と関連する問題で、その詳細は手形法の講義にゆずらなくてはならないが、私見をごく簡単に述べると、わたくしはそもそも既存債務の支払のための振出と、支払に代えた振出とが、その法律的な効力の点で（たとえば、手形法上の利得償還請求権（手形法八五条）などに関して）著しく、異なった扱いをうけるのに疑問をもつ。私見では、履行にかえて振り出す場合は、既存債務が消滅し、代りに、手形に記載されているのと、同じ内容（金額・満期などについて）の新たな債務が発生する（そしてこれを更改と見る）、この新たな債務の支払のために手形の交付がなされ、手形債務が発生する、と解する。このようにして私見では、支払に代えた振出も、結局は支払のための振出と基本的性格は異ならないものとして捉えるのである。

具体的な例で説明すると、飲食店に支払うべき料金を、客が「支払のために」約束手形で支払ったとすると、従来の通説・判例の立場をとるならば、満期から一年間経過すると、一年の短期時効（一七四条四号）を主張して支払を免れることができるが、「支払に代えて」約束手形を交付すると、――利得償還請求権（手形法八五条）をも含めて計算すると――満期から八年間経過してはじめて時効により支払を免れうる。私見だと、細かい説明は抜いて結論だけ述べるなら、いずれの場合も、利得償還請求権を含めて、満期から五年経過するまでは支払を拒みえないことになる（第五章一節末尾所掲の拙著『手形・小切手法の民法的基礎』参照）。

3　なお、代物弁済は代物弁済の予約という形で、債権担保の目的のために利用されることが多いが（後述）、これについての詳細は担保物権法の講義に委ねる。

また、更改には、前例のごとき債務の目的を変更する更改のほかに、(a)債権者の交替による更改および(b)債務者の交替による更改があるが、これらは、それぞれ債権者ないし債務者を変更させる制度として、(c)債権譲渡および(d)債務引受けと類似した制度である。後二者(c)(d)は、近代に至って認められた、新しい制度であるのに対し、前二者(a)(b)はそれ以前から存在する古い制度であった。そして後二者が近代の取引社会の要請に適合した制度として広く用いられるに至ったその反面において、前二者は次第に用いられることが少なくなり、実際の重要性が乏しくなった。

以上の理由から代物弁済と更改については、簡単な説明にとどめることにする。

二　代物弁済

(1)　代物弁済は債権者の承諾を得てなされる（四八二条）。すなわち代物弁済契約によってなされる。弁済者は、債務者に限らず第三者でもよい。

(2)　代物弁済は弁済者が特定の物を給付し、債権者が債権を失うことを目的とする契約だから、有償契約に属する。したがって代物弁済として給付された物に瑕疵があったときは、売買の瑕疵担保の規定を準用して（五五九条)、損害賠償を請求し、また代物弁済契約を解除することができる(五七〇条・五六六条)。

(3) 前述したように代物弁済は債権担保のために利用されている。具体的には次の二つの法形式が用いられる。

(a) **停止条件付代物弁済契約**　たとえばAがBに一、〇〇〇万円を貸し付けるにあたって結ばれるもので、Bが期限に弁済しないときは、自動的にB所有の土地の所有権が、Aに移転し、その代りに、債務は消滅する趣旨の契約であり、Bの債務不履行を停止条件とする代物弁済契約である。

(b) **代物弁済の予約**　同じく金銭貸借にあたって結ばれるもので、Bが期限に弁済しないときは、AはBに対して一方的な意思表示(予約完結権行使の意思表示)をなしえ、それによって代物弁済を成立させることができる(したがって、債務がそれによって消滅するとともに土地の所有権がAに移転する)という趣旨の契約である。

右の二つのいずれにおいても、通常その目的物は、その価格が担保される債権の額よりも大きいものが選ばれるから、契約の効力を無制限に認めることは債務者にとって酷となることが多い。そこでその契約の内容を、債権担保の目的に適合した合理的なものにして債務者を保護するために、昭和五三年にいわゆる仮登記担保法が制定された。その内容の説明は担保物権法の講義にゆずる。

三　更　改

1　更改の意義、その種類と特色　更改とは旧債務を消滅させ、その代りにこれと要素の異なる新債務を成立させる契約である(五一三条)。したがって旧債務と新債務の間には同一性はなくなる。このような更改の中には三つの種類があり、第一は債務の目的あるいは態様を変更させる更改、第二は債権者を交替させる更改、第三は債務者を交替させる更改である。第一の更改と代物弁済の差についてはすでに述べた。第二と第三が、債権譲渡および債務引受といかなる関係に立つか(以下**第90図**を参照)。

前にもふれたように、債権譲渡と債務引受は債権ないし債務の同一性を保ちながら、したがって抗弁を承継し、

第90図

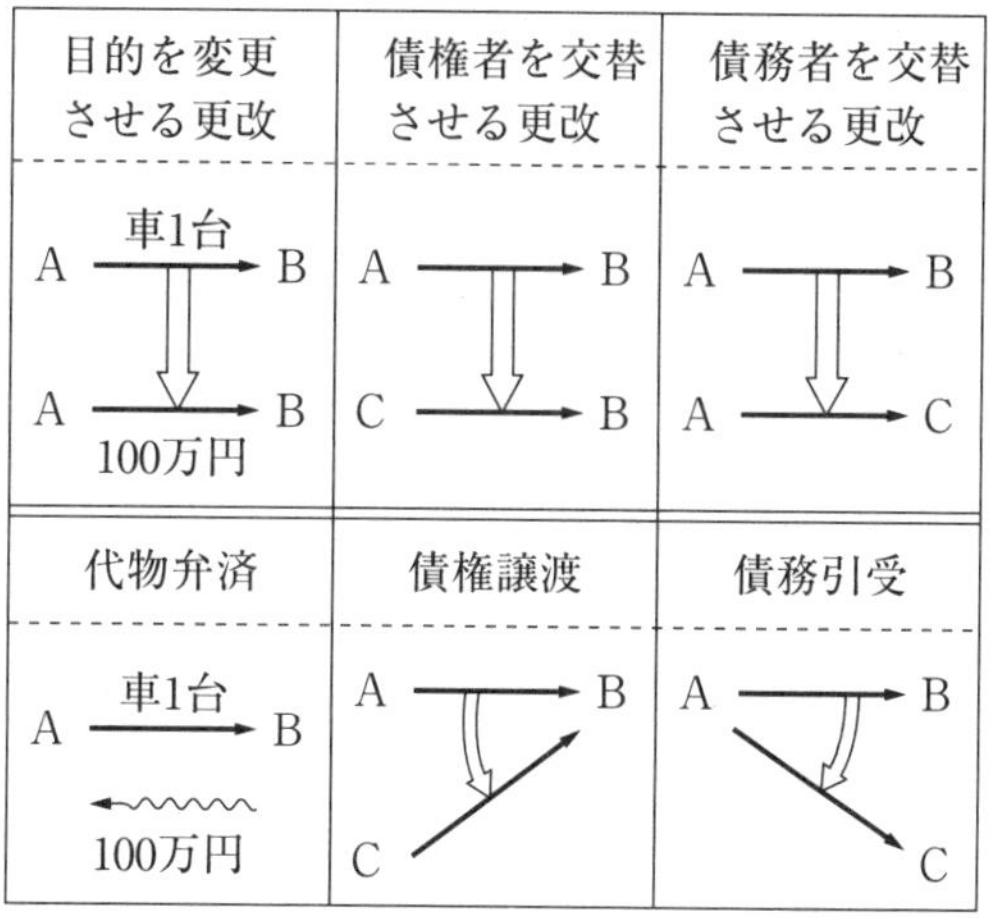

担保の効力もひきつぎながら、債権者もしくは債務者が交替する制度であり、近代に至ってはじめて認められた制度であるのに対して、当事者交替の二つの更改は、より古くから認められた制度である。すなわち、債権の当事者が変わると当然に、債権の同一性もなくなると考えられていたローマ法の時代から存在していた制度である。これがフランス民法を経て、わが民法にも受けつがれたのであるが、ここでは、旧債務と新債務の間には債権・債務の同一性はなくなるとの従来の考え方が維持されており、したがって原則として抗弁も承継されず、担保の効力もひきつがれない。

他面において、当事者交替の二つの更改では、後に詳述するように、その成立のためには原則として三人の当事者の合意を要するのに対し、債権譲渡と債務引受では、前述したように、交替しようとする二人の当事者の合意（債権譲渡にあっては、旧債権者と新債権者の二人の合意、債務引受では旧債務者と新債務者の二人の合意、ただし債務引受では債権者の承認が効力発生の条件とされる）で足りる。以上のような、前者と後者の間の差異は、一方で、後者をして近代的な取引の要請に適合したより合理的な制度として広く利用されるに至らしめ、他方で、前者をして次第に利用されないようにさせた。

また更改の第一の種類においても、新旧両債務の間に同一性が失われることになる。したがって第一の種類の更改の成立を認定するにあたっても、このことを考慮し、そのような認定が当事者の意思に適合しているかどうかを、慎重に検討することが必要となる。けだし、更改として認定されると、その具体的効果として、旧債務の抗弁は新債務にひきつがれず、担保の効力も失われるからである。この理由から、たとえば、利息を元金に組み入れて証書の書換えをする場合はもちろん（大判昭七・一〇・二九法律新聞三四八三号一七頁）、二口の消費貸借上の債務を一口にする場合（大判大四・四・八民録二一輯四六四頁）も更改にならないと解すべきだとされている（単なる債務確定契約にすぎない）。これに関連して、民法は、条件付債務を無条件債務とし、無条件債務に条件を付し、または条件を変更することは、債務の要素の変更となるとし（五一三条二項）、更改の成立を認めているが、しかし、前述の理由から、右規定は弾力的に適用すべきであり、その適用は、更改として認定することが当事者の意思に適合すると認められる場合に、限定さるべきであると解されている。

2　更改の成立　前述したように、更改は当事者の契約によって成立するが、その契約は諾成契約であり、何らの方式を必要としない。契約の当事者は、(ア)債務の目的・態様を変更する更改にあっては、同一の債権者と債務者の二人であることは当然だが、(イ)債権者の交替のための更改にあっては、債務者、旧債権者、新債権者の三人の契約により成立する。(ウ)債務者の交替のための更改にあっては、債権者、旧債務者、新債務者の三人の契約によるほか、債権者、新債務者の二人の契約によっても成立しうる。しかし、後の場合には旧債務者の意思に反するときは効力を生じない（五一四条但書）。その趣旨は、第三者の弁済に関する四七四条二項と同じである。これについては、前述第二節**四1**(2)(c)参照。

なお、右の(イ)の更改に関して、民法は確定日付ある証書によらないと第三者に対抗しえないと定めている（五一五条）。この規定は、更改により消滅する債権と同一の債権について、債権譲渡や債権の差押えがなされる場合に適用され、各々の効力の優劣を決する基準となるが、その立法趣旨は、債権譲渡を債務者以外の第三者に対抗するためには、確定日付ある証書による通知・承諾を必要とすると定められている（四六七条二項）のと同じである。

3　更改の効果　更改の効果は旧債務が消滅してそれに代って新債務が成立することである。新旧両債務の間には同一性がない。

(1)　旧債務の消滅と新債務の成立との間には、相互に原因・結果の関係があるから、旧債務が不存在であったり取り消されたときは新債務は成立せず、また逆に、新債務が成立しないとき(たとえば、公序良俗に反する行為を内容とする債務のとき）は、旧債務も消滅しない。

これに対する例外として、

第一に、債権者交替のための更改において、債務者が異議を留めずに更改契約を結んだときは、旧債務の不成立や、取り消されたときも、新債務は成立する。これは民法が債権譲渡における債務者の異議を留めない承諾の規定(四六八条一項）を準用する（五一六条）ためであるが、新債権者の保護の趣旨であることは説くまでもない（この場合の異議を留めない承諾は、四六八条一項で問題にされているような観念の表示でないことは明らかである。わたくしはここでいう承諾は、新債権者に対する権利否定的抗弁の放棄を含む広義の抗弁権放棄の意思表示と、旧債権者に対する、求償権留保の意思表示を含む特殊な意思表示であり、四六八条一項のそれとは可成り異質なものと解する)。

第二に、債権の目的を変更する更改において、新債務が不成立のとき(たとえば一〇〇万円の債務を消滅させ、その代りに特定の自動車を給付する債務を成立させたが、その自動車が実はすでに滅失していたとき）でも、当事者（債権者だけでもよいと解すべきである）が、不成立の原因を知っていたときは、旧債務は消滅する(五一七条の反対解釈)。不成立を知りつつ、あえて更改契約を結ぶときは、旧債権を放棄する意思が含まれていたと見てよいからである(悪意の非債弁済に関する七〇五条と同趣旨と考えられる)。もっとも新債務が公序良俗に反する内容であるために無効なときは、当事者がそれを知ると否とを問わず、本則通りに、旧債務は存続する（五一七条)。

(2)　旧債務と新債務の間には同一性はないから、旧債務に付着した抗弁権(同時履行の抗弁権、相殺の抗弁権、時効の抗弁権など）は、新債務に引きつがれない。（なお、無効の抗弁、取消しの抗弁のようないわゆる権利否定的抗弁については、すでに(1)で取り上げた)。また旧債務に付せられた担保権、保証債務、違約金債権なども消滅するのが原則である。

以上に対する例外として、第一に、債務者が更改契約にあたって抗弁権を留保する旨の意思表示をすれば、抗弁権を新債権者に対抗しうる。第二に、旧債務を担保するための質権と抵当権については、更改契約の際の当事者の合意によって旧債務の額の範囲内で新債務に移すことができる(五一八条)。その結果、質権や抵当権の従前の順位を新債権者は保持できる(もし新債権のために新たに質権などを設定するときは従前の順位を保持できない)。しかし第三者が質権や抵当権を供していた場合にはその承諾が必要である(同条但書)。

第五節　相　殺

一　相殺の意義

相殺には広義の相殺と狭義の相殺とがある。広義の相殺とは、二人が互いに同種の目的を有する債務を負担する場合に、当事者の意思表示によって対当額で債務を消滅させることをいう。たとえば、AがBに対して一〇〇万円の金銭債権を有し、BがAに対して七〇万円の金銭債権を有するとき、当事者の相殺の意思表示により、両債務のうち七〇万円の債務を消滅させることをいう。右のような相殺の結果として、BのAに対する債権は全部消滅し、AのBに対する債権は三〇万円分が残ることになる。したがって両債務のうちの七〇万円分については、現実の弁済や受領が省略され、あたかもこれがなされたと同様な結果が生じることになるわけである。

このような相殺は、両当事者にとって簡易に債権債務を決済する利点があり、さらにこれは両当事者の公平に役立つ。すなわち、第一に、一方が弁済を進んで行うのに他方が不当に遅らせるという不公平をなくすることができる。第二に、相手が無資力のために相手から取り立てることができないのに、自らは資力があるために全額払わされるという不公平もなくなる。

さて、このような相殺は、歴史的にはまず当事者の契約(相殺契約)によってなされ、契約の効力として右のような効果を生ぜしめた。しかし相殺が右に述べたような利点を有することにかんがみて、次第に、たとい相手方との合意のないときでも、一定の要件が備わっているときは、一方の当事者が、相手方に対する一方的意思表示によってなしうることが認められるに至った。これが狭義の相殺である（したがって、広義の相殺は、契約による相殺と一方的意思表示による相殺の両者を含む）。民法が五〇五条以下に規定する相殺は狭義の相殺である。

〔補説〕　相殺契約の特殊なものとして相殺予約（後述）と商法で定める交互計算契約（商法五二九条）がある。また多数の当事者の間の三面契約による相殺の制度として手形交換がある。

なお、相殺の担保的機能ということがいわれるが、これは前述のように、相殺の機能として、一方当事者が無資力の際、当事者の公平をはかることを可能ならしめることと関連する。すなわち前例でAが無資力のときも、Bは相殺によってあたかもAから対当額である七〇万円の債権の部分については全額の満足を受けることができるのと同様な結果を生じるからである。これは狭義の相殺について特に問題になる。後に詳述する。

二　相殺の要件

1　概　説

一方的な意思表示による相殺（狭義の相殺）が、実際に行われるのは通常、次のような形においてである。前例でAがBに対して一〇〇万円を請求する。Bはこの請求を拒み、進んで「Aに対して有する七〇万円の債権（反対債権）で相殺する」という一方的な意思表示をAに対してなすことによって（したがってAの承諾がなくても）、相殺の効力を生じ、両債権が対当額で消滅することになる。

BがAの請求を拒み、一方的意思表示によって相殺をなしうることは、前述したようにBの利益を保護することに役立つが、しかしそれが、相手方たるAに不当な不利益を押しつけるものであってはならない。このような相手方の利益保護の趣旨から一方的相殺については、一定の厳格な要件が定められ、それが備わっているときのみ相殺しうることになる。これが相殺の要件である。もし両当事者の契約によって、相殺がなされるならば、双方の意思にもとづくのであるから、一方の利益を保護するための特別の要件を考慮する必要がない。したがって、狭義の相殺の場合のような特別の要件がなくても相殺しうる。

また、右の例のAが破産した債務者であるときは、Bが相殺することによって得る利益は大きく、逆にいえば相殺できないとすると、その不利益は甚だ大きい。というのは、もしBが相殺できないとすると、BはAに対する債権について、他の債権者（破産債権者）と平等の割合で、破産した債務者の財産（破産財団）から弁済を受けうるが、通常はせいぜい債権額の一割以下であり、そして残りの債権については終局的に弁済を受けられないのが普通である（破産債務者は免責の申立てにより残債務について債務を免れうる。破産法三六六条ノ二以下。前述第三章第六節一末尾〔補説三〕参照）。しかし自己の債務については全額の支払を余儀なくされることになるからである（もし相殺しうるとすれば、BはAに対する債権のうち七〇万円分の債権については完全に満足を受けるのと同様な結果になる）。

右の理由から、Aの破産の場合には、そうでない場合に比べて、Bの相殺をなるべく広く認める必要があり、そのために、Bが相殺をなしうるための要件は緩く定められている。たとえばBのAに対する債権が金銭債権でなくて、物の引渡しを求める債権であっても（これを金銭に評価することによって金銭債権として扱い）、相殺のために用いることができる。また、Bの債権が将来弁済期に達する債権であったり、条件付債権であっても、相殺に用いることができる（破産法九八条以下）。

以下は通常の場合の狭義の相殺の要件について述べる。

右に述べた例のように、BがAに対して相殺の意思表示をする場合、BのAに対する債権を自働債権といい、逆にAのBに対する債権を受働債権という。なお、BがAに対して相殺の意思表示をするに際しては、前述のように通常、AからBに請求するのに対抗して、BのAに対する債権（反対債権）をもって相殺するという形をとる。したがって自働債権を反対債権とも呼び、これに対応して受働債権を主債権とも呼ぶ。（自働債権ないし受働債権の語は、

のBに対する債権が自働債権、BのAに対する債権が受働債権となる)。

右述のように、相殺の意思表示をなす者を基準にするから、もし、BがAに請求し、これに対抗してAが相殺するときは、AのBに対する債権が自働債権、BのAに対する債権が受働債権となる)。

2　相殺の要件各説

(1)　はじめに、民法の定めている具体的な相殺の諸要件に通じる一般的基準を述べておこう。

第一に、自働債権と受働債権は、同種の目的を有する債権であること。

第二に、自働債権はそれを行使しようと思えば行使しうる状態にあること。受働債権はそれを弁済しようと思えば弁済しうる状態にあること。

第三に、相殺にあっては、現実に自働債権を取り立て、また現実に受働債権を弁済することを省略し、あたかもそれがあったと同様の結果を、計算上生ぜしめるのであるから、このような、いわば観念的な取立てや、観念的な弁済によって相手方の正当な利益が、害されるような事情がないこと。

以上のような一般的基準が成立するのは、民法上の相殺は、あたかも相殺をする側が——いわば観念的な形で——相手から債権を強制的に取り立て、かつ、その物で相手に弁済するのと同じ意味をもつもの、として考えられているからである(**第91図**参照)。

第91図

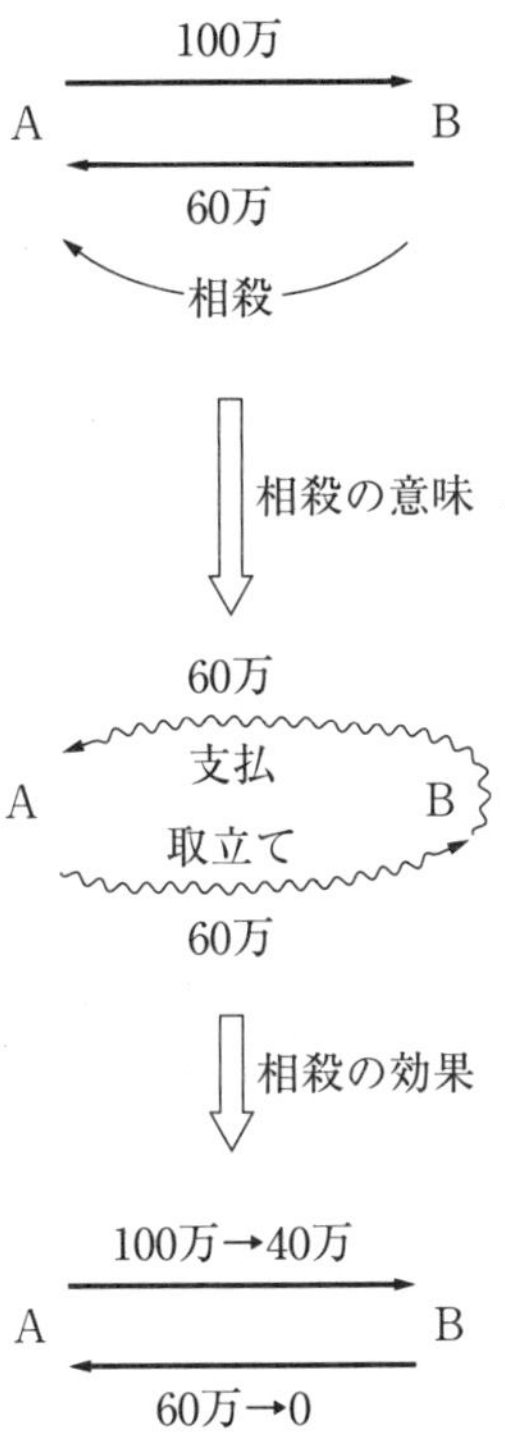

(右に述べた一般的基準を知っておくことは、具体的な相殺の要件を理解するために大切である。)

(2)　民法は、まず双方の対立する債権が同種の債権であり、かつ双方が弁済期にあるときは、各債務者は一方的な意思表示によって相殺しうる、と規定している（五〇五条一項本文）。そして当事者の数個の債権がこのような事情にあることを一般に相殺適状にあると呼んでいる（この観念は相殺の効果に関しても問題になる。後述参照）。

右の前段は前述の第一の基準そのものである。後段は右の第二の基準に従ったものといえる（もっとも第二の基準からいうと、受働債権については弁済期が来ていなくても債務者（B）が期限の利益を放棄しうるもの（一三六条）であれば、受働債権となしうるはずである。通説も、まさしくそのように解している）。両債権の弁済期の異なることや、利息の異なることは、もちろん相殺の妨げとならない。履行地の異なるときも同様である。もっとも、この場合には、相手方が履行地で履行を受けられないことによって蒙る損害を、相殺した側で賠償しなければならない（五〇七条）。

(3)　相殺適状にもかかわらず、例外的に相殺の許されない場合がある。

(a)　債権の性質が相殺を許さないときは相殺しえない（五〇五条一項但書）。AとBとが互いに何日間か農作業を手伝う債務（いわゆる「ゆい」の義務）、また互いに競業しない義務も債権の種類が同種であるが相殺しえない。

第92図

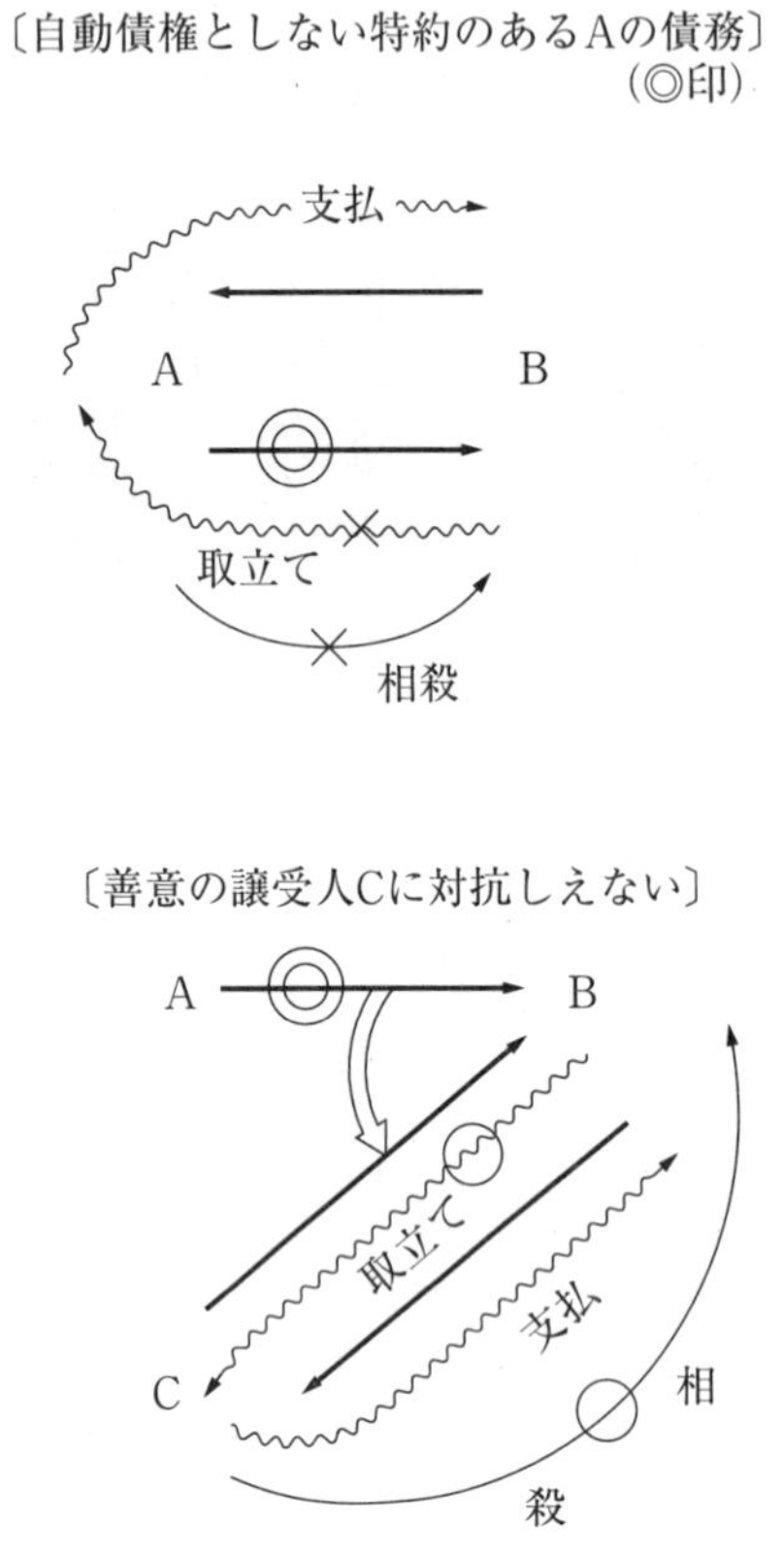

(b)　当事者が相殺禁止の意思を表示したとき、すなわち相殺禁止の特約のあるときには相殺に用いることができない。相殺禁止の特約には、自働債権になしえない特約、受働債権になしえない特約、両方ともにな

しえない特約、の三つがあるが、いずれも善意の第三者に対抗しえない（同条二項）。

したがって、たとえばAのBに対する債権について、自働債権となしえない特約のあるときは（これはAにとって不利な特約である）、BがAに対する債権にもとづいて請求するのに対して、Aは反対債権（自働債権）として右の債権を用いることによってBの請求を拒むことはできないが、Aから右債権を譲り受けたCが善意なら、Cはこれを、BのCに対する債権の反対債権（自働債権）として用い、相殺しうる（第92図参照）。

またAのBに対する債権について受働債権となしえない特約があるとき（これはAにとって有利な特約である）には、AがBに対してこの債権を行使するのに対抗して、BがAに対する反対債権をもって相殺することはできないから、BはAに現実に弁済しなくてはならない。しかしBからこの債務を引き受けたCが善意だったときは、AがCに対してこの債権を行使するのに対抗して、CはAに対する反対債権をもって相殺することができ、したがってCはAの請求を拒みうる。

(c)　抗弁権の付着する債権、たとえば同時履行の抗弁権や、催告・検索の抗弁権の付着する債権（保証人に対する債権）を自働債権として用いることができない（四章二節三(3)Ⅱ参照）。これは民法に規定がないが当然のこととして解釈上認められている（同旨、最判昭三二・二・二二民集一一巻二号三五〇頁）。けだし、もしこれを自働債権として用いることができるとすると、相殺する側は、あたかも相手方から抗弁権を行使する機会を奪い、無条件に取り立てるのと同じ結果になるからである（前述の相殺の要件に関する第二の基準参照）。

これとは逆に、抗弁権の付着する債権を受働債権とすることはできる。たとえば売主Bが、買主Aに商品を提供せずに代金債権を行使するのに対し、Aが同時履行の抗弁権を行使することなく、AのBに対する反対債権をもって相殺することは可能である。このとき、Aは同時履行の抗弁権を放棄して、代金を支払ったのと同じ結果になる。

(d)　右と関連する規定として、民法は自働債権が時効によって消滅した後でも、もし時効消滅以前に相殺適状にあったときは、相殺をなしうると定める（五〇八条）。

元来、時効にかかった債権を自働債権として相殺しうるとするならば、それは、相殺する側が、時効にかかった債権を強制的に取り立てうるということを意味する（前述の相殺の要件の基準の第二参照）。したがって、本来的には、時効にかかった債権を自働債権として用いることは許されるべきではない。しかし、右条文の定めるような場合にも自働債権として用いることができないとすると不公平な結果を生じる。というのは——起草者の表現を借りると——「狡猾なる債権者」は、相殺適状になった後、自己の債権が時効にかかる前に相殺の意思表示をして債務を免れうるが、「循良なる債権者」は、相殺の意思表示をしないでいる間に、時間が経過し、時効が完成してしまい、そのために相殺をなしえなくなってしまう。狡猾な債権者だけが利益を得、そうでない債権者が著しく不利益を受けるのは不公平である。以上の理由から、右の規定が設けられたのである。

なお、時効にかかった債権を受働債権として、相殺するについては何らの制限も必要としない。このような相殺は、相殺する側が自ら時効の利益を放棄して自発的に弁済するのと同じ意味を有するからである（前述の相殺の要件の第二の基準を参照せよ）。

〔補説〕　五〇八条に関して次の判例をあげておこう。

①　最判昭三六・四・一四民集一五巻四号七六五頁　既に消滅時効にかかった他人の債権を譲り受け、これを自働債権として相殺することは、民法五〇六条および本条の法意に照らして許されない。

②　最判昭五一・三・四民集三〇巻二号四八頁　注文者が請負人から引渡しを受けた仕事の目的物に瑕疵がある場合に、注文者の請負人に対する右瑕疵の修補に代わる損害賠償請求権と、請負人の注文者に対する請負代金請求権とが、民法六三七条一項所定の期間経過前に相殺適状に達していたときは、注文者は、本条の類推適用により、右期間経過後であっても、右損害賠償請求権を自働債権とし請負代金請求権を受働債権として相殺することができる。

(e)　不法行為にもとづく損害賠償債権を受働債権となしえない（五〇九条）。たとえば、AがBに対して有する一〇〇万円の損害賠償の請求に対して、BがAに対して有する一五〇万円の貸金債権を反対債権（自働債権）として相殺しえない。けだし、もし相殺を認めると、AはBに対する不法行為による損害賠償債権について現実の弁済を受けることができず、いわば観念的な、あるいは計算上の弁済に甘んじなければならないことになる（前述第三の基準参照）。しかし、不法行為の被害者であるAについては、一般の債権者以上に保護を厚くし、現実弁済の利益を与えることが必要だからである。右の規定は、かようにAに現実弁済の利益を与えることをその第一の目的とする。

副次的な目的としては、不法な自力救済による債権の実現を防止することがあげられている。すなわち、BがAに対して有する金銭債権をAが履行しないとき、Bは違法な私的実力の行使（自力救済）によってこれを実現しようとし、たとえばAの所有する財産を不法に奪い、これを換金して債権の弁済に充てようとする。AはBのこのような行為を不法行為だと主張して、不法行為にもとづく損害賠償を請求しうる。しかし損害賠償を請求されたBが、Aに対する前述の金銭債権を自働債権としてそれを相殺できるとすると、Bは、結果的に、右の金銭債権の満足を、違法な自力救済によって得ることができることと同じことになる。したがって、違法な自力救済を禁止するためには、不法行為による損害賠償債権を受働債権となしえないとすることが必要だというのである。

もっとも、思うに右の副次的目的に関して問題になる、特殊な不法行為による損害賠償債権も、一般の債権と比べてより強く現実弁済の利益を与える必要がある場合に該当し、したがって副次的な目的といっても、前述した主たる目的の中に包摂されるものであり、それからはみ出るものではない、ということができよう。

なお、不法行為による損害賠償債権を自働債権とすることはできる（最判昭四二・一一・三〇民集二一巻九号二四七七頁）。けだし、相殺する側である不法行為の被害者が、それによって自ら現実弁済の利益を放棄することになるが、それをあえて禁ずる必要はないからである。

AとB双方の債権がともに不法行為による損害賠償債権のとき、Aが損害賠償請求するのに対して、BがAに対する損害賠償債権で相殺しうるか（一般的にいえば、不法行為による損害賠償債権を、自働債権とし、同時に受働債権とするごとき相殺をなしうるか）は争われている。判例はこの場合にも五〇九条を適用して、相殺しえないとする（大判昭和三・一〇・一三民集七巻七八〇頁、最判昭和四九・六・二八民集二八巻五号六六六頁。双方の自動車の運転手の過失により衝突事故を起こしたとき、一方の損害賠償請求に対して、他方が相手に対する損害賠償債権を反対債権とする相殺をもって対抗した事例）。

しかし思うに、同じく不法行為による損害賠償債権といっても、被害が人身上のものか、財産上のものか、加害行為が故意によるか過失によるかなどの事情により、被害者に現実弁済の利益を与える必要性（加害者については、現実弁済を強制される必要性）の程度には差異がある。現実弁済の利益を与えられる必要性のより強い被害者の賠償請求（人身上の損害による賠償請求や相手の故意による損害の賠償請求）に対しては、それの必要性のより弱い被害者の側が相殺をもって対抗することはできないが、逆の場合にはできる、と解すべきであり、また、その必要性の程度の同じときには、相殺が簡易な決済方法として合理性を有することを考慮して、相殺できる、と解すべきではなかろうか。

〔補説〕　最判昭五四・三・八（民集三三巻二号一八七頁）は、不法行為の加害者が被害者に対して有する債権を強制的に取り立てるために、これを執行債権として被害者の自己に対する損害賠償債権について差押・転付命令を受けることは、民法五〇九条の規定を潜脱するものとして許されない、と判示する。被害者の任意の意思によらずして、被害者から現実弁済の利益を奪ってはならないとする同条の趣旨からいって、当然の事理を述べたものである。

(f)　差押えの禁じられている債権を受働債権とすることはできない（五一〇条）。給与、賞与、退職手当などに関する債権は、原則としてその四分の三については差押えが禁止されている（民執法一五二条・一五三条）。労働者の災害補償受給権は全額についてそうである（労働基準法八三条二項、その他船員法一一五条）。これら差押禁止債権は、債権者の日常の最低限度の生活の維持のために充てることを、法が予定している債権であり、したがって現実に債権者に弁済されるべき債権である。これを受働債権として相殺することは、債権者から現実弁済の利益を奪うのと同様な結果となる。これが右規定の根拠である。

なお、労働基準法二四条によると、賃金は、全額、通貨で直接に労働者に支払わなければならない。この規定を、全額について相殺をも禁じた趣旨と解すると、民事執行法一五二条と矛盾することになる。判例は、労働基準法同条をそのように解し、民事執行法一五二条に優先する効力を与えている（最判昭三一・一一・二民集一〇巻一一号一四一三頁）。なお、判例は、労働基準法同条の解釈により、労働者に対する不法行為上の損害賠償債権を自働債権とする賃金債権との相殺も禁じている（最大判昭三六・五・三一民集一五巻五号一四八二頁）。

差押えを禁じた債権を、自働債権として用いることができるか。相殺者が自ら現実弁済の利益を放棄しているのだから、そのような相殺は有効と見てよいであろう。

(g)　被差押債権を受働債権となしうるか。

（Ⅰ）　ＡのＢに対する債権が、Ａの債権者たるＣによって差し押えられ、裁判所の差押命令がＢに送達されると、Ｂは、Ａに支払ってはならず、差押債権者たるＣに支払わなければならなくなる（ＣはＢに対して自己への弁済を請求しうる）。そしてＣは、Ｂから受け取ったものをＣのＡに対する債権の弁済に充てうることは前にも述べた。

ところが、ＢがＡに対して反対債権を取得していたとき、Ｂは、Ｃの支払請求に対して、これを自働債権として相殺することができるか、が問題となる。もし相殺を認めると、ＢはあたかもＡから反対債権を取り立てて、同時にＡに対して、差し押えられた債権を支払うのと同様な結果となる。その結果、Ｂが相殺しうるということは、あたかもＢがＡに対する債権について――Ａに対する他の債権者たるＣなどに優先して――全額の弁済を受けうるという意味をもつ（これが相殺の担保的機能である）。しかしこの結果は、Ｃの側から見ると、Ｃは折角差し押えた債権を取り立てることができなくなり、期待を裏切られることになる。逆に、Ｂが相殺しえないとすると、Ｃにとって有利だが、いうまでもなくＢにとって不利益である（前述したようにＢは相殺しえないとすると、Ｂは、自己の債務たる差押債権は、全額の支払を余儀なくされるのに、Ａに対する債権は、Ａの無資力の場合、事実上取立てが困難である。しかもＡの財産に対する差押えがＣによってなされるということは、Ａが無資力であることを通常、予想させる）。

以上のように、Cの利益とBの利益は対立する。そこで、これを合理的に調整することが必要である。このような考慮から、結局、Bは、正当な理由がある場合のみ、差押債権者Cの請求に対して、BのAに対する反対債権をもって相殺しえ、それによってBの正当な利益を確保しうる、としなければならない。それでは、具体的にいかなる場合にBに正当な理由があるといえるかが問題となる。

(II)　Bの側の正当な利益に関連して、ここで重要なことは、一般に債権の差押えに関して、第三債務者(前例のB)は差押命令が送達された時、債権者(前例のA)に対抗しえた事由(債権の無効、取消、弁済による消滅、同時履行の抗弁権など)を一種の既得権として差押債権者(前例のC)にも対抗できなければならないことである。債権の差押えがなされることによって、第三債務者が、そうでない場合と比べて、不利な立場におかされてはならないからである。このことは、あたかも債権譲渡の場合、債務者は譲渡の通知を受けた当時、譲渡人に対抗しえた事由をもって譲受人に対抗しうる(四六八条二項)のと全く同様である。したがって前例のBは、差押命令が自己に送達された当時において、Aに対抗しえた相殺の権利を、Cにも対抗しうると解しなければならない。その限りでBは差し押えられた債権を、受働債権とすることができ、このようにしてBの正当な利益が保護されることになる。

第93図

第一、第二、第三の場合

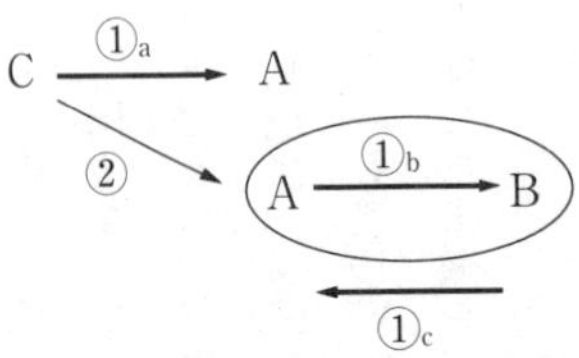

①a：差押債権　①c：Bの反対債権
①b：被差押債権　②　：差押え

(①bと①cの弁済期の到来の有無、その前後関係如何が問題となる)

(III)　それでは、右にいう差押命令送達当時にBがAに対抗しえた相殺の権利(したがってCにも対抗しうる相殺権)は、どの程度に具体的、現実的なものであることを要するか、が問題となる(第93図参照)。

第一に、差押命令送達時に、Bの反対債権の弁済期が到来しており、Bが相殺しようと思えば、直ちに相殺しうる状態にあったときは、BはCに対しても相殺を対抗しうると解すべきことは当然である。

第二に、その当時Bの反対債権の弁済期はまだ到来していなかったが、しかしAの債権の弁済期よりも先に定められていたとき。このような場合、Bは直ちには相殺できないけれども、Bは元来、Bの債権の弁済期の到来を待って相殺しえたはずであり、Bはこのような期待権を有していたのであるから、BはCによる差押えによってこの期待権を奪われてはならない。したがってBは、Bの債権を自働債権とする相殺をCにも対抗しうると解すべきである。この点も争いがない。

第三に、上述の場合と異なって、その当時、Bの反対債権の弁済期は到来しておらず、かつ、それがAの債権の弁済期よりも後に定められていたときは、元来、AはAの債権の弁済期が到来すれば、Bから取り立てることができ、したがってBの側で、Bの債権を自働債権として両債権を相殺しうる正当な期待権をもともと有していなかったのだから、Bは——差し押えられたAの債権の弁済期が到来したにもかかわらず、債務者Bが差押債権者Cに対する弁済を遅らせている間に——Bの債権の弁済期が到来したその後においても、差押債権者Cに対して両債権の相殺を対抗しえない。かつて判例はこのように解していた（最大判昭和三九・一二・二三民集一八巻一〇号二二一七頁）。

しかしその後、この判例の態度は改められ、右の場合でもBはCに相殺を対抗しうると解されるようになった（最大判昭和四五・六・二四民集二四巻六号五八七頁）。この判決に対しては学説は賛否両論あるが、反対説（最判三九年の立場を支持する説）が優勢と見てよいであろう。

反対説の立場からは、Bは果たして保護されるに足る正当な期待権を有していたかが疑問とされる。特に、もしもBがCからの請求に対して履行を遅らせることなく、誠実に応えていたときは——それによってBの債務は消滅するのだから——Bは相殺できないのに、Bが履行を遅らせ不誠実な態度をとったときには、相殺できて有利になる、というのでは——いわばゴネ得を認める結果となり——おかしいということが指摘される。しかし賛成論の立場からいうと、右のような結果は、CによるAの債権の差押えがなかったときにも、AとBとの間で起こりうるこ

第94図

〔第四の場合→Bの相殺不可〕

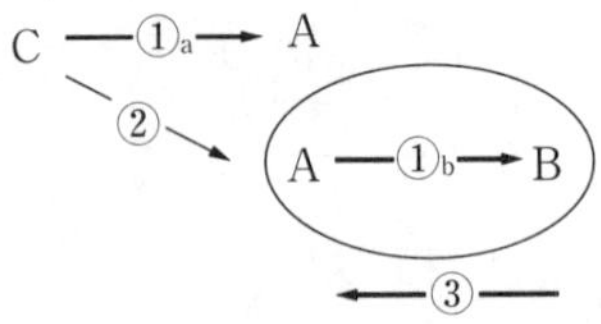

①a：差押債権
①b：被差押債権
②：差押え
③：Bの反対債権の発生

となのだから、Cによる差押えのあった場合についてだけ、Bによる相殺を禁ずるのはBにとって酷であり、不当ではないか、ということになる（私見は後述する）。

第四に、差押命令送達時には、BはAに対する反対債権を取得しておらず、その後にこれを取得した場合には、Bは差押命令送達時に、何ら相殺に関して期待権を有していないのだから、Aの債権とBの債権の弁済期の前後関係を問題とせず、差押債権者Cからの請求に対して、BはAに対する反対債権による相殺をもって対抗できないとしても、Bの利益を何ら害することにならない。したがってBはこの場合には相殺できないことになる。五一一条はまさにこのことを規定している（第94図参照）。

〔補説〕　同条の反対解釈として、差押命令送達前にBがAに対する反対債権を有していたときは、その弁済期の到来がいつであるかを問題とせずに（したがって無制限に）、Bは相殺をもってCに対抗できると解すべきことになるから、前述第三の最高裁昭和四五年の判決の立場は、同条の文理に忠実な解釈といえる。それに反し、最高裁昭和三九年判決の立場は、同条を制限的に解釈したものといえる。そこでこれを制限説といい、前者を無制限説という。

おわりに右の制限説と無制限説のいずれをとるべきか、についての私見を述べよう。元来Cの利益とBの利益とは対立するものであり、両立させることは困難であって両説のどちらが絶対に正しくどちらが絶対に不可とはいい難い。制限説にもそれなりの根拠はあるが、しかし無制限説は五一一条の文理を尊重していること、また、とりわけその後もこの立場をとった最高裁判決がいくつかあらわれており（最判昭四五・八・二〇金融法務事情五九一号二〇頁など）、ほぼ確定した判例の立場といえることも考慮して、無制限説を支持すべきだと考える。もっともBが自己の利益をはかる目的で、不当な手段を用い、著しく自己の債務の履行を遅らせたような場合には、例外的に権利濫用の法理を用いて、Bの相殺を無効とすべきであろう。

〔補説一〕 **期限の利益の喪失特約と相殺予約**

右の昭和三九年判決も昭和四五年判決も(ともに前述Ⅲ第三参照)、その事案は、いずれもBが銀行であり、AのBに対する定期預金債権を国Cが国税滞納処分として差し押えたのに対して、銀行BがAに対する貸付債権を、自働債権として相殺しようとしたケースである。ところで右両事案において、銀行BがAに貸し付けるにあたり、AB間にあらかじめ次のような特約がなされていた。すなわち、Aに対してその債権者から差押えの申請がなされる等の、債務者Aの財産状態の悪化を示す一定の事由があるときは、Aは貸付債務について期限の利益を失い(したがって差押命令がBに送達される時点では、Bの債権は弁済期が到来している)、かつ、弁済期の如何にかかわらず、Bから相殺されても債務者Aは異議がない(つまりBに相殺予約の完結権を与える)旨の特約である。昭和三九年判決では、前述のように制限説をとるとともに、右の特約を一種の脱法行為であるとし、もしその効力を認めると、差押えのなしえない財産を私人間の契約によって生じさせる結果となるとして無効とした。しかし五一一条について無制限説をとる昭和四五年判決は、右特約をも有効とし、Bはそれを C に対抗しうるものと認めた。学説には、五一一条については制限説をとりつつも、右特約に関しては有効説をとり、特約の効力としてBの相殺を有効とする立場をとる者が少なくない。

なお、右昭和四五年判例と全く同じ趣旨の判例として次のものがある。ちなみにそこでいう「割引手形買戻請求権の発生」は――その性質如何についての詳細は手形法学に譲らねばならないが――大まかにいえば手形上の遡求権の満期前の発生に等しく、さらにその原因債権たる貸付債権の弁済期の到来に等しいと考えてよいであろう。

最判昭和五一・一一・二五民集三〇巻一〇号九三九頁。手形割引依頼人に対し仮差押えの申請があったときは割引手形の全部につき当然に買戻請求権が発生する旨の銀行取引約定書中の合意は、割引依頼人Aの銀行Bに対する預託金返還請求権につき仮差押えをしたうえ差押・転付命令を得た債権者Cに対する関係でも有効であり、銀行は右割引手形買戻請求権をもって、被転付債権と相殺することができる。

〔補説二〕 **相殺の担保的機能と債権質**

相殺が担保的機能を有するという命題の意味は前に述べたが（(g)（I）参照）、この意味をよりよく理解しうるために、BがAに対して有する金銭債権の担保のために、AのBに対する債権を質にとった場合（このような債権質の設定もしばしば実際に行われる）と、単に右の両債権をBが相殺する場合の差異を考えよう（以下**第95**図参照）。

第95図

〔債権質設定の場合〕

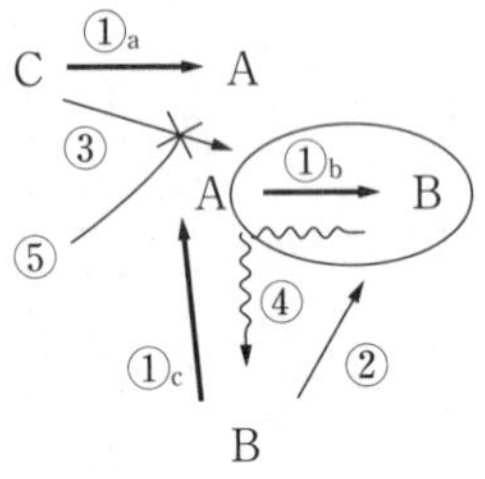

①$_{a}$：差押債権
①$_{b}$：被差押債権＝質入債権
①$_{c}$：被担保債権
②：質　権
③：差押え（以上の②が③に優先する）
④：質権にもとづくBの優先的取立て
⑤：Cの差押えは無効となる

第一に、後者（相殺）においては、両債権が同種の債権（通常、金銭債権）でないと相殺できないから、その担保的機能は発揮しえないが、前者（質権設定）はそのような制限はない。

第二に、前者（質権設定）においては、質権の設定されているAのBに対する債権の弁済期が先で、被担保債権たるBのAに対する債権の弁済期が後に到来する場合でも、質権者たるBは優先弁済を受けうる（換言すれば、BのほかにCもAに対する債権を有していても、Cは一般債権者であるから、Bのために質権の設定されているAのBに対する債権を差し押えても、質権者たるBに劣後する）。しかし後者（相殺）においては、CがAのBに対する債権を差し押えてBから取り立てようとするのに対して、Bは、その当時まだAに対する反対債権が弁済期に来ていない限り――たとえ無制限説をとっても――相殺をもって対抗しえない。したがって前者（質権設定）のほうがBにとって有利となる（もっとも差押債権者CがBに請求したとき、Bがこれに応じないでいるうちにBのAに対する反対債権が弁済期到来すると——無制限説をとる限り——Bは相殺をもって対抗しうることは前述した。この限りで、無制限説をとることは、後者（相殺）を前者（質権設定）に近づけて扱うことを意味する）。

第三に、前者（質権設定）においては、それを一般債権者（C）やその他の債務者以外の第三者に対抗するためには、債権譲渡におけると同様に、確定日付ある証書による質権設定の通知（または承諾）を必要とする（三七四条）。これに反し、後者（相殺）においては——相殺に関連する期限の利益喪失の特約や相殺予約完結権の特約をも含めて——何ら特別の方式が要求されていない。したがって前者のほうが手続が煩雑である。

〔補説三〕　**債権譲渡と相殺**

差押えと相殺に関する右の問題、すなわち「Aに対する債権者Cによって差し押えられたAのBに対する債権を受働債権として、第三債務者Bが、Aに対して有する債権で相殺しうるか」の問題と類似する性質を有する問題として、前にもふれたように、「CがAのBに対する指名債権を譲り受けたとき、Bはこの債権を受働債権として、Aに対する債権で相殺しうるか」の問題がある。いずれもCの利益と、Bの有する相殺の既得権ないし期待権とをいかに調整するかが問題である。判例は両者を全く同様に扱い、後者についても無制限説をとる。すなわち債務者Bは、譲渡人AがBに対してなした債権譲渡の通知の前に、すでにAに対して取得していた債権を自働債権として、被譲渡債権を受働債権とする相殺を——両債権の弁済期の前後関係を問わずに——なしうるとする（最判昭五〇・一二・八民集二九巻一一号一八六四頁）。

学説の多くは判例を支持するが、しかし学者によっては、差押債権者と債権の譲受人とでは、そのおかれる法的地位に差異があることを重視し——すなわち前者は、たとい第三債務者による相殺が有効になされても、差押債務者の有する他の財産を差押えることによって不利をカバーしうるのに対し、後者は、債務者による相殺が有効になされると、取得しうると期待した債権を失ってしまう（その不利益については、譲渡人に対する賠償請求権によってカバーしうるにすぎない）ということを指摘する——差押については無制限説をとりつつも、債権譲渡については、右のような事情から、債権の譲受人の保護を差押債権者よりも厚くする必要があるとして、制限説(債権の差押えに関する最判昭三九年の見解と同じ立場)が妥当だと主張する者もある。しかし差押債権者と債権譲受人の間にさほど重要な差異を認める必要があるか疑問である。

三　相殺の方法と効果

1　方　法

狭義の相殺は、相手方に対する一方的な意思表示によって行う。裁判上、裁判外を問わない。これには条件または期限を付すことができない(五〇六条一項)。相殺のような単独行為に条件をつけることは、相手の地位を不確実にし、相手を不当に不利益な立場におくから、これを許さないのであり、また、遡及効ある相殺(後述参照)に期限をつけるのは無意味だから、これを認めないのである。

2　効　果

(1)　相殺の効果は、両債務が対当額で消滅することである(五〇五条一項)。自働債権の額が受働債権の額より少ないときは、受働債権の一部分だけについて相殺が行われる。その際、受働債権が数口の債権より成り立っているとか、利息と元本とにわかれている場合には、そのいずれの部分と相殺されるかの問題を生じる。同じ問題は、自働債権が受働債権の額よりも多く、自働債権の一部だけについて相殺が行われる場合にも生じる。民法はこの点につき、弁済の充当の規定を準用している(五一二条)。けだし前述したように、相殺による自働債権と受働債権の対当額での消滅は、あたかも相殺者が対当額において自働債権を取り立てて、これを受働債権の弁済に充てるのと同じ効力を有している。したがって、自働債権の額よりも数口の受働債権の合計額が多いときは、相殺者の弁済がどの口の受働債権の弁済に充てられるかの問題を生じ、同様に、数口から成る自働債権の合計額が、受働債権の額よりも多いときは、相殺の相手側の弁済がどの口の自働債権の弁済に充てられるかの問題を生じるからである。

このように見るならば、相殺に弁済の充当の規定を準用するにあたって、後者でいう弁済者は、相殺の場合の受働債権に関しては、相殺者がそれに対応し、その自働債権に関しては相手方が、それに対応することになりそうである。したがって、指定による弁済の充当の規定（四八八条）を相殺に準用すると、相殺者が受働債権のどの口に充当するかの指定権を有し、相手方が自働債権のどの口に充当するかの指定権を有することになりそうである。

しかし、受働債権に関してはそれでよいが、自働債権に関しては、正しくない。というのは、相殺による自働債権の弁済は相手方が任意に弁済するのでなく、相殺者がその一方的意思表示によって相手方から強制的に取り立てるのと同様な意味をもつ。ところが債権者が、数口の債権のどれを強制的に取り立てるかは、債権者が自由に選択しうるからである。このようにして数口の債権のうちのどれを自働債権として相殺するかについても、相殺者が指定権を有することになる。もしこの点の指定をしないで相殺したときは、まさしく四八八条の準用によって相手方が指定することができる。しかしこれに対して相殺者が直ちに異議を述べると、四八九条以下の法定充当の規定が準用されるわけである。

〔補説〕最判昭五六・七・二（民集三五巻五号八八一頁）によると、自働債権と受働債権のいずれもが数個の元本債権と利息債権を含んでおり、かつ、当事者のいずれもが相殺の順序の指定をしなかった事案につき、このような場合においては、「まず元本相互間で相殺に供しうる状態の時期の順序に従って相殺の順序を定めたうえ、その時期を同じくする元本債権相互間及び元本債権とこれについての利息、費用債権との間で民法四八九条、四九一条の規定の準用により法定充当を行うべきである」とされる。

この判旨は、相殺における法定充当の規定の準用にあたり、次に述べる相殺の遡及効の根拠に関しても問題となる事情、すなわち当事者は、相殺適状になった双方の債務が、その適状の時点で清算される期待を通常有するという事情、を考慮したものであり、当事者の合理的な意思を尊重した解決として、基本的に正当といえよう。

(2) 両債権は、その相殺適状を生じた時点（両債権がともに弁済期に来たとき）に遡って対当額で消滅するのであって（五〇六条二項）、相殺の意思表示をなした時点での対当額で消滅するのではない。これを相殺の遡及効という。

たとえばAの元本二〇万円の年一割の利息付債権が三月一日に弁済期に達し、その後も一割の遅延利息を生じている（四一九条一項但書）。他方Bの元本一〇万円の無利息債権が四月一日に弁済期に達し、その後は年五分の遅延利息を生じている（四一九条一項本文）。この場合、Bが五月一日に相殺の意思表示をしたとすると、両債権は五月一日までの元利合計の額において対当額で消滅するのでなく、両債権がともに弁済期に達して相殺適状を生じた四月一日の元利合計において対当額で消滅したことになる。だからその時点では自働債権であるBの債権額は元本一〇万円だけで遅延利息は含まれておらず、他方、受働債権であるAの債権額は元本二〇万円と四月一日までの利息（三月一日から四月一日までの遅延利息を含む）の合計額となるから、相殺の結果四月一日の時点に遡ってBの一〇万円の債権は全額消滅し、同様にAの債権額のうち一〇万円分が消滅するが、その一〇万円はまず利息分に充てられ、残りが元本部分に充てられることになる（五一二条）。そしてAの債権の残額が、四月一日の当時におけるAの債権の元本となり、それ以後、それに年一割の遅延利息を生じることになる。

このように相殺適状を生じた時点に遡って対当額で消滅するとして計算する結果と、相殺の意思表示がなされた時点で対当額で消滅するとして計算する結果とを比べると、前者のほうが、利率の低いほうの債権者（前例のB）にとって有利となり、利率の高いほうの債権者（前例のA）にとっては反対に不利となる。

以上のように相殺の遡及効は、いうまでもなく狭義の相殺について適用されるのであって、契約による相殺の場合には、当事者の合意によって、その効力を遡らせず、相殺契約の締結当時の状態で効力を生じさせることも可能である。

狭義の相殺の遡及効を定めた理由として、起草者の説明するところによると、もし相殺の意思表示をした時点の状態で効力を生じさせるとすると、「狡猾なる者」は自分に有利な時点を選んで相殺の意思表示をすることによって利益を得、狡猾でなく「循良なる者」は、そのようにしないために不利を受けることになり、不公正な結果になる。

相殺適状を生じた時点に効力を遡及させることによって、このような結果を避けることができるからだとされている。さらに、積極的な根拠として次のようにいうことができよう。両債権がともに弁済期に達すれば、いずれの側からでも相殺しうる状態におかれ、したがって、その時点で双方が相殺の期待を有する。したがって、相殺の効力をその時点に遡らせることは、当事者双方の期待に沿うわけであり、合理性があるといえよう。

(3)　しかし次の場合には相殺の遡及効は制限される。

(a)　AのBに対する債権額が相殺適状時において元本五〇万円、これに以後年一割の遅延利息が発生し、他方BのAに対する債権は相殺適状時に元本五〇万円、これに以後年五分の遅延利息が発生したとする。相殺適状に達した後、二年後にBはAに対して相殺をしないままに、Aに対する債務の二年分の利息計一〇万円を支払った。さらに一年後にAからの請求に対抗して、BはAに対する債権を自働債権とし相殺したとする。

もし相殺の遡及効が認められるならば、相殺適状時の状態で両債務は対当額で消滅するから、両債務はゼロとなり、したがってBがAに支払っていた利息分の一〇万円は、Aの不当利得としてBはAから返還請求をできるはずである。しかしこの場合には相殺の遡及効は制限される。その結果、Bが一〇万円を支払った直後の時点での状態（AはBに五〇万円の元本債権を、BはAに五〇万円の元本債権と五万円の利息債権を有している）で両債権は相殺されることになり、したがってその時点でBはAに対して――弁済充当の法理を適用する結果――五万円の元本債権を取得していたことになり、それ以後、それに年五分の遅延利息がつくことになる（同旨、大判大四・四・一民録二一輯四一八頁）。

このようにこの場合、Bの相殺について遡及効が制限されるのは、Bが相殺しうる権利を行使せずに、利息を支払ったためである。それは基本的には、あたかも、相殺しうる権利を行使せずに、自己の債務の元利合計を支払ったときに、後になってもはや相殺を主張できないのと同様である。

(b)　賃料不払いを理由に、貸主は賃貸借契約を解除したが、実は賃借人が解除前に賃貸人に対して弁済期の到来した債権を有していた。そこで賃借人が解除後にこれと賃料債務とを相殺した。このとき解除の効果は無効となるか。相殺の遡及効を強調すれば、賃料債務は解除より前に、相殺により遡って消滅していたはずだから賃料延滞はなく、したがって解除は無効となる。しかし判例はこの場合は遡及効を制限し、解除を有効とする（大判大一〇・一・一八民録二七輯七九頁、最判昭三二・三・八民集一一巻三号五一三頁）。相殺の権利の行使を怠ったためにすでに現実に生じた結果を、後にその遡及効を主張して覆すことは妥当でなく、遡及効に制限をおくのは当然であろう。

〔補説〕　もっとも、右の事例の場合、賃貸人の解除権の行使自体を――その解除権の行使のためには、単に一、二ヶ月程度の賃料不払いだけでは足りず、契約の継続を期待しえない、やむをえぬ事由を要するという、近時有力な信頼関係破壊の法理を適用することによって――制限し、それによって賃借人を保護する余地はある。けだし賃借人が相殺に供しうる反対債権を有しているときは、賃貸人に契約の継続を期待し難いやむをえない事由があるとはいえないからである。その後最判昭三九・七・二八民集一八巻六号一二二〇頁はこのような考え方をとり入れ、右に類似した事案について（借家人は台風で破損した借家を家主に代って修繕し、家賃四〇ヶ月分に相当する修繕費償還債権を取得した。その後四ヶ月分の家賃滞納を理由に解除された）解除は信義則に反し許されないとした。

(4)　なお立法例によっては、相殺適状に達したとき、何らの意思表示を要することなく、当然に両債務が対当額で消滅するとするものもある。フランス民法がそうであり、わが国の旧民法もこの方式にならっていた。しかしこれは法律がみだりに当事者の取引きに干渉することになって不当であり、またわが国の従来の慣習に合わないとして、ドイツ民法にならって現行民法の方式に改められたものである。フランス民法の方式においては、そもそも相殺の意思表示を要しないから、相殺適状時の状態で相殺されるのは当然であり、また、相殺適状後に自働債権が時効にかかっても相殺適状時に相殺の効力を生じるのも当然である。しかしこの方式においては、一方の債務者が相殺適状後に弁済するときは、相殺の効果の黙示的な放棄として扱われ、反対債権は消滅しないものとされる。このような技巧的な処理が必要になるが、いずれにせよ、両方式の間に実際上はさほど大きな差異は生じない。

第六節　免　　除

一　免除の意義と方法

免除は、債権を無償で消滅させる債権者の行為である(五一九条)。民法は、債務者の意思に関係なく、債権者が一方的意思表示によってなしうる単独行為としている。しかし、他の立法例には免除を契約とするものが多い。わが民法の規定は、債務者が欲しないのに利益を押しつけられることになって、適当でないと批判する者が多い。

免除は、債務者に対する意思表示によるが、書面その他の形式を要しない。債権証書を返還するような、黙示的な方法でもなしうる。

免除が制限される場合がある。扶養請求権の免除のごとし(八八一条参照。なお契約による免除も無効である)。

第96図

〔免除の効果〕

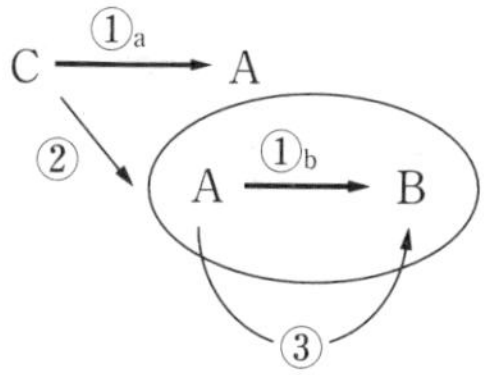

①a：被担保債権
①b：質入債権
②　：質権設定
③　：免除→Cに対して無効

二　免除の効果

免除によって債務は消滅する。しかし例外的に債権が他人の権利の目的となっているとき、たとえばAのBに対する債権が、第三者Cによって差し押えられたり、第三者Cのために質権の目的となっているときは、AのBに対する免除はCに対抗しえない。すなわちCは、右の免除がなされても、依然として差押債権者もしくは質権者としての立場において、Bから取り立てて、それをCのAに対する債権の弁済に充てることができる(**第96図**参照)。

第七節　混　同

一　混同の意義

混同とは、一個の債権について、その債権者たる地位と債務者たる地位が同一人格に帰属することをいう。債務者が債権者を相続したり、債権者たる会社と債務者たる会社が合併したり、あるいは債務者が債権を譲り受けることによって混同を生じる。

二　混同の効果

債権について混同を生じると、債権を存続させる意味がなくなるから消滅する（五二〇条本文）。自分が自分に対して請求したり、自分から自分に弁済することは無意味だからである。

しかし例外的に、債権が他人の権利の目的となっているときは混同によって消滅しない（同条但書）。たとえば、AのBに対する債権がCのAに対する債権の担保のために質権の目的になっているとき、あるいはCがそれを差し押えているときに、BがAから、自分が債務者となっているその債権を譲り受けて、その結果混同を生じても、その債権は消滅しない。したがってCは質権者、もしくは差押債権者として、Bから取り立てて、それをCのAに対する債権の弁済に充てることができる（**第97図**参照）。

右事例でAが死亡してBが相続したときはどうか。このときはCに対する債務者Aも相続によってBに代るから、仮に混同による債権の消滅が起こらないとすると、CはBから取り立てて、CのBに対する債権の弁済に充てるという形になるが、これは無意味となるから、結局、右の場合、混同によって消滅するといわざるをえない（**第98図**参照）。

第97図

〔混同の効果〕

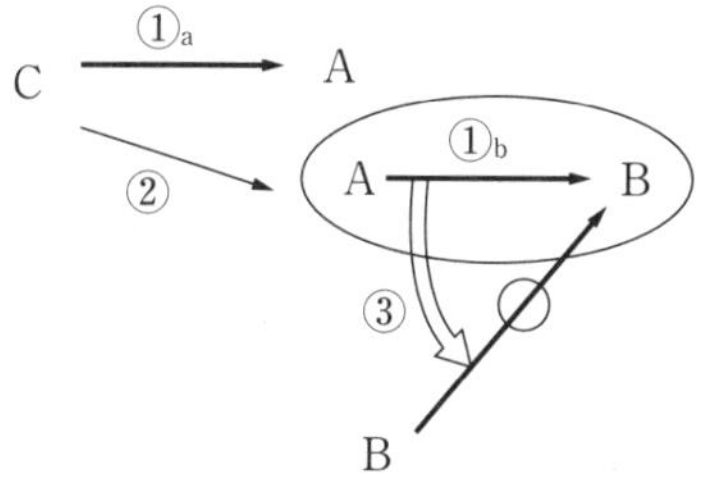

第98図

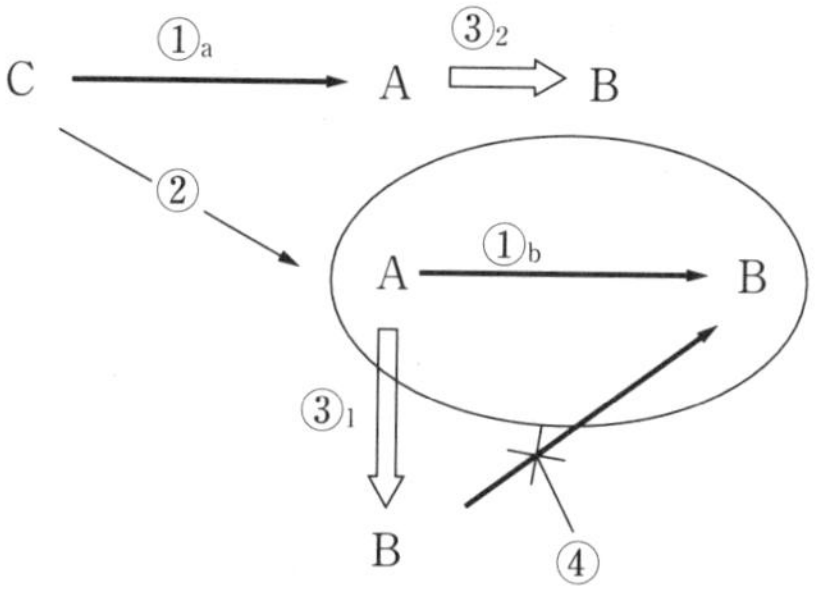

第99図

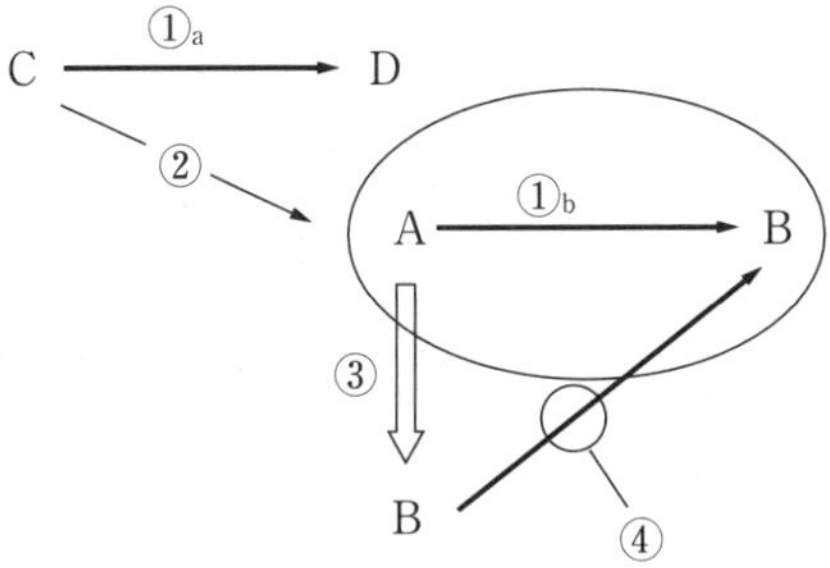

しかし同じく相続による混同でも、右の事例と若干異なって、AのBに対する債権が、CのDに対する債権の担保のために、質権の目的となっているとき（したがって、Aはいわゆる物上保証人の一種となる）には、BがAを相続して混同を生じても、その債権を消滅させてはならない。すなわちCは、Bから取り立てて、それをCのDに対する債権の弁済に充てることができることになる（**第99図**参照）。

相続の限定承認の場合にも、混同によって債務消滅を生じない（九二五条）。その他、証券化した債権についても、その譲渡の過程で、債権者と債務者の混同を生じても、債権は消滅しないものとされている（手形法一一条三項、小切手法一四条三項）。なお、混同による債権の消滅に類似したものに、混同による物権の消滅（一七九条）があり、基本的に同様な考え方にもとづいて規定されている（もっとも、同条第一項は「同一物ニ付キ所有権及ヒ他ノ物権カ同一人ニ帰シタルトキハ其物権ハ消滅ス但其物又ハ其物権カ第三者ノ権利ノ目的タルトキハ此限ニ在ラス」と定めており、傍点の部分において債権の混同の場合（「但其債権カ……」）と異る規定の仕方になっている）。

〔補説〕　不動産賃借権は物権に近い性質を有しているから、その限りで混同によるその消滅も物権に関する一七九条を準用すべきである。したがって不動産の賃借人が、賃貸借の目的物を取得したときは——その賃借権に第三者の質権が設定されていたとか、その物（所有権）に抵当権が（賃借権成立後に）設定されていた場合のように、その賃借権または物（所有権）が、第三者の権利の目的となっている場合を除いて——賃借権は混同によって消滅する。

なお、転借人が目的物たる不動産を取得して賃貸人たる地位と転借人たる地位とが同一人に帰属しても——転借人の賃貸人に対する義務（六一三条一項）は混同によって消滅するのは当然だが——当事者間の合意のない限り、賃貸借関係および転貸借関係は混同によって消滅しないと解されている（最判昭三五・六・二三民集一四巻八号一五〇七頁）。その結論は正当だが、この問題は、混同の問題とは類型を異にするように思われる。むしろ同一当事者間において同一物について互いに賃貸人たる地位（債務者）と賃借人たる地位（債権者）を有するに至ったとき、一種の相殺の法理によって、両賃貸借関係を消滅させうるかという問題として捉えるべきであろう（相殺の要件に関する第五節**二2**(3)aを参照せよ）。また近時の判例で、不動産の賃借人が賃貸人から右不動産を譲り受けて所有権移転登記を経ないうちに、第三者が右不動産を二重に譲り受けて所有権移転登記を経由したため、賃借人において不動産の取得を右第三者に対抗できなくなった場合には、いったん混同によって消滅した賃借権は、右第三者に対する関係では、消滅しなかったことになる、と判示するものがある（最判昭四〇・一二・二一民集一九巻九号二二二一頁）。登記を先に経由した第二譲受人に対する関係では、第一譲受人は有効に譲り受けたとみなされない（一七七条）のだから、混同が生じなかったものとして扱われるのは当然であろう。

〈参考文献〉

代表的な概説書として、やや古いものだが、次の二つをあげよう。

○　我妻　栄『新訂債権総論　民法講義Ⅳ』（昭和三九年・岩波書店）　著者は、元東京大学教授で、明治・大正・昭和とひきつがれてきたわが国の民法学を集大成し、民法学の最高の権威者であった。文化勲章受賞者。新訂版が出てから二〇年を過ぎるが、現在でも、学者、実務家によって常に参照される権威ある概説書である。

○　於保不二雄『債権総論・新版』（昭和四七年・有斐閣）　著者は、元京都大学教授。有斐閣から出版された『法律学全集』の一冊で、標準的な概説書である。著者の新しい問題提起や独自な考えが注の形で数多く盛り込まれている。

比較的最近の判例・学説をもフォローした概説書で定評のあるものとして、次の五つをあげておこう。

○　星野英一『民法概論Ⅲ（債権総論）』（昭和五三年・良書普及会）　著者は、元東京大学教授。標準的な概説書であるが、判例を重視しその解説に力を入れている。とくに実務家向きの概説書といえよう。

○　奥田昌道『債権総論』上・下（昭和五七年・筑摩書房）、（増補版、平成四年・悠々社）　著者は、元京都大学教授。詳細で緻密な概説書である。比較法とりわけドイツ法の研究の成果が盛り込まれている。

○　林良平＝石田喜久夫＝高木多喜男（共著）『債権総論』（昭和五七年・青林書院新社）　著者のうち林氏は元京都大学教授、他は元神戸大学教授。判例・学説の引用が豊富な点に特色がある。

○　平井宜雄『債権総論』（昭和六〇年・弘文堂）　著者は東京大学教授。各制度の立法の沿革の説明および関係のある外国法の説明が、適切に要領よく織り込まれ、解釈論の中に生かされている。新機軸を打ち出したすぐれた教科書であるが、内容は高度であり、読みこなすのはそれほど容易でない。

○　北川善太郎「債権総論（民法講要Ⅲ）」（平成五年・有斐閣）　著者は元京都大学教授。戦後の民法学に新風をふき込み、比較法学者としても著名。久しく待望されていた民法体系書の一冊。

このほか重要な文献として

○梅　謙次郎『民法要義　巻之三　債権篇』（明治三〇年（初版）、私立法政大学・中外出版社・有斐閣書房、初版復刻版・平成四年・信山社）　わが国の世界に誇りうる卓越した立法家かつ、法律学の先導者であり、民法起草者の中の最も有力な一人であった梅博士によるもので、各規定の立法目的が簡明・的確に示されている。

○川島武宜『債権法總則講義（第一）』（昭和二四年・岩波書店）　わが国の法社会学の第一人者である著者の、多くの問題提起を含んだ特色ある教科書（但し「債権の効力」で終っている）。

○有斐閣コンメンタール・注釈民法第一〇巻（於保編）、第一一巻（西村編）、第一二巻（磯村編）　昭和四〇年ごろ、民法学者の総力をあげて十年余の歳月をかけて刊行された全二六巻の注釈民法のうちの三巻が債権総論の部分にあてられている。判例・学説・外国法の紹介が非常に詳細である。現在、新版が刊行中である。

○星野英一編集代表『民法講座4・債権総論』（昭和六〇年・有斐閣）　民法典の主要な制度について、その立法の過程とその後の判例・学説の流れを客観的に記述することを目的として編集されている。

○加藤一郎=米倉明編『民法の争点Ⅰ・Ⅱ』（昭和五〇年・有斐閣）多数の学者により分担執筆されている。判例・学説の対立している問題点を取り上げ、その対立の様相を記述するとともに、筆者の見解も述べられている。

その他、定評のある概説書・教科書を挙げると

単独執筆のもの

○鈴木禄弥『債権法講義（第三版）』（平成七年・創文社）、○松坂佐一『民法提要・債権総論（第四版）』（昭和五七年・有斐閣）、○柚木馨（高木多喜男補訂）『判例債権総論（補訂版）』（昭和四六年・有斐閣）、○沢井裕『テキストブック債権総論』（昭和五五年・有斐閣）、○水本浩『債権総論（民法セミナー4）』（昭和五一年・一粒社）、○前田達明『口述債権総論』（昭和六二年・成文堂、第三版・平成四年）、○川井健『民法教室、債権法Ⅰ・Ⅱ（債権総論上・下）』（昭和六三年・日本評論社）、○近江幸治『民法講義Ⅳ・債権総論』（平成六年・成文堂）、内田貴『民法Ⅲ・債権総論・担保物権』（平成八年・東大出版会）、○中井美雄『債権総論講義』（平成八年・有斐閣）○田山輝明『債権総論』（昭和六一年・有斐閣）、○高島平蔵『債権総論』（昭和六二年・成文堂）、○潮見佳男『債権総論』（平成六年・信山社）、○平野裕之『債権総論』（平成七年・信山社）

○下森定『債権法論点ノート』（平成二年・日本評論社）○北川善太郎『債権総論』民法講要Ⅲ〈第二版〉（一九九六年・有斐閣）

共同執筆のもの

○遠藤浩ほか『民法（4）債権総論（第四版）増補版』（一九九九年・有斐閣）、○森泉章ほか『民法講義4債権総論（大学双書）』（昭和五三年・有斐閣）、○野村豊弘ほか編『民法債権総論』（昭和六三年・有斐閣）、○甲斐道太郎編『債権総論』（昭和六二年・法律文化社）、○林良平編『債権総論』（昭和六一年・青林書院）、○石田・乾ほか編『債権総論』（平成五年・青林書院）、○遠藤・吉永ほか編『要論債権総論』（平成五年・青林書院）、○奥田昌道ほか編『民法学4』（昭和五一年・有斐閣）、○高木多喜男編『法学ガイド民法Ⅳ（債権総論）』（平成三年・日本評論社）、○林・安永編『ハンドブック民法Ⅱ・債権』（平成四年・有信堂）○森島昭夫編『判例と学説3・民法Ⅱ［債権］』（昭和五二年・日本評論社）○山田・野村ほか『分析と展開・民法Ⅱ（第二版）』（平成元年・弘文堂）、野村豊弘・栗田哲男・池田真郎・永田真三郎著『民法Ⅲ　債権総論〈第二版補訂〉』（一九九九年・有斐閣）、最後に安達編著『債権法重要論点研究』（昭和六三年・酒井書店）をあげさせて頂く。

主要な判例を解説したものとしては、

谷口=加藤編『新版・判例演習民法3債権総論』（有斐閣）、星野=平井編『別冊ジュリスト一三七号・民法判例百選(2)債権（第四版）』および川井編『民法判例マニュアル(3)』（三省堂）がある。

また、例題を解説したものに、谷口=加藤編『新版・民法演習3債権総論』（有斐閣）および遠藤=川井編『ワークブック民法（第三版）』（一九九五年・有斐閣）がある。

事項索引

た行

な行

は行

ま 行

や行

ら行

判例索引

〔**大審院**〕
大判明36・4・23民録9輯484頁…………158
大判明37・12・13民録10輯1591頁 ………164
大判明39・10・29民録12輯1358頁…………57
大判明40・5・20民録13輯576頁…………328
大判明40・11・26民録16輯537頁…………233
大判明43・7・6民録16輯537頁…………103
大連判明44・3・24民録17輯117頁………114
大判明44・10・3民録17輯538頁…………119
大判明45・2・9民録18輯88頁 …………227
大判大1・12・19民録18巻1114頁…………47
大判大3・7・9刑録20輯1475頁 ………124
大判大3・12・22民録20輯1146頁 ………233
大判大4・3・10刑録21輯279頁…………139
大判大4・4・1民録21輯418頁…………363
大判大4・4・8民録21輯464頁…………341
大判大5・4・26民録22輯805頁 …………86
大判大5・7・15民録22輯1549頁 ………185
大判大5・11・22民録22輯2281頁 ………119
大判大5・12・6民録22輯2370頁 ………127
大判大6・4・28民録23輯812頁…………178
大判大6・5・2民録23輯863頁…………204
大判大7・1・30民録24巻124頁 …………79
大判大7・3・4民録24輯326頁…………324
大判大7・7・31民録24輯1555頁…………17
大判大7・8・14民録24輯1650頁 ………290
大判大7・11・1民録24輯2103頁 ………288
大判大7・12・7民録24輯2310頁 ………318
大判大8・5・10民録25輯845頁 …………24
大判大8・7・15民録25輯1331頁 ………289
大判大8・11・27民録25輯2133頁 ………289
大判大8・12・25民録25輯2400頁…………19
大判大9・3・29民録26輯411頁…………290
大判大9・2・28民録26輯158頁…………289
大判大10・1・18民録27輯79頁 …………363
大判大10・4・30民録27輯832頁…………328
大判大10・11・8民録27輯1948頁 ………290
大判大11・11・24民集1巻670頁…………211
大判大12・2・23民集2巻127頁…………211
大判大13・5・27民集3巻232頁 …………72
大判大13・7・18民集3巻399頁…………290
大判大14・4・30民集4巻209頁…………222
大判大14・12・15民集4巻710頁…………275
大判昭2・3・16民集6巻187頁 …………37
大判昭2・6・22民集6巻408頁…………317
大判昭2・7・4民集6巻436頁…………184
大判昭3・2・24新聞2847号9頁…………79
大判昭3・3・10新聞2849号11頁 ………313
大判昭3・10・13民集7巻780頁…………351
大判昭4・3・30民集8巻363頁 …………53
大判昭4・12・6民集8巻944頁…………103
大判昭4・12・16民集8巻944頁…………142
大決昭5・9・30民集9巻926頁 …………47
大判昭5・10・10民集9巻948頁…………228
大決昭6・4・7民集10巻535頁…………298
大判昭7・4・15民集11巻656頁…………188
大判昭7・6・8裁判例(6)民179頁………214
大判昭7・8・17新聞3456号15頁 ………316
大判昭7・10・11新聞3487号7頁 ………185
大判昭7・10・29新聞3483号17頁 ………341
大判昭8・6・13民集12巻1437頁…………49
大判昭8・6・13民集12巻1472頁 ………161
大判昭8・7・5民集12巻2191頁 ………302
大判昭8・9・29民集12巻2443頁 ………302
大判昭9・1・30民集13巻103頁…………185
大判昭9・2・26民集13巻366頁…………326
大判昭9・7・11民集13巻1516頁 ………239
大判昭9・7・17民集13巻1217頁 ………329
大判昭9・8・7民集13巻1588頁 …253, 254
大判昭9・12・18民集13巻2261頁 ………228
大判昭9・9・29新聞3756号7頁 ………292
大判昭10・3・12民集14巻482頁…………107
大判昭10・4・25新聞3835号5頁…………39
大決昭10・12・16民集14巻2044頁…………46
大判昭11・1・28新聞3956号11頁 ………271
大判昭11・3・13民集15巻424頁…………244
大判昭11・4・15民集15巻781頁…………269
大判昭12・6・16新聞4145号2頁 ………335

大判昭12・6・30民集16巻1285頁 ………207
大判昭12・7・7民集16巻1120頁…………20
大判昭12・9・15民集16巻1409頁 ………122
大判昭14・4・12民集18巻350頁…………185
大判昭15・2・28新聞4543号7頁…………71
大判昭15・3・15民集19巻586頁…………110
大判昭15・9・21民集19巻1701頁 ………182
大判昭16・3・1民集20巻163頁…………325
大判昭18・11・13民集22巻1127頁 ………320
大判昭19・3・6民集23巻121頁…………289
大判昭20・5・21民集24巻9頁 …………163

〔最高裁判所〕

最判昭23・12・14民集2巻13号438頁……291
最判昭28・5・29民集7巻5号608頁……228
最判昭28・12・14民集7巻12号1386頁 …104
最判昭28・12・18民集7巻12号1446頁
……………………………………73,75
最判昭28・12・18民集7巻12号1515頁 …143
最判昭29・4・8民集8巻4号819頁……191
最判昭29・7・16民集8巻7号1350頁 …324
最判昭30・1・21民集9巻1号22頁
………………………………49,73,75
最判昭30・3・25民集9巻3号385頁 ……62
最判昭30・4・5民集9巻4号431頁……142
最判昭30・4・19民集9巻5号56頁………53
最判昭30・9・29民集9巻10号1472頁 …275
最判昭30・10・11民集9巻11号1626頁 …127
最大判昭31・7・4民集10巻7号785頁 …46
最判昭31・11・2民集10巻11号1413頁 …352
最判昭32・1・22民集11巻1号34頁………71
最判昭32・2・22民集11巻2号350頁
……………………………………163,349
最判昭32・3・8民集11巻3号513頁……363
最判昭32・6・5民集11巻6号915頁……291
最判昭33・2・21民集12巻2号34頁 ……116
最判昭33・5・28民集12巻8号1224頁……47
最判昭33・9・26民集12巻13号3022頁 …120
最判昭33・12・18民集12巻16号3323頁 …335
最判昭34・6・11民集13巻6号704頁……321
最判昭34・6・19民集13巻6号757頁……192
最判昭34・6・25民集13巻6号810頁……169
最判昭34・9・17民集13巻11号1412頁……57
最判昭35・4・21民集14巻6号930頁…73,75
最判昭35・6・23民集14巻8号1507頁 …368
最判昭35・11・22民集14巻13号2827頁 …289
最判昭35・12・15民集1巻14号3060頁 …289
最判昭36・3・2民集15巻3号337頁……212
最判昭36・4・14民集15巻4号765頁……347
最大判昭36・5・31民集15巻5号1482頁…352
最判昭36・6・20民集15巻6号1602頁……27
最判昭36・7・19民集15巻7号1875頁 …118
最判昭36・12・8民集15巻11号2706頁……75
最判昭36・12・15民集15巻11号2852頁……60
最判昭36・12・25民集15巻11号2865頁 …211
最判昭37・7・20民集16巻8号1605頁 …268
最判昭37・8・21民集16巻9号1809頁 …313
最判昭37・9・4民集16巻9号1834頁……51
最判昭37・9・21民集16巻9号2041頁 …289
最判昭37・10・9民集16巻10号2070頁 …126
最判昭37・11・9民集16巻11号2270頁 …185
最判昭37・11・16民集16巻11号2280頁……75
最判昭38・10・10民集17巻11号1313頁 …116
最判昭39・10・23民集18巻8号1773頁 …290
最判昭39・10・29民集18巻8号1823頁……71
最判昭39・11・17民集18巻9号1851頁 …122
最判昭39・11・18民集18巻9号1868頁……30
最判昭39・12・18民集18巻10号2179頁 …185
最判昭39・12・23民集18巻10号2217頁 …355
最大判昭40・6・3民集19巻4号1143頁…159
最判昭40・12・3民集19巻9号2090頁……86
最判昭40・12・21民集19巻9号2221頁 …368
最判昭41・4・20民集20巻4号702頁 ……39
最判昭41・10・4民集20巻8号1565頁 …312
最判昭41・11・18民集20巻9号1845頁 …157
最判昭41・11・18民集20巻9号1861頁 …304
最判昭41・11・18民集20巻9号1886頁 …190
最判昭41・12・20民集20巻10号2139頁 …269
最判昭41・12・23民集20巻10号2211頁……83
最判昭42・2・23民集21巻1号189頁 ……24
最判昭42・10・27民集21巻2161頁 ………239
最判昭42・11・9民集21巻9号2323頁 …119
最判昭42・11・30民集21巻9号2477頁 …351
最大判昭43・7・19民集22巻7号1505頁…80
最判昭43・9・26民集22巻9号2002頁 …107
最判昭43・10・24民集22巻10号2245頁 …231
最判昭43・11・13民集22巻12号2526頁……30
最判昭43・11・15民集22巻12号2649頁 …182

最判昭44・5・1民集23巻6号935頁……291
最判昭44・6・24民集23巻7号1079頁 …107
最判昭44・11・25民集23巻11号2137頁……31
最判昭44・12・19民集23巻12号2518頁
……………………………………119,122
最判昭45・4・10民集24巻4号240頁……222
最大判昭45・6・24民集24巻6号587頁…355
最大判昭45・7・15民集24巻7号771頁…331
最判昭45・8・20民集24巻9号1243頁……86
最判昭45・8・20金法591号20頁…………356
最判昭45・10・13判時614号46頁…………187
最判昭46・4・23民集25巻3号388頁……276
最判昭46・9・21民集25巻6号823頁……116
最判昭46・9・21民集25巻6号857頁……329
最判昭46・11・19民集25巻8号1321頁 …121
最判昭46・12・16民集25巻9号1472頁……86
最判昭46・12・16民集25巻9号1516頁……56
最判昭47・3・23民集26巻2号274頁……154
最判昭47・4・13判時669号63頁…………129
最判昭47・4・20民集26巻3号520頁…72,75
最判昭48・1・30判時695号64頁…………207
最判昭48・2・26民集27巻1号99頁 ……207
最判昭48・3・1金法679号34頁…………301
最判昭48・3・27民集27巻2号376頁……313
最判昭48・4・12金法686号30頁 …………29
最判昭48・7・19民集27巻7号823頁……221
最判昭48・11・22民集27巻10号1435頁 …164
最判昭48・11・30民集27巻10号1491頁 …122
最判昭49・3・7民集28巻2号174頁……233
最判昭49・3・19民集28巻2号325頁……227
最判昭49・6・28民集28巻5号666頁……351
最判昭49・9・20民集28巻6号1202頁 …115
最判昭49・10・24民集28巻7号1504頁 …310
最判昭49・11・29民集28巻8号1670頁 …111
最判昭49・12・12金法743号31頁…………123
最判昭50・2・25民集29巻2号143頁 ……66
最判昭50・3・6民集29巻3号203頁……111
最判昭50・7・17民集29巻6号1119頁 …116
最判昭50・11・8金商777号27頁…………185
最判昭50・12・8民集29巻11号7864頁 …359
最判昭51・3・4民集30巻2号48頁 ……350
最判昭51・11・25民集30巻10号939頁……357
最判昭52・3・17民集31巻2号308頁……222
最判昭52・8・9民集31巻4号742頁……313
最大判昭53・10・5民集32巻7号1332頁…118
最判昭53・12・15判時916号25頁…………220
最判昭54・3・8民集33巻2号187頁……352
最判昭54・3・16民集33巻2号27頁 ……107
最判昭55・1・11民集34巻1号42頁 ……234
最判昭55・1・24民集34巻1号110頁……117
最判昭55・7・11民集34巻4号628頁……106
最判昭55・12・18民集34巻7号888頁 ……52
最判昭56・7・2民集35巻5号881頁……361
最判昭57・3・4判時1042号87頁 ………207
最判昭57・12・17民集36巻12号2399頁
……………………………………173, 204
最判昭58・12・19民集37巻10号1532頁 …116
最判昭59・2・23民集38巻3号445頁……314
最判昭59・4・10民集38巻6号557頁 ……67
最判昭59・5・29民集38巻7号885頁
……………………………………167,297
最判昭60・5・23民集39巻4号940頁……299
最判昭61・4・11民集40巻3号558頁……235
最判昭61・11・27民集40巻7号1205頁 …307
最判平5・7・19判時1489号111頁 ………35

〔地方裁判所〕

東京地判大正2(ワ)922号〔裁判年月日不詳〕
新聞986号25頁 ……………………………16

〈著者紹介〉

安達三季生（あだち　みきお）

1927年３月　京都府にて出生
1950年11月　司法試験合格
1951年３月　東京大学法学部法律学科卒業
1951年４月　東京大学法学部大学院特別奨学生
1955年４月　法政大学助教授
1964年４月　法政大学教授

〈主著〉

『小作調停法』日本近代法発達史講座Ⅶ（昭和34年、勁草書房）
『債権総論』（平成元年、法政大学通信教育部）
『債権総論講義』（初版平成２年・信山社）
民法と手形・小切手法〔全３巻〕
　第１巻　手形・小切手法の民法的基礎（平成８年・信山社）
　第２巻　債権譲渡と法解釈学（実定法学）方法論（近刊）
　第３巻　手形・小切手法の特殊問題（続刊）

〈主要論文〉

「指名債権譲渡における債務者の異議なき承諾（(1)〜(3)）」法学志林59巻〜61巻（昭和37年〜39年）
「取得時効」川島編『注釈民法(5)』（第162条〜第165条執筆）（昭和42年、有斐閣）
『手形小切手法の一般理論（独文）』フランクフルト・ペーターラング社（ヨーロッパ大学双書）（昭和50年）
「新白地手形法論（(1)〜(3)」法学志林73巻〜74巻（昭和51年）
「登記請求権に関する試論―その発生原因と性質」加藤一郎編『民法学の歴史と課題』（来栖三郎教授古稀記念）（昭和57年、東京大学出版会）
「法人類型論と健康保険組合の法的性質」法学志林第88巻（平成３年）
「存在しない債権の譲受人に対する弁済と三者不当利得論」内山・黒木・石川教授古稀記念（平成５年・第一法規）

債権総論講義（第４版）

1990年(平成２年)５月20日　第１版第１刷発行
1991年(平成３年)５月20日　第２版第１刷発行
1993年(平成５年)４月10日　補訂第３版第１刷発行
1995年(平成７年)４月30日　新訂第３版第１刷発行
2000年(平成12年)６月30日　第４版第１刷発行

著　者　安達三季生
発行者　今井　貴
発行所　信山社出版株式会社
〒113　東京都文京区本郷6-2-9-102
電　話　03（3818）1019
FAX　03（3818）0344

Printed in Japan

印刷・製本/勝美印刷・大三製本
ISBN4-7972-1549-6　C3332　1549-0419-012080-020
NDC分類324・401　法律・民法・債権総論

巻数	書名	編著者	本体価格	CD	刊行年
本巻1	皇室典範〔昭和22年〕	芦部信喜・高見勝利 編著	三六、八九三円	200	90-9
本巻2	信託法・信託業法〔大正11年〕	山田 昭 編著	四三、六八九円	201	91-2
本巻3	議院法〔明治22年〕	大石 眞 編著	四〇、七七七円	202	91-3
本巻4	會計法〔明治22年〕	小柳春一郎 編著	四八、五四四円	203	91-8
本巻5	行政事件訴訟法 (1)	塩野 宏 編著	四八、五四四円	206	92-2
本巻6	行政事件訴訟法 (2)	塩野 宏 編著	四八、五四四円	207	92-2
本巻7	皇室経済法〔昭和22年〕	芦部信喜・高見勝利編著	四八、五四四円	210	92-6
本巻8	刑法草按注解(上)〔旧刑法別冊(1)〕	吉井蒼生夫・藤田 正・新倉 修 編著	三六、八九三円	211	92-6
本巻9	刑法草按注解(下)〔旧刑法別冊(2)〕	吉井蒼生夫・藤田 正・新倉 修 編著	三六、八九三円	212	92-6
本巻10	民事訴訟法〔大正改正編〕(1)	松本博之・河野正憲・徳田和幸 編著	四八、五四四円	213	93-2
本巻11	民事訴訟法〔大正改正編〕(2)	松本博之・河野正憲・徳田和幸 編著	四八、五四四円	214	93-3
本巻12	民事訴訟法〔大正改正編〕(3)	松本博之・河野正憲・徳田和幸 編著	三四、九五一円	215	93-6
本巻13	民事訴訟法〔大正改正編〕(4)	松本博之・河野正憲・徳田和幸 編著	三八、八三五円	216	93-9
本巻14	民事訴訟法〔大正改正編〕(5)	松本博之・河野正憲・徳田和幸 編著	三六、八九三円	217	93-10
本巻15	民事訴訟法〔大正改正編〕総索引	松本博之・河野正憲・徳田和幸 編著	二、九一三円	218	96-4
本巻16	明治皇室典範(上)〔明治22年〕	小林 宏・島 善高 編著	三五、九二二円	208	96-5
本巻17	明治皇室典範(下)〔明治22年〕	小林 宏・島 善高 編著	四五、〇〇〇円	209	97-5
本巻18	大正少年法(上)	森田 明 編著	四三、六八九円	204	93-10
本巻19	大正少年法(下)	森田 明 編著	四三、六八九円	205	94-3
本巻20	刑法〔明治40年〕(1)-I	内田文昭・山火正則・吉井蒼生夫 編著	四五、〇〇〇円	223	99-2
本巻	刑法〔明治40年〕(1)-II	内田文昭・山火正則・吉井蒼生夫 編著	(近刊)		
本巻21	刑法〔明治40年〕(2)	内田文昭・山火正則・吉井蒼生夫 編著	三八、八三五円	224	93-3
本巻22	刑法〔明治40年〕(3)-I	内田文昭・山火正則・吉井蒼生夫 編著	二九、一二六円	225	94-5
本巻23	刑法〔明治40年〕(3)-II	内田文昭・山火正則・吉井蒼生夫 編著	三五、九二二円	231	94-9
本巻24	刑法〔明治40年〕(4)	内田文昭・山火正則・吉井蒼生夫 編著	四三、六八九円	226	95-2
本巻25	刑法〔明治40年〕(5)	内田文昭・山火正則・吉井蒼生夫 編著	三一、〇六八円	227	95-2
本巻26	刑法〔明治40年〕(6)	内田文昭・山火正則・吉井蒼生夫 編著	三二、〇三九円	228	95-2
本巻27	刑法〔明治40年〕(7)	内田文昭・山火正則・吉井蒼生夫 編著	三〇、〇九七円	229	96-2
本巻29	旧刑法〔明治13年〕(1)	西原春夫・吉井蒼生夫・藤田 正・新倉 修 編著	三一、〇六八円	232	94-6

巻	書名	編著者	価格	通巻番号
本巻30	**旧刑法〔明治13年〕(2)—I**	西原春夫・吉井蒼生夫・藤田 正・新倉 修編著	三三、九八一円	**233** 95-2
本巻31	**旧刑法〔明治13年〕(2)—II**	西原春夫・吉井蒼生夫・藤田 正・新倉 修編著	三二、〇三九円	**234** 95-2
本巻32	**旧刑法〔明治13年〕(3)—I**	西原春夫・吉井蒼生夫・藤田 正・新倉 修編著	三九、八〇六円	**235** 97-2
本巻33	**旧刑法〔明治13年〕(3)—II**	西原春夫・吉井蒼生夫・藤田 正・新倉 修編著	三〇、〇〇〇円	**236** 97-2
本巻34	**旧刑法〔明治13年〕(3)—III**	西原春夫・吉井蒼生夫・藤田 正・新倉 修編著	三五、〇〇〇円	**237** 97-12
本巻35	旧刑法〔明治13年〕(3)—IV	西原春夫・吉井蒼生夫・藤田 正・新倉 修編著	（近刊）	238
本巻36	旧刑法〔明治13年〕(4)	西原春夫・吉井蒼生夫・藤田 正・新倉 修編著	（近刊）	239
本巻37	**行政事件訴訟法(3)**	塩野 宏編著	二九、一二六円	**240** 94-6
本巻38	**行政事件訴訟法(4)**	塩野 宏編著	三四、九五一円	**241** 94-7
本巻39	**行政事件訴訟法(5)**	塩野 宏編著	三七、八六四円	**242** 94-8
本巻40	**行政事件訴訟法(6)**	塩野 宏編著	二六、二一四円	**243** 94-9
本巻41	**行政事件訴訟法(7)**	塩野 宏編著	二五、二四三円	**244** 95-1
本巻43	**民事訴訟法〔明治36年草案〕(1)**	松本博之・河野正憲・徳田和幸 編著	三七、八六四円	**219** 94-11
本巻44	**民事訴訟法〔明治36年草案〕(2)**	松本博之・河野正憲・徳田和幸 編著	三三、〇一〇円	**220** 95-1
本巻45	**民事訴訟法〔明治36年草案〕(3)**	松本博之・河野正憲・徳田和幸 編著	三四、九五一円	**221** 95-3
本巻46	**民事訴訟法〔明治36年草案〕(4)**	松本博之・河野正憲・徳田和幸 編著	三四、六八九円	**222** 95-5
本巻47	**会社更生法〔昭和27年〕(1)**	位野木益雄 編著	三一、〇六八円	**248** 94-12
本巻48	**会社更生法〔昭和27年〕(2)**	位野木益雄 編著	三三、八九一円	**249** 95-1
本巻49	会社更生法〔昭和27年〕(3)	青山善充編著	（近刊）	250
本巻51	**労働基準法〔昭和22年〕(1)**	渡辺 章 編集代表	四三、六八九円	**256** 96-3
本巻52	**労働基準法〔昭和22年〕(2)**	渡辺 章 編集代表	五五、〇〇〇円	**257** 98-10
本巻53	**労働基準法〔昭和22年〕(3)上**	渡辺 章 編集代表	三五、〇〇〇円	**258** 97-3
本巻54	**労働基準法〔昭和22年〕(3)下**	渡辺 章 編集代表	三四、〇〇〇円	**259** 97-3
本巻55	労働基準法〔昭和22年〕(4)	渡辺 章 編集代表		260
本巻56	労働基準法〔昭和22年〕(5)	渡辺 章 編集代表		261
本巻57	労働基準法〔昭和22年〕(6)	渡辺 章 編集代表		262
	旧労働組合法（全3巻予定）	手塚和彰 編集代表	（未刊）	
本巻61	民事訴訟法〔戦後改正編〕(1)	松本博之・栂 善夫編著	予価三八、〇〇〇円（近刊）	253
本巻62	**民事訴訟法〔戦後改正編〕(2)**	松本博之編著	四二、〇〇〇円	**254** 97-6
本巻63	**民事訴訟法〔戦後改正編〕(3)—I**	松本博之編著	三六、〇〇〇円	**265** 97-11
本巻64	**民事訴訟法〔戦後改正編〕(3)—II**	松本博之編著	三八、〇〇〇円	**266** 97-9
本巻65	**民事訴訟法〔戦後改正編〕(4)—I**	松本博之編著	四〇、〇〇〇円	**267** 98-10
本巻66	**民事訴訟法〔戦後改正編〕(4)—II**	松本博之編	三八、〇〇〇円	**268** 99-4
本巻71	**日本国憲法制定資料全集(1) 憲法問題調査委員会関係等**	芦部信喜・高橋和之・高見勝利・日比野勤 編著	三三、〇一〇円	**2021** 97-2

本巻72	本巻73	本巻74	本巻75	本巻76	本巻77	本巻	本巻
日本国憲法制定資料全集(2) 憲法問題調査委員会参考資料 民間草案・各国立法例 芦部信喜・高橋和之・高見勝利・日比野勤 編著 三五、〇〇〇円	日本国憲法制定資料全集(3) マッカーサー草案・改正案等 芦部信喜・高橋和之・高見勝利・日比野勤 編著 （未刊）	日本国憲法制定資料全集(4)—I 世論調査 芦部信喜・高橋和之・高見勝利・日比野勤 編著 （未刊）	日本国憲法制定資料全集(4)—II 世論調査 芦部信喜・高橋和之・高見勝利・日比野勤 編著 （未刊）	日本国憲法制定資料全集(5) 口語化・総司令部関係等 芦部信喜・高橋和之・高見勝利・日比野勤 編著 （未刊）	日本国憲法制定資料全集(6) 参考資料・修正意見 芦部信喜・高橋和之・高見勝利・日比野勤 編著 （未刊）	日本国憲法制定資料全集(7)〜(17) 芦部信喜・高橋和之・高見勝利・日比野勤 編著 （未刊） （全17巻予定）セット本体（未定）	国会法（全3巻予定） 成田憲彦 編著
2022 98-10	2023	2024	2025	2026	2027		

本巻	本巻	本巻	本巻	本巻	本巻	本巻	本巻	本巻
租税徴収法（全10巻予定） 加藤一郎・三ケ月章・塩野宏・青山善充 編著 （近刊）	法例（全5巻予定） 池原・早田・道垣内他 編著（未定）	旧民法典資料集成 （編著者・巻数他未定） （未定）	日本民法典資料集成（全30巻予定）近刊 広中俊雄 編著（協力＝大村・岡・中村・和仁） ⊙民法施行一〇〇周年記念いよいよ刊行	刑事訴訟法制定資料全集（続刊） I部 治罪法（全2巻予定） 井上正仁・渡辺学・田中開 編著	刑事訴訟法制定資料全集 II部 旧々刑事訴訟法〔明治23年〕（全3巻予定） 井上正仁・渡辺咲子・田中開編著	刑事訴訟法制定資料全集 III部 旧刑事訴訟法〔大正13年〕（全2巻予定） 井上正仁・渡辺咲子・田中開編著	刑事訴訟法制定資料全集 IV部 陪審法・戦時刑事特別法 （全3巻予定） 井上正仁・渡辺咲子・田中開編著	刑事訴訟法制定資料全集 V部 刑事訴訟法〔昭和23年〕（続刊）（全13巻予定） 井上正仁・渡辺咲子・田中開 編著
4081	4051	4001	4021					

本巻	**本巻101**	**本巻102**	本巻	本巻	本巻	**本巻91**
刑事訴訟法制定資料全集 VI部 改正刑事訴訟法〔昭和24〜平成12年〕（続刊） （全3巻予定） 井上正仁・渡辺咲子・田中開編著	**不戦条約（上） 国際法先例資料集**(1) 柳原正治 編著 四三、〇〇〇円	**不戦条約（下） 国際法先例資料集**(2) 柳原正治 編著 四三、〇〇〇円	民事訴訟法〔平成7年〕1 三ケ月章・柳田幸三編 （未定）（未刊）	民事訴訟法〔平成7年〕2 三ケ月章・柳田幸三編 （未定）（未刊）	民事訴訟法〔平成7年〕3 三ケ月章・柳田幸三編 （未定）（未刊）	**商法改正〔昭和25・26年〕GHQ／SCAP文書** 中東正文編著 予三五、〇〇〇円
	2070 97-1	**2071** 97-4	4110	4111	4112	***4121*** 00-4

［現在の税制では、在庫をもつことが大変難しくなっております。品切前にお求め下さい。］

巻数	書名	編著者	本体価格	CD	刊行年
別巻**1**	**穂積陳重立法関係文書の研究**	福島正夫 編	五五、〇〇〇円	18	89-12
別巻**2**	**増補 刑法沿革綜覧【品切】**	松尾浩也 増補解題	八〇、〇〇〇円	19	90-3
別巻**3**	**法典論**	穂積陳重 著	二八、〇〇〇円	133	91-2
別巻**4**	**憲法講義**〔明治22年〕	磯部四郎 著	四〇、〇〇〇円	4567	97-4
別巻**5**	**法律語彙初稿（仏和法律語辞典）**	司法省蔵版〔明治16年〕	六〇、〇〇〇円	4566	97-2
別巻**6**	**民法辞解**〔明治27年〕	磯部四郎・服部誠一 著	五〇、〇〇〇円	4568	97-6
別巻**7**	**商法辞解**〔明治27年〕	磯部四郎・服部誠一 著	二二、〇〇〇円	4569	97-6
別巻**8**	**大日本商法 会社法釈義**〔明治26年〕	磯部四郎 著	三七、〇〇〇円	4563	96-12
別巻**9**	**大日本商法 手形法釈義**〔明治26年〕	磯部四郎 著	二五、〇〇〇円	4564	96-12
別巻**10**	**大日本商法 破産法釈義**〔明治26年〕	磯部四郎 著	二六、〇〇〇円	4565	96-12

巻数	書名	編著者	本体価格	CD	刊行年
別巻**11**	**大日本新典 商法釈義（1～253条）**〔明治23年〕	磯部四郎 著	五〇、〇〇〇円	4534	96-10
別巻**12**	**大日本新典 商法釈義（254～352条）**〔明治23年〕	磯部四郎 著	三四、〇〇〇円	4535	96-10
別巻**13**	**大日本新典 商法釈義（353～458条）**〔明治23年〕	磯部四郎 著	三四、〇〇〇円	4536	96-10
別巻**14**	**大日本新典 商法釈義（459～581条）**〔明治23年〕	磯部四郎 著	三四、〇〇〇円	4537	96-10
別巻**15**	**大日本新典 商法釈義（582～752条）**〔明治23年〕	磯部四郎 著	三四、〇〇〇円	4538	96-10
別巻**16**	**大日本新典 商法釈義（753～930条）**〔明治23年〕	磯部四郎 著	三四、〇〇〇円	4539	96-10
別巻**17**	**大日本新典 商法釈義（931～1066条）**〔明治23年〕	磯部四郎 著	四二、〇〇〇円	4540	96-10

巻数	書名	編著者	本体価格	CD	刊行年
別巻**18**	**改正商法講義**〔明治26年〕会社法・手形法・破産法	梅謙次郎 著	五〇、〇〇〇円	4570	97-7
別巻**19**	**仏訳日本帝国民法典 第一編 総則 第二編 物権 第三編 債権 第四編 親族・相続 第五編 相続**	富井政章・本野一郎訳 レーンホルム・L・H=アダム・J 訳	二〇、〇〇〇円	348	97-10
別巻**20**	**民法債権（第一章）**〔明治29年〕	梅謙次郎 講述	三五、〇〇〇円	4530	96-10
別巻**21**	**民法債権**〔明治29年〕（第二章第一～三節）	梅謙次郎 講述	三五、〇〇〇円	4531	96-10
別巻**22**	**民法債権**〔明治29年〕（第二章～第五章）	梅謙次郎他 講述	三六、〇〇〇円	4532	96-10
別巻**23**	**法典質疑録 上巻**〔憲法・行政法・刑法・国際公法・国際私法〕	法典質疑会 編	一二、〇三九円	319	93-4
別巻**24**	**法典質疑録 中巻**〔民法〕	法典質疑会 編	一六、三一一円	320	93-4
別巻**25**	**法典質疑録 下巻**〔商法・刑事訴訟法・民事訴訟法・破産法・競売法 他〕	法典質疑会 編	一六、六九九円	321	93-4

別巻	書名	編著者	価格	番号
別巻26	**続・法典質疑録**（憲法・行政法・刑法・民法・民事訴訟法 他）	法典質疑会 編	二四、二七二円	324 93-5
別巻27	**法典質疑録索引**（第1号～第36号・上・中・下巻・続）	法典質疑会 編	一三、二〇四円	322 93-6
別巻28	（仏語公定訳）**日本帝国民法典・理由** 第1巻 条文		五七、〇〇〇円	335 93-10
別巻29	（仏語公定訳）**日本帝国民法典** 第2巻 財産編・理由書		八八、〇〇〇円	336 93-10
別巻30	（仏語公定訳）**日本帝国民法典** 第3巻 財産取得編・理由書		五〇、〇〇〇円	337 93-10
別巻31	（仏語公定訳）**日本帝国民法典** 第4巻 債権担保編・証拠編・理由書		五五、〇〇〇円	338 93-10
別巻32	**民法修正案理由書** 第四編 親族 第五編 相続		五八、二五二円	340 93-11
別巻33	**明治民法編纂史研究**	星野 通 著	四八、五四四円	341 94-11
別巻34-1	**改正刑法**〔明治40年〕**正解**	磯部四郎 著	三〇、〇〇〇円	496 95-6

別巻	書名	編著者	価格	番号
別巻34-2	**各国民事訴訟法参照条文**	民事訴訟法典現代語化研究会 編 代表 三ケ月章	二九、一二六円	334 95-12
別巻35	**改正刑法 釈義** 上巻〔明治40年〕	田中正身 著	四〇、〇〇〇円	343 94-2
別巻36	**改正刑法 釈義** 下巻〔明治40年〕	田中正身 著	八〇、〇〇〇円	344 94-2
別巻37	**法典質疑問答 第1編 民法総則 全**	法典質疑会 編	二七、一八四円	875 94-9
別巻38	**法典質疑問答 第2編 物権法 全**	法典質疑会 編	二七、一八四円	876 94-9
別巻39	**法典質疑問答 第3編 民法債権 全**	法典質疑会 編	三一、〇六八円	877 94-9
別巻40	**法典質疑問答 第4編 民法親族・相続全**	法典質疑会 編	二五、二四三円	878 94-9
別巻41	**法典質疑問答 第5編 総則・会社・商行為**	法典質疑会 編	二〇、三八八円	879 94-9
別巻42	**法典質疑問答 第6編 商法（手形・海商・破産編）全**	法典質疑会 編	一五、五三四円	880 94-9
別巻43	**法典質疑問答 第7編 憲法・行政法・戸籍法 全**	法典質疑会 編	一九、四一七円	881 94-9

別巻	書名	編著者	価格	番号
別巻44	**法典質疑問答 第8編 刑法・国際公法・国際私法全**	法典質疑会 編	二四、二七二円	882 94-9
別巻45	**法典質疑問答 第9編 刑事訴訟法・民事訴訟法**	法典質疑会 編	二〇、三八八円	883 94-9
別巻46	**労働基準法解説**〔昭和23年版〕	寺本廣作 著	二五、〇〇〇円	4589 98-1
別巻47	**民事問題・答案**〔明治16年〕	司法省第七局	五〇、〇〇〇円	4588 98-9
別巻48	**商法正義 第1巻・第2巻**（総則・会社他）	長谷川喬著述・岸本辰雄 著述	五〇、〇〇〇円	2012 94-9
別巻49	**商法正義 第3巻**〔明治23年〕（商事契約）	岸本辰雄 著述	三〇、〇〇〇円	2013 95-8
別巻50	**商法正義 第4巻**〔明治23年〕（売買・信用他）	岸本辰雄 著述	三三、〇〇〇円	2014 95-8
別巻51	**商法正義 第5巻**〔明治23年〕（保険・手形）	長谷川喬 著述	三〇、〇〇〇円	2015 95-8
別巻52	**商法正義 第6巻・第7巻**〔明治23年〕（海商・破産）	長谷川喬 著述	四〇、〇〇〇円	2016 95-8
別巻53	**民法正義**〔明治23年〕**財産編第一部 巻之一**	今村和郎・亀山貞義 合著	四〇、〇〇〇円	4501 95-8

別巻54	民法正義〔明治23年〕財産編第一部 巻之二	亀山貞義・宮城浩蔵 合著	三六、〇〇〇円	4502	95-8
別巻55	民法正義〔明治23年〕財産編第二部 巻之一	井上正一 著述	四四、〇〇〇円	4503	95-10
別巻56	民法正義〔明治23年〕財産編第二部 巻之二	井上正一 著述	二四、〇〇〇円	4504	95-10
別巻57	民法正義〔明治23年〕財産取得編 巻之一	熊野敏三 著述	四六、〇〇〇円	4505	95-10
別巻58	民法正義〔明治23年〕財産取得編 巻之二	岸本辰雄 著述	二一、〇〇〇円	4506	95-10
別巻59	民法正義〔明治23年〕財産取得編 巻之三	井上正一 著述	二三、〇〇〇円	4507	95-10
別巻60	民法正義〔明治23年〕債権担保編 第一巻	宮城浩蔵 著述	四六、〇〇〇円	4508	95-10
別巻61	民法正義〔明治23年〕債権担保編 巻之二	宮城浩蔵 著述	二〇、〇〇〇円	4509	95-10
別巻62	民法正義 証拠編〔明治23年〕	岸本辰雄 著述	三四、〇〇〇円	4510	95-10
別巻63	民法正義 人事編 巻之一	熊野敏三・岸本辰雄 合著〔明治23年〕	三八、〇〇〇円	4511	95-10
別巻64	民法正義 人事編 巻之二 法例正義	井上正一・亀山貞義合著 岸本辰雄 著述	三〇、〇〇〇円	4512	95-10
別巻65	民事訴訟法正義〔明治23年〕上－I〔判決手続〕	宮城浩蔵 著	三五、〇〇〇円	4514	96-3
別巻66	民事訴訟法正義〔明治23年〕上－II〔判決手続〕	宮城浩蔵 著	三五、〇〇〇円	4515	96-3
別巻67	民事訴訟法正義〔明治23年〕下－I〔強制執行他〕	亀山貞義 著	三〇、〇〇〇円	4516	96-5
別巻68	民事訴訟法正義〔明治23年〕下－II〔強制執行他〕	亀山貞義 著	三〇、〇〇〇円	4517	96-5
別巻69	改正商事会社法正義〔明治26年〕	岸本辰雄 著述	四二、〇〇〇円 4518円		96-8
別巻70	改正手形法破産法正義〔明治26年〕	長谷川喬 著述	三六、〇〇〇円 4519円		96-8
別巻71	校訂刑法義解〔明治13年〕第一編	高木豊三 義解	二〇、〇〇〇円	4520	96-6
別巻72	校訂刑法義解〔明治13年〕第二編	高木豊三 義解	二五、〇〇〇円	4521	96-6
別巻73	校訂刑法義解〔明治13年〕第三編・第四編	高木豊三 義解	二〇、〇〇〇円	4522	96-6
別巻74	刑法義解 増補〔明治13年〕	高木豊三 述	二二、〇〇〇円	4523	96-6
別巻75	民事訴訟法述義〔明治23年〕第一編〔判決手続〕	井上 操 著	三〇、〇〇〇円	4525	96-7
別巻76	民事訴訟法述義〔明治23年〕第二編〔判決手続〕	井上 操 著	三〇、〇〇〇円	4526	98-8
別巻77	民事訴訟法述義〔明治23年〕〔第三編～第五編上訴他〕	井上 操 著	三五、〇〇〇円	4527	99-5
別巻78	民事訴訟法述義〔明治23年〕〔第六巻・第七巻・第八巻強制執行他〕	井上 操 著	四六、〇〇〇円	4528	2000-1
別巻79	刑法〔明治13年〕講義第一巻	宮城浩蔵 講述	四五、〇〇〇円	4613	98-9
別巻80	刑法〔明治13年〕講義第二巻	宮城浩蔵 講述	五二、〇〇〇円	4614	98-9
別巻81	民法釈義〔明治23年〕財産編第一部 物権（上）	磯部四郎 著	三八、〇〇〇円	4571	97-1

別巻	書名	著者等	価格	番号	刊行
別巻82	**民法釈義**〔明治23年〕**財産編第一部　物権（下）**	磯部四郎 著	三八、〇〇〇円	4572	97-1
別巻83	**民法釈義**〔明治23年〕**財産編第二部人権及ヒ義務（上）**	磯部四郎 著	三八、〇〇〇円	4573	97-5
別巻84	**民法釈義**〔明治23年〕**財産編第二部人権及ヒ義務（下）**	磯部四郎 著	三八、〇〇〇円	4574	97-5
別巻85	**民法釈義**〔明治23年〕**財産取得編（上）**	磯部四郎 著	二八、〇〇〇円	4575	97-6
別巻86	**民法釈義**〔明治23年〕**財産取得編（中）**	磯部四郎 著	二八、〇〇〇円	4576	97-6
別巻87	**民法釈義**〔明治23年〕**財産取得編（下）相続之部**	磯部四郎 著	二八、〇〇〇円	4577	97-8
別巻88	**民法釈義**〔明治23年〕**証拠編之部**	磯部四郎 著	二六、〇〇〇円	4578	97-8
別巻89	**民法釈義**〔明治23年〕**人事編之部（上）**	磯部四郎 著	三〇、〇〇〇円	4579	97-10
別巻90	**民法釈義**〔明治23年〕**人事編之部（下）法例釈義**	磯部四郎 著	三〇、〇〇〇円	4580	97-10
別巻91	**終戦後の司法制度改革の経過　総索引及び第一分冊**		七六、〇〇〇円	303	97-12
別巻92	**同　第二分冊**		一一六、〇〇〇円	304	97-12
別巻93	**同　第三分冊**		一六〇、〇〇〇円	305	97-12
別巻94	**同　第四分冊・第五分冊**		一三六、〇〇〇円 307（全4冊セット）四八八、〇〇〇円	306	97-12
別巻95	**帝国民法正解**〔明治29年〕（第一巻　総則）	穂積陳重・富井政章・梅謙次郎校閲 松波仁一郎・仁保亀松・仁井田益太郎著	二七、〇〇〇円	4581	97-11
別巻96	**帝国民法正解**〔明治29年〕（第二巻　総則）	同	三二、〇〇〇円	4582	97-11
別巻97	**帝国民法正解**〔明治29年〕（第三巻　物権）	同	三五、〇〇〇円	4583	97-11
別巻98	**帝国民法正解**〔明治29年〕（第四巻　物権）	同	三五、〇〇〇円	4584	97-11
別巻99	**帝国民法正解**〔明治29年〕（第五巻　債権）	同	四五、〇〇〇円	4585	97-12
別巻100	**帝国民法正解**〔明治29年〕（第六巻　債権）	同	四五、〇〇〇円	4586	97-12
別巻101	**訳註無刑録　上巻**	団藤重光序 東山蘆野徳林著 佐伯復堂訳註	四四、〇〇〇円	4591	98-3
別巻102	**訳註　無刑録　中巻**	同 同	五〇、〇〇〇円	4592	98-3
別巻103	**訳註　無刑録　下巻**	同 同	七〇、〇〇〇円	4593	98-3
別巻104	**玩易齋遺稿　上巻**	橘川俊忠序 東山蘆野徳林	三〇、〇〇〇円	4594	98-3
別巻105	**玩易齋遺稿　下巻**	同 東山蘆野徳林	三二、〇〇〇円	4595	98-3
	101～105　全5冊セット		二二六、〇〇〇円	4596	
別巻106	**新旧対照改正民法案** **附・国家賠償法案・憲法改正に伴う民法応急措置法**		一二、〇〇〇円	4590	98-8
別巻107	**治罪法講義**（上）	井上　操　講述	四〇、〇〇〇円	4616	98-10
別巻108	**治罪法講義**（中）	井上　操　講述	三〇、〇〇〇円	4617	98-11
別巻109	**治罪法講義**（下）	井上　操　講述	五〇、〇〇〇円	4618	98-11
別巻110	**刑法講義録**〔明治13年〕	高木　豊三　講述	三二、〇〇〇円	4600	99-2

巻	書名	著者等	価格	番号	
別巻111	日本民法義解〔明治23年〕財産編 第一巻 総則(自第一條至第二十九條) 物権(上)(自第三十條至第百三十三條)	ボアソナード訓定 富井政章 校閲 本野一郎・城数馬・森順正・寺尾亨 著	四五、〇〇〇円	4601	98-1
別巻112	日本民法義解〔明治23年〕財産編 第二巻 同 物権(下)(自第百三十四條至第二百四十八條)		四五、〇〇〇円	4602	98-1
別巻113	日本民法義解〔明治23年〕財産編 第三巻 人権及ヒ義務(上)		三五、〇〇〇円	4603	98-3
別巻114	日本民法義解〔明治23年〕財産編 第四巻 人権及ヒ義務(下)		三五、〇〇〇円	4604	98-3
別巻115	日本民法義解〔明治23年〕財産取得編 第一巻		三三、〇〇〇円	4605	98-3
別巻116	日本民法義解〔明治23年〕財産取得編 第二巻		三三、〇〇〇円	4606	98-3
別巻117	獨逸民法論 第一巻 総則	ハインリヒ・デルンブルヒ 著 中村進午・瀬田忠三郎他 訳	五〇、〇〇〇円	4608	98-5
別巻118	獨逸民法論 第二巻 物権	ハインリヒ・デルンブルヒ 著 中村・瀬田他 訳	四五、〇〇〇円	4609	98-6
別巻119	獨逸民法論 第三巻 債権	ハインリヒ・デルンブルヒ 著 中村・瀬田他 訳	六〇、〇〇〇円	4610	98-7
別巻120	獨逸民法論 第四巻 親族・相続	ハインリヒ・デルンブルヒ 著 中村・瀬田他 訳	七〇、〇〇〇円	4611	98-8
別巻121	治罪法〔明治13年〕講義 第一分冊 第二分冊	横田國臣 口述	三五、〇〇〇円	4620	99-1
別巻122	治罪法〔明治13年〕講義 第三分冊 第四分冊	横田國臣 口述	三〇、〇〇〇円	4621	99-1
別巻123	仏国治罪法講義	ボアソナード講義 名村泰蔵 訳	三四、〇〇〇円	4623	99-3
別巻124	刑法述義 第一編(上)	井上 操 著	四二、〇〇〇円	4624	99-4
別巻125	刑法述義 第一編(下)	井上 操 著	四〇、〇〇〇円	4625	99-4
別巻126	刑法述義 第二編(上)	井上 操 著	三五、〇〇〇円	4626	99-6
別巻127	刑法述義 第二編(下)	井上 操 著	三二、〇〇〇円	4627	99-7
別巻128	刑法述義 第三編(上)	井上 操 著	三三、〇〇〇円	4628	99-8
別巻129	刑法述義 第三編(下)	井上 操 著	三三、〇〇〇円	4629	99-8
別巻130	日本治罪法講義 上巻	磯部四郎 講義	三二、〇〇〇円	4631	99-5
別巻131	日本治罪法講義 下巻	磯部四郎 講義	三〇、〇〇〇円	4632	99-6
別巻132	法律辞書(未完)	法典質疑会編纂	七〇、〇〇〇円	4634	99-5
別巻133	刑法〔明治13年〕論綱 全	富井政章 講述	三〇、〇〇〇円	4635	99-6
別巻134	仏国刑法原論 第一帙 上巻	ヲルトラン 著	三五、〇〇〇円	4636	99-7
別巻135	仏国刑法原論 第一帙 下巻	ヲルトラン 著	四五、〇〇〇円	4637	99-7
別巻136	仏国刑法原論 第二帙 上巻	ヲルトラン 著	三三、〇〇〇円	4638	99-7
別巻137	仏国刑法原論 第二帙 下巻	ヲルトラン 著	五七、〇〇〇円	4639	99-7
別巻138	改正増補 刑法講義 上巻 第一分冊	磯部四郎 著	四〇、〇〇〇円	4641	99-8
別巻139	改正増補 刑法講義 上巻 第二分冊	磯部四郎 著	三〇、〇〇〇円	4642	99-9
別巻140	改正増補 刑法講義 下巻 第一分冊	磯部四郎 著	四〇、〇〇〇円	4643	99-9
別巻141	改正増補 刑法講義 下巻 第二分冊	磯部四郎 著	三六、〇〇〇円	4644	99-9

別巻	書名	著者	価格	番号	刊行
別巻142	**民事訴訟法〔明治23年〕論綱 第一巻・第二巻**	高木豊三 著	四〇、〇〇〇円	4646	99-10
別巻143	**民事訴訟法〔明治23年〕論綱 第三巻・第四巻**	高木豊三 著	四六、〇〇〇円	4647	99-10
別巻144	**改正刑事訴訟法論 全**〔明治32年9月発行〕	松室致 著	三〇、〇〇〇円	4649	99-11
別巻145	**刑事訴訟法義解 上巻**〔明治23年12月出版〕	井上正一 著	三〇、〇〇〇円	4650	99-11
別巻146	**刑事訴訟法義解 下巻**〔明治23年3月出版〕	井上正一 著	三〇、〇〇〇円	4651	99-12
別巻147	**獨逸民法草案（一八八八年第一草案） 第一巻 総則 第二巻 債務関係法**	今村研介 著	二〇、〇〇〇円	4653	99-12
別巻148	**獨逸民法草案理由書 第一編（一八八八年第一草案）**	澤井要一 訳	四三、〇〇〇円	4654	99-12
別巻149	**獨逸民法草案理由書 第二編上巻（一八八八年第一草案）**	澤井要一 著	三五、〇〇〇円	4655	00-01
別巻150	**獨逸民法草案理由書 第二編中巻（一八八八年第一草案）**	澤井要一 著	三五、〇〇〇円	4656	00-01
別巻151	**獨逸民法草案理由書 第二編下巻（一八八八年第一草案）**	澤井要一 著	三五、〇〇〇円	4657	00-01
別巻152	**民事訴訟法〔明治23年〕註解 第一分冊（自第1條至第195條）**	本多康直・今村信行 共著	三八、〇〇〇円	4659	00-02
別巻153	**民事訴訟法〔明治23年〕註解 第二分冊（自第195條至第411條）**	本多康直・今村信行 共著	三八、〇〇〇円	4660	00-02
別巻154	**民事訴訟法〔明治23年〕註解 第三分冊（自第412條至第586條）**	本多康直・今村信行 共著	三八、〇〇〇円	4661	00-02
別巻155	**民事訴訟法〔明治23年〕註解 第四分冊（自第587條至第805條）**	本多康直・今村信行 共著	三八、〇〇〇円	4662	00-02
別巻156	**欧米八ヶ国の国家緊急権**	民主主義研究会	八〇、〇〇〇円	4664	00-02
別巻157	**法理原論 上（ローマ法の精神）**	エーリング 著・磯部四郎 重訳 ムーランエール仏訳	五五、〇〇〇円	4665	00-03
別巻158	**法理原論 下（ローマ法の精神）**	エーリング 著・磯部四郎 重訳 ムーランエール仏訳		4666	00-03

塙 浩 訳著
フランス憲法関係史料選　六〇、〇〇〇円

ISBN4-88261-660-2
NDC分類 323.221
660

栗城 壽夫 著
名城大学法学部教授

新刊案内 1997.8

一九世紀ドイツ憲法理論の研究

Ａ５判変型上製箱入 総640頁　　定価：本体15,000円（税別）

☆今から30数年前に最初の単著『ドイツ初期立憲主義の研究』を公刊したとき、亡くなられた恩師・林和博先生から学位申請の手続きをとってはどうかというお手紙を頂いたのに対して、学位の申請はドイツ憲法理論誌に関する研究を完結してからにしたいという趣旨の返事を差し上げた。当時はドイツ憲法理論史に関する研究の完結はそれほど遠い先のことではないと楽観的に考えていたのであった。その後、30数年の月日が経過してしまったが、19世紀に限ってみてもドイツ憲法理論史の研究を未だに完結するにいたっていない。それにもかかわらず、この時点で論文集を刊行することにしたのは、ひとえに、これまでの研究の成果を一冊の著書にまとめて公刊することによって研究に一応の区切りをつけ、それを完結に向かっての一心を新たにしての一再挑戦のための励みと弾みにしたいと思うようになったからである。
☆本書は様々な時期に発表された論文を集めたものであり、緊密な同質性によって貫かれているわけではない。しかし全編を貫くモチーフは存在する。それは19世紀60年代までのドイツ憲法学とそれ以降のドイツ憲法学とを対比することである。この対比は、私が長い間抱懐してきている基本思想に基づいて行われている。これをテーゼの形式で表現するとすれば次の如くである。
☆第一にドイツにおける憲法学は、通常言われているように、19世紀60年代になって初めて成立したのではなく、既にそれ以前に成立し豊かな展開を示していたと言うことである。第二に、19世紀を大まかに時代区分すれば、その30年代までは自然法的憲法理論が、30年代から60年代までは有機体的憲法理論が、60年代以降は実証主義的憲法理論が、憲法理論の主流の座を占めたと言いうるということである。第三に、国家の法的人格を承認したのは国家法人説と呼ばれている実証主義的憲法理論が最初ではなく、自然法的憲法理論も有機体的憲法理論もそれに先立って国家の法的人格を承認していたのである。実証主義的憲法理論の特色は、自然法的憲法理論や有機体的憲法理論が国民の法的人格を承認し、その結果として国家の法的人格を承認したのに対して、国民の法的人格を否定し、国家の法的人格のみを承認したというところにあるといえる。第四に、国民の法的人格の否定は、国民全体が主体的に国家権力を担うべき論理的必然性を否定するという意味と、国民全体の利益が国家権力に対して課すべき拘束の法的性格を否定するという意味とをもったということである。

[目　次]

ISBN4-88261-692-0
NDC 分類 323.001 憲法

田口精一 著作集 2
慶應義塾大学名誉教授

新刊案内 1999.8
田口精一著作集 2

692 法治国原理の展開

A５判変型　総 496 頁　　定価：本体 14,800 円（税別）

☆法治国原理といえば、それは、すでに確立された基本原理ということができる。わが国においても、すでに旧憲法のもとで、十分な研究によって確立されていたことは周知の通りである。それ故に、今さら法治国原理の研究を行ったところで、自学自習の意味はあったとしても、それを一般に公表するだけの必要もなければ、また研究上の価値もない。それにもかかわらず法治国原理についての一連の研究を一書にまとめた意図は、法治国原理が、社会生活における新たな状況の変化によって、新しい現実の課題に直面しているからである。法治国原理の基礎である伝統としての個人主義、自由主義の思想は、その転換を迫られている。おのずから法治国原理も社会や新たな情勢に適応した思考と運用とが必要になる。本書が法治国原理の展開と題し法治国原理の時勢に伴う変化に関する課題を収録したのは、現在の法治国原理運用の実態を明らかにすることを目的とするからである。

目　次